面向"十三五"
学前教育专业
规划教材

学前心理学

成丹丹　　　主　编
汪晓阳　游贝贝　副主编

清华大学出版社
北京

内 容 简 介

本书是面向"十三五"学前教育专业系列教材。

本书共分为四篇,包括学前心理学的研究概述和理论流派,学前儿童的认知发展,学前儿童个性和社会性等方面的发展,学前儿童情绪与情感的调节和心理健康的维护。本书编写时参考国家教师资格证《幼儿保教知识与能力》考试大纲,童真童趣、案例放送、资料卡片、实践应用和考题链接等栏目的结合使整本书与时代接轨,与生活交融,与儿童对话,不仅能深入浅出地呈现知识,亦能训练和拓展学生的思维。

本书可作为本科院校、高职高专院校和中职学校等各类学前教育专业教材,也可供学前教育工作者、幼儿园教师和幼儿家长参考。

本书封面贴有清华大学出版社防伪标签,无标签者不得销售。
版权所有,侵权必究。举报:010-62782989,beiqinquan@tup.tsinghua.edu.cn。

图书在版编目 CIP 数据

学前心理学/成丹丹主编. --北京:清华大学出版社,2016(2023.8重印)
面向"十三五"学前教育专业规划教材
ISBN 978-7-302-42571-7

Ⅰ.①学… Ⅱ.①成… Ⅲ.①学前儿童-儿童心理学-幼儿师范学校-教材 Ⅳ.①B844.12

中国版本图书馆 CIP 数据核字(2016)第 005266 号

责任编辑:张 弛
封面设计:于晓丽
责任校对:刘 静
责任印制:丛怀宇

出版发行:清华大学出版社
网　　址:http://www.tup.com.cn, http://www.wqbook.com
地　　址:北京清华大学学研大厦 A 座　　邮　编:100084
社 总 机:010-83470000　　邮　购:010-62786544
投稿与读者服务:010-62776969,c-service@tup.tsinghua.edu.cn
质量反馈:010-62772015,zhiliang@tup.tsinghua.edu.cn
课件下载:http://www.tup.com.cn,010-62770175-4278

印 装 者:三河市铭诚印务有限公司
经　　销:全国新华书店
开　　本:185mm×260mm　　印　张:20.25　　字　数:458 千字
版　　次:2016 年 7 月第 1 版　　印　次:2023 年 8 月第 11 次印刷
定　　价:59.00 元

产品编号:064626-03

序

《国家中长期教育改革和发展规划纲要(2010—2020年)》和《幼儿园教师专业标准(试行)》颁布以来,各个高职高专院校的学前教育专业工作者都在思考并探索如何从社会发展需要出发,培养新时期高质量的幼教师资。无疑,《教师教育课程标准(试行)》和《幼儿园教师专业标准(试行)》等文件为教师培养提供了最有利的帮助和指引,而国家幼儿园教师资格考试制度的实施和推进,将更加有力地推动学前教育专业课程和教学的改革,能否培养符合国家幼儿园教师专业标准的毕业生,以及高职高专学前教育专业的毕业生通过国家幼儿园教师资格考试的情况,将会成为衡量学校教育质量的基本指标。

本系列教材正是基于上述背景,以培养学生从事学前教育必备的专业素养为目的,帮助学生掌握学前教育的基本知识和基本技能,引导学生形成正确的儿童观与教育观,注重学生在探究中发现问题、解决问题、适应社会能力的培养,注重学生获取科学知识、科学方法、科学能力的培养以及科学态度的养成。在教材编写筹备阶段,编委会就确定了以实践应用为导向的原则,在内容和体系上凸显实用特色,注重实践应用能力的培养,充分关注学生的专业能力和思维能力培养。

教材在编写过程中体现如下几个主要特点。

(1) 整体结构布局体现综合性和延伸性,有机地将教学目标、教学内容、教学对象和教学策略统整起来,关注学生的兴趣和经验,给学生充分的实践空间和创新空间。有关内容以发散性的思维方式与正文中难以涵纳的内容相连接,引导学生向与之相关的各个方向和层面延伸拓展,便于学生扩大教育视野,密切关注学生的后续发展。

(2) 结合当前学前教育实际,突出科学性和实用性。教材内容上避免从理论到理论的论述,切合学前教育工作的实际需要,适应高职高专学前教师教育人才培养模式和规格要求;同时,面向教育实践,教材中提供丰富的各地幼儿园和早期教育案例供学生参考分析,编入不少贴近时代的阅读及讨论材料,引发深入探讨,借以培养学生岗位职业能力。

(3) 教材逻辑体系上,融知识与能力为一体,体现开放性和前瞻性。采用案例、能力拓展、项目导学等方式将教、学、做相结合,按照课程内容与幼儿园教师专业标准、教学过程与工作过程相对接的原则,突出培养学生的技能和创新创业能力。同时,体系上采用梯度式、循序渐进的问题导向学习方法,参考借鉴国家幼儿园教师资格考试纲要相关内容,便于学生联想应用,真正让教材为学生服务,以学生为中心。

教材的编者全部是长期从事学前教师教育的教师,既有丰富的教学经验又致力于学前教育的改革研究,具有一定理论高度和教学经验。本套教材的出版将为当前学前教师培养和培训注入新活力,并为学前教师教育课程体系和教材建设起到积极作用。

前 言

随着国家教师资格证考试的全面展开,学前教育专业的学生,尤其是高职高专院校的学生面临着更加艰巨的挑战。考取幼儿教师资格证是他们未来迈向职场的第一步。本书旨在帮助学生掌握学前儿童心理发展的相关知识,着重训练学生用理论知识解决实际问题的能力,使学生在学完专业课程之后能够轻松应战。

本书的作者团队由高等院校和高职高专院校的学前心理学专任教师构成,作者富有开拓创新的思维并且了解学生的学习特点和兴趣。本书编写体例新颖,力求创新性、时代性和实践性的完美结合。编写时参考国家教师资格证《幼儿保教知识与能力》考试大纲。每章末"考题链接"收录近几年考试真题与模拟题,给学生提供一个实战平台;"童真童趣"体现儿童的天真烂漫;"案例放送"促进知识的理解和转化;"资料卡片"延伸学生的知识触角;"实践应用"训练和拓展学生的思维。各种栏目有机结合,彰显了本书的生动活泼之感,使学生在学习过程中兴趣盎然,学有所获。

本书涵盖了0～6岁学前儿童心理发展的主要方面,共分为四大篇。第一篇,导论,主要包括学前心理学的研究概述和主要理论流派。第二篇,认知,涵盖学前儿童的感知觉、注意、记忆和想象等主要方面。第三篇,社会化,阐述了学前儿童个性和社会交往等方面的发展。第四篇,心理保健,主要涉及学前儿童情绪与情感的调节和心理健康的维护。

本书是团队合作的成果,具体分工如下:第一章、第二章、第七章、第八章和第十二章由黔南民族幼儿师范高等专科学校成丹丹编写,第三章和第九章由王明贵编写,第四章、第五章和第六章由游贝贝编写,第十章由姜述海编写,第十一章由丁希望编写,第十三章和第十四章由浙江海洋大学汪晓阳编写。在此要特别感谢安徽省滁州市实验幼儿园的陈凯丽老师,她提供了本书所有"童真童趣"的案例。本书由成丹丹提出编写提纲并负责全书的修改和统稿工作。

由于编者学识水平有限,本书难免存在疏漏之处,在此恳请各位专家同行和广大读者批评指正,以便能够进一步修改完善。

编者
2015年10月

目 录

第一篇 导 论

第一章 学前心理学研究概述 ………………………………………… 3
第一节 学前心理学的研究内容及意义 ……………………………… 4
第二节 学前心理学的研究原则及方法 ……………………………… 9
第三节 学前儿童心理发展的影响因素 ……………………………… 20

第二章 学前儿童心理发展的理论流派 ………………………………… 27
第一节 精神分析理论 ……………………………………………… 28
第二节 行为主义理论 ……………………………………………… 34
第三节 认知发展理论 ……………………………………………… 40
第四节 情境理论和生物学理论 …………………………………… 42

第二篇 认 知

第三章 学前儿童的感知觉 ……………………………………………… 51
第一节 感知觉概述 ………………………………………………… 52
第二节 学前儿童感知觉的发展 …………………………………… 57
第三节 感觉统合训练 ……………………………………………… 64

第四章 学前儿童的注意 ………………………………………………… 70
第一节 注意概述 …………………………………………………… 71
第二节 学前儿童注意的发展 ……………………………………… 75
第三节 学前儿童注意的培养 ……………………………………… 80

第五章 学前儿童的记忆 ………………………………………………… 87
第一节 记忆概述 …………………………………………………… 88
第二节 学前儿童记忆的发展 ……………………………………… 95
第三节 学前儿童记忆力的培养 …………………………………… 101

第六章 学前儿童的想象 ………………………………………………… 106
第一节 想象概述 …………………………………………………… 107
第二节 学前儿童想象的发展 ……………………………………… 112

第三节　学前儿童想象力的培养 …………………………………………………… 119

第七章　学前儿童的思维 ………………………………………………………………… 124
　　第一节　思维概述 …………………………………………………………………… 125
　　第二节　学前儿童思维的发展 ……………………………………………………… 131
　　第三节　学前儿童思维能力的培养 ………………………………………………… 137

第八章　学前儿童的言语 ………………………………………………………………… 147
　　第一节　言语概述 …………………………………………………………………… 148
　　第二节　学前儿童言语的发展 ……………………………………………………… 153
　　第三节　学前儿童言语能力的培养 ………………………………………………… 161

第九章　学前儿童的意志 ………………………………………………………………… 168
　　第一节　意志概述 …………………………………………………………………… 169
　　第二节　学前儿童意志的发展 ……………………………………………………… 172
　　第三节　学前儿童意志力的培养 …………………………………………………… 179

第三篇　社　会　化

第十章　学前儿童的个性 ………………………………………………………………… 187
　　第一节　个性概述 …………………………………………………………………… 188
　　第二节　学前儿童自我意识的发展 ………………………………………………… 192
　　第三节　学前儿童个性倾向性的发展 ……………………………………………… 198
　　第四节　学前儿童个性心理特征的发展 …………………………………………… 205

第十一章　学前儿童的社会交往 ………………………………………………………… 218
　　第一节　学前儿童的亲子交往 ……………………………………………………… 219
　　第二节　学前儿童的师幼交往 ……………………………………………………… 228
　　第三节　学前儿童的同伴交往 ……………………………………………………… 234
　　第四节　学前儿童社会交往的促进 ………………………………………………… 238

第十二章　学前儿童的性别角色 ………………………………………………………… 243
　　第一节　性别角色概述 ……………………………………………………………… 244
　　第二节　性别角色发展理论 ………………………………………………………… 248
　　第三节　学前儿童的性别角色教育 ………………………………………………… 253

第四篇　心　理　保　健

第十三章　学前儿童的情绪与情感 ……………………………………………………… 265
　　第一节　情绪与情感概述 …………………………………………………………… 266

第二节　学前儿童情绪与情感的发展 …………………………………… 272
　　第三节　学前儿童情绪与情感的培养 …………………………………… 279

第十四章　学前儿童的心理健康 ………………………………………… 285
　　第一节　学前儿童心理健康概述 ………………………………………… 286
　　第二节　学前儿童主要的心理问题 ……………………………………… 291
　　第三节　学前儿童心理健康的维护 ……………………………………… 299

参考文献 ……………………………………………………………………… 307

第一篇 导 论

第一篇 总论

第一章
学前心理学研究概述

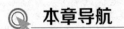 **本章导航**

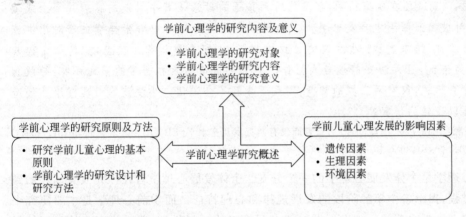

学习目标

(1) 了解学前心理学的研究对象、内容和意义。

(2) 掌握学前心理学的研究方法并初步学会应用这些方法进行简单的研究。

(3) 了解学前儿童心理发展的影响因素并学会分析其在个体发展中的作用。

第一节 学前心理学的研究内容及意义

✦ 案例放送

河南 7 岁男童与猪共处，心理各方面发育迟缓

小洪波是来自河南濮阳的一名 7 岁男童，他的父亲天天去县城拉泔水养猪，或者出去蹬三轮车挣钱，经常深更半夜才回家。他的母亲患有精神障碍，每天将小洪波锁在院子里，不让其出门。小洪波一年四季住在猪圈旁边，经常遭到母亲的打骂甚至虐待。一个村民愤恨地说："我就住在他家前面，经常能听到孩子的母亲按着小洪波的脑袋往门上或地上撞，他有时被撞三四下才会发出哭声。"郑州市康达能力训练中心张桂娥主任对小洪波进行了智力测评，结果显示：小洪波的自我控制能力、配合意识都比较差，其情绪比较暴躁，行为较为混乱，且无法安静地与人协作。先天的遗传因素和恶劣的家庭环境，导致孩子的智力发育迟缓，仅有两三岁的智商，而且至今还不会说话。小洪波的心理健康已经遭受极大的难以逆转的伤害。

（资料来源：河南 7 岁"与猪同住"男童智商仅有两三岁儿童水平[EB/OL].腾讯新闻,http://news.qq.com/a/20150708/048950.htm）

学前心理学是个体发展心理学的一个分支。个体发展心理学旨在探究人类从胚胎到死亡的全过程，揭示各个年龄阶段的发展规律和心理特征。而学前心理学是主要研究个体从出生到上小学之前的心理发生发展特点和规律的一门科学，着重研究个体发展的早期阶段。

一、学前心理学的研究对象

学前心理学研究的对象是学前儿童。目前，我国学术界对学前儿童这一概念的界定并不完全一致，存在广义和狭义之分。广义的学前儿童指从出生或从受精卵开始到上小学之前（0～6 岁）的儿童。狭义的学前儿童指从进入幼儿园到入小学之前（3～6 岁）的儿童。本书研究的是广义的学前儿童，指个体从受精卵开始到 6 岁这一生命历程。本书进一步将学前儿童期划分为 4 个时期：胎儿期，精卵细胞结合到小儿出生前；新生儿期，胎儿娩出、脐带结扎时起，至出生后满 28 天；婴儿期，出生后，到 3 周岁之前；幼儿期，3 周岁后到 6 周岁，如图 1-1 所示。

二、学前心理学的研究内容

学前心理学是研究学前儿童心理发生发展特点和规律的一门科学，它不仅要描述学前儿童心理发展过程的共同特征，还要揭示这些特征变化的时间

图 1-1 学前儿童期年龄阶段划分

趋势,分析其发展的内外影响因素等。具体来说,学前心理学的研究内容可分为以下四方面。

(一) 学前儿童心理的发生

学前阶段是个体发展的早期阶段,各种心理活动都在此阶段发生。新生儿只有最简单的感知活动,与其生理活动密不可分。人类所特有的心理活动,如人类的注意、记忆、想象与思维、情绪与情感、意志及个性心理特征,都是在学前阶段发生的。因此,学前儿童心理的发生是学前心理学的主要研究内容。

(二) 学前儿童心理发展的年龄特征

学前儿童心理发展的年龄特征是指学前儿童在一定条件下,在儿童发展的各年龄阶段中所形成的一般的、典型的、本质的心理特征。这些特征是从许多儿童的心理特征中概括出来的,具有一定的稳定性和可变性。一般来讲,学前儿童从受精卵到出生、成熟,大约经历了胎儿期、新生儿期、婴儿期和幼儿期。这些时期代表着相互连续又相互区别的年龄阶段,旧的年龄阶段被新的取代,如此循环往复,螺旋向上发展。例如,婴儿期是品德的萌芽时期,是一个以"好"与"坏"两极性为判断标准的品德时期;幼儿期则主要是情境性品德发展时期。

(三) 学前儿童心理发展的特点

1. 发展具有方向性和顺序性

正常情况下,学前儿童的心理发展具有一定的方向性和顺序性,遵循从低级到高级、由简单到复杂的顺序进行。例如,儿童动作的发展,遵循头尾律、远近律和大小律,即先头部后四肢、从身体中心向外围、从粗动作到细动作的发展规律,每个儿童均不例外。另外,儿童的情绪情感也是按照从基本的情绪(快乐、悲伤等)到更加高级的情感(道德感、美感等)的顺序发展。

2. 发展具有连续性和阶段性

学前儿童的心理发展是一个连续的过程,先前的发展阶段是后来的发展阶段的前提和基础。在一定的社会和教育条件下,学前儿童从出生到成熟大约经历了胎儿期、新生儿期、婴儿期和幼儿期。这些阶段是相互连续的发展时期,既不能跨越,也不能倒退。例如,儿童言语的发展是一个连续的过程,一般从学会说简单的字词开始,然后再把字词串联起来组成短句。虽然儿童的心理发展是连续的过程,但是在不同的发展时期也有各自的特征。例如,3岁幼儿的思维还保留着儿童思维的具体形象性,5岁幼儿开始出现抽象逻辑思维的萌芽。

3. 发展具有不均衡性

儿童心理发展的不均衡性主要体现在同一个体身上。同一个体的某一方面在不同年龄阶段的发展速度不均衡。一般来说,年龄越小,发展的速度越快。如身高在婴幼儿时期呈现出加速发展的特征,成为第一个加速期,进入青春期之后开始第二个加速期,而在其他年龄阶段则发展平稳。此外,同一个体的不同方面发展也不均衡。感知觉在个体出生时就产生,并且迅速发展到较高水平,而抽象逻辑思维发展到学前末期仍处于较低水平。有学者提出敏感期的概念,认为儿童的各种心理机能的发展存在一个最佳年龄阶段,若在此阶段为儿童提供合适的条件,就会有效促进儿童心理的发展,若错过这个阶段,将来需要花费更长的时间去弥补,甚至很难弥补。

4. 发展具有个体差异性

学前儿童心理发展的差异性主要指不同个体在心理发展过程中表现出来的心理状况、速度、水平等方面的差异。尽管儿童心理发展都要按照基本的顺序和方向进行,都会经历大致相同的路线,但是每个儿童心理发展的速度、最终达到的发展水平和其发展的优势领域都可能是不同的。现代基因研究表明,虽然个体基因的99.9%都和父母完全相同,但就是那0.1%的不同,造就了包括血型和眼球颜色在内的300万个不同的遗传性征,这些不同也成就了每个人的个体差异。例如,有的儿童语言发展较快,2岁就能说出完整流利的句子,有的却刚刚学会说话。

(四)学前儿童心理发展的影响因素

影响学前儿童心理发展的因素是多种多样的,主要来自两个方面:一是遗传,二是环境。与此相关的理论主要有三种:遗传决定论、环境决定论和相互作用论。遗传决定论十分强调遗传对于人的作用,其代表人物霍尔的"一两的遗传胜于一吨的教育"的观点充分说明了这一点。环境决定论的创始人华生则在其《行为主义》中写道:"给我一打健全的、没有缺陷的婴儿,我为他们设立的世界中长大,我可以保证,从他们中任意挑选一个——不管他的天分、爱好、倾向、能力以及他的职业取向或血统如何——我都可以将他们训练成为任何一种领域的专家,如医生、律师、艺术家、商业领袖,甚至是乞丐和小偷。"这两种理论都片面强调某一类因素的重要性,而相互作用论则吸取前两种理论的精华之处,认为个体的发展是遗传和环境两类因素相互作用的结果,被大家广泛接受。

童真童趣

起床来到户外,正在梳头发的铖阳大声凶别人。
凯丽老师:铖阳,不能这么凶哦,女孩子要温柔一点。
然然:女孩子凶就变成女汉子了。
凯丽老师:然然还知道女汉子啊!
然然:陈老师,你不就是一个女汉子吗?

三、学前心理学的研究意义

对学前心理学的研究,既具有重要的理论价值,也包含丰富的实践意义。

(一)理论意义

学前心理学的研究成果,可以为辩证唯物论、普通心理学等提供理论依据。

1. 为辩证唯物论的基本原理提供科学根据

学前心理学从个体心理发展方面体现和论证了辩证唯物主义的各种规律。学前儿童的心理要在一定的物质条件（大脑和社会环境）下产生和发展，这符合辩证唯物主义的"物质第一，意识第二"的基本思想。个体心理的发展先从感知觉开始，逐渐产生抽象思维，这种发展规律正好印证了辩证唯物主义的认识论关于感性认识与理性认识的观点。此外，学前儿童心理发展的阶段性和连续性特点也是质量互变规律的具体体现。

2. 充实儿童心理发展的理论体系，促进心理学的发展

近几年信息论、控制论和系统论的建立，神经生理、医学科学的发展，现代科学技术（如录音录像、微电脑技术等）的广泛使用，为学前心理学的研究提供了新的方法论原理、新的科研技术和新的研究成果。学前心理学作为儿童心理学的重要分支，能够帮助人们了解个体心理的起源、儿童的早期教育和关键期问题等重大的理论和现实问题。可见，学前心理学的研究成果对研究其他年龄阶段的心理发展有重大的意义，能够丰富儿童心理发展的理论体系，促进心理学的纵深发展。

3. 了解儿童心理发展规律，树立正确的儿童观

在当今社会，幼儿园教育小学化的倾向十分严重，很多家长和教师不了解孩子身心发展的规律，在教育的过程中急功近利，将小学的知识过早过重地压在学前阶段的儿童身上，这种做法不仅有害他们的身心健康，还会对幼儿未来的学习造成不良后果。学前心理学可以让人们科学地认识学前儿童心理发展的年龄特征，了解其心理发展的方向和顺序，进而使教育者能够正确对待儿童，尊重儿童身心发展规律，树立正确的儿童观。

资料卡片

幼儿园教什么由家长决定

据报道，某幼儿园大班因大部分家长要求开设拼音、写字、算术等"小学化"教学内容，而不得不调整了课程。频频出现了"幼儿教什么由家长决定"的现象，引起媒体和社会日益广泛的关注，值得教育工作者深思。

幼儿园教什么，应根据幼儿成长特点，遵循学前教育规律，由从事学前教育实践和科学研究的专业人士来确定，而不是由非专业的家长"表决"确定。按照现行的《幼儿园教育指导纲要（试行）》等文件，幼儿园教育应以游戏为基本活动，促进幼儿身心全面协调发展，不应片面追求某一方面或某几方面的发展，严禁"拔苗助长"式的超前教育和强化训练。显然，幼儿园提前教小学内容是不科学、不可取的。

但是，许多生源不足的幼儿园，为了生存不得不迎合家长需求，开设小学教学内容。而家长之所以如此要求，很大程度上也是出于无奈，担心孩子上小学后分在不好的班或跟不上教学进度，更害怕孩子被各式各样的选拔性入学测试挡在门外。我们不能把板子全打在幼儿园身上，也不能全部归咎于家长。幼儿园"小学化"问题，其实是整个社会的应试教育文化在幼儿园的具体体现。

小学的招生方式和教学行为在很大程度上制约着幼儿园的保教行为，纠正幼儿园"小

学化"问题,必须搞好小学和幼儿园的联动,进行系统性治理。

首先,发挥好小学的"指挥棒"作用。一方面要均衡配置教育资源,促进小学均衡发展,另一方面要严格规范小学办学行为,严禁各种形式的违规考试,坚持小学一年级"零点"教学,严禁"跑步前进"的做法。

需要指出的是,由于幼儿园和小学属不同学段,在教育行政部门和教研部门中往往分属不同的科(处)室管理,让小学相关团队加入纠正幼儿园"小学化"的队伍中来,必须加强两个学段人力、智慧和资源的密切配合与衔接,集中力量推进。否则,各自为政的局面只会使纠正幼儿园"小学化"的措施停留在口号上。

其次,要充分发挥优质公办园的示范引领作用。优质公办园是纠正幼儿园"小学化"的先锋队和顶梁柱,要鼓励、督促它们带动和引领其他幼儿园坚持正确方向,指导和引领家长、社会的教育观念走上科学轨道。

最后,要逐步提升学前教育工作的专业化、科学化、规范化水平,加大舆论宣传力度,尽快纠正所谓幼儿教师是"哄孩子"的低技术含量职业的不当认识,努力让社会各界充分认识到学前教育的独特价值和重要意义。只有这样,我们才可能伴随整个社会弱化应试教育、实施素质教育的大气候,逐步纠正"幼儿园教什么由家长决定"这一怪现象。

(资料来源:周立明. 幼儿园教什么由家长决定? [N]. 中国教育报,2015-06-21(1))

(二) 实践意义

学前心理学是一门实践性很强的科学,其研究成果来源于实践,也反过来能够指导幼儿保教的实践活动。

1. 为学前儿童早期的家庭教育提供理论指导

家庭是儿童早期教育的重要场所,父母作为儿童的第一任老师,对儿童早期的身心发展,甚至一生的发展都起着重要作用。学前儿童的教育不只是幼儿园的责任,家长也应该掌握一定的学前儿童心理学知识,了解其身心发展的规律。在与孩子相处时能够从孩子的角度看待其身上发生的问题,给孩子成长的时间和空间;能够尊重孩子发展的个体差异,学会欣赏和鼓励他们。在评价幼儿园的教学质量时,能够注重孩子的快乐成长,不为幼儿园教育小学化的倾向推波助澜。

2. 为学前儿童的幼儿园教育提供科学依据

儿童入园之后,幼儿园成为其受教育的主要场所。幼儿园的环境设置、课程设置、一日生活时间安排、保教活动的内容和方法等,都应该遵循学前儿童的身心发展特点,为儿童提供科学的学前教育。学前心理学是学前教育专业的一门重要的专业理论课程,未来的幼儿教师学习这门课程,可以深入认识与理解儿童,尊重儿童的个体差异,科学地教育儿童,促进他们的心理健康发展,同时也能避免工作中的盲目性,提高保教的工作效率。

3. 为学前儿童的其他领域的工作者提供切实服务

学前心理学的研究成果不仅能为学前儿童的家庭和学校教育提供支持,还为其他领域的幼儿工作者提供服务。例如,儿童玩具的设计者和制作者、儿童食品的开发和调配者、儿童广播电视节目的制作人员等都需要结合学前心理学的相关知识,把握儿童心理发展特点,不断提高自己的工作水平和质量。此外,学前心理学还可为儿童医务工作者提供帮助,作为一名儿童医务工作者,需同时具备儿童医学知识和儿童心理知识,掌握评定儿童心理发展水平的方法,能够诊断儿童心理发展方面的疾病,如儿童智力发展不全和儿童精神疾病等。

第二节　学前心理学的研究原则及方法

"工欲善其事,必先利其器",学前心理学是一门系统的学科,其主要的研究内容是学前儿童(0~6岁)的心理发生发展的规律。因此,在研究的过程中需遵循科学的原则和方法,才能达到事半功倍的效果。

一、研究学前儿童心理的基本原则

研究学前儿童心理发展的方法论原理是辩证唯物主义,而研究原则是方法论思想的具体引申,是学前心理学研究应直接遵循的准则。普通心理学指出的原则,如客观性原则、实践性原则、理论联系实际原则等,也是学前心理学研究中应该遵循的原则。结合学前心理学的学科特点,在进行研究时尤其应遵循下列几点原则。

(一) 客观性原则

客观性原则是一切科学研究都必须遵循的基本原则,它指的是在进行心理学研究时必须尊重客观事实,以实事求是的态度去寻求和发现心理活动的客观规律。在研究学前儿童心理发展的规律时,应遵循客观性原则。这包括以下三层含义。

(1) 学前儿童的心理是在客观因素的影响下产生的。在研究他们的心理发展特点和规律时,不能脱离其生活的社会环境和教育条件,并且应当在他们的日常活动中进行研究。

(2) 生理是心理发展的客观基础,直接制约着人的心理发展。在分析和评价儿童心理状况和发展水平时,还应该充分考虑儿童的生理状态,尤其是儿童高级神经活动的现状。

(3) 任何结论都要以充分的事实材料为依据。在研究学前儿童的心理时,应当实事求是,广泛收集数据资料,如实记录研究过程,全面分析事实材料,得出结论时不能主观臆断,或设法使之符合自己的假设。

(二) 教育性原则

教育性原则也称为伦理性原则,主要是指在进行儿童心理的研究时,所采用的研究内容和方法都不能有损于儿童的身心发展,而要有益于儿童的身心健康。这是学前儿童心理研究人员必须遵循的职业道德要求。研究学前儿童心理发展的特点和规律总会对他们的心理产生或多或少、或好或坏的影响,因此,从设计研究方案、时间安排到研究者的言谈举止,都必须对学前儿童的身心发展负责。例如,有研究者在研究社会生活对儿童心理发展的影响时,对儿童进行社会条件剥夺的实验,这会对儿童的身心发展造成不可逆转的损害,这种做法是不符合教育性原则的,甚至会触犯法律。

资料卡片

寻找小阿尔伯特

华生是行为主义心理学的创始人,他所做的经典的儿童恐惧获得实验在心理学史上具有里程碑的意义,而小阿尔伯特正是该实验的被试。虽然华生的实验被奉为经典,但它也因缺乏伦理性而饱受争议。在实验的过程中,研究者在给小阿尔伯特呈现小老鼠的同时给予强烈的金属敲击声,来检验小阿尔伯特的恐惧情绪是否是后天习得的(图1-2)。实验结果表明,小阿尔伯特的恐惧情绪不断泛化,从害怕小白鼠泛化到害怕其他带毛的东西。后来因为小阿尔伯特被人收养,实验被迫中止。

图1-2 恐惧获得实验示意图

Beck等人发起了历时多年的寻找小阿尔伯特的研究,2009年确认道格拉斯·梅里特就是小阿尔伯特,6岁时患脑积水身亡。Fridlund等人2012年的研究表明,小阿尔伯特并不是一个健康的孩子,而是一个神经损伤儿童,华生很可能在知情的情况下对生病的小阿尔伯特实施实验。由此案例使我们懂得,心理学能有如今的成果,靠的不只是一代代的心理学家,还有数不尽的实验被试(包括人类和动物)。当代的心理学家在进行研究时需要对实验被试负起责任,严格遵守伦理性原则,保护被试的知情同意权和合法利益。

(资料来源:阎书昌.华生实验被试小阿尔伯特的身份确认及争论[J].西北师范大学学报,2013,50(1):93-98)

(三)活动性原则

活动性原则,也被称为实践性原则。学前心理学研究的实践原则主要包括以下两层含义。

(1)学前儿童的心理是在实践中,尤其是在其日常活动中形成的,并且通过活动表现出来。他们年龄较小,语言能力和行为能力十分有限,不可能非常清楚地讲述自己的内心想法。因此,研究学前儿童的心理,必须从他们的活动中收集资料,观察和分析他们的行为表现。

(2)学前心理学的研究结论能够指导儿童的保教活动。研究结论是否正确,也需要在教育实践中进行检验,继而不断修正。这种检验和修正的过程只有在学前儿童的日常活动中得以实现。

(四) 发展性原则

心理现象始终处于发展变化之中,学前儿童更是处于生理和心理快速发展的时期。因此,研究学前儿童的心理必须遵循发展性原则,不应仅看到儿童已经形成的心理特征和品质,还要注意那些刚刚萌芽的新特征和心理发展的趋势,并及时创造良好的环境和条件供其健康发展。

(五) 科学性原则

学前儿童心理的研究是一个复杂的、严谨的探索过程,因此要遵循科学的原则和方法,本着审慎的研究态度和务实的科研作风,这也是对所有从事教科研工作者最基本的要求。

二、学前心理学的研究设计和研究方法

学前心理学主要研究学前儿童的心理发展过程。从不同的角度可以将研究设计和研究方法划分为不同的类型。根据研究的时间跨度不同,可将研究方法分为横向研究、纵向研究和序列研究;根据收集资料的具体方式不同,可将研究方法划分为观察法、调查法、实验法、测试法、个案研究法、作品分析法等。

(一) 学前心理学的研究设计

1. 横向研究

横向研究也称为横断研究或横断设计,主要指在同一个时间对不同年龄阶段的被试进行研究和比较,以此了解其心理发展状况的方法。横向研究是迄今为止采用最多的研究设计。通过比较不同年龄阶段被试之间的差异,研究者可以发现某些方面的变化是否跟年龄相关,如图 1-3 所示。

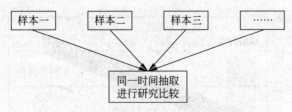

图 1-3 横向研究设计图解

横向研究的优点:①在短时间内收集大量资料,分析出个体的发展规律;②节省大量的人力和财力;③同一时间点调查的数据比较具有代表性和稳定性;④研究结果容易处理。缺点:①有时研究的准确性值得怀疑,不同群体的年龄差异并不总是由年龄和发展造成的,可能是由于被试所经历的社会历史条件不同而导致的;②无法解释个体内部的变化趋势,对儿童的独特性重视不够;③研究时间短,不容易看到发展的连续过程和关键的转折点;④无法解释儿童的早期经验对其今后发展的影响。

2. 纵向研究

纵向研究也称为追踪研究和纵向设计,是指长期地对同一群被试的某些方面进行反复观察、测试、研究,获得其随年龄变化的特征的研究设计。例如,想要了解 2~4 岁儿童言语发展的特点,可以选取一组 2 岁儿童,定期对他们进行追踪研究,直到他们长到 4 岁,如图 1-4 所示。追踪研究的时间长短视被试的年龄而异。年龄越小,心理发展变化的进程越快,测量的时间间隔就要越短。

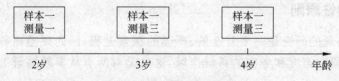

图 1-4　纵向研究设计图解

纵向研究的优点:①不存在被试间差异,能较为系统地揭示个体心理发展的年龄特征;②便于了解个体心理发展过程中比较稳定和迅速的变化时期;③能够揭示儿童早期的重要事件对其今后行为的影响。缺点:①耗费大量的时间、人力和财力;②被试的流失率很高;③可能出现练习效应,影响研究结果的准确性;④社会历史和时代变迁也会给研究的准确性带来消极的影响。

3. 序列研究

序列研究又称为序列设计或聚合交叉研究。这种研究设计将横向研究与纵向研究融合在一起,吸取两者的优点,能够更好地研究个体心理发展变化的特点和转折点。这种设计的具体做法是:先在同一时间选择不同年龄的被试样本进行横断研究,然后对这些被试样本分别进行纵向的追踪研究,最终获得横向和纵向的数据资料。例如,想要研究小学儿童概念与运算能力的发展,可选择一年级、二年级到五年级的学生样本,首先可以先对一年级到五年级的群体样本进行横断比较,然后分别对每个年级的样本进行追踪研究,获得纵向比较的数据,如图 1-5 所示。

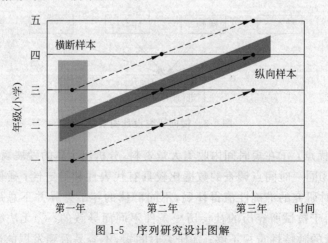

图 1-5　序列研究设计图解

序列研究的优点:①可以在比较短的时间内获得比较多的研究资料;②可以比较出

生于不同年代的同龄被试的发展,进而评估社会变迁是否对研究结果产生干扰;③同时进行横向研究和纵向研究,能够更加准确地探明个体心理发展变化的趋势。

每种研究设计都各有优缺点,研究者应根据自己的研究主题来选择最合适的设计方法。若能结合不同的研究设计,会得出更加科学和准确的研究结论。

(二) 学前心理学的研究方法

1. 观察法

观察法指研究人员借助感官或一定的仪器设备,直接或间接地,有目的、有计划地观察学前儿童在日常生活、游戏、学习和劳动过程中的表现,包括其言语、表情和行为,并根据观察结果分析儿童心理发展的规律和特征的研究方法。学前儿童年龄小,其言语表达能力尚未完全发展,且不会刻意掩饰自己的行为,研究者可以通过观察他们外显的行为,了解其心理活动。因此,观察法是研究学前儿童心理活动最基本的方法,也是最常用、最实用的研究方法。

根据不同的维度,可将观察法分为不同的类型。

(1) 自然观察法和实验观察法

根据观察实施的情境不同,观察法可分为自然观察法和实验观察法。自然观察法,指在学前儿童的日常活动中,不施加任何影响,观察他们的自然行为并进行真实记录和分析的方法。这种方法真实性强,但存在很大的偶然性,难以发现因果关系。实验观察法是由观察者创设一种能引发某一行为的情境,观察儿童在此情境中的行为表现的方法。实验观察法可以在实验室中进行,一般通过隐蔽的摄像头或者单向玻璃来观察;也可以在自然环境中加入人为的控制因素来实施。

(2) 长期观察法和间断观察法

根据观察时间的不同,观察法可分为长期观察法和间断观察法。长期观察法指研究者在相对较长的一段时间内,持续跟踪并观察研究对象,积累资料并加以整理分析的方法。这种方法比较耗时,但有利于发现个体心理发展变化的规律和特征。间断观察法指选取某些时间(段)观察研究对象并记录分析的方法。若观察时间间隔是固定的(如每周一次),就称为定期观察;若时间间隔不固定,则称为不定期观察。

(3) 参与性观察法和非参与性观察法

根据研究者参与的程度不同,观察法可分为参与性观察法和非参与性观察法。参与性观察法指研究者直接参与被观察群体的活动,同时观察和记录他们的行为和活动。非参与性观察法指研究者不介入观察对象的正常活动,以旁观者的身份观察并收集资料。例如,研究者在幼儿园一角观察儿童的交往活动就属于非参与性观察法。一般来说,参与性观察法较为全面、深入,能获得大量真实的研究资料,但观察结论易受观察者主观因素的影响。

(4) 直接观察法和间接观察法

根据观察的手段不同,观察法可分为直接观察法和间接观察法。直接观察法指研究者不借助仪器设备,仅凭自己的感官记录所见所闻的观察方式。间接观察法指观察者在现场借助录音、录像等仪器实施观察或者观察者不在现场时通过对所收集的相关资料进行逆向推断的方法。

（5）非结构性观察法和结构性观察法

根据观察设计的程度不同，观察法可分为非结构性观察法和结构性观察法。非结构性观察法指观察前没有严格的设计，观察中也不必受设计框架的限制，比较灵活、机动地自然记录观察过程中发生的现象。这种方法一般在研究初期使用，可以帮助确定观察主题和项目。结构性观察法指在观察前即已制订详细的观察计划，对观察内容、观察程序、记分标准和人员分工等做好周密的安排和充分的准备，在观察时按计划严格执行。这种方法经常在研究的后期使用，可以深入地观察分析某些项目。

资料卡片

帕顿（Parten）关于"儿童游戏的研究"

1926年10月至1927年6月，帕顿观察了托幼机构中2～5岁儿童在游戏中的社会参与性行为，设计了6种反映儿童参与社会性集体活动水平的类型来指导观察，并赋予每种类型操作定义（表1-1），设计了观察记录表（表1-2）。

表1-1　6种游戏类型的操作定义

游戏类型	操 作 定 义
无所事事	儿童没有做游戏，只是随意观望能引起兴趣的情景。没有观望的，便玩弄自己的身体，走来走去，跟从老师，或站在一边四处张望
旁观	儿童基本上是观看其他儿童的游戏，有时凑上来与正在做游戏的儿童说话，提问题，出主意，但自己没有直接参加游戏
单独	儿童独自游戏，专注于自己的活动，根本不注意别人在干什么
平行	儿童能在同一处玩，但各自玩游戏，既不影响他人，也不受他人的影响，互不干扰
联合	儿童在一起玩同样的游戏或类似的游戏，相互追随，但没有组织与分工，每人做自己想做的事
合作	儿童在为某种目的组织在一起进行游戏，有领导、有组织、有分工，每个儿童承担一定的角色任务，并且相互帮助

表1-2　儿童社会参与性活动观察记录表

游戏类型 儿童代号	无所事事	旁观	单独	平行	联合	合作
1						
2						
3						
4						
⋮						

观察时，在规定时间内对每个儿童每次观察1分钟，同时根据操作定义判断每个儿童当时所从事的活动类型，填入表1-2中。帕顿通过对观察资料的分析发现：儿童的社会性行为发展随年龄的增加而表现出顺序性，即较小的儿童表现出较多的单独游戏，以后逐渐

发展到平行游戏,最后才是集体联合游戏和合作游戏。

(资料来源:观察研究经典案例之一:帕顿(Parten)关于"儿童游戏的研究"[EB/OL].百度文库,http://wenku.baidu.com/)

(6) 定性观察法和定量观察法

根据观察所收集资料的属性不同,观察法可分为定性观察法和定量观察法。定性观察法指以质化的方式收集资料,并且以描述性的语言形式来呈现研究结果的方法,具体又可分为4种基本方法:实况详录法、日记描述法、逸事记录法和实例描述法。定量观察法指以结构化的方式收集资料,并以数据的形式呈现结果的观察方法,主要包括时间取样观察法和事件取样观察法。

(7) 全面观察法和重点观察法

根据观察内容不同,观察法可分为全面观察法和重点观察法。全面观察法指在同一研究内同时对若干心理对象进行观察记录。例如,皮亚杰根据对自己3个孩子的全面观察,创建了物体守恒的定律。重点观察法则是在一项研究中只观察记录某一种心理现象。例如,通过观察幼儿在游戏中合作的情况,来分析幼儿的合作意识。

运用观察法研究学前儿童需要注意:①观察者在观察前要做好准备工作,确定观察计划、观察内容和记录方式等,并对观察人员进行必要的培训;②在实施观察的过程中,尽量使儿童保持自然的状态,减少观察者对被观察儿童的影响;③观察记录必须详细、准确、客观,既要记录行为本身,又要记录行为的前因后果,必要时可借助表格、录音和录像等辅助手段;④对儿童的观察一般应在较长时间内系统地反复进行,以排除偶然性因素的影响;⑤可同时由两名观察者对儿童的行为进行评定,避免主观性的影响。

随着现代科学技术的发展和学前儿童心理发展研究的深入,观察的技术水平不断提高,再加上学前儿童自身的特点,观察法在学前心理学研究中将发挥越来越重要的作用。观察法虽有其自身的优势,但也存在局限性:不能操纵实验变量,无法检验观察结果,难以确定事物间的因果关系。因此,观察法需要结合调查法和实验法等其他方法一起使用。

> **实践应用**
> 选择幼儿的某一种心理特征,在幼儿园见习和实习的过程中,运用观察法进行研究,具体了解幼儿该心理特征的发展变化。

2. 调查法

调查法指研究者通过各种方法与手段,对学前儿童的某一心理发展主题进行系统的、周密的、间接地了解与考察,并对收集到的资料进行定性、定量分析的研究方法。调查法的间接性主要体现在,它并不像观察法那样直接地对儿童的动作或行为进行观察和研究,而是间接地了解研究对象。例如,向家长了解儿童在家的表现,调查家长的养育态度与观念等。根据调查的手段不同,可将调查法分为问卷法和访谈法。

(1) 问卷法

问卷法指研究者使用由一系列问题构成的调查表,收集资料以测量学前儿童行为和态度的基本研究方法。由于儿童的阅读和书写能力有限,研究者可将问卷的内容读给儿童听,收集他们的口头回答并整理分析。这种方法容易操作,但可靠性差,因为学前儿童对问题的理解能力有限,并且他们的回答具有随意性。运用问卷法进行研究时,调查的主要对象是与学前儿童有关的成人(父母和老师等),即请被调查者按照标准化的问卷进行书面作答。

资料卡片

幼儿家庭阅读环境问卷(节选)

1. 请问您是小朋友的:
   A. 爸爸　　　　B. 妈妈　　　　C. 其他家人_____（请填写）
8. 家庭中拥有的儿童图书数量为:_____
   A. 没有　　　　B. 1～20册　　　C. 21～50册　　　D. 50册以上
11. 您最经常给孩子看的书是:_____
    A. 绘本　　　　　　　　　　B. 立体彩色图画书
    C. 黑白连环画书　　　　　　D. 带插图的文字书
    E. 不带插图的纯文字书
14. 您认为孩子在家庭中的阅读:_____
    A. 没有意义　　B. 不清楚　　　C. 有意义　　　D. 意义重大
19. 您每天陪孩子阅读多长时间?_____
    A. 1～10分钟　B. 11～30分钟　C. 31～60分钟　D. 1小时以上
32. 请尽量多地列举几本孩子最喜欢的图书名称:
    _____

(资料来源:王婷.学龄前儿童叙事能力及其与家庭阅读环境的相关研究[D].上海:上海师范大学,2013)

问卷法的形式主要包括以下三种。

① 开放式问卷。这种问卷只提出问题,不给出答案,让被调查者自由回答,充分发挥其主动性和创造性。例如,研究儿童自我评价的发展,可使用开放式问题:你认为你是个好孩子吗？为什么？开放式问卷适合于研究者难以预料儿童回答的研究,经常用于预测性研究。此外,它还常用于收集描述性资料,但这一方法难以进行定量分析研究。

② 封闭式问卷。这种问卷不仅要提出问题,还要提供可选择的答案,只允许被调查者在所提供的范围内进行选择,主要包含的题型有是否型、选择型、排序型和等级型。

③ 半封闭式问卷,也称为综合式问卷。这种问卷综合了开放式问卷和封闭式问卷的特点。一般以封闭式问题为主,适当加入开放性的问题,具体可根据研究需要调整两种类型题目的比例。

问卷法的优点主要有:①能够避免因研究者口头表达方式的差异而造成的调查结果的偏误,减少调查资料中的误差;②能在较短的时间内搜集大量资料,节约时间和经费;③所获资料便于进行统计分析,容易得出结论。问卷法的缺点主要有:①对年龄偏小或文化水平较低的群体,问卷法往往难以进行;②被调查者对题目的回答有时难辨真伪,进而影响问卷结果的真实性;③问卷法往往只能反映一些表面的现象,难以深刻揭示儿童复杂的心理状态。

(2) 访谈法

访谈法指研究者根据一定的研究目的和计划与研究对象进行交谈,询问他们的看法或态度,了解他们的想法,从中分析其心理特点的研究方法。访谈法是一种研究性谈话,能够从访谈对象处收集到第一手研究资料,且比较适合于年龄较小、缺乏书面语言的阅读能力的学前儿童研究上。访谈法是最古老且最常用的调查法。

根据研究者对访谈结构的控制程度,可将访谈法分为三种类型:非结构访谈、结构访谈和半结构访谈。

① 非结构访谈指研究者事先并不制定标准程序及问题,只提供一个谈话主题,鼓励受访者自由交谈的方法。这种访谈比较轻松自在,可获得深层信息,但费时费力,容易偏题,难以做定量分析,一般用于探索性研究。

② 结构访谈指研究者严格按照事先拟定的问题及顺序对受访者进行访谈的方法。在访谈过程中,研究者对所有受访者都按照同样的程序提出同样的问题,记录方式也进行了标准化。这种方法较为省时省力,但比较刻板,沟通受限,难以获得更深入的信息。

③ 半结构访谈介于非结构访谈和结构访谈之间,研究者预先准备一个简单的访谈提纲,对访谈的过程和方向有一定的控制作用,但同时给予受访者较大的空间发表自己的想法。研究者可以根据访谈的具体情况调整访谈的程序和内容,具有较大的灵活性。

在对学前儿童进行访谈时,要注意以下几点:①访谈问题应具体、形象,易于儿童理解;②访谈氛围应亲切舒适,引起儿童兴趣;③访谈时间不宜过长,一般以30分钟左右为宜;④访谈态度应客观、宽容,不带任何偏见;⑤访谈记录要详尽、全面,可借助录音。

访谈法的优点主要有:①灵活性大,可根据具体情况调整问题顺序,通过补充询问和引导获得更深入、更生动、更丰富的材料;②简单易行,适用面广,对年龄偏小和文化水平低的个体同样适用;③直接交谈的方式能确保获得的资料比较真实可信。缺点主要有:①费时费力,不适合做大范围调查;②对于敏感性的问题,受访者难以给出真实回答;③访谈结果的科学性和有效性容易受到研究者主观因素的影响,如访谈技能和研究素养;④标准化程度低,所收集的资料难以进行定量分析。

3. 实验法

实验法指研究者对某些变量进行操纵和控制,创设一定的活动情境,发现由此引起的心理现象的规律性变化,以探讨学前儿童心理发展的原因和规律的研究方法。实验法是儿童心理研究的重要方法,它可以通过操作自变量来检验事物间是否存在因果关系,能够发现并揭示出儿童发展和教育的客观规律。

研究学前儿童心理发展常用的实验法有自然实验法、实验室实验法。

(1) 自然实验法

自然实验法指在儿童的日常生活、游戏、学习和劳动等正常活动中,创设或改变某种条件,以引起被研究儿童某种心理变化并进行研究的方法。实验的整体情境是自然的,但研究者会有目的、有计划地对某一种或某一些条件进行控制。自然实验法结合了观察法和实验法的优点,既能使儿童在整个实验的过程中保持比较自然的心理状态,又能控制儿童心理变化产生的条件,避免处于被动的观察地位。但自然实验法的实验情境不易控制,没有实验室中专业的仪器设备,很多时候需要实验室对实验加以验证和补充。

教育心理实验法是自然实验法中一种重要的形式,在学前儿童心理研究中占有重要地位。它把学前儿童心理的研究和教育过程结合起来,着重比较不同的教育条件对儿童心理发展的影响,挖掘学前儿童心理发展的潜能,为教育改革服务。运用教育心理实验法研究学前儿童时,常采用如下做法:随机将条件基本相同的儿童分为实验组和对照组,给予实验组某种特殊的教育措施,不给予对照组任何特殊的教育措施。通过比较两组的教育结果,测量这种特殊的教育措施(自变量)对因变量的影响。例如,在幼儿园常识课上,实验组是让幼儿动手操作,对照组是不让幼儿动手操作,然后对比两组幼儿有意识记的情况,结果发现,动手操作条件下幼儿识记效果较好。这提醒教师在幼儿常识课上应鼓励幼儿多动手操作。但是,在实际教学中,影响儿童心理的因素是复杂的,并不像理论那样只有自变量在起作用。

(2) 实验室实验法

实验室实验法指在具有特殊装备的实验室内,严格控制实验条件,利用专门的仪器设备,引起和记录儿童的心理变化现象并加以研究的方法。例如,在儿童情感实验室中,利用不同的情境实验,诱发出特定情绪,利用生理学方法和行为学方法对儿童情绪进行研究,从而评估儿童的情绪能力。实验室实验法最主要的优点是能够严格控制实验条件,有助于发现儿童某种行为和心理活动的因果关系,且能够对实验结果进行重复验证。其局限性在于儿童在实验室环境下容易产生不自然的心理状态,可能干扰实验结果的客观性。

4. 测验法

测验法是根据一定的测验项目和量表来了解儿童心理发展水平的方法。测验主要用于探究同一年龄的学前儿童心理发展的个别差异,还可用于了解不同年龄的学前儿童的心理发展的差异。测验法的优点有:①使用简便,能在较短时间内粗略了解儿童的发展状况;②量表的标准化程度高,结果处理方便,可直接进行对比研究;③量表类型较为丰富,可适用于不同的研究需要。其缺点有:①对施测者的要求高,使用过程缺乏灵活性;②测验的结果易受到儿童练习和经验的影响,缺乏准确性;③同一测验题目很难同时适用于不同生活背景的儿童,缺乏文化公平性。

对学前儿童实施测验时应注意以下几点。

(1) 由于学前儿童的年龄较小,独立工作能力差,因此,对学前儿童的测验一般采用个别测验,逐一进行,不宜采用团体测验。

(2) 测验人员必须经过严格训练,不仅要掌握测验技巧,还要善于与儿童沟通,取得他们的信任和合作,使其在测验中表现出真实水平。

(3) 学前儿童心理活动的稳定性较差,不能仅凭一次测验结果就妄下结论,更不能随意透露测验结果,以免造成不良后果。

(4) 测验法只能粗略了解儿童的发展状况,多作为辅助方法使用,若要了解某个儿童的发展水平和状况,需结合其他方法从多方面进行考察。

5. 个案研究法

个案研究法指研究者对某些有特殊情况的个体进行个别的系统的研究的方法。在进行个案研究时,需要详尽地收集与个案相关的信息,既要了解儿童的生理和心理特征,也要收集儿童的家庭、社区环境和成长史等资料。个案研究法能够对个体进行全面深入的考察,检验治疗是否有效,为进一步研究指明方向。但个案研究的样本量小,其结论不具有广泛的推广性,不能推广到同年龄阶段的所有儿童身上。

6. 作品分析法

作品分析法指研究者通过分析儿童的艺术作品、作业、日记或试卷来分析他们的观察力、想象力、理解力、能力和兴趣等方面特点的研究方法。例如,可以通过儿童的绘画作品来了解他们的想象力。日本教育家鸟居昭美先生说过:孩子的画不是用来"看"的,而是用来"听"的,他们的画只有被"听"了,他们的绘画行为才有意义。儿童在创作过程中往往伴随着语言和动作,这些在作品中无法体现出来。因此,对儿童的作品进行分析时最好观察其整个创作过程,不仅要用耳朵倾听儿童对自己作品的介绍,而且要观察儿童的肢体表达,解读儿童在创作过程中传递的信息,以便更加充分地了解其内心活动。

案例放送

学会"倾听"儿童的画

儿童用红色和黄色用心地在楼房的边上点了20多个点,用黑色画了十几个点,大致分布在红色点和黄色点的周围(图1-6)。

儿童:楼房里有灯光,灯光是彩色的。

教师:怎么还会有黑色的灯光呢?

儿童:这是小虫子。有灯的地方就有小虫子。

教师:我看到画面上有树,有灯光,有酒店,可以告诉我树和酒店在什么地方吗?

儿童:在西安。

教师:树长在哪里?

图1-6 儿童绘画中的风景

儿童:在路上。我画条路啊(用黑色画了一条线),路有两条线(又用红色画了一条,接着又蘸取一些黑色,在两条线上画下了许多点)。好多好多的蚂蚁啊,蚂蚁被轧死了,就在路上。我看到过好多蚂蚁被轧死了。

绘画作品分析:这幅画将生活中的真实经验和感受用绘画和语言表达出来,儿童表现了很多细节,楼房边彩色的灯光、灯光下的小虫子、路上的蚂蚁。儿童总能注意到生活中细小的事物和变化,并在画路上的蚂蚁时表现得十分专注。从画面的符号中仔细看,儿童专注地在路面上点下了将近70个点用来表现路上的蚂蚁。这些黑点排列得很整齐,点和点的距离都差不多,尽量将每个点画在代表路面的线条上,更将蚂蚁被碾轧在路上的感觉体现得淋漓尽致。儿童绘画中的细节不是那种细密繁复的细节,而是单纯的细节,源自对世界各种差异变化的单纯的、直接的感动和好奇。

(资料来源:徐荣荣,于开莲.儿童的画与话——幼儿绘画作品分析[J].学前教育,2015(05):9-11)

第三节　学前儿童心理发展的影响因素

✦ **案例放送**

同胞姐妹天各一方　同样容貌不同人生

　　在2015年由东方卫视播出的综艺节目《妈妈咪呀》中,上演了一份异常奇妙的缘分。湖北武汉市的一名29岁的女性,在大街上偶遇自己的双胞胎妹妹。她们从小被领养到不同的家庭中,妹妹在一个农村家庭中长大,家里有两个哥哥,家庭条件非常不好,读完初中后便辍学打工,生活清苦。而姐姐被领养到一个铁路家庭中,从小喜欢唱歌跳舞,很受家人的宠爱和支持。在碰到妹妹之前,她完全不知道自己是被父母领养的。正如俗话所讲"同根不同命",两个拥有完全相同基因的双胞胎姐妹,因为从小生长在不同的家庭环境中,接受不同的教育,分别演绎出了不同的人生之路。

　　(资料来源：失散双胞胎有缘重聚舞台[EB/OL].爱奇艺,http://www.iqiyi.com/v_19rroon7hs.html)

　　人类的发展是先天遗传的结果还是受后天教养的影响？这一直是一个备受争议的问题。不同时期出现了对该问题的不同解释：20世纪初,遗传决定论在心理学理论中占据主导地位,认为人的发展主要是先天遗传的结果；20世纪20年代开始,环境决定论开始占据上风,认为儿童的发展由后天环境塑造,主要受到教养者的行为和态度的影响。研究者多采用双生子研究和领养研究来证明自己的观点,得出的结果不尽相同。两种理论针锋相对,彼此争论不休。现在,很多研究者持折中的观点,同时看重遗传和环境的作用,而且两者是交织在一起对人的发展共同发生作用的。

一、遗传因素

　　遗传是一种生物现象,即祖先的一些生物特性通过遗传物质传递给后代。祖先的生物特性也称为遗传素质,主要指先天的生理解剖特点,如有机体的头发、形态、感觉器官、血型和神经系统等特点。其中,对儿童的心理发展起最重要作用的是神经系统的结构和机能。遗传素质是儿童发展的物质前提,提供了发展的可能性。遗传具有非常重要的作用,主要体现在以下两点。

(一) 遗传素质为学前儿童的心理发展提供最基本的物质前提

　　高度发达的大脑和神经系统是人类在长期进化过程中形成的,是人类独有的。黑猩猩即使接受最好的训练和照顾,其心理水平依然很低,根本无法与人类媲美,这是因为它只有动物的大脑和神经系统。正常的大脑和神经系统是儿童心理发展的基础。而有些儿童会因为遗传缺陷造成先天的智力障碍或其他的身心发育不全,他们的心理发展会落后于正常儿童的水平,甚至造成成年后的适应困难。

(二)遗传素质为学前儿童心理发展的个体差异奠定了最初的基础

遗传素质的不同是造成个体差异的重要基础,它为每个个体的发展提供了不同的可能性。有研究表明:血缘关系越近,智力发展的相关程度越高。同卵双生子的智力相关性最高,异卵双生子次之,无血缘关系的儿童最低,见表1-3。俗话讲"龙生九子,各有不同",这句话的意思是:虽然是亲兄弟,彼此之间的品性、特长等方面也各有不同。遗传素质正是为人类发展的个体差异提供了最初的自然基础。

表1-3 不同血缘关系儿童的智力关系

遗传变量	同卵双生子		异卵双生子	非孪生兄弟姐妹	无血缘关系的儿童
环境变量	一起长大	分开长大	一起长大	一起长大	一起长大
智商相关	0.87	0.75	0.53	0.49	0.23

(资料来源:张永红.学前儿童发展心理学[M].2版.北京:高等教育出版社,2014)

总之,遗传为人类的心理发展提供了最初的自然物质基础和可能性。对于儿童的培养和教育,人们应充分利用和发挥遗传素质提供的有利条件,因材施教,使儿童的发展达到最优化。例如,对于有音乐或绘画天分的儿童,家长和教师可以提供相应的支持,发挥其先天优势,助其成才。

二、生理成熟

生理成熟亦称为生理发展,指儿童身体成长发育的程度或水平。儿童的生理成熟具有一定的规律性,主要体现在发展的顺序和速度上。

(一)生理成熟的顺序和速度

儿童的生理发展的顺序是:头部发育最早,接着是躯干,然后是上肢,最后是下肢。儿童动作发展的顺序是:先会抬头,然后会翻身,再会坐、爬、站、走和跑。生理成熟的顺序性为儿童心理活动的出现和发展提供了基本的前提条件。儿童在1岁左右开始牙牙学语和蹒跚学步,这些都是以他的生理发展为前提的。养育者不可操之过急,应在孩子生理成熟的基础上创造条件,促进孩子的发展。此外,个体的生理并不是匀速发展的,在人的一生中存在两个加速期:婴幼儿期和青春期,在这两个时期儿童的身体生长非常迅速,相应的心理发展也很快。

(二)生理成熟为学前儿童心理发展提供准备状态

在儿童的生理结构发展到一定的成熟水平时,适时地提供合适的刺激,就会促使其相应的心理活动的变化和发展。如果身体结构尚未发育成熟,没有足够的准备,就过早地给予刺激,也达不到预期的效果,甚至会造成损害。美国心理学家格赛尔曾经做过一个双生子爬楼梯的实验,证明了生理成熟对儿童学习技能的准备作用。在孩子的生理成熟还没达到所需水平时,即使提前学习也没有太大作用。很多家长在教育孩子上存在拔苗助长的心理,没有尊重孩子所处的发展阶段和现有的生理成熟水平,反而会造成消极结果。幼儿园教育的小学化倾向,如教给孩子抽象的知识、机械地训练其计算能力等,也没有遵循孩子生理、心理发展的规律。

三、环境因素

环境指学前儿童周围的客观世界。从受精卵产生那刻开始,甚至从卵子和精子准备相遇那刻起,生命已经开始受到母体内外环境的影响。外在的环境从始至终地影响着个体心理的成熟和发展。

(一) 产前环境

产前环境也称为胎内环境,是影响学前儿童成长发育的一种重要环境。很多研究表明:母亲的生育年龄、疾病状况、不良行为习惯、情绪状态等都会直接或间接地影响胎儿生理、心理的发展。产前环境对胎儿的生长具有特殊的重要性。因此,育龄女性越来越重视备孕和孕期的保健,为胎儿的健康发育提供一个舒适的产前环境。

1. 女性的生育年龄

女性的最佳生育年龄是20~35岁。过早或过晚生育会增加胎儿发育不良的危险。女性若在18岁以下生育,其胎儿体重容易过轻,增加了神经缺陷的可能性;同时分娩困难的概率比正常孕妇高。女性若在35岁之后生育,容易出现分娩困难和死胎,而且大大增加了胎儿患唐氏综合征的概率。

2. 孕妇的疾病状况

许多病毒,如风疹、伤寒、肝炎、梅毒和淋病等,都能够通过胎盘影响儿童,给他的大脑或其他器官造成毒害。因此,孕妇要保护好自己的身体,加强营养,适当地锻炼,提高身体的免疫力。若在怀孕期间生病,孕妇应谨遵医嘱,慎重用药。在怀孕的早期几个月,药物对胎儿的不利影响往往最大。一般怀孕7个月后,药物对胎儿的影响可能降低。

3. 孕妇的不良行为习惯

孕期的不良行为习惯,如喝酒、抽烟、吸毒等会对胎儿的发育造成损伤。孕妇在孕期摄入大量酒精后,会通过胎盘对成长中的婴儿造成严重的危害和永久性的影响。母亲饮酒过多,胎儿易患酒精综合征。患有这种病症的胎儿在生理上表现为:头部小而窄,眼距较宽,鼻子扁平,上唇发育不全,且体格大多偏小,如图 1-7 所示。在心理方面,胎儿容易发生智障、好动、睡眠紊乱及反应功能障碍等。大量抽烟的孕妇所生的婴儿体格偏小,早产可能性大,会增加胎儿今后患癌症的风险。也有一些研究发现,吸烟孕妇所生育的子女中出现较多的行为困难和学习障碍。孕妇吸毒更会对胎儿的健康造成严重影响。

4. 孕妇的情绪状态

孕妇的短暂不良情绪不会对胎儿的生理、心理造成大的危害。但是,如果处于孕期的女性遭受重大刺激,如被抛弃或亲

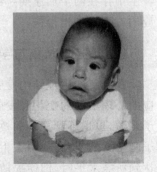

图 1-7 酒精综合征患儿

人去世等,或者长期处于不良的情绪状态,如焦虑、紧张不安和忧郁等,会导致孕妇血管收缩,使胎儿的供血量减少。时间持续得越长,胎儿的大脑和躯体发育越受影响,其心理上也会与母亲感同身受,变得不安、敏感。孕妇过于激烈的情绪状态还可能会导致流产。因此,在孕期女性最好保持平静良好的情绪状态。

  5. 孕妇的心理准备

孕妇对自己的孩子是否欢迎或接受,会对胎儿的发展造成不同的影响。研究者认为,如果女性对自己的怀孕有所准备,并且期待孩子的到来,那么她通常会用乐观、期待的心情对待胎儿;而因意外怀孕被迫生产的女性则通常在物质和心理上准备不足,不自主地对孩子的来临产生抵触心理。这种消极、抑郁的心理会传递给胎儿,对其生理、情绪和智力等方面造成不良影响。

(二)家庭环境

家庭是孩子成长的摇篮,对孩子一生会产生长远而深刻的影响。研究表明,不良的家庭环境和扭曲的教育方式,经常会导致学前儿童出现学习问题、品行偏差、行为异常或社会性发展问题。此外,家长的儿童价值观、对孩子的期望也会对儿童心理的发展产生重要影响。目前国际上经常使用《家庭环境观察评定量表(HOME)》来评价家庭的养育环境。

家庭经济条件对学前儿童的心理发展具有重要影响。在一些经济落后地区,父母双方外出打工,将子女留给老人抚养,这些留守儿童自小缺乏父母的陪伴和看管,容易出现情感冷漠和品行问题等现象。而在一些城市家庭,独生子女政策造成大量的"421"家庭,孩子集所有家人的宠爱于一身,也容易形成自我中心的个性,与人交往容易发生冲突,耐挫能力差等。此外,随着离婚率的不断增加,单亲家庭的数量也越来越大。单亲家庭中生长的孩子也较易出现学习和品行问题,甚至犯罪行为。我国黑龙江省少管所的调查发现:女性单亲家庭中青少年犯罪占总数的38.3%,男性单亲家庭中青少年犯罪占总数的32.5%。

(三)幼儿园教育

当今社会,幼儿入学接受教育的年龄越来越早,2岁甚至更小的孩子已经可以入园上托班。因此,幼儿园对学前儿童的心理发展起着主导作用。幼儿园与家庭不同,它提供给孩子有目的、有计划、有系统的教育。幼儿园的教育理念、教师素质和硬件设施等都会影响孩子的发展水平。适当的教育遵循儿童发展的规律,并且发挥他们的主动性,促进孩子身心健康发展;不适当的教育则会扼杀儿童的创造性和主动性,阻碍甚至摧残儿童的身心发展。

资料卡片

对幼儿园虐童事件应给予零容忍严罚

北京市石景山区古城大街的古城民族幼儿园的一名教师,在今年3月,用针扎伤了至少4名孩子,还威胁孩子不许哭也不让说出去。这些孩子的家长在发现情况后,与园方交涉。园方称,经查询监控,未发现老师用针扎学生的情况,但表示可以减免一些学费。家长们带孩子到医院进行了伤情诊断。石景山区警方查明核实此事,对涉事幼儿园孙姓女教师处以行政拘留15天、罚款500元的处罚。(2015年4月12日《新京报》)

现有的教育法规均明确禁止教师体罚和变相体罚教育对象。幼儿园教师对幼儿的体罚及其他身体虐待行为,性质尤其恶劣,会对认知行为能力尚不健全的幼儿造成极大的伤害。无论在我国还是欧美等其他一些国家,教育学者、心理学家都曾通过实验或现实案例的跟踪研究,证明幼儿被虐待更可能对其心理、人格发育造成不良影响。

国家教育、公安等部门应申明对幼儿园虐童事件的零容忍态度,重申教育和公安部门的管理责任,要进一步畅通校园虐童事件的举报投诉渠道,建立快速响应机制,在各级各类校园、校门设立相关的普法宣传栏,公布举报投诉电话和邮箱。教育部门还有必要邀请教育学者、心理学家编制校园虐待事件的鉴别手册,将相应的方法和常识通过新闻媒体、社交网络发布给广大家长。

对于已经查实的校园虐童事件,应当首先由公安机关控制涉嫌虐童的行为人、幼儿园管理者;教育部门则需要根据相关的教育、办学法规,对涉事园方、校方做出顶格处罚,特别是要对不能有效配合公安和教育部门调查事件、消极应对家长维权诉求的园方和校方责任人,给予包括但不限于暂停办学或取消办学资格等处罚。

考虑到发生在幼儿园虐童事件的恶劣性质和严重后果,教育部门还应对涉嫌虐童的行为人给予终身禁入教育行业、将其虐童行为计入个人信用档案的处罚。

(资料来源:对幼儿园虐童事件应给予零容忍严罚[EB/OL].人民网,http://opinion.people.com.cn/n/2015/0413/c159301-26837005.html)

> **实践应用**
>
> 在互联网上搜索最近发生的幼儿园虐童事件,并进行小组讨论,收集小组成员对虐童事件的看法以及对其产生原因的分析。

(四)社会环境

社会环境既包括一个国家或社会的科学文化水平、社会风俗习惯、历史文化传统以及与其他国家之间的交流合作等宏观方面,也包括人际交往圈、社区环境、工作单位等微观方面。人类处在不同层次的环境系统之中,并受到它们的影响。在此,着重提及大众传媒和暴力电子游戏对学前儿童心理发展的影响。目前学前儿童接触的大众传媒主要有电视、广播、书籍、网络等。随着时代的发展,学前儿童越来越多地接触网络与电视,这些都对他们的心理发展产生极大影响。此外,暴力电子游戏对儿童的影响也已经被许多研究证实。儿童在玩暴力电子游戏时,容易引发其攻击性思维,在生活中也会模仿游戏中的暴力行为,更容易出现攻击性倾向,如与同伴打架或与教师发生冲突等。

童真童趣

操场上,凯丽老师正在帮女孩子们梳头发。

然然:快看,豆豆好美哦,真是一个花美男。

凯丽老师:你怎么知道花美男这个词?

然然：我在电视上面看到的呀。

考题链接

一、单项选择题

1. 在儿童的日常生活、游戏等活动中,创设或改变某种条件,以引起儿童心理的变化,这种研究方法是(　　)。
   A. 观察法　　　　B. 自然实验法　　C. 测验法　　　　D. 实验室实验法

2. 为了解幼儿同伴交往特点,研究者深入幼儿所在的班级,详细记录其交往过程的语言和动作等。这一研究方法属于(　　)。
   A. 访谈法　　　　B. 实验法　　　　C. 观察法　　　　D. 作品分析法

3. "童言无忌"从儿童心理学的角度看是(　　)。
   A. 儿童心理落后的表现　　　　B. 符合儿童年龄特征的表现
   C. "超常"的表现　　　　　　　D. 父母教育不当所致

4. 教育者要在儿童发展的关键期施以相应教育,这是因为人的发展具有(　　)。
   A. 顺序性和阶段性　　　　　　B. 不均衡性
   C. 稳定性和可变性　　　　　　D. 个别差异性

5. 导致儿童身心发展差异性的物质性基础是(　　)。
   A. 遗传差异　　　B. 教育差异　　　C. 环境差异　　　D. 物质差异

6. 新生儿的心理,可以说一周一个样,满月之后,是一月一个样,可是周岁以后发展速度就缓慢下来,两三岁以后的儿童,相隔一周,前后变化就不那么明显了,这表明了学前儿童心理发展进程的一个基本特点是(　　)。
   A. 发展的连续性　　　　　　　B. 发展的整体性
   C. 发展的不平衡性　　　　　　D. 发展的高速度

7. 目前幼儿园教师为幼儿制作成长档案是运用了(　　)方法对幼儿的成长进行研究。
   A. 观察法　　　　B. 谈话法　　　　C. 作品分析法　　D. 实验法

8. 双生子爬楼实验说明儿童心理发展过程中(　　)的作用。
   A. 遗传素质　　　B. 家庭教育　　　C. 文化环境　　　D. 生理成熟

9. "给我一打健全的儿童,我可以用特殊的方法任意地加以改变,或者使他们成为医生、律师……或者使他们成为乞丐和盗贼……"这种片面的观点突出强调的是(　　)对儿童心理发展的作用。
   A. 遗传因素　　　B. 生理成熟　　　C. 环境和教育　　D. 先天因素

二、简答题

1. 简述学前儿童的心理发展特点。
2. 简述学前心理学的主要研究方法。
3. 用实验室实验法研究儿童心理有何优缺点?

三、论述题

1. 请根据幼儿园教育的特点和幼儿身心发展的规律,论述幼儿园教育为什么不能

"小学化"。

2. 试述影响儿童心理发展的因素。

四、材料分析题

某幼儿园为了有计划、有目的地指导幼儿进行早期阅读,提高幼儿对阅读的兴趣,对幼儿早期阅读的情况进行了研究调查。该幼儿园随机抽取了小、中、大班 90 名幼儿及其家长(其中小班 30 名、中班 30 名、大班 30 名)进行访谈。

请阅读上述材料,回答以下问题。

(1) 该幼儿园采用的是哪种研究方法?

(2) 该研究方法的优点是什么?

第二章
学前儿童心理发展的理论流派

本章导航

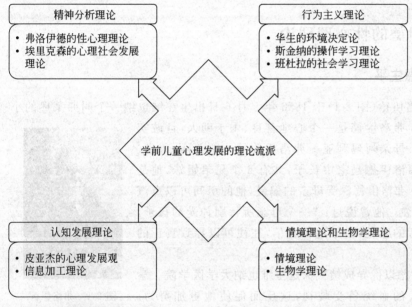

学习目标

(1) 了解每种理论的代表人物的生平经历并从中受到鼓舞和启发。

(2) 理解每种理论流派的主要观点以及与其他流派的异同之处。

(3) 掌握埃里克森的心理社会发展理论和皮亚杰的认知发展阶段理论。

(4) 学会用各种理论分析儿童的心理发展和行为表现并且能用理论指导教学实践。

第一节 精神分析理论

对于儿童心理发展的研究,历史上不同的学者采用各异的研究视角和研究方法,形成了不同的理论流派。他们对学前儿童心理发展的解释各不相同,这些理论也会影响学校和家庭对儿童的教育方式。因此,有必要学习当今主要的理论流派,了解其对教育工作的指导意义。

精神分析理论的主要代表人物有西格蒙德·弗洛伊德和埃里克·埃里克森。弗洛伊德提出了著名的性心理理论,其影响非常广泛。埃里克森在弗洛伊德理论的基础上进一步提出了心理社会发展理论,将人的一生分为8个阶段。

一、弗洛伊德的性心理理论

(一) 弗洛伊德生平

西格蒙德·弗洛伊德(图2-1)于1856年5月6日出生在维也纳一个叫弗莱堡的小镇。其父亲雅各布·弗洛伊德是一个心地善良、乐于助人,且诚实单纯的毛织品商人。母亲阿玛利亚·弗洛伊德是一位美丽、善良、开朗活泼的女性。弗洛伊德是家中长子,共有6个兄弟姐妹,他是其中最出众的一个。弗洛伊德深受母亲的偏爱,他的房间可以点汽灯,其他人只能用蜡烛。他曾说过:"一个母亲所特别钟爱的孩子,一生都有身为征服者的感觉;由于这种自信,往往可以导致真正的成功。"

图 2-1 弗洛伊德

1873年,弗洛伊德以优异成绩被保送至维也纳大学医学院。学习期间,因其犹太人的血统备受歧视,这反而促使他更加努力。1881年,弗洛伊德获得博士学位。1885年,弗洛伊德前往法国巴黎彼里埃医院学习,师从让·马丁·沙可,5个月后回国,并于1886年开办一家私人心理诊所,与未婚妻玛莎结婚。1890年,弗洛伊德出版《梦的解析》一书,这标志着精神分析理论的诞生。

(二) 人格的结构

弗洛伊德认为,人的发展是一个冲突的过程,人具有两种基本的本能:性本能和攻击本能。这些本能需要获得满足,但在现实生活中经常遭受限制。在对学前儿童抚养的过程中,父母对他们性和攻击欲望的控制会对其今后的行为和个性发展起到重要的作用。

弗洛伊德认为人格的结构包括本我、自我和超我三种成分。

(1) 本我是人格中最原始的成分,人生来就有。它最主要的功能是追求立即满足先天本能的需要,因此其遵循的是快乐原则。刚出世的婴儿几乎完全处于本我状态,除了身体的舒适外,他们很少担忧其他事情。当婴儿饿了或者尿湿了时,他们就会立即通过哭闹来寻求养育者的照料,直到需要得到满足才会停下来。随着孩子年龄的增长和经验的积累,儿童在行动前学会思考现实情况,如他打算从一个大孩子的手中夺取玩具,可能会挨打。这就促使了人格结构的第二种成分——自我的发展。

(2)自我是人格的理性成分,只有在对现实有准确的观察,思考过去的经验并产生相应的计划后再行动,它遵循的是现实原则。自我有两种功能:第一,寻求较为实际的方式来满足本能的需要;第二,控制本我的不合理冲动。例如,当一个幼儿饥饿时,他不会像婴儿那样哇哇大哭,而是知道如何获取食物,寻找母亲并说"饼干,饼干……"再如,刚学会走路的孩子,能够考虑绕过产生碰撞的物品,抑制自己随意走动的冲动,这也是自我控制功能的一种体现。

(3)超我是人格中的道德成分,遵循的是道德原则。儿童在3~6岁时出现超我,儿童将父母的道德观念和规范内化为自己的道德标准。超我一旦形成,儿童就能够自行判断行为的好坏。超我包括两个部分:第一是良心,告诉我们不应该做什么,人们一旦违背了良心的要求,就会产生内疚感;第二是理想我,代表的是积极的志向,是个人追求完美的动力。

弗洛伊德认为,人格结构的三种成分不可避免会发生冲突。若要获得健康的、成熟的人格,本我、自我和超我之间需要保持动态的平衡。自我需要调节本我和超我之间的冲突,既要想方设法满足本能的需要,追寻快乐,又要选择合乎规范的方式,适应外界的现实准则,避免良心的谴责。

(三)性心理发展的阶段

弗洛伊德非常看重性本能在人格发展中的作用,他眼中的性是广义的,除了包括生殖活动外,还包括吮吸、排便、抚摸等一切能引起身体快感的行为。他将性能量称为"力比多",随着性本能的成熟,"力比多"就会逐渐从身体的某一部位转移到另一部位,儿童的性心理发展就进入了另一个阶段。根据"力比多"在不同年龄阶段所在部位的不同,弗洛伊德将儿童的性心理发展分为5个阶段:口唇期、肛门期、性器期、潜伏期和生殖期。学前儿童的年龄阶段主要处于前3个时期,即口唇期、肛门期和性器期。

1. 口唇期(0~1岁)

性本能主要集中在口唇,婴儿主要通过吮吸、咀嚼和咬东西等口唇活动来获得满足。若婴儿的口唇需要未能得到适当满足,儿童长大后的性格可能偏向依赖、悲观和退缩,也可能形成吮吸手指、暴食和抽烟的不良习惯。例如,婴儿突然断奶或断奶过早,结婚后可能会过分依赖配偶。

2. 肛门期(1~3岁)

儿童按照自己的意愿排便是这一时期满足性本能的主要方式。成人对儿童的如厕训练主要发生在这一时期,要求儿童必须在找到合适的场所之前忍住排便的欲望,这会引起父母和儿童之间的冲突。成人在训练孩子如厕时的情绪氛围很重要,会对孩子的人格发展产生持久影响。过分严格、过早的如厕训练会使儿童变得顽固和压抑。

童真童趣

教室里,许老师教孩子们怎么用手纸擦屁股,那场面笑死我了,活动结束之后,我坐在椅子上。

子懿:陈老师,你现在坐在马桶上,我来给你擦屁股,好不好?

凯丽老师:啊?!

子懿:我模拟给你擦屁股,好不好?

子翔:老师,我也要给你擦屁股。

凯丽老师:啊?!我不要不要不要!我是女生,你们是男生。

子乔:老师,我是女孩子,我给擦,好不好?

3. 性器期(3~6岁)

儿童对刺激的需求主要集中在性器官区域。儿童开始对自己的性器官感兴趣,常会抚摸自己的生殖器获得快感。在这一时期儿童出现俄狄浦斯情结,即女孩的恋父情结和男孩的恋母情结。随着儿童年龄的发展,在正常的养育条件下,其俄狄浦斯情结会逐渐消失,最终形成对同性父母的认同。在这一时期,成人如何看待和处理儿童抚摸生殖器的行为会影响其今后人格的发展。

4. 潜伏期(6~12岁)

儿童的性能量被压抑在无意识当中,自我和超我不断地发展。儿童的生活范围不断扩大,与同伴交往的内容更加丰富,他们将更多的经历投入学习、游戏和运动中。儿童一般喜欢和同性伙伴一起玩耍,和异性较为疏远。

5. 生殖期(12岁以后)

青春期的到来唤醒了埋藏深处的性能量,青少年对异性产生兴趣,必须学会采用社会接纳的方式释放自己的性能量。如果获得健康发展,就会顺利进入结婚生子的阶段。

弗洛伊德认为,如果儿童在某一发展时期不能得到满足或过度满足,将会发生固着。固着指某一时期的发展任务未解决,从而导致今后表现出这一时期的行为方式。例如,口唇期的需要没有合理满足的儿童,在成年后可能会出现嘴部的吮吸行为——咬嘴唇、咬指甲或吮吸手指等行为。弗洛伊德的理论并非基于实证研究,而是采用访谈或临床法,很难进行验证。他的理论还过分关注性感受和性唤起,也遭受很多质疑。但是,弗洛伊德提出的人的早期经验会对今后发展产生重要影响的观点一直享有广泛的影响力。

资料卡片

儿童为什么要分床独睡

分床而睡是每一个儿童都要面临的问题。有的儿童八九岁了,还赖在父母床上不肯走。过晚地分床睡,会带来一系列心理问题。为保证儿童的心理健康发展,父母与儿童分床的时间,最晚不要超过3岁。

第一,2~3岁,正是儿童自主意识萌芽和迅速发展的时期,安排儿童独自睡,对于培养其心理上的独立自主感很有益处。这种独立感和自理能力的培养,能够促进儿童今后更好地适应社会。

第二,儿童4~5岁时,正处于男孩恋母、女孩恋父的时期,这个时期的恋父、恋母情结具有排他性,表现为对异性父母更加依恋,并且拒绝与同性父母的亲近。因此,3岁之前分床是比较合适的,否则越往后拖,分床会越困难。儿童的年龄越大分床越难,若强行分床,会容易产生心理问题。

(资料来源:分床而睡——长大的标志[J].婴幼儿综合能力培养,2015(5):20)(期刊未注明作者)

二、埃里克森的心理社会发展理论

(一) 埃里克森的生平

埃里克·洪伯格尔·埃里克森(图2-2)是一位著名的精神分析学家,于1902年6月15日出生在德国的法兰克福。埃里克森的母亲是犹太人,其亲生父亲在他出生前就抛弃了他们母子。在他3岁时,母亲带着他移居到德国的巴登,并改嫁给一名犹太儿科医生。在埃里克森的成长过程中,尽管继父和母亲很爱他,隐瞒了他的身世,但是他仍然有一种异样的感觉:母亲和继父都是犹太人,而自己的外貌明显具有斯堪的纳维亚人的特征,金发碧眼,身材魁梧。因此,他父母所在的教会成员将他看作异教徒,而他的同学则因为他的家庭把他看作犹太人。来自两方面的排斥感让他备受折磨,对自己的身份感到困惑,也促使他后来去思考"同一性"的问题。

图2-2 埃里克森

埃里克森18岁开始在大学预科学校学习,他并不喜欢那种正式而严格的教育氛围。毕业之后,他违背继父想让他成为一名医生的意愿,开始周游欧洲大陆,立志成为一名艺术家。1927年是埃里克森生命的转折点。一次偶然的机会,他结识了精神分析领域中的重要人物——安娜·弗洛伊德,并深受安娜的影响,开始走上精神分析的道路。此后他一直致力于研究和教学工作,笔耕不辍,并出版了多部著作:《儿童与社会》和《同一性:青春期与危机》等。1994年,92岁高龄的埃里克森安然离世。

(二) 心理社会发展理论

埃里克森在弗洛伊德的理论基础上,进一步提出了自己的理论。他认为弗洛伊德将性作为解释行为的主要原因的看法太过局限,并且他将视野拓展到社会环境下的儿童和家庭,重视社会文化对人的影响以及人与人之间的相互作用。埃里克森根据人的一生中出现的心理社会问题,将人格发展分为8个阶段。这些阶段以固定的模式出现,对所有人来说都是相似的。个体在每个阶段中都有其独特的发展任务,也会面临相应的发展危机,如果他能很好地解决,才能顺利进入下一个阶段,获得积极的品质,否则个体将会形成消极的品质,影响后一阶段的良性发展,产生适应困难。学前期儿童主要处于婴儿前期、婴儿后期和幼儿期3个阶段。

1. 婴儿前期(0~1岁)

婴儿前期主要解决基本信任对基本不信任的心理危机,获得希望的品质。信任指婴儿的需要与外界对他需要的满足保持一致,这种信任主要来自母亲或其他主要的养育者。在婴儿因为饥饿、身体不适等原因产生哭闹时,养育者是否能够及时关注和照料,这很大程度上决定了婴儿信任品质的形成。在这一阶段,婴儿与其养育者形成良好的依恋关系非常重要,这会进一步决定其今后发展其他人际关系的能力。

2. 婴儿后期(1~3岁)

婴儿后期主要解决自主对羞怯和怀疑的心理危机,获得意志的品质。这一时期的婴儿逐渐学会走路和说话,生活范围进一步扩大。当婴儿产生独立自主的需要,想要自己动手穿衣、吃饭、拿玩具和探索周围的世界时,父母应允许孩子做一些力所能及的事情,并给予鼓励和表扬,这有利于培养孩子的意志品质。另外,父母希望训练孩子良好的生活习惯,如按时吃饭、节约粮食和不随处排泄等。父母的要求有时与孩子的需求产生激烈冲突,此时,父母不能对孩子的反抗行为听之任之,放任自流,这会妨碍孩子形成良好的习惯;同时也不能过分严厉或惩罚不当,这会伤害孩子的自主感,使儿童产生怀疑,感到害羞。父母应把握好适度原则,才有利于孩子自主能力的发展。

3. 幼儿期(3~6岁)

幼儿期主要解决主动对内疚的心理危机,获得目的的品质。这一时期儿童对外界充满了强烈的好奇心,想要主动探索周围的世界。如果成人能够支持孩子的探索行为,在适当的时候给予指导,孩子的主动性会不断增强,将来很可能成为一个有创造力和责任感的人。如果成人压制孩子的好奇心,限制孩子自由探索的行为,嘲笑孩子的想象力或创作,会使孩子丧失信心,感到内疚和失败。孩子需要保持主动性,但也要学会不侵犯他人的权利、利益和目标。

4. 童年期(6~12岁)

童年期主要解决勤奋对自卑的心理危机,获得能力的品质。这一时期的儿童主要在学校接受教育。他们通过勤奋学习,获得相应的知识和技能。优异出众的表现会获得同伴的欣赏和老师的赞扬,这会使儿童更加自信,充分肯定自己的能力,形成积极的自我评价。相反,如果儿童不勤奋好学,在与同伴的横向比较中处于劣势,可能会缺乏他人的认可甚至引发消极的评价,这会让儿童产生自卑心理。

5. 青年期(12~20岁)

青年期主要解决同一性对角色混乱的心理危机,获得诚实的品质。埃里克森认为青年期是一个非常重要的转折时期,在这一时期青年最主要思考的问题是"我是谁?",并逐渐形成明确的自我意识和角色定位。青年人有一段时间会很疑惑自己到底是怎样的人,出现成人眼中的逆反行为,他们会尝试各种行为去探索更真实的自己:尝试各种奇装异服,参加校内外的帮派团体,有的可能会探索奇怪甚至危险的行为。经过这些探索和尝试之后,青年人需要建立自我的同一性,形成一个统一的自我角色。在中国的教育环境下,青年期对自我同一性的探索一般会推迟到18岁以后,即高中毕业进入大学之后,他们才有机会去实践各种探索。

6. 成年前期(20~40岁)

成年前期主要解决亲密对孤独的心理危机,获得爱的品质。这一时期的成人逐渐脱离父母的庇护,开始寻求与他人的亲密关系,发展出自身的责任感。只有具有自我同一性并获得诚实品质的成人才可能发展出真正的亲密关系。真正成熟的亲密关系意味着彼此之间相互信任，在平等的关系中包含着自我牺牲、妥协并承担义务。处于成年前期的个体如果没有获得成熟的亲密关系，就会体验到孤独感。

7. 成年中期（40~65岁）

成年中期主要解决创造对停滞的心理危机，获得关心的品质。这一时期的成人需要获得创造感，生命才会充满活力，避免停滞不前。这种创造感可以在两方面体现：第一，在家庭方面，养育后代，关心他们的健康成长；第二，在工作上不断努力，追求更高的成就。这种创造感会给个体注入新鲜的活力，使其获得满足感。相反，如果成人不愿意承担养育家庭和工作的责任，只考虑自身的享乐，那他就会变得停滞或自我中心，人格贫乏。

8. 成年晚期（65岁以后）

成年晚期主要解决自我完善对悲观绝望的心理危机，获得智慧的品质。这是人生的最后一个阶段，老年人回想过去的生活，如果觉得自己一生过得很有价值、很有意义、很幸福，他便会产生一种完善感，坦然地面对死亡的来临；如果觉得自己一辈子碌碌无为，没有实现自己的理想和目标，他便会感觉悲观失望，恐惧死亡的来临。

在埃里克森看来，每一个发展阶段都有一对危机需要解决，它们就像一个连续体的两极，成功地解决危机能发展出积极的品质，但这并不意味着丝毫没有负面的体验。两种品质之间应该有一个合适的比例。例如，在第六个阶段（亲密对孤独），对于成人来说，虽然需要建立亲密关系，但也不能亲密无间，需要保留彼此独立的空间，偶尔的孤独感会让人更加成熟和独立。另外，只要寿命足够长，人都要经历所有的发展阶段，并非只有当前一个阶段的危机解决后才能进入下一个阶段，而是顺利度过前一个阶段会增加后一阶段顺利发展的机会，个体也可以在当前阶段去解决前一个阶段遗留的任务。

在弗洛伊德性心理发展论的基础上，埃里克森提出了他的心理社会发展理论，两者有相似和不同之处，在此简要列出并对比两种理论的要点，见表2-1。

表2-1 弗洛伊德和埃里克森的理论对比

大致年龄	弗洛伊德的5个阶段	埃里克森的8个阶段：危机与品质
0~1岁	口唇期	基本信任对基本不信任；希望品质
1~3岁	肛门期	自主对羞怯和怀疑；意志品质
3~6岁	性器期	主动对内疚；目的品质
6~12岁	潜伏期	勤奋对自卑；能力品质
12~20岁	生殖期	同一性对角色混乱；诚实品质
20~40岁	生殖期	亲密对孤独；爱的品质
40~65岁	生殖期	创造对停滞；关心品质
65岁以后	生殖期	自我完善对悲观绝望；智慧品质

（三）精神分析理论对于学前儿童教育的启示

精神分析理论对教育最大的启示是要重视儿童的早期经验。个体在童年时期接受的抚养和教育方式为其一生的发展奠定基础。学前期是人生发展的开端时期，学前教育越来越受到人们的重视,成人着手对孩子进行培养的年龄越发提前。精神分析理论对于学前儿童教育的启示主要体现在以下几个方面。

(1) 教师要给儿童提供一个民主、尊重和关爱的课堂环境,让儿童主动探索,在适当的时候给予指导,以使儿童能够快乐学习,健康发展。

(2) 教师应尊重儿童的个体差异,鼓励孩子看到自身的优点。每个个体发展的速度不均衡,教师应学会真心地欣赏儿童,淡化横向比较,鼓励以自我为参照标准的纵向比较,让儿童体验到自身的进步,增强自信心。

(3) 教师不应简单粗暴地制止儿童身上发生的不良行为,如攻击、捣乱课堂秩序等,应多方面关注儿童生活,了解他们的经历和感受,探究其不良行为背后的动机,再对症下药。

(4) 教师可通过绘本故事给儿童提供适当的性教育。按照弗洛伊德的观点,3~6岁的幼儿处于性器期,也有学者研究表明,在这个年龄阶段,儿童经常会刺激自己的生殖器获得快感。教师应用专业知识武装自己,正确看待儿童的性活动,提供适宜的性关怀和性教育。

> **实践应用**
>
> 寻找有关学前儿童性教育和性关怀的绘本故事和书籍,在精神分析理论的指导下,更深入和正确地了解3~6岁幼儿的性发展和性活动。

第二节 行为主义理论

行为主义的创始人是美国心理学家华生。行为主义主张研究可观察的、外显的行为,而不是研究意识之类的内部心理活动。该理论非常强调后天学习的作用,认为人类的学习是一个循序渐进的过程,而非必然要经历一系列相似的发展阶段。行为主义理论的代表人物有华生、斯金纳和班杜拉,他们分别提出了自己的理论。

一、华生的环境决定论

(一) 华生的生平

约翰·华生(图2-3)于1878年1月9日出生在美国南卡罗来纳州格林维尔附近的一个贫困家庭,在6个兄弟姐妹中排行第四。华生的母亲是一名虔诚的教徒,希望他长大后成为一名牧师。他的父亲是一个游手好闲的好色之徒,经常在外与人厮混,几周都不回家。在华生小时候,家里请了一个黑人保姆,保姆经常吓唬他:魔鬼就藏在黑暗中,如果他夜里乱跑,就会被魔鬼抓住,带到地狱里。成年后的华生一直深受黑暗恐惧的心理阴影影响,不敢关灯睡觉。

1891年,华生13岁时,父亲抛妻弃子,与格林维尔郊区的两个印第安女人同居。父亲的不辞而别让华生极度失望和伤心,在高中时表现出懒惰、堕落和暴力的行为特点,他曾因非法活动被两度

图2-3 华生

逮捕。1894年,华生洗心革面,进入伏尔曼大学学习,半工半读,做过很多卑下的工作。21岁那年,华生获得硕士学位,本想继续深造,却因母亲生病不得不出去工作。25岁的华生以一篇题为《动物教育:白鼠心理发展与其神经系统发育的实验研究》的毕业论文获得芝加哥大学实验心理学哲学博士学位。1904年,华生与自己的学生玛丽结婚,开始进行学术研究。1913年,华生的文章《行为主义眼中的心理学》发表,标志着行为主义的诞生。

(二) 环境决定论

环境决定论是由华生提出的,他被称为"行为主义之父"。华生认为儿童是被动的个体,其发展完全取决于养育环境和教养方式。换句话说,儿童成长为怎样的人,教养者负有极大的责任。华生认为心理学不应该研究意识,而应该研究可观察的外显行为。行为的基本要素是刺激与反应,用公式表述如下:S-R。他否认遗传的作用,认为从一个个体接受的刺激,便可预测他的反应;从个体的反应也可推测他接受的刺激。这种刺激与反应之间的联结是通过后天的学习获得的。

华生致力于儿童情绪的研究,他认为婴儿出生时只有3种情绪反应:恐惧、愤怒和爱。以恐惧为例,华生认为,起初能引起婴儿恐惧的刺激无非就是突然的声响和失去支撑物(如从高空坠落),但年长些的婴儿会恐惧很多事物,如陌生人、猫、狗、黑暗等。他认为婴儿对这些事物的恐惧一定是后天习得的。为了检验自己的理论,华生和其助手瑞里进行了著名的"小阿尔伯特实验"。他们以一个9个月大的小男孩阿尔伯特为实验对象,观察他对小白鼠的恐惧是否是后天习得的。实验之初,华生给小阿尔伯特看一只温顺的小白鼠,小阿尔伯特对小白鼠并不害怕,并且跟小白鼠一起玩。2个月后,每当小阿尔伯特接近小白鼠时,华生就在他身后用力敲打金属棒,发出巨响,孩子受到惊吓。反复几次后,小阿尔伯特将小白鼠和吵闹的声响联系起来,当他再看到小白鼠靠近时,就会表现出恐惧、逃避的反应。这个实验证明了恐惧是很容易习得的。

除了研究恐惧的后天习得,华生还进行过如何消除儿童恐惧的实验研究,被称为"彼得实验"。实验被试为3岁的彼得,他害怕兔子、毛皮大衣、羽毛等东西。华生及其助手琼斯为消除彼得的恐惧,做了如下实验:在彼得吃饭时,将一只关在笼子里的兔子放在距离彼得较远,不会让他恐惧的地方。第二天,将兔子拿到较近的地方,直到彼得感觉一丝不安。之后的每一天,兔子都被移得更近一些,最后,甚至可以放在他的膝盖上。彼得对兔子的恐惧和容忍逐渐转化为积极的反应,后来他竟然能一边吃饭,一边和兔子玩耍。之后,彼得对毛皮大衣和羽毛的恐惧也用类似的方法消去了。

华生告诫父母,应该从孩子刚出生就开始训练他们,应避免拥抱、亲吻孩子,因为这样容易使婴儿将父母的出现与纵容的行为联系起来,就不会学习独立自主地探索世界。要想培养孩子良好的习惯,就应该少娇惯他们并使用良好的方式训练。华生的环境决定论否定遗传的作用,片面夸大教育和环境的作用,忽视人的主观能动性,陷入了教育万能论。

二、斯金纳的操作学习理论

(一)斯金纳的生平

斯金纳(图 2-4)出生于美国宾夕法尼亚一个比较幸福的家庭。父亲是一名律师,母亲是家庭主妇。斯金纳所接受的家庭教育非常严格,有一套明确的家规。斯金纳的父母对孩子违反家规的惩罚非常独特,并非简单的体罚,而是以关爱的方式来处罚。一次,斯金纳用弹弓发射一根胡萝卜,把邻居家的玻璃打碎了,父亲夸奖了他的创造才能,并且让他向邻居道歉,为其换上新玻璃。父亲经常带斯金纳参观当地的监狱,并用警察的形象来吓唬他。这种教育方式正好和斯金纳提出的行为强化理论相符合,利用一个人厌恶的刺激来纠正其不当的行为。同时,父亲也会经常奖励斯金纳良好的行为表现。

斯金纳是一个极富创造力的人,从小就痴迷于各种发明创造。他将这种创造力运用到了心理学学术生涯中,发明了著名的"斯金纳箱"(图 2-5),成为他操作学习理论的摇篮。他还将学习理论运用到实践生活中,发明了教学机器并设计了程序教学方案。斯金纳在心理学研究方面成就斐然,他发表过 110 多篇论文,出版了 19 本专著。其中,《有机体的行为:一种实验的分析》和《言语行为》是他自认为最重要的两部著作。

图 2-4 斯金纳

图 2-5 斯金纳箱中的白鼠踏杆取食

(二)操作学习理论

斯金纳根据自己发明的斯金纳箱,以白鼠和鸽子为实验对象,提出了操作学习理论。该理论认为,人类的发展取决于外部刺激(强化物和惩罚物),而不是诸如本能、驱力或生理成熟等内部力量。斯金纳研究的条件作用与巴普洛夫和华生的有所不同,他将由外在刺激而引发的反应称为"应答性反应",这种反应常常是自动的、无意识的行为。而把个体对环境的主动操作、受到强化的反应称为"操作性反应",这常常是有目的的行为。人类的学习主要是操作性学习,即一个个体的行为是否会再次发生,取决于它产生的结果是积极的还是消极的。例如,幼儿园的一个儿童主动将自己的玩具与同伴分享,教师看到后及时强化,给予口头表扬,那么这种积极的情绪体验会促使这位儿童今后更多地出现分享行为。

斯金纳在操作学习理论中,提出了两个重要的概念:强化和惩罚。他进一步将强化区分为正强化和负强化;将惩罚区分为正惩罚和负惩罚。正强化,又称为积极强化,指通过呈现一些令人愉快的刺激物,如食物、表扬和注意等,使个体更多地表现出某种行为。负强化,也称为消极强化,指通过去除某种令人厌烦的刺激使个体更多地表现出某种行为。如为了避免教师的批评,儿童在课堂上更多地表现为遵守纪律。无论是正强化还是负强化,其作用都是为了增加行为的发生频率。而惩罚则是为了降低某种行为的发生频率甚至消除某种行为。正惩罚是当幼儿出现不适当的行为时,给予其令人厌恶的刺激的方式;负惩罚指当幼儿出现不适宜行为时,剥夺其获得的愉快性刺激的方式。例如,当幼儿在同伴游戏中出现攻击行为,若教师带其到反思角待着,这种方式属于正惩罚;若教师收走他曾经获得的小红花,这种方式属于负惩罚。强化类型与惩罚类型的对照见表 2-2。

表 2-2 强化类型与惩罚类型对照表

	愉快性刺激	厌恶性刺激	作　　用
正强化	给予	—	增加行为发生的频率
负强化	—	消除	
正惩罚	—	给予	降低行为发生的频率
负惩罚	消除	—	

斯金纳的操作学习理论在塑造孩子的良好行为以及消除孩子的不良行为习惯上有很大的实践价值。教师在运用强化和惩罚的方式时,应当注意以下几点。

(1) 注意强化的个体差异性和精神性。教师为了使自己选择的强化物起到良好的作用,需要提前了解每位幼儿的兴趣与需要,进行有针对性的强化。例如,糖果对于某些幼儿具有诱惑力,可以起到强化作用,但对某些幼儿可能就不具备吸引力。此外,强化应以表扬、微笑等精神性奖励为主,少用物质性奖励,防止儿童养成为获得外在的物质奖赏而学习的习惯。

童真童趣

教室里,凯丽老师在教孩子们唱《我的朋友在哪里》。

凯丽老师:今天我们要办一个舞会,现在给孩子们发入场券了哦,入场券贴在吃饭的那只手上啊!

凯丽老师拿起小贴花准备发给每个孩子,孩子们都把手举起来。

凯丽老师:你们可以把手放下来,举着手不累吗?

慕言:我们不累,只要有小贴花我们就不累。

在跳舞的过程中,没有人来找晨阳,玉珩走到晨阳的身边,向他伸出了双手,邀请他跳舞。

凯丽老师:谢谢玉珩,把快乐和晨阳一起分享。来给陈老师抱一下。

玉珩很开心。

凯丽老师:孩子们,陈老师刚刚喜欢玉珩是给玉珩发小贴花了吗?

孩子们:不是的,你是抱她一下。

凯丽老师:是呀,陈老师喜欢你们会抱一下你们,对你们笑,有的时候还会亲亲你们,而不是一直发小贴花哦。

（2）及时强化。对儿童表现出来的积极行为要及时给予强化，它才会更容易保留下来；如果隔一段时间才去强化，行为往往得不到加强。教师要善于在日常生活中对儿童进行随机教育，观察到孩子的积极行为时应当及时给予表扬等，帮助其塑造良好的品质。

（3）小步调的原则。儿童的良好行为习惯是长期塑造的结果。当儿童取得一个小的进步时，就对他进行强化鼓励，并且进一步提出更高一点的要求，一步一步耐心地等待，儿童最终会逐渐表现出成人所期望的行为。

（4）谨慎使用惩罚。惩罚在消除不良行为时，并不一定总是有效，而且容易带来负面效果。惩罚容易使儿童心怀怨气，可能出现转向攻击的行为，把自己的不满发泄到同伴身上。有的行为在成人眼里是惩罚，在儿童看来却是奖励。如有些儿童捣乱课堂纪律，可能就是为了吸引教师的注意，此时教师的批评其实是一种奖励，儿童会变本加厉。这时最好的方式是在课堂上不去关注个别孩子的捣乱行为，课下可深入了解孩子行为背后的动机，对症下药，这种行为就会逐渐消失。

三、班杜拉的社会学习理论

（一）班杜拉的生平

班杜拉（图2-6）出生于加拿大阿尔伯塔省北部的一个名叫曼达尔的小镇。父亲是波兰的小麦农场主。班杜拉有5位姐姐，他是家中唯一的男孩，童年的班杜拉集家人的宠爱于一身，生活得非常快乐。班杜拉的中小学教育是在镇上唯一的学校完成的，他所就读的学校仅有20名学生和2位老师，整个学校只有一本教科书。正是这种相当恶劣的教学环境，使得学生们养成自我学习的动机和能力。1949年，班杜拉在加拿大不列颠哥伦比亚大学获得心理学学士学位。1951年和1952年他先后在美国爱荷华大学获得硕士和博士学位，并在学习期间提出了著名的社会学习理论。

图2-6 班杜拉

（二）社会学习理论

社会学习理论，有时也称为社会认知理论，认为学习来自于对他人的观察，并强调行为榜样的影响性。班杜拉特别重视观察学习、认知因素和自我调节在新行为习得上的重要作用。班杜拉将学习分为直接学习和观察学习两种形式。直接学习指个体表现出某种行为后得到强化进而产生学习的过程。例如，儿童主动将垃圾捡起丢进垃圾箱，教师看到后表扬了他，那么他今后会逐渐养成爱护环境的好习惯。这种学习是他亲身经历的。而观察学习指个体通过观察他人的行为及其受到的强化而进行学习的过程。例如，另外一个儿童正好目睹了教师表扬小朋友主动捡起垃圾的行为，他为了获得教师的称赞，可能会在某个时候表现出同样的行为，这就是观察学习的过程。

班杜拉认为，人类的大部分行为是通过观察学习获得的。其中，最能引起儿童模仿的榜样有以下几类：①父母和幼儿园教师，他们是儿童心目中最重要的人，当然也是最喜欢模仿的人；②同性别的长辈，在家里，男孩子喜欢模仿父亲，女孩子喜欢模仿母亲，很多女孩子童年时代都有穿母亲的高跟鞋、歪歪扭扭走路的经历,这是对成人穿着打扮的模仿;③受到教师称赞的同伴,儿童希望通过同样的行为获得教师的表扬和奖励;④影视中的人物,随着大众传媒的发展,儿童接触的信息越来越丰富,经常会出现对影视人物的模仿。因此,在对孩子的教育过程中,成人不仅要注意自己的言行举止对孩子产生的影响,而且要过滤掉不良的信息源,给孩子树立正面的榜样。

个体的成长会经历种种成功和失败,也会相应地遭遇不同的情绪体验。在面对未知的挑战时,个体是否有信心去接受呢?班杜拉就此提出了自我效能感的概念。自我效能感指个体相信自己能够在某种情境下实现目标的信念。它影响人们对于任务的选择、遇到困难时的态度与坚持性等。影响自我效能感的因素主要有以下四方面。

(1) 曾经成功或失败的经验。成功有助于个体建立较高的效能感,失败则会降低效能感。教师应给儿童提供难度适当的任务,激发他们的成功体验,提升效能感。

(2) 对其他人在相似情境下的观察。个体倾向于观察跟自己能力水平相当的人,如果他们能够完成某件事情,即使自己没有做过,也会认为自己能够顺利完成。

(3) 言语说服。个体在面临一项新任务时,可能会信心不足,这时来自教师、父母、领导等权威人士的言语鼓励会极大地提高他的自我效能感。

(4) 对自身生理和情绪状态的解释。适度的紧张对于完成一项任务是必需的,有利于发挥最佳水平。例如,个体在公开演讲时,感受到自己的紧张情绪,出现心跳加快、手心出汗和脸红等生理表现时,若他把这当作正常的反应,则不会降低自我效能感;若认为自己的紧张被人发现甚至嘲笑,则会极大地干扰活动的顺利进行。

✦ **案例放送**

活动中的旁观者

在幼儿园的区域活动中,老师能够关注并尊重孩子积极参与的表现和行为,而对默默旁观的孩子往往有这样的想法和处理方式:"怎么不参加活动呀?""不要光在旁边看人家玩儿,你也一块去玩儿吧。"在老师看来,孩子只是在看,没有参加活动。那么,他们为什么喜欢旁观?什么样的孩子喜欢旁观?旁观后他们学会了什么?

一次美工区要进行新的活动,小羽一直跟在旁边。我说:"小羽和我们一起做个新的作品怎么样?"小羽一扭头走开了。我和孩子们围坐在一起,开始一步一步地展示剪对称图形的方法。我抬头看见小羽伸着脖子站在外围向里看。当我俩的眼睛对在一起的时候,他马上扭头向别处看,我不再关注他,指导参与的孩子进行操作。这时,他走得更近了,专注地看着其中一个已经开始操作的小朋友,以至于我走到了他身边也没有被发现。十几分钟过去了,有两个小朋友操作完成,离开了。这时小羽绕到空位子拿起纸和剪刀开始操作。"你还没和老师学呢,你不会。"坐在对面的香香对他说。"我刚才都看见了,纸对折,就能剪出来一样的,我会了。不能像廷廷那样把那边剪没有了。"小羽比画着没有开口的折纸对香香说。

其实,喜欢旁观的孩子是在用另一种学习方式学习新内容,不愿意被他人关注。觉得被关注似乎是不好意思的事情,所以选择间接地学习——旁观。在有一定的把握后,自己独自尝试操作,这样他们没有太多的压力。即使做得不好也不会担心其他小朋友给自己不好的评价。这样的孩子自尊心比较强,比同龄的幼儿情感丰富、要强和敏感。

(资料来源:张国欣.活动中的旁观者[J].学前教育,2015(5):26)

第三节 认知发展理论

行为主义理论注重研究个体外显的行为结果,以及如何塑造个体希望看到的行为。而认知发展理论侧重个体内在的认知过程,研究个体在与环境相互作用过程中的发展。认知发展理论以皮亚杰的认知发展阶段理论为主,该理论认为人的发展体现在人对环境的适应过程中,并将人的认知发展分为4个阶段。此外,认知发展理论还包括信息加工理论,它认为人脑是一个类似于计算机的符号操作系统。

一、皮亚杰的心理发展理论

(一)皮亚杰的生平

让·皮亚杰(图2-7)于1896年8月9日出生在瑞士纳沙特尔,一座拥有浓厚的文化氛围的城市。他自幼聪明好学,具有独立思考的习惯和科学探究的精神。这得益于父母对他的影响和教育。皮亚杰的父亲是纳沙特尔大学的一位文学和历史学教授,注重理性思维和实证研究,母亲是一位虔诚的基督徒,聪慧过人且性格温和,常常沉溺于想象性沉思。他所在的学校也有着开放而自由的教学氛围。宽松自由的家庭教育和学校管理给予皮亚杰足够的自由去追求自己的兴趣。

图2-7 皮亚杰

1915年,19岁的皮亚杰从瑞士纳沙特尔大学生物系毕业,获得学士学位。1918年,他获得该大学的生物学和哲学双博士学位。1919年,他来到巴黎大学学习2年后,获得法国国家科学博士学位。这段时间皮亚杰才真正走入心理学的领域。1924年,他被聘为日内瓦大学教授,10年间他对儿童思维进行了大量研究,先后发表《儿童的语言和思维》《儿童的判断和推理》和《儿童的道德判断》等5部专著,奠定了他在心理学领域的地位。皮亚杰被认为是除了弗洛伊德之外影响力最大的人,也被誉为"20世纪难得一见的百科全书式的人物"。

(二)认知发展理论

1. 认知发展的基本单位

皮亚杰认为发展起源于主体的动作,其本质在于主体对环境的适应过程。所谓适应,指的是有机体适应情境所需要的能力。例如,饥饿的儿童寻找食物和成人在危难时寻求帮助的行为都是适应性的。图式,也称为认知结构,是认知发展的基本单位,指能够解释和应对某一情境的思维或行为模式。随着年龄的成长,儿童脑中的图式会不断丰富,能够帮助他们更好地适应环境。一般而言,个体通过同化和顺应两种方式来取得机体和环境的平衡。同化指主体将新的外部信息加以修改,直接纳入到自己已有的图式中的过程。顺应指主体修改或重新建构自己已有的图式以适应新环境的过程。例如,婴儿从吮吸乳头到使用奶瓶就是一个不断适应新环境、塑造新行为的过程。用吮吸乳头的方式去吮吸奶嘴,这是一个同化的过程;但是同时,奶嘴的不同质地、奶瓶的抓握等新的信息又需要婴儿能够重新去修改已有的经验,这是顺应的过程。认知发展是同化和顺应相互穿插、相互作用的结果。

2. 认知发展的阶段

皮亚杰根据自己多年的研究结果,提出了认知发展的4个阶段:感知运动阶段、前运算阶段、具体运算阶段和形式运算阶段,见表2-3。他认为,所有的儿童都要有序地经历这4个阶段,既不能跳跃发展,也不能逆向倒退。

表2-3 皮亚杰的认知发展阶段

年龄(岁)	阶段	主要特征和发展
0~2	感知运动	婴儿主要通过感觉和动作来适应生活,如触摸、视觉等。2岁时,已经形成客体永存性的概念
2~7	前运算	思维的特点是自我中心,不能从别人的角度思考。提高了符号思维的能力,出现表象思维
7~11	具体运算	开始具有逻辑思维和运算能力,可以用心理活动代替物理活动。建立物体守恒的概念和思维的可逆性
11岁以上	形式运算	认知发展的最高阶段。能理解组成命题各概念之间的关系,能运用命题进行思维。逻辑思维不再限于具体的事物,逐渐形成抽象思维能力

资料卡片

物体守恒实验

物体守恒指物体的数量不随着物体形状的改变而改变的性质。皮亚杰设计实施的一些物体守恒实验显示:3~6岁幼儿的思维往往还不具有守恒性。例如,研究者给幼儿呈现两排相同颜色的珠子,这两排珠子按照同样的间距放置,儿童认为两排珠子的数量一样多。然后研究者当着儿童的面将第二排珠子的间距扩大,再让儿童判断两排珠子的数量是否一样多。未获得守恒概念的儿童会认为第二排的珠子数量更多,如图2-8所示。

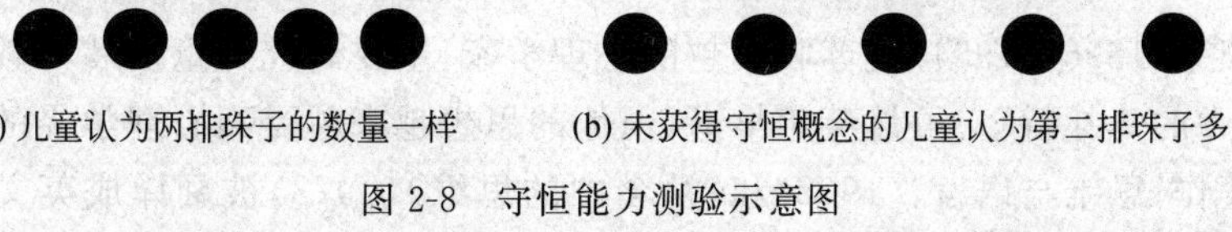

(a) 儿童认为两排珠子的数量一样　　(b) 未获得守恒概念的儿童认为第二排珠子多

图2-8 守恒能力测验示意图

3. 皮亚杰认知发展理论的教育意义

皮亚杰认为:教育的原则是培养创新的人——有创造力的、善于发明和发现的人,而非简单重复前人的人。他的认知发展论对学前儿童的教育具有很大的指导意义。

(1) 在幼儿园设置充满智慧刺激的环境,鼓励儿童自由探索,依靠自己的能力解决问题。

(2) 儿童的发展是循序渐进的,过于复杂的经验不利于儿童进行同化或顺应,应该为儿童提供适合其发展水平的教育。

(3) 个体的思维先后经历了4个不同的发展阶段,应根据儿童所处发展阶段的认知方式来设计教学,激发孩子学习的欲望。

(4) 儿童认知发展的速度不同,同一年龄的儿童会出现不同的发展水平,在教学中要注意个别差异,因材施教。

(5) 儿童2~7岁时存在自我中心的思维特点,在幼儿教学中可多方位地鼓励同伴交往,这将有利于儿童学习站在他人的角度考虑问题。

二、信息加工理论

信息加工理论将人的心理加工描述为计算机对信息的输入、加工、存储和提取。信息加工论者认为认知发展是连续的,而非阶段式的。大脑像计算机一样拥有硬件和软件,硬件指大脑和边缘系统等生理构造,软件是记忆、注意、推理和问题解决等认知加工。该理论认为,大脑和神经系统的成熟能够提高青少年对信息加工的速度,除此之外,人们所处的文化环境以及所接受的家庭和学校的教育都会对其信息加工能力产生影响。信息加工研究者采用非常严密和精深的研究方法,能够让人们识别出儿童是如何解决问题的,以及他们常犯的逻辑错误的原因,这具有实际应用价值。但是,这种理论基于实验室研究,不能真实反映儿童日常生活的思维,其适用性遭受质疑。

第四节　情境理论和生物学理论

一、情境理论

情境理论认为,在考察个体的学习和发展时,不能忽视情境(环境)的作用。这里提到的情境包括儿童所处的社会环境、家庭背景、同伴群体和历史经验等。本节主要介绍维果茨基的社会文化理论和布朗芬布伦纳的生态系统理论。

(一) 维果茨基的社会文化理论

维果茨基(1896—1934)是苏联卓越的心理学家,主要研究儿童发展与教育心理,被誉为"心理学中的莫扎特"。虽然英年早逝,但他的思想越来越受到心理学界的重视。当时,他的两本著作《思维与语言》(1962)和《社会中的思维》(1978)被翻译成英文,受到西方心理学界的广泛关注。

社会文化理论认为,儿童通过与拥有更丰富知识的社会成员(如父母、教师或更有能力的同伴等)的合作交流获得他们的文化价值观、信仰和问题解决策略。社会文化背景会影响个体的认知发展。因此,维果茨基认为认知并不只存在于个人的思维中,还存在于个体参与的社会经验中,不是所有儿童都要经历相同的认知发展阶段,认知发展的过程和内容并不像皮亚杰所说的那样具有普遍性。他提出了著名的最近发展区的概念和支架的概念。最近发展区指一个学习者能独立达到的水平与在一个技能更为娴熟的参与者的指导和鼓励下能达到的水平之间的差距。如果成人为儿童提供处于最近发展区的有适当挑战性的任务和知识,则能够更有效地促进其认知发展。最近发展区的大小,是儿童心理发展潜能的重要标志,也是儿童可接受教育程度的重要标志。支架指教育者根据儿童在学习情景中的行为做出相应的指导,逐渐提高儿童对问题的理解和解决能力。这种指导如同给儿童提供一个支架,待儿童能独立解决问题时,就可以将支架撤掉。这种支架可以来自教师、家长或能力稍高的同伴。

案例放送

案例一:美工"小豆动物"

(1) 教师出示用豆和牙签组成的长颈鹿范例,紧接着示范操作过程。
(2) 出示乌龟、小鸟等范例,并在黑板上挂了一幅由豆和牙签组合的动物图。
(3) 幼儿学习制作"小豆动物"。
(4) 结果是全班除一位幼儿制作了小乌龟外,其余全部制作了长颈鹿。

案例二:美工"小豆动物"

(1) 幼儿观察、触摸桌面上的材料,说说其特点。
(2) 请幼儿说说自己想做什么,打算用什么材料做动物的什么部分。
(3) 让幼儿尝试操作,并鼓励幼儿说说有什么发现和困难。
(4) 点评幼儿的初试作品后,要求幼儿做几个正式作品。
(5) 自我挑选几个正式作品,结束活动。
(6) 结果幼儿都做了自己喜欢的小动物,形态生动,各不相同。

案例分析:案例二之所以取得比案例一更好的教学效果,在于教师的教学是建立在对幼儿已有发展水平了解的基础上。在案例一中,教师自始至终都不清楚幼儿关于制作"小豆动物"已经具备了哪些经验,教师似乎也不想关注幼儿在这方面的已有发展水平如何,而是一开始就急于向幼儿展示将要学习的新知识和新经验。教师这种对幼儿已有发展水平疏忽的做法,致使在整个教学过程中幼儿只有机械的动作模仿,而没有思维参与建构的主动学习。

在案例二中,教师始终关注幼儿在制作"小豆动物"上已经具备了哪些能力水平,在教学中教师并不急于教授幼儿新的知识和经验,而是想方设法提供机会让幼儿展示关于制作"小豆动物"方面已经具备的经验和能力。教师首先让幼儿充分感知材料,鼓励幼儿自己构思,并让幼儿尝试将自己的构思创作出来。在这些环节中,教师并没有教给幼儿新的经验和能力,而是提供了足够的机会让幼儿的真实水平充分展现在自己和教师的面前。在此基础上教师针对幼儿在创作中的发现和困难,给予有的放矢的教育与指导,从而使幼儿接下来的学习变得更加富有成效。

(资料来源：孙琴干.在教学中，我们真的了解幼儿的已有发展水平吗？[J].山东教育·幼教版，2009(12))

(二)布朗芬布伦纳的生态系统理论

布朗芬布伦纳(1917—2005)认为，人类的发展是生物因素和环境因素相互作用的结果。其中，自然环境是人类发展的主要影响因素，它就像一组嵌套结构，如同俄罗斯套娃一般，一种环境嵌套在另一种环境中，如图2-9所示。布朗芬布伦纳将个体所处的生态环境分为5个系统：微观系统、中间系统、外部系统、宏观系统和时间系统。

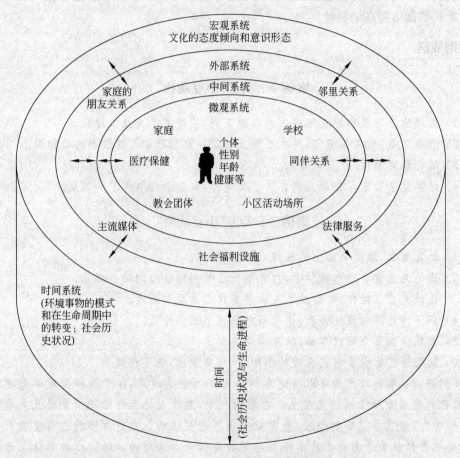

图2-9 生态系统理论示意图

(图片来源：唐娜·威特默，桑德拉·彼得森，玛格丽特·帕克特.儿童心理学：0～8岁儿童的成长(第6版)[M].何洁，金心怡，李竺芸，译.北京：机械工业出版社，2015)

(1) 微观系统是环境层次的最里层，指儿童大部分时间直接接触的环境，包括家庭、幼儿园和小区等。微观系统是一个动态的发展系统，生活在其中的个体会产生相互影响。夫妻对孩子不同的教育方式可能让孩子感觉无所适从，同时也会造成夫妻间的冲突，影响夫妻关系。

(2) 中间系统指微观系统中的各个环境成分之间的相互联系。例如，如果儿童的家庭和学校等系统之间有积极一致的支持性联系,儿童将最大可能得到适宜的发展。当今幼儿园重视家园共育正是基于这一理论。

(3) 外部系统在中间系统之外,指儿童虽未直接参与但仍然对其发展造成影响的环境系统,包括父母的工作环境、家庭的朋友关系和社区对家庭的影响。若父母结交一些酒肉朋友,经常在外喝酒赌博,必然会影响孩子的成长和学习。

(4) 宏观系统是最外层的系统,指儿童所处社会的文化、亚文化和社会阶层背景,包括某种文化的态度倾向、价值观、法律和规范等。它影响着其他系统并最终作用于儿童。例如,我国是一个集体主义文化取向的民族,这种文化会影响学校教育的方向,主张将儿童培养为重视集体利益的人。

(5) 时间系统指社会历史事件的发生和个体生理的发展变化对儿童发展产生的影响。它是从纵向的角度来考察的。社会历史事件包括战争、自然灾害等,这些会对儿童的生活造成影响。青春期的孩子因生理和心理的特点会较多地与父母发生冲突。

各系统之间以及系统与个体之间的相互作用影响着个体的成长、发展和学习。如果个体所处的每个系统之间的联结是和谐的、积极的,他就能健康成长;若各系统之间存在冲突与矛盾,个体的成长就会受到负面的影响。因此,需要学校、家庭和社会等各个系统的相互配合,为儿童的成长营造一个良好的生态环境。

> **实践应用**
>
> 以自己身边的一名儿童为例,分析他所处的生态系统,以及各个系统对他的成长和发展造成的影响。

二、生物学理论

生物学理论非常重视生物因素在人类发展中的作用,其代表人物和理论有格赛尔的成熟理论和洛伦兹的关键期理论。格赛尔的成熟理论是典型的遗传决定论,该理论认为儿童生理、心理的发展取决于他的成熟程度,而他的成熟由基因规定的顺序决定,外部环境并不能产生任何影响。这种偏激的理论已经遭到极大的排斥。

洛伦兹提出了关键期理论。关键期是一段有限的时间,在此期间如果给予个体适宜的刺激,个体就会获得相应的发展。若错过了关键期,个体的能力发展将会受限。后来有学者用敏感期代替关键期。敏感期指个体特定能力出现的最佳时期,在此期间个体对环境的影响特别敏感。若错过敏感期,这种能力还会发展,只是教育起来比较艰难。教育者应当把握好儿童各种能力发展的敏感期,适时地提供促进儿童能力发展的刺激和环境,增强教育的效果。例如,美国心理学家布卢姆研究发现:儿童的智力在出生后的4年内已发展了50%,可见,学前期是人生发展的黄金时期,儿童的早期教育是多么的重要。

资料卡片

印刻现象

最早引入关键期这一概念的是奥地利习性学家、诺贝尔奖获得者康拉德·洛伦兹。他发现一个有趣的现象：像小鸭和小鹅这类动物，总是喜欢在破壳后的几天里追逐它们第一次看见的活体动物。例如，它们第一次见到的是母鹅，就追逐母鹅；第一次见到的是人，就追逐人，以为那是自己的妈妈，如图2-10所示。这种追逐习惯会长久保持。可见，小动物通常把出生后第一眼见到的对象当作自己的母亲，并对其产生偏好和追随反应，洛伦兹将这种现象称为印刻现象或印刻效应，印刻发生的时期就是关键期。人类和动物的发展都存在关键期，如在此时给予适当的良性刺激，会促使人类或动物的能力得到更好的发展。一般认为以下4个领域的研究可证实关键期的存在：鸟类的印刻、恒河猴的社会性发展、人类语言的习得和哺乳动物的双眼视觉。

图2-10 印刻现象

（资料来源：郝京华.埋下一粒科学的种子[J].新课程研究（基础教育），2013(02)；周念丽.学前儿童发展心理学（修订版）[M].2版.上海：华东师范大学出版社，2006）

考题链接

一、单项选择题

1. 照料者对婴儿的需求应给予及时回应是因为：根据埃里克森的观点，在生命中第一年的婴儿面临的基本冲突是（　　）。
   A. 主动性对内疚　　　　　　　　B. 基本信任对不信任
   C. 自我统一性对角色　　　　　　D. 自主性对害羞

2. 按照皮亚杰的观点，2~7岁儿童的思维处于（　　）。
   A. 具体运算阶段　　　　　　　　B. 形式运算阶段
   C. 感知运动阶段　　　　　　　　D. 前运算阶段

3. 儿童心理发展潜能的主要标志是（　　）。
   A. 最近发展区的大小　　　　　　B. 潜伏期的长短
   C. 最佳期的性质　　　　　　　　D. 敏感期的特点

4. 根据皮亚杰的认知发展阶段论，3~6岁幼儿属于（　　）阶段。
   A. 感知运动　　B. 前运算　　C. 具体运算　　D. 形式运算

5. 人出生头2~3年心理发展成就的集中表现是（　　）。
   A. 手眼协调动作　　　　　　　　B. 独立性的出现
   C. 坚持性的出现　　　　　　　　D. 分离焦虑的出现

6. 提出"最近发展区"理论的是（　　）。
   A. 皮亚杰　　　B. 维果茨基　　C. 杜威　　　D. 福禄贝尔

7. 用以控制幼儿情绪的"消退法",其理论依据是(　　)。
　　A. 行为主义理论　　　　　　B. 认知理论
　　C. 人本主义理论　　　　　　D. 精神分析理论
8. 儿童能以命题形式思维,则其认知发展已达到(　　)。
　　A. 感知运动阶段　　　　　　B. 前运算阶段
　　C. 具体运算阶段　　　　　　D. 形式运算阶段

二、简答题

1. 简述班杜拉社会学习理论的主要观点。
2. 行为主义理论的基本观点有哪些?

三、论述题

1. 试析皮亚杰的认知理论的主要观点及其在幼儿教育中的应用。
2. 论述埃里克森的心理社会发展理论、人格发展阶段理论、人生发展八阶段理论。

四、材料分析题

渊渊是一个内向的男孩子,他有一个特殊的嗜好,喜欢吮吸手指头,经常一个人偷偷地将手指头放在嘴里津津有味地吸,吸得手指头都脱皮了,大拇指关节处被吸得肿得高高的。据父母反映,这个习惯在渊渊2岁时就已形成。在幼儿园的时候,渊渊将他的小手放在嘴巴里,好像婴儿吸奶瓶一样,教师告诉他,这样很不卫生,请他拿出来,可是转个身他又我行我素了。睡着的时候,教师又发现他将手指头塞在嘴里,香甜地进入了梦乡。教师悄悄地将他的手指头拔出来,没有想到,他居然能在睡着的时候,将手指头继续塞回嘴里。

教师调查发现,渊渊的父亲在外地工作,几个月才回趟家,母亲自由职业,常常要去外地照顾父亲,还有两个已经上小学的姐姐和哥哥,家里一直由保姆照顾这几个孩子的生活,而这个保姆年纪很小,才20来岁。渊渊从小由这个保姆带大,每天晚上都和她睡,保姆自然是样样事儿都由着他,渊渊对小保姆也特别亲热,整天形影不离。父母有空的时候才回趟家,与渊渊在一起的时间很少。由于缺乏父母的必要关爱,年幼的渊渊显得特别焦虑和内向,因此,吮吸手指的不良习惯就在这种情况下逐渐形成了。

对于渊渊吮吸手指这一不良习惯,父母常批评制止,有时忍不住狠狠地打他的手。在成人的"严厉"攻势下,虽然会有所改正。但成人不注意的时候就会吮吸得更加厉害。

请阅读上述材料,回答以下问题。

(1) 渊渊产生这种行为的心理原因是什么?
(2) 可以采用哪些矫治策略帮助他呢?

第二篇 认 知

第二篇 人 欲

第三章
学前儿童的感知觉

本章导航

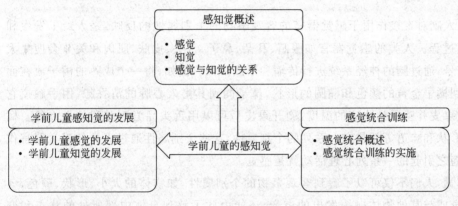

学习目标

(1) 了解各种感觉和知觉的分类,掌握知觉的特性。

(2) 了解感知觉产生的生理机制,以及评定方法。

(3) 理解诱发感觉统合失调的因素,掌握几种学前儿童感觉统合训练的基本方法。

第一节 感知觉概述

感知觉是一个合成词,可拆分为感觉和知觉。两者既紧密联系,又存在细微差别。从个体发展的角度看,一般感觉先于知觉出现,但在现实生活中纯粹的感觉是很少见的。为了方便理论的探究,本章单独将感觉从知觉中抽离出来介绍。

一、感觉

(一) 什么是感觉

感觉是人脑对直接作用于感觉器官的客观事物的个别属性的反映,是人最早发生和成熟的心理过程。人类的感觉器官如眼睛、耳朵、鼻子、舌头、皮肤、肌肉和关节会搜集大量的刺激信号,通过脑的神经系统进行传输和形成映像。例如,将一个成熟的橘子放在面前,眼睛看到橘子金黄的颜色和椭圆的形状,鼻子闻到其沁人心脾的清香味,用手触摸它稍显粗糙的果皮并感受到冰凉的温度,剥开果皮后可以用舌头品尝到酸甜的果肉等。橘子的颜色、形状和味道等就是它一系列的个别属性,这些个别属性通过人类的感觉器官作用于大脑,随之引起的一系列心理活动就是感觉。

通过感觉,人们不仅可以了解到客观事物的个别属性,如物体的大小、形状、颜色、气味,甚至自身或与其他物体碰撞发出的声音,还能由此了解到身体内部所处的状态和变化,如饥饿、疼痛等。人们每天都在有意无意地调动全身各种感官对周围环境进行感觉,由于早已习以为常,很多时候都忽略了感觉的存在及其重要性。假设长时间地处于一个大部分感觉都不能发挥作用的环境中又会如何呢?

加拿大心理学家贝克斯顿(W. H. Bexton)等人于1954年首先进行了"感觉剥夺"实验,如图3-1所示。实验中给被试者戴上半透明的护目镜,使其难以产生视觉;用空气调节器发出的单调声音限制其听觉;手臂戴上纸筒套袖和手套,腿脚用夹板固定,限制其触觉。被试单独待在实验室里,几小时后开始感到恐慌,进而产生幻觉,在实验室连续待了三四天后,被试者会产生许多病理心理现象:出现错觉和幻觉;注意力涣散,思维迟钝;紧张、

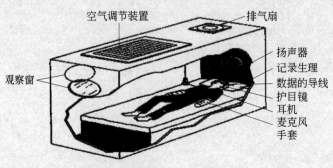

图3-1 "感觉剥夺"实验示意

焦虑、恐惧等,实验后需数日才能恢复正常。该实验证明了感觉对人类的重要性。由此可见,日常生活中那些看起来"不经意"的接受刺激并由此产生的感觉对个体的生存和认识世界是多么重要。

需要特别说明的是,感觉只对当前直接接触的客观事物进行反映,由过去的或者间接接触的事物催生的并非感觉,因此,记忆中再现事物属性的映像、幻觉中各种类似于感觉的心理体验都不能被称为感觉。

资料卡片

祖孙三代无痛觉

在看似平常的日常生活中,保护人们的是感受疼痛的能力。但在意大利托斯卡纳村深处住着的马尔西利家族却是一个例外。这个家族祖孙三代都拥有一种极为罕见的特征——感觉不到疼痛。这一切要从祖母玛利亚说起,祖母在年轻的时候,有一次不注意从扶梯上摔倒受伤,去看了医生,医生说"你这次什么事也没有,但你以前发生了两次踝关节损伤"。这意味着这位祖母之前受过两次严重的伤,而自己却没有一点儿感觉。玛丽亚的女儿列蒂西雅对温度的反应有些不寻常,这使得她常年能在海里游泳,即使温度只有十几摄氏度她都能在海里待上几分钟。姐姐艾琳娜能吃特别烫的食物,因为她并不能感觉到烫,所以嘴里常被烫出水泡。这些怪事甚至延续到第三代人身上。孙子小时候骑自行车被压到手臂,受了很严重的伤,但十分钟后又能什么感觉都没地继续骑车了,可是等到几个月后发现手臂没法弯曲。相关遗传学家认为,人们之所以会对疼痛的感觉有如此大的差异,应大部分归于遗传基因,即DNA。感觉疼痛需要一套强大的神经机制,它们分布在人们身体的肌肤、肌肉和内脏中,将信息从人们的身体传向大脑。所以马尔西利一家的秘密被隐藏在数以百万计的神经元里面,通过对三代人的基因序列研究发现,这完全可能是在家族中间发生的基因单一突变,这意味着这个家族患上了遗传学中一种全新的综合征。

(资料来源:奇怪的一家人 祖孙三代都没有疼痛感[EB/OL]. http://v.qq.com/cover/4/4qjhykh1e71prp7.html?vid=p0017fsss4a)

(二)感觉的生理机制

感觉的生理机制关注个体产生感觉的生物基础,以及客观刺激的能量是如何被转换成神经过程和心理活动的。任何感觉的产生首先要有作用于感觉器官的客观事物,人体感受器能够把适宜的外界刺激的物理能量转化为神经冲动。其次是由刺激引起的在神经系统和大脑内部的神经生理活动,即信息加工活动。传入神经把神经冲动通过神经系统上传至大脑皮层,并在该过程中进行有选择的加工。最后,传入的刺激信息被大脑加工为不同性质和强度的感觉,在大脑中枢产生感觉体验。例如,当一个视力正常的人处于白天的活动环境中,周围物体反射的太阳光呈平行方向作用于肉眼,穿过瞳孔后经过几次折射,光线最终在视网膜处聚焦成像,诱发视神经细胞(视锥细胞)产生神经冲动,这些神经信号通过视神经系统传导至人脑枕叶处的视觉中枢引发脑内部的神经生理活动,这个人才看见了周围的样子。

 童真童趣

吕老师:眼睛是用来做什么的?

孩子(齐声):看东西的。

吕老师:鼻子是用来做什么的?

某幼儿:用来挖鼻子的。

吕老师:耳朵是用来做什么的?

某幼儿:用来装耳屎的。

(三)感觉的分类

根据19世纪中叶德国生理学家穆勒提出的"神经特殊能量说",感觉的性质不是决定于外界物体的性质,而是决定于感觉神经的特殊能量,即人的感觉器官在接受刺激物作用时都释放出一种该感受器官所特有的能量。众所周知,各种感觉过程的完成均以相对应的感觉器官为基础。感受器有其特殊性,一般情况下,各种感觉神经的性质互不相同,每种感觉神经只能产生一种感觉,而不能产生另外的感觉。例如,人们用鼻子闻到饭菜的香味,而不是用眼睛或耳朵去闻饭菜的味道。这种不同的感觉器官只接受特定的、适宜的刺激而产生的感觉现象被称为感觉器官专门化,见表3-1。

表3-1 人体主要感觉的分类

类别	种类	适宜刺激	感受器	大脑皮层中枢	获得的信息
外部感觉	视觉	可见光波	视锥细胞和视棒(杆)细胞	枕叶	光学结构的变量所能表示的一切事物的信息
	听觉	可听声波	毛细胞	颞叶	振动物体的性质和位置
	嗅觉	有气味的气体物质	嗅细胞	边缘系统	挥发性物质的性质
	味觉	溶解于水、唾液和脂类的化学物质	味觉细胞	中央后回最下部	营养的和生化价值
	肤觉	机械性、温度性刺激物	迈斯纳氏触觉小体、巴西尼氏还层小体、罗佛尼氏小体、克劳斯氏小球	中央后回	与物质的接触,机械的碰撞,物体的形状、温度、材质状态
内部感觉	运动觉	骨骼肌运动、身体四肢位置状态	肌梭、肌腱和关节小体	中央前回	肢体的空间位置、姿势和运动等信息
	平衡觉	头部运动的速率和方向	纤毛上皮细胞	前外雪氏回	被引力驱动时的引力方向
	机体觉	机体内部所进行的各种过程	内脏器官及组织深处的神经末梢	下丘脑、第二感觉区和边缘系统	内脏活动和变化的信息

根据感觉的性质,可把感觉分为外部感觉和内部感觉两大类。

外部感觉是指接受外部刺激,反映外界事物个别属性的感觉,主要包括视觉、听觉、嗅觉、味觉和肤觉,其中肤觉又可细分为触压觉、痛觉、冷觉和热觉。

内部感觉是指接受机体本身的刺激,反映机体的位置、运动和内部器官不同状态的感觉,包括平衡觉、运动觉和机体觉。

二、知 觉

✦ 案例放送

莫利纽兹问题(Molyneux's Problem)

如果让一个生来就失明的成人用触摸的办法来辨别同一种大小差不多的金属立方体和球体,以便在他触摸时说出哪一个是立方体,哪一个是球体,然后假定把立方体和球体放在桌子上,使这个盲人复明,请问:在他触摸这两个东西之前,他是否能够用视觉来辨别出哪个是球体,哪个是立方体呢?

在莫利纽兹问题上,几个世纪以来哲学家们大致分为两个阵营,一些人(赞成者)相信诸如球体的球形这种特征是先天存在,并能够被感官所共同感知;一些人(反对者)则坚持认为,要想分辨出球形,在此之前人眼必须看到过球形。自2003年起,麻省理工学院的视觉与计算神经科学教授帕万辛哈(Pawan Sinha)建立了一个名叫"普拉卡什项目"(Project Prakash)的非营利性项目,并通过该项目组织监督了两百多名盲童的复明手术,他们都来自印度一些最为贫困的地区。手术对象是那些患有先天性白内障,并能够用医学手段治愈的儿童。

在儿童们复明之后,辛哈对"莫利纽兹问题"提出了自己的见解。实验结果可能让站在赞成阵营中的人失望了。辛哈播放了一段视频,视频中,一个因为浑浊性白内障而先天失明的十几岁男孩,第一次睁开眼看到了世界。男孩静静地坐着,沉默地眨着眼睛,在他眼中,身处的这个房间像是一种证明了双眼重回清晰的证据。辛哈相信,这种重见光明的初始时刻是模糊、不连贯且充满了明亮之感的——好似看到日光后瞳孔散大一样——而且,形状、面容以及其他方面都和色彩曲线一样,对他来说是没有意义的。

那么,莫利纽兹问题的答案是否定的。在(复明儿童重见光明之初的)这种混乱状态之中,正方体和球体基本没有什么差别。

(资料来源:盲人复明后将会看见什么[EB/OL]. http://www.360doc.com/content/14/0903/11/535749_406718282.shtml)

(一)知觉的概念

知觉是人脑对客观事物整体属性的反映。它的产生必须建立在感觉的基础上,是一种比感觉更高级的心理活动。

人们接触的客观事物具备诸多属性,如颜色、温度、气味和形状等。人们首先是通过感觉去获得某物体的个别属性,但在实际生活中,事物的个别属性并不能脱离具体事物而单独存在。人们对事物的个别属性的反映往往是综合起来的,即通过各种感觉器官的协调活动,最终在大脑中将事物的各种属性,按照它们相互之间的联系或关系进行整合,从而形成对该事物的整体映像。例如,人们通过感觉获得了关于一瓶饮料的颜色、形状、硬度、温度和味道,然后将搜集到的所有个别属性信息进行综合,再联系之前的相关经验人们就获得了关于该饮料的整体映像,也就是说,人们通过对这瓶饮料的个别属性的搜集,知道了这是一瓶什么样的饮料。这种在大脑内部进行信息整合的心理过程就是知觉。

(二)知觉的特性

知觉过程看似非常复杂,但实际上往往只在极短的时间内便能完成。人们能够如此迅速、完整、清晰地完成对客观事物的感知,与知觉所具有的基本特性是密不可分的。一般而言,人们最常提到知觉的4种基本特性,它们分别是选择性、理解性、整体性和恒常性。

1. 知觉的选择性

客观事物是纷繁复杂的,给人也提供了多样的感官刺激,但人总是有选择地把一些对象优先地区分出来,以少数事物作为知觉的对象。这些被"挑选"出来的事物就会被格外清晰地知觉到,出现在"前面",而其他的事物就退到后面去了。例如,在逛商场的时候,面对种类繁多的商品,一般情况下不可能每样商品都被人们知觉到,只有那些人们感兴趣的或特征比较鲜明的商品人们才会多加留意,在头脑中联系过往经验,知道它(们)的种类、功用等信息。知觉的选择性揭示了人对客观事物反映的主动性。

影响知觉的选择性有许多因素。刺激物本身的特点(强度、活动性、对比)和被感知对象的外界环境条件的特点(照明度、距离),人的兴趣、态度、需要以及在头脑中存储的知识经验和当时的心理状态都有可能影响人的知觉选择性。

2. 知觉的理解性

知觉的理解性表现为人在感知事物时,会依赖过去的知识经验来对其进行解释和判断,把它归入一定的认知分类系统中,便于更深刻地感知它。有不同经验或从事不同职业的人,即使面对相同的事物,他们在知觉上依然是有差异的。如与儿童相比,成人可能会更深刻地理解抽象派画风的美术作品;受过训练的机械师在检查机器故障时能比一般人看到或听到更多的细节。

3. 知觉的整体性

人在知觉客观对象时,往往把它作为一个整体来反映,这就是知觉的整体性。虽然,知觉对象是由许多部分或元素组成的,各部分和片段具有不同的特征,但在实际情况中,人们并不对个别的、孤立的部分一一进行感知,而总是把它知觉为一个统一的整体。它是客观对象的许多部分形成的复合刺激物,大脑皮层对复合刺激物的各个组成部分及其相互关系进行分析、综合,从而反映客观对象各种属性的关系,形成有关对象的整体映像。例如,走进教室,人们不是先感知桌椅,后感知黑板、窗户……而是完整地同时反映它们——"我走进了一个教室"。

4. 知觉的恒常性

当知觉的条件在一定范围内发生改变时,知觉的映象仍然保持相对不变,这就是知觉的恒常性。例如,对于那些已经熟识了的人,绝不会在后面再次碰面时因为他的发型、服装的改变而变得完全陌生,认为他是另一个人;一首反复听过许多遍的歌曲,不会因它高八度或低八度而感到生疏,或因其中个别曲子走调,就认为是别的歌曲;教师判断学生的错别字,如"出口成张",不会因"章"字写成了"张"字,而不去感知"出口成章"这个词汇。

知觉的恒常性对人们的生活有着极为重要的价值,正确地认识物体的性质比单纯地感知局部的物理刺激物有较大的实际意义,它可以使人们在不同情况下,按照事物的实际面貌反映事物,从而能够根据对象的实际意义去适应环境。如果知觉不具有恒常性,那么人适应环境的活动就会更加复杂,在不同情况下,每一认识活动,每一反应动作,都要从头到尾重新学习和适应,实际上也就是使适应变为不可能的了。

三、感觉与知觉的关系

1. 感觉与知觉的联系

感觉和知觉是联系非常紧密的心理活动。

(1) 两者都是人脑对当前客观事物的反映,只有当客观事物直接作用于感觉器官,并引起它们的活动时,才有可能产生感觉和知觉。相反,如果客观刺激没有直接作用于感觉器官,或者客观刺激的强度低于或高于感觉器官被唤醒的范围,感觉和知觉都不会产生。

(2) 感觉是知觉的基础。当客观事物作用于感觉器官时,人们能感觉到却不一定知觉到,但知觉到的必然是先感觉到的。由此可见,感觉是知觉的重要组成部分,而知觉是感觉的发展。当人们对某一客观事物观察得越仔细,获得的与该事物有关的个别属性越丰富,那么对该事物的知觉就能越完整、越精确。

2. 感觉和知觉的区别

(1) 性质不同。感觉是人脑对客观事物的个别属性的反映,知觉则是对客观事物的不同属性、部分及其相互关系的综合的、整体的反映。

(2) 生理机制不完全一致。感觉是介于生理和心理之间的活动,它的产生主要源自客观刺激的物理特性和感觉器官的生理活动,其间必须要有主客观因素的共同作用。而知觉则是完全依赖生理机制为基础的心理活动过程,处处表现出人的主观因素的参与。

(3) 感觉是单一分析器活动的结果,而知觉则是多种分析器协同活动对复杂刺激物及它们之间的关系进行分析综合的结果。由于曾经的知识和经验会对个体知觉的形成起着重要作用,因此,知觉过程还包括当前的刺激所引起的兴奋和以往相应的知识经验的暂时神经联系的恢复过程。

第二节 学前儿童感知觉的发展

长期以来,人们一直认为胎儿和新生儿,甚至出生后3~4个月的婴儿是"无能"的。例如,一百年前,普莱尔认为"幼儿刚刚生下时都是耳聋的"。他的这种说法对医学界和教育界产生了巨大的影响,用现今的角度看,这种说法也并非毫无道理,因为刚出生后的几个小时内,内耳中的液体并没有流出体外,这妨碍了婴儿听觉能力的准确测量。随着早期教育研究热潮的掀起,加之许多新的研究手段(如磁带录像、红外照相术和电子计算机)的出现,人们已经发现,胎儿的某些感觉器官在母体中已经开始发挥作用,其大脑随着特定刺激出现了明显的生物电反应。另外,许多感知器官在婴儿出世后不久就能达到成熟水平。婴儿已经拥有令人惊奇的感知能力和广阔的反应范围。

一、学前儿童感觉的发展

人先具备各种感觉后再产生知觉,但就人发展的真实情况而言,两者往往同时进行,且感觉本质上属于知觉的范畴,它是人产生知觉的基础。

(一) 学前儿童各种感觉的发展

1. 肤觉的发展

肤觉也叫触觉,它的发展是儿童各种感觉发展的基础,对儿童的心理发展具有重要作用。肤觉是胎儿最早形成的感觉。大约 1 个月时胎儿的触觉防御系统就已开始发挥作用,到 4 个月的时候他们就会通过吮吸自己的大拇指来安慰自己了。研究发现,胎儿在母亲子宫里通过自身的活动感受触觉刺激,刚开始时,当胎儿无意间碰到子宫中的一些组织,会非常胆小地进行回避。但时间稍微久些,他们的手和身体的其他部分建立了联系后,胎儿会主动抓握脐带,也会尝试抚摸自己的脸。

出生时通过产道强大的特殊触觉刺激及以后与外界事物和他人的直接接触,对提高儿童的触觉感受能力具有重要作用。婴儿出生时脐带绕颈、缺氧难产等都有可能使他们的触觉神经系统受到损伤,这说明了婴儿皮肤表面的触觉感受器对于抚摸、温度和疼痛非常敏感。若此时给予婴儿特定部位恰当的刺激,他们会表现出明显的反射。对外界刺激的敏感,无疑提高了婴儿对环境的适应性。对保育箱内的婴儿进行周期性的轻微拍打和抚摸,用于刺激那些不敏感的婴儿或抚慰易激动的婴儿,这会更有利于他们的触觉发展。在成长过程中受到限制过多的孩子有可能因触觉学习经验不足而出现触觉失调问题。触觉失调主要分为 3 种类型:触觉防御过当型、触觉迟钝型以及触觉依赖型。

2. 视觉的发展

视觉出现的时间比肤觉稍晚。视觉是形成人类认知的重要信息来源。哈佛商学院有关研究人员的数据表明,视觉占大脑每天接收外部信息的比例为 83%,这说明了人类在接收信息等方面主要是依靠视觉。那么从个体发展上看,人们何时才开始拥有视觉的呢?

一般情况下,新生儿都是出生后才逐渐睁开眼睛的,那么这是否意味着胎儿就没有视觉呢?答案是否定的。最新研究发现,人类的视觉也许早在四五个月大的胎儿身上就已经开始发挥作用。北京人民医院的一项研究发现,摄影灯突然发出的强光会引起特殊的胎动现象,等过了几分钟胎动才逐渐减弱,这可能说明胎儿已经对这种强光产生了适应。其他的一些研究也证实了在母亲怀孕早期,胎儿眼部的肌肉和视觉系统已经开始发育,虽然只有一点光线能穿透皮肤达到子宫,但这使得胎儿周围的环境并非一团漆黑,尤其是出生前夕,因母亲的腹部大大扩张导致有些光线能顺利射入子宫和羊水中,这也为胎儿能在此时经历不同程度的明亮和黑暗提供了客观条件。

刚出生的婴儿虽然可以对光线有所反应,但视觉调节机能还不够完善,很难对远近位置发生变化的物体进行对焦。一般情况下要等到 3 个月后,眼睛才能追随眼前移动的物体,直到 4 个月才能像成人那样改变晶体的形状,以看清处于不同距离上的客体,此时他们的视觉探索能力得到快速发展。婴幼儿的视觉发展还体现在他们的视觉敏锐程度上，视敏度指的是眼睛区分对象大小和形状微小细节的能力。婴儿的视敏度提高极其迅速，大约6个月到1岁便能达到正常成人的水平（柯亨等，1978）。

颜色视觉是对光谱上不同波长的光线的辨别能力，是反映学前儿童视觉发展的另一项重要指标。新生儿看不见彩色，最初他们眼中的世界只有黑、白、灰3种颜色。一般认为，婴幼儿只有到三四个月后才开始区分彩色和非彩色，且4～8个月的婴儿就已经开始出现对颜色的视觉偏爱，相较于那些波长较短的冷色，如蓝色和紫色，他们更喜欢波长较长的温暖色，如红色、橙色和黄色，尤其红色特别能引起他们的视觉兴奋。但也有研究认为这种颜色辨别能力可能在出生两周后就已初步具备，马晓梅等人（1988）通过对15名新生儿进行研究后发现，80%的新生儿在出生14天后就能分辨红圆和灰圆。

3. 听觉的发展

人类的听觉系统包括听觉器官、脑干和大脑听觉中枢。外界的声波通过类似于收集器的耳廓传入外耳道，沿着外耳道下行至中耳。在中耳和外耳的交界处有一层被称为鼓膜的薄膜，传入的声波振动鼓膜，带动中耳内附在鼓膜上的听小骨，听小骨连接的另一头是耳蜗的卵圆窗，声波抵达充满液体的内耳耳蜗内，通过液体传送刺激听觉神经，最终形成听觉。人的听觉发育较早，但成熟较晚。关于儿童何时开始拥有听觉的问题至今尚有争论，但是新生儿已经拥有良好的听觉能力已被诸多实验研究所证实。

廖德爱等人（1983）通过实验证实刚出生的新生儿已经具备听觉反应。他们对随机抽选的42名刚出生不到24小时的新生儿用类似蟋蟀的叫声进行刺激，结果发现：①第一次刺激便引起反应的有19名，第二次刺激引起反应的有16名，第三次刺激才有反应的有5名，其余的2名新生儿需要经过4～5次刺激方能引起反应；②新生儿对声音的反应包括睁眼、眨眼、眼珠转动、皱脸、嘴动、头扭动、有苦相和哭闹；③在所有被试中，83.31%的新生儿对听觉刺激反应较快，只有16.69%的新生儿反应较慢。

近些年来，随着监测胎儿听觉技术的研究与应用，人类听觉功能的研究不断向前推进。李富德等人（1999）通过对36例27～39周大的胎儿进行声音刺激测试，结果发现在声音刺激强度110dBHL时，有23例被试出现反应；有10例分别在第二次和第三次强度增加至120dBHL时出现反应；在出现反应的33例胎儿中同时出现胎心加速和胎动反应的有23例（63.90%）。另外，据英国《BBC新闻》2013年1月14日报道，新的研究显示，胎龄30周的胎儿听觉及大脑的感应机制趋近成熟，且能倾听母亲讲话。出生后婴儿能分辨母亲语言和其他语言的差别。研究人员表示，母亲是最能影响胎儿大脑发育的人，对胎儿而言，母亲讲出的单字的元音，声音较响亮，是容易引发胎儿倾听兴趣的学习对象。

4. 味觉的发展

人们对各种味道的辨别主要依靠舌头表面的味蕾来完成的。味蕾是味觉刺激的感受器，位于舌头的不同位置。不同区域的味蕾分工也不尽相同：位于舌尖的味蕾主要感觉甜味，舌前段两端的感觉咸味，舌后段两侧的感觉酸味，而舌根部的则感觉苦味。新生儿已经具有品尝味道的能力，而且对味道会表现出明显的偏爱。他们像成人一样讨厌苦味，喜欢甜味，尝到酸味也会将嘴唇收拢，而对咸味则没有什么特殊的反应（Grook，1978；

Smith,Blass,1996)。另外,也有研究表明新生儿的味觉存在性别差异,女孩对甜、酸、苦味的味觉敏感性高于男孩,对咸味的味觉敏感性没有性别差异(章岚,黎海芪,2005)。

5. 嗅觉的发展

嗅觉感受器是位于鼻腔顶端的一个很小部位。诸多研究表明新生儿已经能区分好几种气味,并产生明显的嗅觉偏爱。如刚出生4天的婴儿能够表现出对奶香的偏爱,尽管之前他们在羊水中生活了9个月的时间,但此时已经不再喜欢羊水的味道。那些带有强烈刺激的味道,如醋味、烂鸡蛋的臭味会使得他们把头扭在一边并表现出厌恶的表情。母乳喂养的1~2周大的婴儿能够通过成年女子乳房和腋下分泌的气味来辨认自己的妈妈(Cernoch,Porter,1985;Porter 等,1992)。

(二)评定新生儿感觉的几种方法

婴幼儿感知觉研究的最大障碍在于,他们既不能用言语报告自己的感知觉活动,也不能以熟练的行为做出反应。因此,研究者能否合理地解释婴幼儿的非言语行为,就成为婴儿感知觉研究成功与否的关键。下面介绍几种可供观察的行为反应。

1. 反射行为

新生儿的反射行为大体上可分为无条件反射和条件反射两种。无条件反射是在种系发展过程中遗传下来的发射,如新生儿生下来就会哭等,引起无条件反射的刺激物叫作无条件刺激物。条件反射是指在一定条件下,外界刺激与有机体反应之间建立起来的暂时性神经联系,它是后天形成的。

新生儿出生时就已经具备了一套很完备的无条件反射装置,只要给予适当的刺激就会引起相关反应。反射行为的发生,仿佛是婴幼儿在报告"我已经感觉了"。若某刺激未能引起婴儿相关的反射,就难以断定他们是因为没有觉察到当前刺激还是由于别的刺激干扰了已经被觉察到的刺激,从而抑制了反射活动。

近年来的研究发现,新生儿的反射活动多达四十多种,常见的也有二十几种,见表3-2。

表 3-2 婴幼儿的反射行为

名 称	特 征	原 因	存 在 期	功 能
巴宾斯基反射(足趾反射)	当用火柴棍或大头针等物的钝端,由脚跟向前轻划新生儿足底外侧缘时,脚拇指会缓缓地上跷,其余各脚趾呈扇形张开,然后再蜷曲起来	中枢神经通路(锥体束及大脑皮层)还不成熟	最早可在4~6个月的新生儿身上看到,该反射在6~18个月逐渐消失,但在睡眠或昏迷中仍可出现,婴儿2岁还有,2岁后则出现与成人相同的足庶反射,若再出现此反射,一般是锥体束受损害的表现	尚未知晓
达尔文反射(抓握反射)	任何接触其手掌和脚掌的物体,如小棒、铅笔或手指,都会立刻引起婴儿反射性的动作,手将会握成拳头,紧紧地抓握住放进手中的物体不放松	可能是灵长目种系发生的遗传	在出生后的几个月内非常强烈,到大约第6个月时,就会开始减退,到1岁时消失	为婴儿能自愿抓握做准备

续表

名称	特征	原因	存在期	功能
莫罗反射（惊跳反射）	突如其来的刺激，出现惊跳反射时，婴儿的双臂伸直，手指张开，背部伸展或弯曲，头朝后仰，双腿挺直，双臂互抱	人从灵长目种系进化来的遗存现象	在出生后3～5个月内消失	有助于婴儿抱住母亲
食物反射	当食物或其他物品进入口中就会有唾液分泌	抑制原始反射的神经元尚未发育完全	出生后半小时内的新生儿处于清醒状态下	有利于喂食

2. 定向反射习惯化和去习惯化

对学前儿童而言，在偶然或人为的情况下出现新异刺激时，个体会产生定向反射。如突然给新生儿播放他从未听过的曲调舒缓的音乐，会发现此时新生儿在"全神贯注"地倾听。这种由情景的新异性所引起的反射就被称为定向反射。但是同样的刺激物如果反复出现，最后则会导致原先出现的定向反射行为完全消失，这种心理学上的特殊现象就被称为定向反射习惯化。可是，从儿童呱呱坠地的那天起，就开始不停地接受大量刺激，他的感知觉不可能在完成某次定向反射习惯化后就停止了。在个体对某种刺激物已经形成习惯后，又会出现一个新的刺激物，这时个体就会产生相应的反射行为。这种恢复了对新事件的兴趣的现象被称为定向反射的去习惯化。定向反射去习惯化表明个体能将新刺激和旧刺激加以区别。研究人员可以依靠上述两种特殊心理现象判断学前儿童的感知觉处于什么水平，或者找到某种感知觉萌芽的时间，甚至用于甄别幼儿是否出现了与感知觉相关的生理或心理的发展障碍。

3. 视觉偏爱

通过观察幼儿注视不同的物体所花费的时间来判断他喜欢看什么，不喜欢看什么，这种研究幼儿心理的方法就叫作视觉偏爱。研究者通过视觉偏爱不仅可以观察到幼儿的视觉喜好，还能由此判断幼儿早期是否能辨别物体的形状和颜色。简单说来，如果幼儿对某一对象的注视时间长于对另一对象的注视时间，则说明幼儿对第一个对象表现出偏好。正常情况下，幼儿对形状的视觉偏爱呈现如下特征：①喜欢动态的物体多于静止的物体；②喜欢有闪亮的光多于无变化的光；③喜欢曲线多于直线；④喜欢复杂花样的物体多于单纯花样的物体；⑤喜欢人脸多于不是人脸的物体；⑥喜欢新鲜物多于司空见惯的物体。

童真童趣

户外欣赏画展，孩子们看到一幅《美人鱼》。

珂：我想当美人鱼，我最喜欢美人鱼了。

雪：我也要当美人鱼。

涵芊：嗯，我也是，我也要当美人鱼。

文强：你们三个只有珂能当美人鱼，你们两个不行。

雪、涵芊（气鼓鼓）：为什么我们不行？

文强：因为你们两个没有珂长得漂亮。

4. 身体运动和脸部表情

幼儿的身体运动和脸部表情是和相应的刺激物紧密联系的。例如，在一般情况下，幼儿在完全陌生的环境中会表现出紧张甚至惊恐的心理反应，身体外部表现为逃避和拒绝，而在一个他十分熟悉的环境中则并没有以上紧张或拒绝的反应。刚入园的幼儿出现的分离焦虑便是如此，这些孩子在家里或妈妈身边会舒适自在，而到了陌生的幼儿园，在与妈妈分开时则容易紧张和害怕，并通过哭闹等形式表现出来，这需要教师特别关注。

二、学前儿童知觉的发展

（一）颜色知觉的发展

泰勒等人(1978)通过研究发现，两个月的婴幼儿虽然还不具备完善的对三原色(红、黄、蓝)的分辨能力，但是他们绝大部分已能把红、橙、黄、绿、蓝从白色中区分出来。海斯(Haith,1980)指出，一般来说，4个月大小的婴儿能够在光谱上辨认各种颜色，这说明此时的婴儿的颜色视觉能力已接近成人水平。

在一般情况下，儿童观察到的事物同时具有颜色和形状两维特征，那么儿童是先感知颜色还是先感知形状，抑或两者同时进行？我国心理学家陈立曾经做过一项研究，用以解答上述疑惑。研究者将4种基本色(红、蓝、黄、绿)和4种常见几何图形(圆、正方形、长方形、三角形)分别结合为16个图形，作为2.5~7岁儿童选择的对象。结果发现，幼儿色形感知发展有3个阶段：3岁以前以形状感知占优势；4岁时颜色感知占优势；6岁后是统一感知占优势。这一结论与西方的相关研究结果基本吻合，表明儿童的色形感知能力受到生理成熟的影响，具有共同的年龄特征，但依旧存在个体差异，会受到个体经验的影响。

（二）形状知觉的发展

形状知觉指的是对物体的形状进行辨别的能力。许多心理学家使用视觉偏爱法，发现婴儿对形状的偏爱具有以下特征：曲线＞直线；彩色＞单色；立体＞平面；复杂花样的东西＞单纯花样的东西；动态的东西＞静止的东西；脸的形状＞不是脸形的东西；新奇的事物＞常见的事物。

幼儿的形状知觉能力发展很快，一般在小班时就能辨别圆形、三角形和方形；中班时可以把3个小三角形组合成一个大三角形，把两个半圆拼成一个圆形；到大班则能认识椭圆形、六角形、菱形和圆柱形等，并能将长方形折成正方形，把正方形纸片折成三角形。有的研究要求幼儿从12种几何图形中按直观范例、指认法、命名法找到对应的图形，结果发现，形状的配对最容易，命名最难。幼儿掌握形状的次序由易到难依次为：圆形—正方形—三角形—长方形—半圆形—梯形—菱形—平行四边形。有研究者认为4岁是图形知觉的敏感期，应该趁此时机教幼儿学习汉字，因为汉字是一种有规则的特殊的图形。

（三）大小知觉的发展

出生6周左右的婴儿已具有物体大小知觉的恒常性(T.G.Bower)。大小恒常性指客体的映像在视网膜上的大小变化并不导致对客体本身大小知觉的变化。例如，当一个人离开观察者的距离越来越远,在观察者视网膜上的映像也就越来越小,但观察者并不会觉得被观察的个体身高发生了变化。估计物体大小的能力则随年龄而增长。有研究发现2~11岁的儿童很少会低估远离他们的物体,而成人往往会倾向于过高地估计远处物体的大小,可能他们知道距离会歪曲物体大小,由此做了过度补偿,做出的判断要大于物体本身实际的大小。

(四)深度知觉的发展

深度知觉又被称为立体知觉或距离知觉,它是对立体物体或两个物体前后相对距离的知觉。儿童的深度知觉是与生俱来还是后天习得一直是一个有争议的问题。

为了解决这个争端,吉布森和瓦尔克在20世纪60年代初精心设计了"视崖"实验,如图3-2所示。有一块大的玻璃平台,支撑幼儿在上面爬行。整块玻璃从上面看被中央板分成两个区域,一侧玻璃铺有一块格子形状的图案布,因它和中央板高度差异不大,所以看起来像个"浅滩",另一侧离玻璃几尺深的地面上也用了同样格子形的图案布,给幼儿造成一种错觉——似乎这一侧是"悬崖"。然后把6.5~14个月的婴儿放在中央板上,让母亲分别在两侧招呼孩子来自己身边,然后观察幼儿的反应。实验结果表明:36名被试中有27名愿意从中央板爬过"浅滩"来到母亲身边;

图3-2 "视崖"实验

只有3名幼儿爬过悬崖,大多数婴儿见到母亲在"悬崖"边招呼时,不是朝母亲方向而是朝相反方向爬,还有一些婴儿哭叫起来。这个实验表明,婴儿很早就有了深度知觉,但还不能由此断定深度知觉的先天或后天论,因为它很可能是在婴儿出生后6个月内学会的。

另外一种测定婴儿深度知觉的方法是视觉刺激逼近法。怀特等人(White,1971;Yonas,Bechtold,1971;Bower,1970)向婴儿呈现一个以固定速度逐渐逼近的物体或影像,来观察婴儿反应。结果发现,2~3个月的婴儿有保护性闭眼反应,4~6个月的婴儿有躲避反应。

(五)时间知觉的发展

时间是物质存在的一种形式,虽然每个人都生活在一定的时空之中,但由于时间没有直观的形象,人们也没有专门感知时间的分析器,因此,人们对它的掌握相较于空间会困难许多。学前儿童对时间的感知需要借助直接反映时间流程的媒介物,如自然界规律的变化(日升日落、月圆月缺、季节轮回等)、人的生理变化,还有专门用来记录时间的工具(如漏斗、钟表等)。

皮亚杰曾对儿童的时间知觉进行实验研究:给4.5~8.5岁的学龄前儿童看桌子上放着的两个机械蜗牛,同时启动它们。其中一个爬得快,一个爬得慢。当快的蜗牛已经停下的时候慢的蜗牛还在继续爬,但最终也未能追上快的蜗牛。研究者让被试再次呈现哪个蜗牛先停下,大部分幼儿都说慢的蜗牛先停止,因为它走的路程比较短。实验结果表明：4.5~5 岁的儿童还不能很好地区分时间和空间的关系；5~6.5 岁的儿童开始区分时间次序和空间次序,但不够准确；7~8.5 岁的儿童能把时间和空间关系区别开来。

第三节　感觉统合训练

案例放送

5 岁的可可已经是幼儿园大班的小朋友了,可是从入园的那天起爸爸妈妈和老师都为他伤透了脑筋。例如,除了妈妈之外他很害怕被别人触摸,时常跑到老师跟前告状说别的小朋友打他,但很多时候老师经调查发现其他孩子只是轻微地碰了一下他的肩膀。另外,可可的动作协调能力比较差,走路碰到桌子椅子是常有的事情,几乎在所有集体体育活动中成为完成任务最慢的一个,有时表现得很泄气,干脆就待在一旁看其他小朋友玩耍。偶尔安静下来在图书角翻看绘本故事,也总是随便翻翻,难以心平气和地把故事从头到尾读完,不管老师或父母怎样耐心教育,他都听不进去。对此,爸爸妈妈和老师心里总有个困惑：这孩子是不是"天资愚钝",本身就不是读书的材料呢？

案例分析：可可很有可能患有感觉统合失调,如"怕与人接触""动作协调能力差""注意力难以持续集中"等都是感统失调的主要行为表现。可可并非天资愚钝,一般情况下,患有感统失调的儿童智力是正常的。通过专门的感统训练这一现状可以得到改善。

自从美国南加州大学临床心理学家让·艾利斯(Jean Ayres)提出感觉统合概念后,对感觉统合的研究就日益受到重视。近些年来,我国也越来越关注儿童的感觉统合失调和感觉统合训练。一些经典的筛查量表被改编后运用于幼儿园,越来越多的医疗机构为学前儿童开办了感觉统合训练班。

一、感觉统合概述

(一) 感觉统合

感觉统合指将人体器官各部分感觉信息输入组合起来,经大脑多次组织分析、综合处理做出正确应答,使整个机体和谐有序的运动。艾尔斯在 1972 年首次系统地提出感觉统合理论(Sensory Integration Theory),他认为感觉统合能力的发展,需要遵循脑和行为发展的原则,儿童生命的最初 10 年是其神经系统发育完善的重要时期,在该阶段中儿童的大脑具有很大的发展性和可塑性。任何原因使感觉刺激信息不能在中枢神经系统进行有效组合,从而使整个身体不能和谐有效地运作都被称为感觉统合失调(Sensory Integration Dys-function,SID)。

(二) 感觉统合失调的表现

感觉统合失调会在极大程度上影响学前儿童的健康,主要体现在严重不利于儿童心理素质的提高,对儿童智力开发和综合能力的培养也十分不利。除此之外,它还会导致学前儿童学习能力和性格出现障碍、人际关系敏感或社会交往退缩。总而言之,感觉统合失调会在不同程度上影响学前儿童个性和社会性的发展,也是造成学前儿童学习困难、行为异常的原因之一,具体有下列表现。

1. 触觉过分迟钝或过分敏感

表现为害怕陌生的环境,爱哭,爱玩弄生殖器;讨厌别人的触摸,别人给他们洗头、洗澡或剪指甲都会遭到他们的拒绝和反抗;厌恶摇晃,不敢爬往高处,害怕旋转;味觉迟钝,极端偏食或暴饮暴食;对痛的感觉也较少,经常吃手或咬指甲。

2. 动作协调不良

身体平衡困难,经常无缘无故就跌倒,重心不稳;不会翻跟头;动作笨拙不协调,像扣纽扣、系鞋带这样的精细动作对他们而言难度极大;写字时拿捏不好分寸,手势忽轻忽重,字的大小不一,经常出现写字出格或将数字写颠倒。

3. 前庭平衡功能失常

情绪不稳定,自控能力差,容易和其他小朋友发生冲突,很难与别人分享食物或玩具,不能考虑其他人的需要;在集体活动中无法专心听讲,小动作较多;害怕尝试新东西,自卑且缺乏耐心。

(三) 感觉统合失调的影响因素

在艾利斯的理论中,感觉统合失调与遗传和环境因素均有关系。一般而言,感统失调的主要影响因素包括以下几个方面。

1. 遗传因素

虽然没有绝对合理的依据能解释父母的神经系统是怎样通过遗传影响儿童的神经系统发育的,但有研究表明儿童的感统失调与父母神经系统机制衰退有直接的关系。

2. 母亲妊娠期间的生活方式及生产方式

如果孕妇的情绪经常处于焦虑状态,没有足够的休息,运动不够或生活没有规律等,都会对胎儿产生不利影响。如果孕妇在怀孕过程中大量饮用酒精、咖啡和浓茶等,都可能导致胎儿脐带毛细血管萎缩,阻碍营养的供给,进而影响胎儿大脑的发育。此外,早产、先兆流产或使用剖腹产等生产方式,都容易导致儿童中枢神经系统感染或损伤,使新生儿出现产伤。这些因素均可以导致儿童的感觉统合失调。

3. 育儿方式不当

台湾地区学者陈文德在谈到引起儿童感统失调的环境因素时提到"罪魁祸首是都市化生活和小家庭制度"。面对舒适的生活环境,孩子越来越缺乏运动量和独立生活的空间,从而失去了许多锻炼机会。如7~9个月的婴儿,家长若是抱得太多,过分剥夺孩子爬行的机会,就会使孩子的大脑失去应有的环境刺激。此时的爬行不但可以增强其颈部肌肉的力量,还能训练孩子的注意力。有的家长过分担心孩子在独立探索陌生环境的过程中遇到挫折,担心孩子摔跟头,被磕着碰着,就会尽量减少孩子摸、爬、滚、打、跳的行为,限制幼儿的活动方式和活动范围,减少他们在大自然中奔跑和玩耍的机会。另外,幼儿的哭闹只是对暂时面临的困难表示无助,而家长不能理解幼儿哭闹对他们生命发展的意义,武断地认为把他们抱在怀里是最好的养育方式,甚至在学步期从始至终都给孩子使用学步车。这些行为都很可能导致儿童感觉统合失调。

4. 文化背景

在我国强调应试教育的文化环境下,老师和家长过分重视孩子掌握多少知识、考试成绩的好坏。学校、家庭和社会都很重视孩子智力的开发,早期的育儿方式仍然更多地倾向于刺激孩子的视听觉,对其他部位的感觉如皮肤觉、嗅觉、味觉、平衡觉和运动觉的训练和刺激不足。这样被"精心"培养出来的孩子都可能患有感觉统合失调。

(四)感觉统合训练的意义

感觉统合训练是艾利斯在1972年提出的治疗方法。他认为治疗幼儿这种疾病宜用促进大脑发育的游戏而非药物,只有游戏治疗才能从根本上祛除疾病,达到改善幼儿健康状况的目的。近些年随着脑科学的实验研究不断深入,人们体会到感觉学习的重要性和必要性。感觉统合训练的目的就是通过幼儿手、眼、脑等各器官的协调性训练,使儿童在一定时间内集中注意力认真完成某一件事情,从而改善大脑对外界输入信息的组合能力,提高幼儿的动作协调能力、理解能力、逻辑推理能力、记忆能力以及人际交往能力。若训练进展得顺利,还能帮助幼儿克服诸多坏毛病,如好动、厌食、咬手或手指甲、乱发脾气等,从而达到左右半球协调的目的。感觉统合训练适合0～13岁患有感统失调的儿童,训练的一个周期是20次,一次约1小时,训练内容有30多个项目。训练人员可以根据每个孩子的感统失调程度安排不同的训练课程,重度失调的儿童训练次数应更多一些。

在我国,尤其是大城市,儿童感觉统合失调的发生率不断攀升。感觉统合训练成了改善儿童的身体运动协调性、注意力、情绪稳定、行为问题以及学习困难等诸多问题的有效手段。1992年北京大学精神卫生研究所最早从台湾引进该方法并成立了儿童感觉统合研究中心。随后一些研究者对北京城区3～6岁儿童感觉统合能力进行了广泛的调查,结果显示,北京市城区3～6岁儿童感觉统合重度和轻度失调率分别是8.9%、28.5%。研究者在该调查的基础上开展了儿童感觉统合训练,收到十分明显的效果。

二、感觉统合训练的实施

(一)学前儿童感觉统合失调的测量

艾利斯通过因子分析将感觉统合失调分成不同的综合征,并分别对每一亚型编制了由父母填写的评定量表。台湾地区学者郑信雄根据中国本土文化背景,在前人的基础上编制了经北京大学精神卫生研究所试测的《感觉统合评定量表(3～6岁版)》。该量表由58个问题组成,分为5大项:①大肌肉及平衡;②触觉过分防御及情绪不稳;③本体感不佳,身体协调不良;④学习能力发展不足;⑤大年龄的特殊问题。让儿童的父母或其他看护者根据儿童最近一个月的情况认真填写。评分则按"从不,很少,有时候,常常,总是如此"进行五级评分。王玉凤、黄悦勤等人将修订的量表(3～6岁版)在大陆儿童中进行测试,一致认为该评定量表具有良好的信度和效度,可作为大陆3～6岁学前儿童感觉统合失调的筛查和辅助诊断工具。

量表举例:

(4)喜欢旋转或绕圈子跑,而不晕不累。

(15)对亲人特别暴躁,强词夺理,到陌生环境则害怕。

(29)怕玩沙土、水,有洁癖倾向。

(57)自己的桌子或周围无法保持干净,收拾上很困难。

(二)感觉统合训练的具体方法

感觉统合训练寓训练于游戏中,利用滑板、吊缆等运动器具,让孩子在积极主动、快乐轻松的情境中进行训练。尤其需要加强触觉、本体感觉、平衡觉及手眼协调等能力的训练,使多重感知信息输入大脑,强行逼迫大脑有效地综合分析各种信息,并加强大脑与身体之间的协调反应,帮助幼儿的感觉运动能力向正常方向发展。

训练人员可以根据儿童的疾病程度制订个体化的治疗方案,采用文字、图形、数字等方法进行视、听等特殊训练;采用蒙氏数学教育学具与训练游戏进行儿童记忆力、思维能力、手眼协调能力的训练。目前市场上比较畅销的感统训练器材有很多,常见的器材如图3-3所示,其主要功能见表3-3。

(a) S形平衡台　　　　　(b) 大陀螺

(c) 按摩滚球　　　　　(d) 摇摆跷跷板

图3-3　感统训练部分器材示例

表3-3　常见的感觉统合训练器材

器材名称	治疗功能
S形平衡台	在各种翻、爬、走、坐、摇的玩法中发展身体平衡能力
按摩滚球	表面丰富的触点能刺激幼儿身体大面积皮肤,对触觉过于敏感或迟钝的幼儿十分有效
大陀螺	高级前庭平衡训练器,可用强力刺激幼儿左右脑均衡发展

续表

器材名称	治疗功能
奥奇车	训练儿童关节、肌肉信息输入与整合能力,培养他们的协调能力及信心
圆形跳床	在上下蹦跳的过程中促进幼儿前庭平衡能力及手眼协调能力的发展
平衡步道	由塑柄横杆组成的步道,每组4串4种颜色,可相互串边,让孩子在上面爬、走、跑、跳,刺激孩子脚底神经及全身触觉感应
平衡触觉板	各种不同形状的触点可刺激孩子的脚部神经及全身触觉感。可任意变换,训练平衡能力,体验行走乐趣
摇摆跷跷板	针对身体协调不良、触觉过于敏感或迟钝的孩子进行训练,增加前庭及本体感的刺激
塑料滑板车	调节前庭感觉和触觉,引发丰富的平衡反应(包括运动中大量的视觉信息输入、脊髓和四肢的本体感),最终使感觉统合运动功能积极发展

实践应用

和同学组成小团队,利用丰富的网络资源或者亲自去商场,调查目前市场上常见的感统训练器材的种类、用途、价格、销量等信息,并做成表格将调查所得的数据进行呈现。

陈文德教授等人编写了一套适用于0～3岁婴幼儿身心发育特点的亲子游戏,具体方法为:①感觉世界名曲的节奏与起伏,训练孩子的听觉,促进语言发育;②用感统教具和孩子接触,训练孩子的触觉防御能力,增进母子情感的交流;③使用被动体操、手指体操、舞蹈、玩具等训练孩子肢体协调能力,促进精细动作和大肌肉运动的发育;④利用各种颜色刺激,促进孩子视觉发育;⑤通过童话认知,刺激孩子智力发展;⑥利用集体游戏、亲子互动游戏等培养孩子的合作能力和人际交往能力,促使儿童健全人格的发展。

(三)感觉统合训练的注意事项

就目前而言,感觉统合训练过程一般都集中在对儿童注意力的训练方面,目的在于矫正儿童自身存在的问题,却往往忽略了对家长惯有的教育方式的指导与纠偏。因此,尽管儿童经过一段时间的训练后感觉统合能力得到了提高,家长仍然一如既往地骄纵溺爱孩子,或者严厉打骂训斥孩子,最终使训练效果大打折扣(张挚,翟宏,2011)。因此在感觉统合训练与研究中,训练人员和研究者应该在关注儿童训练的同时,重视对家长的个别访谈,从全方位了解儿童的生活背景、成长氛围和成长经历,包括父母的职业、家庭经济状况、儿童教养情况及儿童发展情况等。同时,应对家长进行教养知识和教育理念的培训,使家庭教养更加科学化。只有对儿童感觉统合失调问题进行综合分析和处理,才会取得更好的训练效果。

考题链接

一、单项选择题

1. 婴儿感知觉的发展(　　)。
   A. 是被动的　　　　　　　　B. 是主动的、有选择性的心理过程
   C. 过程非常缓慢　　　　　　D. 成熟较晚

2. 下列关于幼儿的听觉偏好趋向的表述中,正确的是(　　)。

A. 就人声和物声而言,新生儿趋向物声
B. 就母亲声音和陌生人声音而言,新生儿趋向新鲜的陌生人声音
C. 就声音音调而言,新生儿趋向低音调
D. 新生儿爱听柔和的声音

3. 物体触及掌心,新生儿立即把它紧紧捏住,这是新生儿的( )。
A. 怀抱反射　　B. 抓握反射　　C. 觅食反射　　D. 吸吮反射

4. 用物体轻轻地触及新生儿的脚掌时,新生儿会本能地竖起大脚趾,伸开小趾,这是( )。
A. 达尔文反射　　B. 莫罗反射　　C. 巴布金反射　　D. 巴宾斯基反射

5. 正常婴儿主要依靠( )进行感觉定位。
A. 视觉　　B. 听觉　　C. 触觉　　D. 运动觉

6. 一岁孩子往往会伸手要求站在楼上的妈妈抱,这说明他的( )。
A. 大小知觉发展不足　　B. 形状知觉发展不够
C. 深度知觉发展不足　　D. 想象力不够丰富

7. 幼儿看到桌上有个苹果时,所说的话中直接体现"知觉"活动的是( )。
A. "真香!"　　B. "我要吃!"　　C. "这是什么?"　　D. "这儿有个苹果。"

8. "视觉悬崖"可以测查婴儿的( )。
A. 距离知觉　　B. 方位知觉　　C. 大小知觉　　D. 形状知觉

9. 漫画家画人物时仅勾勒数笔,别人就能看出画的是谁,这里反映的知觉特征是( )。
A. 选择性　　B. 恒常性　　C. 理解性　　D. 整体性

10. 在嘈杂的环境中人们能够敏感地听见有人喊自己的名字,这是知觉的( )。
A. 理解性　　B. 整体性　　C. 选择性　　D. 恒常性

二、简答题
1. 简要说明儿童形状知觉的发展趋势。
2. 什么是感觉统合训练?

三、论述题
试举例论述知觉的特性。

四、材料分析题
豆豆已经上中班了,在幼儿园里总是磕磕碰碰,经常打翻杯子、弄撒饭菜;不是自己撞到桌椅,就是弄伤别的小朋友;老师组织活动的时候也总坐不住,喜欢东摸西弄去惹别人;无论在幼儿园睡午觉还是晚上在家里就寝都难以入睡;经常发脾气,画画或玩玩具时因为反应不灵活、做不好而大怒。豆豆的行为让她的爸爸妈妈和老师都伤透了脑筋。

请阅读上述材料,回答以下问题。
(1)可以从哪些方面入手,科学诊断豆豆是否属于感觉统合失调的问题儿童呢?
(2)若豆豆确诊为感统失调,应采取哪些训练措施来帮助她?

第四章
学前儿童的注意

本章导航

```
                    ┌─────────────────────────┐
                    │       注意概述           │
                    │ • 注意的概念             │
                    │ • 注意的生理变化和外部表现│
                    │ • 注意的分类             │
                    │ • 注意的功能             │
                    └─────────────────────────┘
                              ▲
                              │
┌──────────────────────┐      │      ┌──────────────────────┐
│  学前儿童注意的发展   │◄─ 学前儿童的注意 ─►│  学前儿童注意的培养   │
│ • 学前儿童无意注意的发展│              │ • 学前儿童注意的品质   │
│ • 学前儿童有意注意的发展│              │ • 学前儿童注意分散的原因│
│                      │              │ • 促进儿童注意力发展的措施│
└──────────────────────┘              └──────────────────────┘
```

学习目标

（1）了解注意的概念、外部表现和功能。

（2）理解和掌握注意的分类。

（3）了解学前儿童注意发展的一般趋势和特点。

（4）学会运用具体的措施促进学前儿童注意的发展。

第一节 注意概述

资料卡片

品香师这个职业早在13世纪就被记录在埃蒂安·布瓦洛的《职业目录》里。他们要经历3至6年的学习,也需要一定的天赋,即嗅感的灵敏及良好的嗅觉记忆。一般人可以分辨出十几种不同的气味,而品香师在创作生涯的后期可以记住并辨别3000种气味,他们还能协调各种原料,使之成为某一种香味。在辨别气味或创作香味时,品香师需要把注意力高度集中在当前任务上。不仅是品香师,画家、作曲家以及拥有普通职业的人在日常生活中完成各项任务都需要注意力的参与。

(资料来源:品香师[EB/OL].百度百科,http://baike.baidu.com/)

一、注意的概念

在日常生活中的每一瞬间,都有无数来自环境的刺激作用在个体身上,但个体不可能对所有刺激都做出清晰的反应,而只能明确反应某些刺激。注意指个体心理活动对一定对象的指向和集中。例如,母亲带孩子去公园玩时,并不是什么都关注,而是将注意力放在自己孩子的需求上。注意不是独立的心理过程,而总是伴随着其他心理过程,如感知、记忆、思考等,它与大脑活动的觉醒状态有关,只有在觉醒时注意才能产生。俄国教育家乌申斯基说过:注意是一扇门,一切来自外部世界的刚刚进入人的心灵的东西都要从那里通过。

注意的两个特点是指向性和集中性。指向性指人在清醒状态时,某一瞬间的心理活动选择了某些事物而离开其他事物。它使人能够选择性地反映某些事物,从而获得有关这些事物的清晰映像,对其余的事物则往往印象模糊,甚至完全没有反映。例如,去超市买东西时只关注需要买的几样物品,对其余的物品则并不留意。集中性指把心理活动贯注于某一事物,即心理活动指向一定对象时的强度或紧张度。它也是人有选择地精细加工内外信息所必需的。人们平时所讲的"全神贯注""侧耳倾听"等就是指人的视觉、听觉深入地集中于某一对象上。如外科医生在手术时注意高度集中在病人的状况及自己的动作上,与手术无关的人和物都在他的意识中心之外。人在注意力高度集中时会消耗大量的体力和精力,注意指向的范围也会缩小,此时个体对周遭环境"视而不见""听而不闻",即注意的指向性和集中性密不可分。

二、注意的生理变化和外部表现

人在注意时,常伴随着生理及外部动作变化,其中最明显的外部表现有以下几种。

(1)适应性运动。人在注意某个事物时,相关的感官会自动朝向注意对象。例如,

"侧耳倾听",是说人在注意听某个声音时,把耳朵转向声音的方向;"目不转睛",则是形容人在注意看某个事物时,视线集中在该物体上。可以根据感官朝向目标和在对象上停留的时间来了解个体注意的内容和程度。

(2) 无关运动的停止。当人集中注意时,个体会自动停止与当前活动无关的动作。如小朋友在看动画片时,他们会停止吃零食、玩玩具等动作,表现得异常安静。

(3) 呼吸运动的变化。人在注意时,呼吸变得轻微而缓慢,而且吸气时间变短,呼气时间相对延长。在注意力高度集中时,还会出现心跳加速、牙关紧闭、握紧拳头等现象,甚至出现"屏息"的现象,呼吸似乎暂时停止了。

除了以上外部表现,注意还常伴随着如用手托颌、凝神远望等某些特殊的表情动作。当然,注意的外部表现并不总是与内部状态一致,有时个体表面上关注某一事物,实际上内心活动却指向另一事物。但这种表里不一在幼儿身上很少体现,因此教师可以根据幼儿的外部表现来判断他们的注意状况。在教学活动中,教师可以通过调节幼儿的动作来调节其注意,如"小手放在桌子上""眼睛看老师"等语言指令可以使幼儿将关注点放到老师的教学上。

三、注意的分类

根据注意是否有预定目的,是否需要意志努力,可以将注意分为无意注意、有意注意和有意后注意3种。

(一) 无意注意

无意注意是被动的、不自觉的,它是对环境变化的应答性反应,也被称为不随意注意,既没有预定的目的,也不需要付出意志的努力。如上课时,教师不小心把杯子掉在地上,学生都会不由自主地去看杯子,这就是无意注意。

可以把引起无意注意的原因分为客观原因和主观原因,客观原因指刺激物本身的特点,包括刺激物的新异性、强度、对比和运动变化。刺激物的新异性是引起无意注意的最重要原因,如走在大街上的外国游客很容易引起人们的注意。人们很容易被强烈的光线、巨大的声音、鲜艳的颜色、浓烈的气味所吸引,这就是刺激的强度对个体注意的影响。"万绿丛中一点红"则属于刺激的对比性(刺激物之间的显著差异)对无意注意的影响。刺激的运动变化则指运动着的物体比静止的物体更易引起人们的无意注意,如节日里在街头巷尾挂起的彩灯、广场上的喷泉都容易引起人们的注意。

无意注意不仅受外界刺激物的影响,还与个体自身的状态,包括个体的需要、兴趣、态度和情绪状态有关,这就是引起无意注意的主观原因。自身状态不同,对同一刺激关注的情况也可能不一样,如幼儿在"自选游戏"活动中会不自觉地注意他最感兴趣的玩具(图 4-1),小孩子最容易被他们喜欢的

图 4-1 和美羊羊说悄悄话

玩具和糕点所吸引,年轻姑娘更容易注意橱窗里展示的漂亮的服装和鞋子,而一个闷闷不乐的人,任何事物都很难引起他的注意。无意注意还与个体的知识经验有关,新异刺激只有在被人们理解时才能引起人们的注意,如公告栏里的海报只能引起识字的人的注意。

无意注意既有积极作用,也有消极作用,它可以帮助人们对新异事物进行定向,使人们获得对事物的清晰认识,但也能使人分心,干扰人们正在进行的活动。教师应掌握无意注意发生的条件,发挥其积极作用,避免其消极作用,让其服务于自己的教学。

(二)有意注意

有意注意是注意的一种积极、主动的形式,是人所特有的注意形式,它服从于一定的活动任务,并受人的意识的自觉调节和支配。有意注意也被称为随意注意,需要预定目的,也需要意志的努力。例如,正在写作业,忽然从窗外传来小伙伴们嬉闹的声音,可能会不由自主去关注这个声音,这是无意注意。但由于意识到必须要先完成作业,因而强迫自己把注意力集中在作业上,这就是有意注意。引起和保持有意注意有下列几个主要条件。

(1)与已有的知识经验的关系。新刺激与个体已有知识经验的关系对有意注意也有重要影响。若新刺激与已有经验差异太小,人们无须用心感知或记忆就能把握它,因而不需要集中注意。反之差异太大,人们即使积极开动脑筋运用已有知识经验也无法理解它,注意就很难维持下去。因此新刺激与个体已有经验的差异太小或太大都不利于有意注意的产生和维持,只有当新刺激与已有经验有相通之处,但又需要花费些许努力去掌握的时候,有意注意才能长久保持。例如,听报告时,只有对报告内容略知一二而且报告内容难度中等,才能坚持听下去。

(2)活动目的与任务的明确性。有意注意是有预定目的的注意,所以目的越具体明了,有意注意就越容易引起和维持。如舞蹈比赛前的集训,学生听得最专心,练得最认真,这是因为此时训练的目的最明确。

(3)活动组织的合理性。生活有规律才能在需要的时候集中注意力,有效地完成工作或学习;把智力活动和实际操作活动结合起来,也有助于引起和保持有意注意,如在阅读时适当做些笔记可以帮助人长时间把注意集中在阅读上。

(4)对活动结果的间接兴趣。兴趣是引起注意的主观条件,可以分为直接兴趣和间接兴趣。前者指对事物本身和活动过程的兴趣,在无意注意中起重要作用。后者指对活动目的和结果的兴趣,在有意注意中起重要作用。例如,一部惊险刺激的电影会使人忍不住一下子看完,这是直接兴趣引起的无意注意;而看专业论文虽然枯燥无味,但由于认识到拓展专业领域知识的重要性,因此凭着坚忍的意志刻苦攻读,这就是间接兴趣引起和维持的有意注意。

(5)良好的意志品质。有意注意是需要意志努力来维持的,因此它依赖于人的意志品质。个体在注意某事物时难免会遇到各种干扰,如外界的无关刺激、自己本身的疾病和疲劳、无关的思想和情绪等。除了采取一定措施排除干扰外,还需要坚强的意志与干扰做斗争。意志坚强的人能主动调节自己的注意,使之集中在当前的任务上;意志薄弱者则很容易分心,无法有效完成当前任务。从事任何有目的的活动都需要有意注意,教师应注意培养学生良好的意志品质。

无意注意和有意注意虽有区别,但在有效的活动中,需要两种注意共同参与。仅有无意注意的活动难以持久,仅有有意注意的活动易使人感到枯燥乏味,只有两种注意交互配合,才能使个体持续地将注意力集中在活动上,从而使活动达到最佳效果。

(三) 有意后注意

有意后注意是注意的一种特殊形式,它由有意注意转化而来。有意后注意也被称为随意后注意,不需要意志努力但具有自觉的目的性。以学外语为例,学生最初可能为了考试获得好成绩而努力学习,此时学生需要意志努力来维持有意注意。随着外语水平的提高,学生开始对外语本身感兴趣,外语单词、书刊及电影都能自然而然引起他们的注意,无须意志来维持,这时有意注意转化为有意后注意。有意后注意既能使个体集中在当前任务上,又能节省个体精力,因此有助于有效完成任务。培养有意后注意的关键在于形成和发展对活动本身的直接兴趣。

但必须明确的是,任何活动都不是单纯依赖某一种注意形式。一方面要利用新颖强烈多变的刺激引起幼儿的无意注意,另一方面还要激发幼儿的有意注意。在仅有有意注意时个体因精神持续紧张而疲劳,幼儿尤其如此,因此在活动中应将几种注意形式交叉运用,使幼儿既能有兴趣地、积极主动地进行活动,又不会引起精神紧张和疲劳。如在教学活动中,教师要正确地运用抑扬顿挫的语调、变化适宜的表情动作、明了直观的演示来引起和保持幼儿的无意注意,同时也要用简单易懂的语言使幼儿明确活动的目的,并随时鼓励他们专注于当前活动,以引起和保持幼儿的有意注意,从而提高教学活动的效果。

根据注意的指向,又可以将注意分成外部注意和内部注意。

(1) 外部注意,指心理活动指向、集中于外界刺激的注意,外部注意在幼儿注意中占主要地位。

(2) 内部注意,指心理活动指向个体内部的感觉、思想和体验的注意,内部注意对幼儿自我意识的发展有重要意义,可以帮助幼儿清楚地评价自己,发展智慧和审美能力。

注意对于学前儿童的心理发展具有重要意义,注意使儿童从信息繁多的环境中捕捉到需要的信息,发觉环境的变化以及时调整自己的动作来适应环境。注意与学前儿童发展的关系具体表现为以下几点:注意有助于幼儿知觉的发展,注意指个体心理活动对一定对象的指向和集中,是感知觉和认识的先决条件,此外,注意还是研究缺乏语言表达能力的幼儿感知发展的指标,如幼儿注意集中于复杂模式图形的时间比简单模式图形的长;注意有助于幼儿记忆的发展,只有经过注意的知觉信息才能进入长时记忆系统;注意有助于坚持性的发展,集中的注意力使幼儿能坚持某一行动,这使得幼儿能够遵守集体行为规则,有良好的道德品质和人际关系;注意有助于幼儿的学习,儿童集中注意时,学习效果好,能力提高也快。

四、注意的功能

注意能使人集中自己的心理活动,觉察外界变化及反映客观事物,更好地适应和改造世界,对于人类来说具有重要意义。概括来说,注意有下列3种功能。

1. 选择功能

周围环境每时每刻都向人们提供着大量信息,其中一部分信息对人的工作、学习和生活有重要意义,其余则无关紧要。注意使心理活动能够选择合乎需要的、与当前活动相一致的、有一定意义的信息,同时排除其他与当前活动矛盾的或起干扰作用的各种刺激,更加明确地认识对象,对重要信息的反应也更有效。如在写作业时需要将注意力集中在作业上,免受其他干扰以便有效完成作业。

2. 保持功能

注意将意识保持在选取的刺激信息上,以便心理活动对其进行加工,完成相应的任务。如果选择的注意对象转瞬即逝,心理活动无法展开,也就无法进行正常的学习和工作。如作家在写作时要把注意力长时间保持在自己的作品上,才能一直专心工作,直到完成预定的量。

3. 调节和监督功能

注意是顺利进行活动的必要条件,它使人能够及时觉察到外界情景、反映对象以及自身状态的变化,从而自觉调节心理活动和行为,使心理活动处于一种积极状态之中,保障活动的正常进行。如幼儿在插塑片时,看到其他小朋友在玩别的游戏,就会分心想加入他们的游戏中,而注意可以帮助幼儿集中心思,克服困难,监督他完成塑片模型。有些幼儿的注意调节监督功能发展不完善,教师要善于调控幼儿的注意,使他们的心理活动始终指向和集中在要学习的东西上。

注意对人的生活有极其重要的意义,更是幼儿活动成功的必要条件。注意能够帮助幼儿从周围环境中获得丰富清晰的信息,又能让幼儿有效地完成学习生活任务。幼儿的注意力在整个学前期都在逐渐提高,但由于他们的生理发展的限制及知识经验的不足,注意力总体水平还很低,也容易出现注意分散的现象,甚至是多动症。家长和教师要全面分析幼儿注意分散的原因,根据他们的注意发展规律采取适宜的措施。

第二节 学前儿童注意的发展

✦ 案例放送

2014年8月14日的《少年中国强》中展示才艺的小朋友中有位来自广州新塘幼儿园的周瑾和,这位小女孩才4岁半,但是在运动方面很有天赋,曾仅用半天就学会轮滑,同时她也是中国最小5.10A级攀岩比赛选手。在节目中她要挑战7米高S形攀岩墙,这个项目的难度,即使是成年人也要经过几个月的训练才能完成,但周瑾和在攀爬过程中表现冷静,即使在经过比较难的坡度时,甚至是攀爬最顶端的凸形墙壁,整个身体悬空时,小女孩也平静应对顺利通过,最终挑战成功,拿到了顶端的红旗。

攀岩运动是从登山运动中衍生出来的竞技运动项目,有"岩壁芭蕾""峭壁上的艺术体操"等美称,攀登时采用抓、握、挂、抠、撑、推、压等用力方法,对人体的力量及身体柔韧性的要求都较高,且需要敏锐的反应能力和由大量长时间训练获得的肌肉记忆,更需要高度集中的注意力。周瑾和在节目中能顺利完成挑战,除了家长对孩子兴趣爱好的支持关注以外,还需要她在攀爬过程中将注意力高度集中在岩壁上。

(资料来源:少年中国强[EB/OL].央视网,http://tv.cntv.cn/video/VSET10/c1c3f94577b04f00a-9402ce54f34861f,2014-08-14)

一、学前儿童无意注意的发展

整个学前期的儿童的注意均以无意注意为主,有意注意正在逐渐形成,注意的各种品质不断发展。

(一) 0~3 岁前儿童无意注意的发展

新生儿已表现出无意注意的最初形态,当他处于适宜的觉醒状态时,明显的外来刺激会引起他们的全身反应,这就是无条件定向反射,也称为定向性注意,如强烈的声音会使他暂时停止吸吮。定向反射表现为新刺激所引起的复合反应,包括血流量变化(如肢体血管收缩,血流量减少;头部血管舒张,血流量增加)、心率变化、汗腺分泌、胃的收缩和分泌、瞳孔扩大和脑电变化等。出生 2 周或 3 周以后,新生儿会出现明显的视觉集中和听觉集中现象。他们能注视在视野中出现的物体,视线也会随着物体的运动而移动。在听到声音时会停止哭闹且侧耳倾听,直到声音消失,人们一般认为注意在此时出现。下面介绍几种常用的测量新生儿及幼小婴儿注意的指标。

(1) 觉醒状态。觉醒是一种整体状态,可以分为规则的睡眠、不规则的睡眠、昏昏欲睡、不活跃的情形、活跃的情形和哭闹 6 种水平。在不同的觉醒水平下,注意的表现也有不同。清醒的状态最适宜于研究新生儿的注意。

(2) 习惯化。习惯化指婴儿不再注意多次连续出现或延续一段时间的刺激,即对熟悉的刺激所发生的注意减退的现象。婴儿对视觉和听觉等刺激物都有习惯化现象,它可以用作测量婴儿注意的指标。测量婴儿习惯化的传统的方法是"固定的试验程序":在固定的时间内向婴儿呈现某种刺激,而后测定在此时间内婴儿注视的时间或心率。

(3) 心率变化。心跳对环境的变化非常敏感,利用现代化技术比较容易测量出,因此心率变化是常用的心理生理测量指标之一。有研究者指出,心率减速是定向的表现,而心率加速则是防御和恐惧的反应。

(4) 瞳孔扩大。婴儿的瞳孔大小在注意发生时也会有变化。婴儿在注意人脸时的瞳孔大于注意非社会性刺激物时的,注意陌生人时的瞳孔大于注意母亲时的。但这一指标测量比较困难,因此可用范围较小。

(5) 吸吮抑制。在新刺激出现时,婴儿会停止身体其他部分的活动。最常见的是,婴儿看见或听见某种新刺激就停止吸吮动作。

研究婴儿的注意一般要测量多项指标。例如,除了记录心率变化以外,还要记录其面部表情、动作和发声的变化等。

新生儿的注意虽大多由外界刺激引起,但他们并不是完全消极被动地等待外界刺激的作用,也会主动探索。黑斯(Haith,1980)提出,新生儿总是在积极寻找信息,而不是消极等外界环境去推动他们的心理活动。他们在清醒时会睁大眼睛到处搜索,积极发现信息,并对不同的刺激做出不同的选择性反应,如对图形比对杂乱的刺激点或线条更容易集中;对线条简单图形比对过于复杂图形的注视时间更长;对人脸的注视比对几何图形注视的时间更长等。这就是选择性注意,它指儿童在相同情况下对某一类刺激注意得多而对另一类刺激注意得少。选择性注意的发展与儿童动作、认知和语言的发展以及经验的积累有密切关系,具体表现在两个方面:一是选择性注意性质的变化。在儿童注意发展过程中,注意的选择性由取决于刺激物的物理特点(声音的强度、颜色的明度等)到取决于刺激物对儿童的意义。二是选择性注意对象的变化。包括选择性注意范围的扩大和选择性对象的复杂化,前者指注意的事物日益增多,后者指婴儿从更多注意简单事物发展到更多注意较复杂的事物。

  3个月以后的婴儿,生理成熟对其注意的制约作用已经不像以前那么重要,经验开始对婴儿的注意起作用。6个月以后,婴儿的觉醒时间增长,出现手眼协调动作,两个非常重要通道的注意协调起来了。同时能独立坐、爬行、站立和独立行走,使婴儿的活动范围扩大,有更长的时间去更加广泛地探索事物和获得更多的信息,推动他们学习和记忆的发展。此时婴儿注意的选择性主要受经验的支配,他们对熟悉的事物更加关注。这在社会性方面更为突出,例如,婴儿对母亲特别注意。

  选择性注意的其中一种表现就是"感觉偏好"。"感觉偏好"指婴儿比较喜欢某些感觉信息,且注意它们的时间也比较长。出生几天的婴儿就能表现出视觉偏好,他们对人脸图的注视时间要长于其他图形。需要指出的是,婴儿的选择性反应是被动的、无意识的,其注意均为无意注意,但随着年龄的增长,婴儿的无意注意的持久性和稳定性都会增加,在这期间最主要的发展表现在偏好性质的变化上:注意逐渐带有预期性,相比较于年龄更小的婴儿对在他的视线下消失的物体的无动于衷,七八个月大的婴儿能够注视物体被藏起来的地方,甚至把它找出来,这时婴儿的无意注意开始带有目的性;偏好较复杂的物体和立体物体;偏好与自己经验有关的事物;偏好与成人交往,对人脸及语言有极大兴趣,婴儿在与成人的交往中对语言的掌握和使用使他们的有意注意逐渐产生。

  上述的定向性注意和选择性注意都属于被动的无意注意,是儿童注意的最初形式。此时儿童的注意往往是由刺激物本身的特性决定,他们最易被发光的、运动的、鲜艳的以及能满足他们生理需要的事物吸引。在婴儿期,儿童逐渐学会独立行走,摆弄物品,探索世界的兴趣更浓,周围环境中更多的事物能引起他们的注意(如图片、玩具等),注意某一事物的时间也逐渐延长。儿童无意注意的性质和对象不断变化,注意对象不断增加,注意的稳定性也不断增长,并随着各年龄阶段的生理心理发展差异表现出不同的特点。

  1岁以后,随着儿童生理的成熟、认知能力的提高和语言的发展,儿童在注意范围、注意时间和对注意对象的理解上有了进一步提高。概括起来,3岁前儿童的注意主要以无意注意为主。1～3岁儿童注意的发展和儿童认知的发展联系密切,特别是和表象与言语的发生发展联系密切。1.5～2岁儿童的表象开始发生,自此儿童的注意开始受表象的影响。当眼前事物和已有表象或事实与期待之间出现矛盾或较大差距时,婴儿会产生强烈的注意。

  1岁以后,儿童言语初步形成,能说出单音重叠句,能以具有最初概括性意义的词代替句子,对成人的言语指令表现出相应的反应。言语的发生发展使儿童的注意对象范围大大增加,1.5岁以后的儿童开始能够集中注意在玩玩具、看图片、听故事、念儿歌等活动上,这些注意活动都是和表象与言语分不开的。2岁左右,言语真正形成,言语超越刺激的新异性的影响开始支配儿童注意的选择性,同时注意的时间、广度等均随着年龄的增长而延长或扩大。

(二) 3~6岁学前儿童无意注意的发展

1. 无意注意占优势

3岁前儿童的注意基本上都属于无意注意,3~6岁儿童虽仍然以无意注意为主,但和3岁前儿童相比已经有了较大发展。由于无意注意是在没有任何目的、不需要意志努力的情况下产生的,所以幼儿的无意注意主要有以下两个特点。

(1) 引起无意注意的主要因素仍然是刺激物的物理特性。

新颖生动的想象、鲜艳明亮的色彩、变化运动的刺激等都容易引起幼儿的无意注意,如颜色多样的积木、动画片、香甜可口的蛋糕等都能吸引幼儿的注意,自然界中天上的飞鸟、夜晚穿梭在云中的月亮、屋檐上滴下的雨滴等,也由于它们的活动变化而易引起幼儿的注意。正因为幼儿无意注意的这些特点,在上课时,如果教室里有人走来走去、幼儿窃窃私语、室外有儿童在玩耍等都会使幼儿难以保持注意,所以幼儿教师要组织好课堂活动。随着幼儿知识经验的丰富和认识能力的发展,他们能够发现许多新奇事物和事物的新颖性,补充自己的原有经验。在整个幼儿期,新颖性对引起注意有重要作用。

(2) 与幼儿的兴趣和需要密切相关的刺激物逐渐成为引起无意注意的原因。

随着年龄增长,幼儿的活动范围不断扩大,生活经验也比以前丰富很多,对于一些事物有了自己的兴趣和爱好。凡是符合幼儿兴趣的事物,都容易引起幼儿的无意注意。例如,有的幼儿特别喜欢洋娃娃,经常会关注与洋娃娃有关的事情。符合幼儿经验水平的教学内容和以游戏形式出现的教学方式,也容易吸引幼儿的注意。这时期的幼儿也逐渐渴望参加成人生活实践活动,做饭、洗衣、开车、打针、售货等活动也都常常成为幼儿无意注意的对象。

2. 有意注意初步发展

小班幼儿的无意注意占明显优势,新异、强烈,以及活动多变的刺激物很容易引起他们的注意。他们可以聚精会神地进行喜爱的游戏或感兴趣的学习活动,但也很容易被其他新异刺激所吸引而转移到新的活动中去,因而教师也较容易引导他们的注意,如当一个幼儿因为得不到一个玩具而哭闹时,教师可以让他玩其他游戏,以此转移他的注意。

中班幼儿经过幼儿园一年的教育,无意注意的范围扩大,且比较稳定。他们对许多活动都感兴趣,并能够长时间地保持注意,集中的程度也很高。如在"运球走"这一亲子游戏中,由于爸爸妈妈的参与,在游戏中能够将注意力维持在游戏上,玩个不停,他们对于感兴趣的学习活动也可以长时间专注其中。

大班幼儿的无意注意进一步发展和稳定,对于感兴趣的活动比中班幼儿保持注意的时间更长,中途中止或干扰他们的活动会引起他们的不满和反抗。他们可以长时间探究直观、生动的教具,也可以较长时间地听教师讲述有趣的故事而不受外界的干扰。

童真童趣

操场上,皓男犯了错误被停止游戏。

凯丽老师:你知道自己错在哪里吗?

皓男:我坐不住,老是跟别人说话,跟别人也玩不好。

凯丽老师:那怎么办呢?

皓男:我要改。

凯丽老师:可是你已经说过很多次了,每次说到做不到,我已经快要不相信你了。

皓男:老师,你让我试试吧,你不让我试试怎么知道可不可以呢?

二、学前儿童有意注意的发展

从婴儿出生第一年的下半年开始,周围的语言刺激也能引起幼儿的注意,他们逐渐学会调节自己的心理活动,主动地集中指向于应该注意的事物。婴儿末期,随着儿童活动及言语理解能力的发展,成人开始要求他们做一些简单的事,如拿东西等,此时婴儿必须使自己的注意力服从于当前任务。这是幼儿语言和认识过程有意性的发展,有意注意开始出现。有意注意在先学前期发展比较缓慢,只有在成人的要求非常具体时他们才能集中注意于有关对象,并且极易分心。

幼儿期,幼儿额叶的发展为有意注意的发展提供了生理条件,但起抑制分心作用的额叶大约在7岁时才成熟,因此幼儿的有意注意虽然开始发展,但远远未能发展充分。此时他们的注意特点是无意注意仍占优势地位,有意注意逐渐发展。幼儿入园后,幼儿园有规律的生活和教育使得其有意注意有了很大的发展,但由于受到年龄的制约,其有意注意尚处在初级发展阶段,还需要成人帮助儿童加深对活动任务的理解,结合智力活动与实际操作,并引导儿童用语言组织有意注意。成人的教育对幼儿注意的发展有着至关重要的作用,成人特别是幼儿教师应根据幼儿注意发展的特点和规律,有目的、有计划地组织教育活动,积极主动地培养和发展幼儿的注意,为儿童的心理发展和今后的学习活动创造有利条件。

小班幼儿的注意特点是无意注意占主导地位,有意注意只是初步形成。他们虽能够按照要求主动调节自己的注意指向并集中于相关对象,但有意注意的稳定性很低,即使在良好的教育条件下,一般也只能集中注意3～5分钟,而且注意的范围小,分配能力低。因此教师在组织教学活动,如呈现图片引导幼儿认识动物时,不能一次呈现过多,呈现的图片也应简单明了,并且要具体指示儿童应注意的对象。这时期的幼儿在游戏中往往只考虑到自己,但一旦注意到其他小朋友的游戏,便无法继续原先的游戏。

中班幼儿的有意注意得到发展。在没有干扰的条件下,他们集中注意的时间可达10分钟,注意的范围增加,分配能力也得到提高。如在上音乐课时,为了唱好歌,他们能够注意听教师的示范,然后自己演唱。也能够耐心数自己的手指或模型以正确回答教师提出的计算题。在游戏中,他们不仅能自己玩得开心,也可以照看到其他小朋友。

大班幼儿的有意注意在正确的教育下迅速发展,有了一定的稳定性和自觉性。在适宜条件下,注意集中的时间可延长到15分钟。他们不仅能根据成人提出的比较概括的要求去组织自己的注意,也能自觉确定任务目的,调节自己的心理活动使之服从于当前任务。在观察事物时,他们不仅了解主要内容,也可自己或在教师提示下注意细节部分。他们不仅能注意外部对象,也能注意到自己内心的情感、思想等,会表达自己的想法,也会推测他人的感受。

总的来说,儿童有意注意的形成大致经过3个阶段:第一阶段,儿童的注意由成人的语言指令引起和调节,如成人会对七八个月的婴儿边说"宝宝,看,这是花"边指向花所在的地方,此时婴儿的注意开始带有有意性的色彩;第二阶段,儿童通过自言自语控制和调节自己的行为,儿童在掌握语言后常常一边做事(画画等)一边自言自语"我得先用黑笔画出小人的头发",此时儿童能自觉运用言语将注意力集中在当前任务上;第三阶段,运用内部言语指令控制和调节行为,随着内部言语的形成,儿童逐渐会自己确定目的制订计划,排除干扰将注意稳定集中在当前任务上,这是高级水平的有意注意。由此可知,有意注意在无意注意的基础上产生,与儿童言语的发展有关,是人类社会交往的产物。

但要谨记的是,幼儿的有意注意发展水平远远低于无意注意,因此幼儿园教育中既要充分利用幼儿的无意注意又要努力培养其有意注意。

第三节 学前儿童注意的培养

✦ 案例放送

卡尔·威特是19世纪德国一个著名的天才,8岁左右能够自由运用6国语言,并且通晓动物学、植物学、物理学、化学,尤其擅长数学。9岁考入莱比锡大学,10岁进入哥廷根大学,12岁发表了关于螺旋线的论文,13岁出版了《三角术》,未满14岁由于完成了数学论文而被授予哲学博士学位,两年后获得法学博士学位并被任命为柏林大学的法学教授。21岁在格拉斯哥大学讲授法学,23岁时公开发表了《但丁的误解》一书,34岁转到哈雷大学,在有口皆碑的赞扬声中一直讲到83岁逝世。

卡尔·威特能取得这样的成就,并不是因为他的天赋有多高超。恰恰相反,他在婴儿时期反应相当迟钝,显得极为痴呆。他的成就很大程度上归功于他父亲的教育。老威特的理念是:对儿童的教育必须与儿童的智力曙光同时开始。老威特鼓励儿子多动手、多思考、多提问题,唤起孩子的兴趣。两岁时,威特夫人每天坚持给他讲故事,并且让他猜测情节。在游玩、散步和吃饭时,老威特总是想方设法地丰富小卡尔的知识。了解小卡尔的人都知道,他坐在书桌前的时间比任何同龄人都少。事实上,他把大量的时间尽情地花费在了玩耍和运动上,他是一个健康活泼的孩子。老威特严格规定儿子的学习和游玩时间,培养他专心致志的学习精神。他严禁儿子在学习语言和数学等知识上敷衍了事,而要他养成精益求精的精神。他还注意培养小卡尔做事敏捷灵巧的习惯。正是由于在学习专业知识时专心致志,效率极高,才使小卡尔赢得了很多时间从事运动和参加社交等。

案例分析:正如爱尔维修所说,即使是普通的孩子,只要教育得法,也会成为不平凡的人。老卡尔·威特正是注重培养小卡尔·威特的注意的集中性和稳定性以及对外界事物的兴趣,才使得他能够高效完成各项任务,取得非凡的成就。

(资料来源:卡尔·威特.卡尔·威特的教育全书[M].杜福林,译.长春:北方妇女儿童出版社,2013)

一、学前儿童注意的品质

注意的品质包括注意的广度、注意的稳定性、注意的转移和注意的分配。

(一) 注意的广度

注意的广度也叫注意的范围,是指在同一瞬间所把握的对象的数量,如"一目十行""眼观六路、耳听八方"等,它与注意对象的特点以及注意主体的知识经验有关。注意对象越集中,排列越有规则,越有内在的意义联系,注意者的知识经验越丰富,注意的广度越大。如懂绘画的人对颜色的注意广度比不懂绘画的人要大得多。注意的广度还具有一定的生理制约性,在0.05秒的时间内,成人一般能够注意到4~6个相互间无联系的对象,而幼儿最多只能把握2~4个对象,幼儿的注意广度比较狭窄。但是,随着幼儿生理的发展、知识经验的丰富和生活实践的锻炼,注意的广度会逐渐扩大。但总体看来,幼儿注意的广度还比较小,所以在教学中对幼儿要提出具体而明确的要求,不能要求他们在很短的时间里注意较多的事物,同时呈现挂图等直观教具的数目不能太多,而且要排列有序。

(二) 注意的稳定性

注意的稳定性指注意保持在某一对象上的时间长短。持续的时间越长,注意的稳定性就越高。它是注意的重要品质,是幼儿学习、游戏等活动获得较好效果的保证。注意的稳定性与注意对象及个体自身状态有关,注意对象越生动有趣,活动方式越适宜,幼儿保持注意的时间就越长,尤其是在游戏中(图4-2)。总而言之,幼儿注意的稳定性还比较差,有意注意更是难以持久。但幼儿注意的稳定性在良好的教育影响下会不断提高,如前所述,小班幼儿的注意集中时间只有3~5分钟;中班幼儿可达10分钟;大班幼儿可延长至15分钟。游戏是幼儿最感兴趣的活动方式,在游戏条件下,幼儿注意稳定的时间更长,如在游戏中,2~3岁幼儿的注意时间可达20分钟;5~6岁可达96分钟。此外,性格和知识经验等都会影响幼儿注意的稳定性,性格比较内向、知识比较充实的人,注意容易稳定。

图4-2 我们一起放风筝

需要强调的是,注意的稳定性并不意味着它总是指向同一对象,也可以注意不同的对象。例如,画一幅画,幼儿先要注意看教师的示范,再看看其他小朋友的动作,而后再专注在自己的画画任务上。虽然幼儿的注意对象不断变换,但只要围绕画画这一总任务就是稳定的注意,因此要把注意的稳定性理解为动态的稳定。

（三）注意的转移

注意的转移指有意识地调动注意从一个对象转移到另一个对象上，这种转移可以发生在同一活动的不同对象之间，也可以发生在不同活动之间。注意转移反映了注意的灵活性，它的快慢和难易依赖于前后活动的性质、关系以及人们对它们的态度，当前一种活动中注意的紧张度低或者个体对前一种活动的兴趣一般，并且两种活动有一定的内在联系时，注意转移就容易且迅速，反之就困难而缓慢。例如，幼儿刚玩过捉迷藏就很难马上坐下来学写字。需要强调的是，注意的转移与分心不同，转移是个体根据任务需要主动自觉地将注意指向新的对象，而分心是个体受到无关刺激的干扰被动地将注意脱离当前活动。幼儿容易分心，年龄越小的儿童越不善于灵活转移自己的注意，以至于不能立即将注意转移到需要的对象上。在良好的教育影响下，随着自身言语调节机能的发展和活动目的性的提高，幼儿逐渐学会主动转移注意，如大班幼儿能够按照教师的要求较灵活地转移自己的注意。

注意的转移与注意的分散不同，虽然表面看来都是改变注意对象，但前者是主动的，有目的地改变注意对象；后者是被动的，由于无关刺激的干扰，注意离开了心理活动所要指向的对象，分散到无关对象上。

（四）注意的分配

注意的分配指在同一时间内把注意集中到两种或几种不同的对象或活动上。例如，幼儿园教师组织幼儿舞蹈活动时，她要边弹琴边关注幼儿的动作。当同时进行的两种活动中至少有一种非常熟练甚至达到自动化程度时，或几种活动之间能建立紧密的联系形成一套系统时，注意的分配才容易进行。如骑自行车熟练后可以边骑车边唱歌。注意的分配还与注意对象的强度、个人的兴趣、控制力等因素有关。幼儿的自控力较差，缺乏必要的技能技巧，因此幼儿在注意的分配上比较困难，他们还不善于同时注意几种对象，往往顾此失彼，如幼儿刚开始学舞蹈时不能兼顾手脚动作。但其注意分配的能力会随着年龄增长和活动能力的增强而提高。例如，3岁幼儿因顾及不到别人而只能独自玩；4岁幼儿则可以和其他小朋友联合做游戏；5～6岁幼儿能参加较复杂的集体活动，并与其他小朋友配合一致。大班幼儿跳舞时，既能注意舞蹈动作正确优美，又能与音乐配合一致。幼儿的注意分配能力是在各种活动中不断发展起来的，教师要创造条件帮助幼儿参与活动，并能熟练掌握活动技能，如此幼儿在参与活动时就能更好地分配注意力。

幼儿注意品质的发展虽然具有共同的年龄特征，但他们的心理发展往往存在个体差异，注意也不例外。超常儿童在幼儿初期就表现出良好的注意品质，而学习不良儿童甚至到小学高年级还不能自觉调整注意使之集中在当前任务上。优质的教育条件对良好的注意品质的形成有重要的影响，学前教育的重要任务之一就是促进幼儿注意的发展。

二、学前儿童注意分散的原因

幼儿由于身心发展水平有限还不善于控制自己的注意，若再加上不恰当的教育，就很容易出现分心即注意分散现象。具体来说,幼儿注意分散的原因有以下几点。

1. 无关刺激的干扰

幼儿阶段的注意以无意注意为主,且注意的稳定性差,所有强烈、新异、多变的刺激都容易引起他们的注意,干扰他们正在进行的活动。例如,环境过于喧闹、活动室的布置过于花哨、玩教具更换过于频繁,甚至教师的服饰过于新奇,都可能分散幼儿的注意。一般来说,在自选游戏活动中,最多提供 5 种不同的游戏给幼儿是最合适的。

2. 疲劳

幼儿的神经系统机能还未充分发展,耐受力极差。长时间的紧张或单调活动会使幼儿疲劳,从而出现"保护性抑制",起初表现得没精打采,而后注意力开始涣散。所以幼儿教师要注意活动的动静搭配,且每种活动的持续时间不能过长。此外,不科学不规律的作息制度也会引起幼儿的疲劳,有些家长晚上任由孩子长时间看电视、玩耍,不督促其早睡以致第二天不能集中精力学习或进行其他活动。还有的家长在双休日为孩子安排过多活动,如去游乐场、访亲友等,幼儿过于兴奋又得不到充分的休息,导致其周一入园后情绪波动大,注意容易涣散。

3. 教学内容、方法不符合幼儿特点

教学内容过难会使幼儿因缺乏理解的基础而分心,过易会使幼儿因缺乏新异性转而去关注别的事物,只有当新内容与儿童的知识经验之间的差异为中等水平时,幼儿才能保持对当前活动的注意。有时教师对幼儿提出的要求不具体,或幼儿不理解活动的目的,会使幼儿不明白该做什么,左顾右盼,影响其积极从事相应活动。此外,若教学方法过于单调,教学过程缺少变化等,都会引起幼儿的注意涣散。

4. 注意的转移性差

幼儿注意的转移品质还没有充分发展,因而常常不能根据要求主动将注意集中在应该注意的事物上。例如,幼儿刚做完游戏,会持续地回想游戏的内容以至于不能及时将注意力转移到课堂上来。

5. 无意注意和有意注意没有结合使用

教师采用单一的注意形式来组织幼儿活动也会引起幼儿注意的分散。若只用新异刺激来诱发幼儿的好奇心从而引起无意注意,随着时间延长,新异刺激会失去新异性,幼儿便不再关注这一刺激。若只通过语言要求等调动有意注意,让幼儿主动集中注意,时间一长也容易引起疲劳从而使幼儿分心。

三、促进学前儿童注意力发展的措施

1. 排除无关刺激的干扰

整个幼儿园尤其是教室的布置应优美整洁不繁杂,若是新布置的教室,最好在进行活动前组织幼儿参观;组织幼儿游戏等活动时不要一次呈现过多的玩具或图书,留下恰当数量的活动材料,其余的收起来,不仅常玩常新,也有助于培养儿童的注意力。上课前应提醒幼儿先把玩具等收起放好;在组织教学活动时,要保证教室周围的环境的安静,教具避免过于新奇,能密切配合教学即可,且出示教具的时间要恰当,不需要时忌摆在明显的位置上;在教学活动时发现个别幼儿注意力不集中时,最好稍作暗示,不要中断教学点名批评以免干扰全班幼儿的活动;教师的衣着要整洁朴素大方,不要过度的打扮装饰,以免分散儿童的注意。

2. 制定合理的作息制度

应制定科学规律的作息制度,使幼儿得到充分的睡眠和休息,以保证幼儿精神饱满地参与各种活动。幼儿园教师应做好对家长的宣传工作,提醒家长为幼儿提供有规律的生活,在晚间要限制幼儿看电视的时间,周末要控制好幼儿外出游玩的时间,以保证其有充沛的精力从事学习等活动。

3. 灵活地交互运用无意注意和有意注意

无意注意在幼儿阶段占主要地位,教师可以运用强烈、新异、多变的刺激激发幼儿的无意注意,无意注意不需要意志努力,耗能较少,因而保持的时间较长,但学习等活动不只需要无意注意,还需要有意注意的配合。有意注意是完成任何有目的的活动所必需的,但有意注意需要意志努力。幼儿由于生理特点很难长时间保持有意注意,且此类注意耗能较多,长时间保持容易引起幼儿疲劳。鉴于幼儿自身注意的特点和两种注意的特征,教师既要在教育教学中运用新颖刺激吸引幼儿,引发幼儿的无意注意,也要简明生动地向他们解释活动的意义并提出具体要求,以培养和激发他们的有意注意。总之,要灵活地交互使用两种注意方式,使幼儿的大脑活动张弛有度,既能持久地集中注意,完成学习等活动,又不至于太过疲劳。

4. 提高教学质量

高质量高水平的教学是预防幼儿注意涣散的重要保障。幼儿园教师要具备心理学及教育学素养,精通专业教学业务,在工作中不断总结经验,以改善教学内容和方法。教师的语言要简单易懂、生动形象,所用教具要色彩鲜明、适时恰当,交互组织脑力活动和操作活动,动静结合以防止长时间单一活动引起幼儿的疲劳。通过教学培养幼儿的学习兴趣,激发幼儿的求知欲,以促进幼儿的持久注意(图 4-3 和图 4-4)。

图 4-3 认真做作业

图 4-4 小小健身将

此外,教师和家长应避免反复向儿童提要求,否则会给幼儿一种暗示:现在听不听无关紧要,反正老师或家长还会讲的。还应培养幼儿良好的注意习惯,避免在幼儿集中注意游戏或学习时打扰他们。总之,幼儿的注意需要家长的配合,更需要教师的组织,教育教学的成败与否,往往取决于教师是否能有效地组织儿童的注意。

> **实践应用**
> 在幼儿园观摩一堂集体活动课,记录并分析幼儿在活动中表现出的注意品质,分析教师采取了哪些措施来维持幼儿的注意力,以及这些措施是否有效。

考题链接

一、单项选择题

1. "聚精会神""仔细"主要描绘的是注意的( )特点。
   A. 指向性   B. 集中性   C. 清晰性   D. 鲜明性
2. 儿童出生后就出现了注意现象,这实质上是一种( )。
   A. 选择性注意 B. 有意注意 C. 定向性注意 D. 随意注意
3. 当刺激多次重复出现时,婴儿好像已经认识了它,对它的反应强度减弱,这种现象称作( )。
   A. 记忆的潜伏期   B. 回忆
   C. 客体永存性   D. 习惯化
4. 3岁幼儿自己活动时顾及不到别人,只能自己单独玩,是因为( )。
   A. 游戏水平差   B. 注意分配能力差
   C. 喜欢自己一个人玩   D. 与教师的教育有关
5. 3~6岁儿童的注意还是以( )占优势。
   A. 选择性注意 B. 有意注意 C. 无意注意 D. 定向性注意
6. 在良好的教育环境下,5~6岁幼儿能集中注意( )。
   A. 5分钟   B. 10分钟   C. 15分钟   D. 7分钟
7. 5~6岁幼儿能参加复杂的集体游戏和活动,说明幼儿注意的( )。
   A. 稳定性好   B. 分配能力较强
   C. 范围较大   D. 选择性较强
8. 关于幼儿注意的发展,正确的说法是( )。
   A. 定向性注意随年龄的增长而占有越来越高的地位
   B. 有意注意的发展先于无意注意的发展
   C. 定向性注意实质上是一种不学而能的生理反应
   D. 选择性注意范围的扩大说明选择性注意的发展
9. 当教室中一片喧哗时,教师突然放低声音或停止说话,会引起幼儿的注意。这是( )。
   A. 刺激物的物理特性引起幼儿的无意注意
   B. 与幼儿的需要关系密切的刺激物,引起幼儿的无意注意
   C. 在成人的组织与引导下,引起幼儿的有意注意
   D. 利用活动引起幼儿的有意注意
10. 儿童对一类刺激物注意得多,而在同样情况下对另一类刺激物注意得少的现

象是（　　）。

  A. 探究性注意　B. 定向性注意　C. 选择性注意　D. 状态性注意

二、简答题

1. 1~3岁儿童注意发展的特征有哪些？
2. 3~6岁儿童注意发展的特征表现在哪些方面？在教育工作中应注意哪些方面？
3. 请简答幼儿有意注意的发展及具体表现。
4. 在对幼儿的教育活动中，教师应如何运用幼儿无意注意的规律？

三、论述题

1. 请论述幼儿注意容易出现的问题以及该如何采取相应的教育措施。
2. 试述注意的规律与幼儿活动的关系。

四、材料分析题

某幼儿园大班在室内组织语言教育活动，正当大家聚精会神地听老师讲故事时，一群其他班的孩子出来玩耍，喧闹的声音马上把孩子们的注意吸引了过去，大家开始相互交谈，老师大声提醒保持安静，也没有吸引孩子们的注意，这时老师突然停止了说话，孩子们安静了下来，继续听老师讲故事。

试分析这次活动中幼儿教育的有意注意和无意注意。

第五章
学前儿童的记忆

本章导航

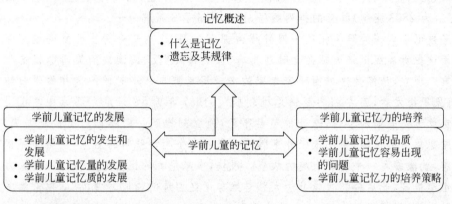

学习目标

(1) 了解记忆的概念和记忆在学前儿童心理发展中的作用。
(2) 理解记忆的分类、记忆过程、记忆品质和表象。
(3) 理解和掌握遗忘及其规律。
(4) 理解和掌握学前儿童记忆发展的一般趋势和特点。
(5) 学会运用具体的措施促进学前儿童记忆的发展。

第一节 记忆概述

+ 案例放送

出生于英国的多米尼克·奥布莱恩(Dominic O'Brien)是世界上最令人赞叹的记忆天才,他在首届世界记忆锦标赛上凭借自创的"多米尼克系统"登上冠军宝座,并创下新的世界纪录。在此后11年间,奥布莱恩共8次卫冕成功,他可以用26.8秒记住一副扑克牌的顺序,用30分钟记住2385个随机产生的数字,用1个小时记住元素周期表上110种元素的原子序数、元素符号、元素类别和精确到4位小数的原子量,用4个小时记住54副(去掉大小王后为2808张牌)扑克的排列顺序,仅仅弄错了8张牌……

奥布莱恩被记忆训练的鼻祖托尼·博赞称为拥有一颗"人类迄今为止开发得最为深入的大脑",而这位世界级记忆大师在儿时却患有"阅读障碍"及"阅读缺陷障碍",记忆和阅读都有困难。现在,已经是这方面研究专家的多米尼克把自己小时候的这些障碍归结为"右脑的想象思维发达,而左脑的逻辑思维较弱"。1987年时,多米尼克偶然在电视上看到一个扑克牌记忆表演的节目,这让他羡慕不已,他立刻找到一副牌自己摸索着训练,运用自己右脑想象力的优势,将一张张扑克牌转变成一个个生动鲜明的图像,按照顺序记忆这些扑克牌,就像编写一个生动有趣的故事。很快,多米尼克的记忆力就在这种想象力的训练之下迅速提高,此后他积极投身于大脑思维与记忆训练的领域之中,帮助越来越多的人开发大脑潜能,提高记忆力,改善自己的学习和生活。

(资料来源:多米尼克·奥布莱恩[EB/OL].百度百科,http://baike.baidu.com/)

一、什么是记忆

(一)记忆的概念

个体自出生后会接受来自外部世界各种各样的信息,这些信息有些随时间消失,有些在大脑中保存下来,包括感知过的事物、思考过的问题、体验过的情绪和练习过的动作等,在适当的条件下能重新辨认或回忆,这就是记忆。简单来讲,记忆是人脑对过去感知或经历过的事物的反映,是经验的识记、保持和回忆的过程,也可以说是对输入信息的编码、存储和提取的过程。如去过游乐场好多天之后,儿童仍兴致勃勃地讨论着碰碰车、皮球海洋等,这是儿童记忆的表现。

记忆是人生存和发展的必要条件,人们正是依靠记忆才逐渐掌握知识、积累经验,也正是在记忆所保存的知识经验的基础上,才能进行思维和想象活动,形成认识世界、改造世界的能力,形成个人稳定的兴趣爱好、理想情操及性格特征。

(二)记忆在儿童心理发展中居重要地位

学前期是个体的各种心理品质形成和发展的关键期,这一时期各种心理过程逐渐联系起来形成系统。家长和社会都希望儿童身心健康发展,并能形成良好的品行习惯,而这需要通过教育来实现,而儿童的记忆发展水平直接影响教育的成果,因此记忆在儿童心理发展中有着重要的地位。具体来说,记忆对学前儿童的知觉、想象、思维、语言、情感和意志品质的发展都有重要作用。

1. 记忆与儿童知觉的发展

记忆是在知觉的基础上形成的,知觉的发展也离不开记忆,知觉的恒常性和记忆有密切关系。例如,经常用奶瓶喝奶或喝水的婴儿仅看到奶瓶的一个侧面就会做出吃奶的反应,听到母亲的声音就会开心,这是因为婴儿对奶瓶和母亲声音的知觉已经和经验发生了联系,这个过程靠记忆来完成。幼儿往往在很远的地方就会伸手要妈妈抱,这是因为幼儿的空间知觉发展不足,而空间知觉的发展与幼儿对空间距离的知觉经验有关,掌握这种经验也需要记忆的发展。

皮亚杰提出的"客体永存性"不仅反映婴儿知觉、注意的发展,也反映其记忆的发展问题。例如,3 个月的婴儿的注视中包含了记忆活动,他们在注视一个移动物体时,如果物体被移到挡板后面,他们会把视线移到挡板的另一端,等待物体出现,而 2 个月的婴儿在物体进入挡板后就不再继续注视。在日常生活中,6 个月以后的婴儿会和成人玩"躲猫猫"游戏,当大人在门后一会儿出现,一会儿躲藏时,他会高兴地看着门边,等着大人出现。

2. 记忆与儿童想象、思维的发展

儿童的想象和思维过程都要依靠记忆,记忆把知觉和想象、思维联结起来,使儿童能够把知觉到的材料进行想象和思维。儿童最原始的想象和记忆不容易区分,2 岁左右儿童的想象基本上是记忆的简单加工。

3. 记忆与儿童语言的发展

儿童对语言的学习和掌握也要依靠记忆。儿童必须先记住语词所代表的意思,才能理解语词。在听他人讲话时,要暂时记住一句话的前半部分,才能与该句的后半部分联系起来理解。自己说话时,也要把自己说过的词或句暂时记住,才能做到说话逻辑清晰、前后连贯。儿童的言语与记忆联系不足,所以有时会说了后面忘了前面。

4. 记忆与儿童情感、意志的发展

谢切诺夫说过:"如果没有记忆,个体将永远处于新生儿状态。"儿童情感和意志的发展也受记忆的影响,由于记忆的作用,儿童积累起所经历事情的情感体验,从而丰富自己的情感,以后再遇到相似的事情时会体验到同样的情感。幼小婴儿只表现出一些原始恐惧,而较大的儿童会表现出与经验有关的恐惧。例如,曾经被狗追过的儿童再见到狗会害怕得大哭。这种对狗的恐惧心理的出现,说明了记忆的作用。

意志指决定达到某种目标而产生的心理状态,常以语言或行动表现出来。个体在行动过程中必须始终记住行动目标,幼儿和失去记忆能力的病人在行动过程中常常忘记了原先激起行动的动机和目的,因而不能坚持完成任务。

(三) 记忆分类

1. 感觉记忆、短时记忆、长时记忆

根据信息的编码、存储和提取方式以及存储时间的长短不同,把记忆分成感觉记忆、

短时记忆和长时记忆3种。

（1）感觉记忆：又称为瞬时记忆或感觉登记，是感觉信息到达感官的第一次直觉印象，当引起感知觉的刺激物不再继续呈现时，其作用仍能继续保持一个极短的时间。这种短暂的保持就是感觉记忆。感觉记忆中的信息是未加工的原始信息，仅能保持0.25～2秒，如果没有受到注意就会很快消失，如果受到注意就进入短时记忆系统进行保存。各种感官通道都存在相应的感觉记忆，其中研究较多的是图像记忆（视觉的感觉记忆）和声像记忆（听觉的感觉记忆），不同的感觉记忆容量也不同，图像记忆的容量要大于声像记忆的容量。

（2）短时记忆：又称为操作记忆或工作记忆，指外界刺激在极短的时间一次呈现后，获得的信息在头脑中存储时间在1分钟以内的记忆。例如，听到一个电话号码，立刻根据记忆拨打，但事后就不记得这个号码了；听课时边听边记笔记也是靠短时记忆。短时记忆的广度与识记材料的性质和个体对识记材料的加工程度存在内在联系，美国心理学家Miller有关短时记忆容量的研究表明，人的短时记忆广度为7±2个组块。组块是一个重新组织项目的过程，基于相似性或其他组织原则将若干单个刺激联合成有意义、较大信息单位，即对刺激信息的再编码。组块是短时记忆容量的信息单位，能够有效地扩大短时记忆的容量。短时记忆的信息编码以听觉编码为主，也存在视觉编码和语义编码。

（3）长时记忆：指1分钟以上直到许多年甚至保持终生的记忆。它的信息主要来自短时记忆的加工和复述，也有因印象深刻一次形成的。如儿时的春游或秋游，人们可能至今记忆犹新。与短时记忆相比，长时记忆的容量是非常大的，它的信息是以有组织的状态被存储起来的。长时记忆有词语和表象两种信息组织方式，即言语编码和表象编码。言语编码是通过词来加工信息，按意义、语法关系、系统分类等方法把言语材料加工为组块，以帮助记忆。表象编码是利用视形象、声音、味觉和触觉形象组织材料来帮助记忆。长时记忆主要采用语义的形式进行编码，构成了每个人对于世界和自我的全部知识。

依照所存储的信息类型可将长时记忆分为情景记忆和语义记忆。情景记忆是关于特定时间的情景或事件及这些事件的时空联系的记忆。语义记忆是有关概念、定理、公式和操纵这些符号、概念和关系的算法等的记忆。

以上3种记忆是相互联系的，外界刺激引起感觉所留下的痕迹就是感觉记忆；该痕迹若不被注意便迅速消失，若加以注意就会进入短时记忆；短时记忆中的信息若不及时复述就会遗忘，若加以复述就会进入长时记忆；信息在长时记忆中被存储起来，在适当条件下又可以提取出来，提取时，信息从长时记忆中被回收到短时记忆中来，从而能被人意识到；长时记忆中的信息，如果受到干扰或其他因素的影响，也会产生遗忘。

2. 外显记忆、内隐记忆

根据记忆时意识参与的程度可把记忆分为外显记忆和内隐记忆。

（1）外显记忆，指在意识的控制下，过去经验对当前活动产生有意识的影响的现象。测量外显记忆的方法包括自由回忆、线索回忆和再认测验。

（2）内隐记忆，指在不需要意识或有意回忆的条件下，过去经验对当前活动自动产生影响的现象。

人们在大多数情况下编码和提取信息会同时用到外显记忆和内隐记忆，如在提取存储在记忆中的信息时,有时不需有意识的努力就可以获得,有时需要有意识的努力来提取。

3. 陈述性记忆、程序性记忆

根据信息加工处理的方式不同,记忆可分为陈述性记忆和程序性记忆。

(1) 陈述性记忆,指对事件、情景以及它们之间相互联系的记忆,包括名词解释、定理等。其特征是在需要时能够用语言描述出来,如对儿时趣事的回忆。

(2) 程序性记忆,指关于技术、过程或"如何做事情"的记忆,通常用于获得、保持和使用知觉的、认知的和运动的技能。这种记忆往往需要通过多次尝试才逐渐获得,并且在使用时往往不需要意识的参与,如骑自行车。

(四) 记忆过程

记忆过程可以分为识记、保持、回忆(再认和再现)3个基本环节。识记和保持是再认和再现的前提,再认和再现是识记和保持的结果与验证。

1. 识记

识记是记忆过程的第一环节,指反复认识感知或体验到的东西,并在脑中留下痕迹的过程,即把所需信息输入头脑的过程。识记的目的、任务,活动的内容和性质,识记方法,材料的数量和性质等都会影响识记的效果。根据不同的标准,识记可分为不同的类型。

(1) 无意识记和有意识记

根据识记时有无自觉性和明确的目的性,可将识记分为无意识记和有意识记。

无意识记指不需要意志努力,事先也没有预定的目的的识记。如儿时吃过的美味,当时并没有刻意去识记,但多年以后仍能回想起来。人的许多知识是由无意识记获得的,但无意识记具有很大的选择性,人们只能记住有意义的、符合自己的兴趣需要的事物。但是,由于无意识记缺乏目的性,在内容上往往带有偶然性和片面性,系统的知识技能难以通过无意识记实现。

有意识记指需要意志努力,按事先预定的目的、任务和需要进行的识记。如考试前教师带领学生进行总复习,向学生提出识记重要概念定理的任务,学生为了取得好成绩而采取有效方法认真努力去识记。有意识记目的明确、任务具体,识记效果优于无意识记,可以帮助人们获得系统的知识技能,在学习和生活实践中具有重要地位。

(2) 机械识记和意义识记

根据识记材料的性质以及对材料的理解程度,可以把有意识记分为机械识记和意义识记。

机械识记指不需要理解学习材料,无须或很少利用已有经验,简单机械重复背诵的识记。如识记英文单词、电话号码、历史年代等。机械识记的基本条件是多次重复或复习。意义识记指需要理解材料的意义,需要利用已有经验,采取多种有效方法的识记。如对古诗词的识记,需要了解诗词的意境及内容,才容易识记。意义识记的基本条件是理解事物内在的本质联系,将新材料纳入已有的知识系统,因此识记效果好,保持时间长,并且容易回忆。但在学习材料中总有些是无意义或意义较少的,此时就要运用机械识记,因此对机械识记的作用也要重视。

2. 保持

保持是巩固已识记过的事物印象或知识经验的过程。保持并不是简单机械地重复材

料，而是对材料进行加工整理。整理的材料由于受时间及后来经验的影响在质和量上都会发生一些变化。

质的变化指记忆内容的变化，这些变化有的是在开始识记时就已经发生的，有的是由于识记者的知识经验或态度在保持阶段发生了变化，有的是在再认或回忆时发生的变化。质的变化表现为以下几个方面：①概括化，原先内容中的具体细节，特别是不太重要的细节逐渐消失；②合理化，人们往往根据自己已有的记忆痕迹修改识记内容，使其比原来的内容更完整合理有意义；③具体化，识记内容比原来的内容更详细，更加接近具体事物；④夸张化，在记忆中，人们往往强调识记内容的某些特征，夸大突出某些特点，使其更具有特色。这说明识记不是一个被动地把过去经验简单地保持的过程，而是一个积极地创造的过程。

量的变化主要指保持的内容会逐渐减少，即人们经历的事情总要忘掉一些。英国心理学家巴拉德(P. B. Ballard,1913)发现，幼儿有一种特殊的记忆回涨现象，也称为记忆恢复现象。它指学习后过两天测得的保持量比学习后即时测得的保持量要高。也就是说，刚学习完某种材料马上回忆，反不如过一段时间后再回忆的效果好。相关实验表明，记忆恢复现象在儿童中比在成人中更普遍；学习较难的材料比学习容易的材料更容易出现；学习得不够熟比学习得纯熟时更容易发生。

3. 回忆

回忆是把人脑对已保存的知识经验进行提取的过程。它是记忆的最终目的，是识记、保持的结果和表现，包含着对过去经验的搜寻和判断。回忆有两种不同水平：再认和再现。

（1）再认

再认是过去识记过的事物重新出现时感到熟悉，并能够识别出是以前感知或经历过的。如儿童能够叫出玩过的玩具的名字，听出教师曾教过的歌曲等都是再认的表现，在考试中回答选择题也是通过再认来实现的。再认的速度和确认的程度受以下两个条件的制约：①识记的精确度和巩固性；②当前事物或场景与以前识记过的有关事物或场景的相似程度。精确度越高、巩固性越强、事物本身或场景的相似度越高，再认就越容易，反之则越困难。环境和语言的线索在再认过程中起重要作用。

（2）再现

再现指过去识记过的事物不在面前时，由于其他事物的影响而使这些事物在脑中重新呈现其映像的过程。如儿童看见小鸭子，就会想起"数鸭子"这首儿歌。根据再现是否有预定目的，可以把再现分为无意再现和有意再现。无意再现事先没有预定目的，也不需要意志努力，如"触景生情""睹物思人"等都属于无意再现。而有意再现有预定目的，也需要意志努力，如在考试中回答主观题时努力回忆以往学过的材料，幼儿背诵古诗时回忆教师教过的内容等都是有意再现。

（3）再认和再现的关系

再认和再现都是从记忆中提取信息，两者之间没有本质区别，只是保持程度不同，任何年龄阶段的人，再认效果都比再现效果要好，但年龄越小，两者差异越大。能再认的事物不一定能再现，能再现的事物一般都能再认。

二、遗忘及其规律

教师要正视幼儿记忆保持的特点和遗忘规律,特别是要研究和运用记忆恢复规律,通过各种手段排除影响保持的因素,减少遗忘,提高幼儿的记忆水平,使他们掌握更科学的记忆方法。

(一)遗忘的概念

遗忘指对识记过的材料不能再认和再现,或者错误地再认和再现的现象。遗忘产生的原因是识记时形成的神经联系的痕迹因不能继续巩固而逐渐减弱。如教幼儿与生活联系密切的词汇,在生活实践中可以不断得到强化,神经联系痕迹得到加深,幼儿就不易遗忘,否则就容易遗忘。这也就是复习的作用,因此复习是防止遗忘最基本的方法。

遗忘分为暂时性遗忘和永久性遗忘,前者指识记材料因其他刺激干扰不能立即回忆,干扰解除后可恢复记忆,如学生上课回答问题时因过度紧张脑中一片空白,过一会儿才能想起来。后者指识记材料因没有得到反复强化和运用,在脑中的记忆痕迹自动消失,只有重新学习才能恢复记忆。人们不可能将接受的所有信息全部记住,而且从现代心理学的观点看,遗忘并非全是坏事,适当的遗忘甚至可以促进人的精神健康,提高工作和学习的效率。如生活中发生的不愉快的事情,不应耿耿于怀郁结于心,而应主动遗忘,排解自己的不愉快情绪。

(二)遗忘规律

有效的复习应该按照遗忘的规律进行,德国心理学家艾宾浩斯最早对记忆保持量的变化做了比较系统的研究。他以自己为被试,为了避免过去经验对学习和记忆的影响,他在实验中用无意义音节作为记忆材料,以重学时所节省的时间或次数为保持量的指标。实验表明,在学习材料记熟后,20 分钟后的保持量为 58.2%;1 天后为 33.7%;2 天后为 27.8%;6 天后为 25.4%;1 个月后为 21.1%,见表 5-1。依据这些数据绘制的曲线就是著名的艾宾浩斯遗忘曲线,如图 5-1 所示。

表 5-1 艾宾浩斯实验中的时间间隔与记忆量

时间间隔	记忆量
刚刚记忆完毕	100%
20 分钟之后	58.2%
1 小时之后	44.2%
8~9 小时后	35.8%
1 天后	33.7%
2 天后	27.8%
6 天后	25.4%
1 个月后	21.1%

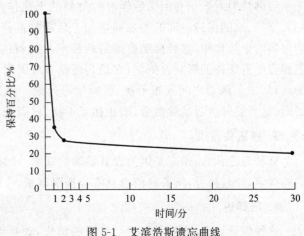

图 5-1 艾滨浩斯遗忘曲线

从遗忘曲线中可以看出,遗忘的进程是不均衡的,先快后慢。识记后在头脑中保持的材料随着时间的推移逐渐减少,这种减少在识记后的短时间内特别迅速,随着时间的进展,遗忘逐渐趋缓,到一定时间后几乎不再遗忘。因此,学习后一定要及时复习,而且复习时间安排应先密后疏,开始复习时,间隔时间要短,次数要多,以后的复习可以拉长时间间隔,减少复习次数。随着遗忘速度减慢,复习的时间间隔可以逐渐拉长。

除了复习时间的安排,学习程度也影响着遗忘进程。一般情况下,低度学习的材料容易遗忘,过度学习的材料保持得好一些。过度学习指达到一次完全正确再现后仍继续识记的记忆,以恰好诵记程度的 150% 为佳。记忆材料性质对遗忘进程也有很大影响。一般来说,有意义的、熟悉的材料不容易遗忘,无意义的、陌生的材料容易遗忘。要特别注意的是,幼儿的遗忘可能并不完全遵循上述规律,幼儿记忆恢复的现象可以说明这一点。

对记忆恢复的解释目前有两种假说。抑制解除说认为,由于识记时有累积抑制,影响了识记后的立即测验的保持量,过一定的时间后,识记时累积的抑制解除了,记忆的保持量自然提高。整体联系说认为,识记后立即进行回忆,此时学习者对学习材料还没有形成一个统一的整体,对材料的存储是零散的,所以保持量低。随着时间的推移,材料之间的联系日益丰富,整体性加强,便于再认或回忆,保持量随之上升。

(三) 遗忘产生的原因

目前关于遗忘的原因有 4 种解释,且每一种理论只能解释遗忘的部分现象。

1. 衰退说

这种理论认为,遗忘是记忆痕迹得不到强化,随着时间的推移而逐渐消退的结果。从信息加工心理学的观点来看,记忆痕迹是指记忆的编码。这种说法易为人们所接受,因为某些物理的痕迹或化学的痕迹也是随着时间的推移而衰退甚至消失的。

2. 干扰说

这种理论认为,遗忘是因为材料在学习和回忆之间受到其他刺激的干扰所致,一旦排除了这些干扰,记忆就能够恢复。干扰说可用前摄抑制和后摄抑制来说明。前摄抑制指先学习的材料对识记和回忆后学习的材料的干扰作用,这种抑制随先学习材料数量的增加而增加,也随保持时间的增加而增加。后摄抑制指后学习的材料对识记和回忆先学习的材料的干扰作用,这种抑制受前后两种学习材料的相似程度、难度、时间安排及识记的巩固程度等条件的影响。例如,在幼儿还没有巩固刚学习的材料时,应避免立刻学习类似的材料,以免两者之间互相干扰,影响学习效果。再如,两种学习活动之间应有一段休息时间,适当的休息对消除疲劳,防止相互干扰,巩固记忆成果都是非常必要的。

3. 提取失败说

这种理论认为,遗忘是因为没有正确的线索一时难以提取出需要的信息,一旦有了正确的线索,经过搜寻,所要的信息就能被提取出来。

4. 压抑说

这种理论认为,遗忘不是记忆痕迹的消失,而是由于情绪或动机的压抑引起的,这种压抑一旦被解除,记忆就能恢复。这种现象是由弗洛伊德在临床实践中发现的,他认为有些经验之所以不能回忆,是因为回忆它们时人们会感到痛苦,于是便拒绝它们进入意识,将其存储在无意识之中。只有当情绪联想减弱、压抑原因消除时,记忆才能恢复。

第二节 学前儿童记忆的发展

案例放送

《少年中国强》是2014年8月推出的大型少儿励志节目,在2014年9月25日这一期迎来了一位来自浙江绍兴的5岁的记忆小天才——叶子青。他在节目中展示了惊人的记忆力,开场舞仅用了半个小时就学会了,也能迅速地根据三位嘉宾的出生年份判断他们各自的属相,并且在挑战项目结束后仍然记得他们各自的出生年份。他的挑战项目是物品位置记忆,有48个装有不同物品的格子,现场随机挑选出12个格子,每个格子只有1秒钟的记忆时间,他需要记住12个格子的位置以及格子里面相对应的物品,且只有一次挑战机会,他要正确指出10个物品的位置才算挑战成功,结果叶子青正确回忆出所有12个物品的位置。

据叶子青的妈妈介绍,叶子青并没有接受过专业的记忆培训,目前也只是在普通的幼儿园上学,但他从小就展示出独特的记忆力,如在2岁左右就能记住银行的标志,刚入园时只听一次就记住了三十几位小朋友的学号。

案例分析:叶子青展示的是空间记忆力,天生拥有超强记忆力是好事,可以帮助他在很短的时间内掌握大量的信息。但要注意的是,遗忘可以帮助人们忽略无关琐事,将精力集中在重要的事情上。记忆力超常的儿童过目不忘,几乎所有看过听过的都会记住,这可能使他们将精力分散在无关紧要的事情上,从而无法有效完成目标任务,所以成人要注意引导儿童尤其是记忆超常的儿童将他们的天赋用在重要的有意义的事物上。

(资料来源:少年中国强[EB/OL].央视网,http://tv.cntv.cn/video/VSET10 0202090069/3900427894ce46409deac1d61a63547f,2014-09-25)

一、学前儿童记忆的发生和发展

有研究发现,把母亲的心跳声录下来,放大后播放给刚出生不久的大哭的婴儿听,婴儿就会停止哭闹。这是因为婴儿感到自己又回到了熟悉的胎内环境里,该研究说明胎儿已经有了听觉记忆,其他有关七八个月大胎儿的音乐听觉的研究也得出类似结论,即听觉记忆在胎儿末期就出现。出生一周的新生儿能够辨别母亲的声音和气味,当他被抱成喂奶姿势时,就会做出吃奶的反应,这种对喂奶姿势的再认是第一个自然条件反射出现的标志。另外,习惯化—去习惯化也是儿童记忆的最初表现,习惯化指新生儿对刺激物的注意时间随着刺激物出现频率的增加而减少甚至消失的现象,去习惯化指新生儿在新异刺激出现后更加注意新异刺激或注视时间加长的现象。记忆是习惯化—去习惯化程序的内在成分之一。一个婴儿只有能够存储关于某一刺激的信息,并在刺激再次出现时再认出它是熟悉的,他才可能对该刺激产生习惯化。同样,只有婴儿记住了原来的刺激,并认识到新旧刺激的差异,他才可能表现出对某一新刺激的去习惯化。

1~3个月是长时记忆开始发生的时期,3个月的婴儿的记忆具有一定目的性,他们能够积极寻找,努力探索,辨认人与事物,此时他们的长时记忆能保持4个小时。5个月婴儿有24小时的记忆,5~6月婴儿已有48小时的记忆。明显的再认出现在6个月左右,此时儿童对社会性刺激和社会性交往的记忆迅速发展,婴儿的"认生"越来越明显,即只亲近妈妈及经常接触的人,陌生人走近会使孩子感到惊慌不安,甚至哭起来。皮亚杰指出这个阶段的婴儿出现寻找物体的活动,其中包含明显的记忆成分。这时期开始出现大量模仿动作,模仿也包含着记忆。

随后,记忆的范围逐渐扩大到能够再认周围的一些人和事物。8个月婴儿的记忆已接近成人的记忆状况,开始出现工作记忆,能够把新信息和过去的知识经验进行联系和比较,记忆更加抽象,具有符号性。学前期儿童的记忆仍然主要是无意识记,但记忆保持的时间逐渐延长,1岁时能保持几天或十几天。1岁半是语言发展的转折期,语言的急剧发展影响了短时记忆的发展。在1岁半这个年龄,第二信号系统的记忆发生了,它干扰了原有的第一信号系统的记忆机制,而第二信号系统的机制又没有成熟,不足以完成记忆任务。1岁半以后,第二信号系统在记忆中逐渐起主导作用,表现为儿童能够迅速地积累大量词汇,记忆的潜伏期也延长了。

1岁末的儿童,开始出现比较明显的再现,即当某事物不在眼前时,可由其他相关事物或言语回忆起该事物。如当幼儿看到别的小朋友哭闹着要妈妈时,他也会想起自己的妈妈而跟着哭起来。1岁半至2岁的婴儿开始出现延迟模仿,即在延后一定时间后对先前观察学习的经验的模仿,这种延迟模仿和表象的发生发展有关。他们也开始用行动表现出初步的回忆能力,如他们喜欢做藏找东西的游戏,此时儿童的记忆可以保持几个星期。

幼儿3岁时有意识记开始萌芽,它指有预定目的、并运用一定方法而进行的识记。儿童可以根据成人提出的一些最简单的任务(如"帮妈妈把餐巾纸拿来")进行记忆,此时儿童记忆保持时间已能达到几个月甚至半年多。

3岁前儿童的记忆富有情绪色彩,特别容易记住那些引起他们情绪反应的事物或情景,如儿时去游乐场玩得很开心,他能记很长时间。但是他们的记忆一般带有很大的随意性,凡是感兴趣的、印象鲜明的事物就容易记住,但保持时间较短,甚至会出现记忆缺失。记忆缺失也称为"婴儿期健忘",指个体成年以后无法想起婴儿期的经历,甚至是幼儿园早期的事情,婴儿自传体记忆(个人复杂生活事件的混合记忆)的出现标志着婴儿期记忆缺失的结束。3~6岁儿童的记忆水平有显著提高,随着生理和心理的发展,记忆的质和量也在不断地发展着。

资料卡片

音乐胎教对婴儿的记忆具有良好作用,6个月的胎儿开始记忆听觉和情感信息。英国心理学家奥尔兹曾做过关于音乐胎教的实验,他在实验中将耳机放在孕妇腹部播放大人和小孩都喜欢的《彼得和狼》,发现胎儿的心率总是随着音乐而变化。而且胎儿出生后,只要听到这个音乐就会开心得笑起来。澳大利亚堪培拉的产科大夫曾让35名孕妇每日按时来医院欣赏音乐,婴儿出生后体格健壮,10年后有27名儿童获音乐奖,4名儿童成为舞蹈演员,其他人成绩均为良好,无一人有不良行为。北京市也曾对60多名孕妇做过类似的实验,发现接受音乐胎教训练的婴儿出生后比没有接受过该训练的婴儿更灵敏。音乐胎教的时间从怀孕24周开始,每天1~2次,每次5~10分钟为宜,音量应控制在65~70分贝。选曲时也应依据胎儿的类型,给活泼好动的胎儿听缓慢柔和的曲子,给文静的胎儿听跳跃性强的乐曲,但要注意的是孕期8个月后要反复播送一首固定的乐曲。

(资料来源:音乐胎教[EB/OL].百度百科,http://baike.baidu.com/)

儿童进入幼儿期后,由于神经系统的逐步成熟,口头言语的迅速发展和生活经验的不断丰富,记忆能力在质和量上都有了发展。

二、学前儿童记忆量的发展

记忆量的发展主要从记忆范围、记忆广度和记忆保持时间等方面去衡量。

1. 记忆范围不断扩大

记忆范围指幼儿记忆材料种类增多,内容日益丰富。幼儿前期由于接触事物的数量和内容均有限,因此其记忆范围十分狭窄。随着幼儿活动能力的增强、活动方式的日益复杂化和社会交往范围的扩大,记忆范围也迅速扩大,从动作扩大到情感,然后又扩大到形象和词语。儿童掌握语言后,记忆范围就更加广阔,从家庭扩展到教育机构、社会,从日常生活扩展到文化、科学、经济等各个领域。因为幼儿对识记目的的理解、对识记材料的兴趣和理解不同,他们的记忆范围也有很大差异。

2. 记忆广度不断扩大

记忆广度指幼儿在单位时间内所记住材料的最大数量。短时记忆的容量是7 ± 2个组块,组块是基于相似性等原则将项目组织成更大的模块的过程,"块"是有意义的信息单元,它可以是字母、单词、句子、成语、图示甚至更大的单位。由于受儿童大脑皮质不成熟这一生理发育的局限,儿童在极短的时间内来不及加工更多的信息量,因而不能达到成人的记忆广度,但随年龄的增长,学前儿童信息加工能力的增强和知识经验的积累,每一个信息单位包含的内容越来越多,记忆的容量会逐渐增加,幼儿的记忆广度也不断扩大。

3. 记忆保持时间不断延长

儿童最开始出现的是短时记忆,只能保持30秒。3岁前儿童的记忆一般不能永久保持,三四岁后出现可以保持终生的记忆。记忆的潜伏期是指从识记到能够再认或回忆之间的时间。儿童长时记忆保持的时间逐渐延长,称为记忆潜伏期的延长。随着年龄增长,幼儿记忆策略不断发展,保持时间也不断延长。一般来说,在再认方面,2岁儿童能再认几个星期以前感知过的事物;3岁儿童能再认几个月以前感知过的事物;4岁儿童能再认一年以前感知过的事物;7岁儿童能再认3年以前感知过的事物。在记忆的再现方面,2岁儿童能再现几天以前的事;3岁儿童能再现几个星期以前的事;4岁儿童能再现几个月以前的事。一般来说,儿童期有条理的记忆,是从4~5岁开始的。五六岁时,对个别事物的记忆甚至能够保持终生。

三、学前儿童记忆质的发展

记忆质的发展是指记忆态度、记忆内容、记忆方法和记忆精确性等方面的发展。

(一) 记忆态度的发展:无意记忆占优势,有意记忆逐渐发展

根据记忆有无目的和是否运用一定的方法,可以把记忆分为无意记忆和有意记忆。有明确的记忆目的和意图,必要时需意志努力的记忆活动称为有意记忆;反之,则为无意记忆。幼儿的无意记忆占优势,有意记忆逐渐发展。这两种记忆效果都随着年龄的增长而提高。

3岁前儿童基本上只有无意记忆,幼儿所获得的知识经验,大多数是在日常生活和游戏等活动中自然而然地记住的。这时期的幼儿难以服从一定的识记目的,一般记住的是直观鲜明且能激起幼儿兴趣及情绪的事物。如电视里播放的动画片,由于色彩鲜艳、形象生动,又能引起幼儿的情感共鸣,所以绝大多数幼儿都非常喜欢观看,也很容易记住故事的情节。幼儿的无意记忆是幼儿在完成感知和思维任务的认知过程中附带产生的结果,认知活动越积极,无意记忆效果越好。随着年龄增长,幼儿的记忆加工能力发展,幼儿的无意记忆随之提高。

幼儿有意记忆一般发生在学前中期,约四五岁的时候才可观察到。有意记忆的发展是幼儿记忆中最重要的质的飞跃,其积极性和效果依赖于对记忆任务的意识和活动动机。有意记忆的形成和发展与幼儿言语调节机能、成人的教育均有密切关系。有意记忆最初是被动的,儿童可以按照成人的言语指示支配自己的行动和心理活动,继而学会用自己的言语调节行动,自行确定记忆目标,主动进行记忆。幼儿中后期,有意记忆的能力逐步发展,他们不仅能努力识记和回忆所需材料,还能运用一些简单的记忆方法,如自言自语、自我重复来加强记忆。例如,幼儿接受老师的指示后喃喃自语,重复与任务有关的内容,也可以用意义联系的办法来记住某些事物(如把"3"比作耳朵)。

(二) 记忆内容的发展:形象记忆占优势,语词逻辑记忆逐渐发展

根据识记材料的内容,可将记忆分为形象记忆和语词逻辑记忆,其中形象记忆又可分为运动记忆、情绪记忆和狭义的形象记忆三类。

(1) 运动记忆,指对人的动作或运动的记忆。例如,人们在跳健美操时,能将所有动作按照顺序做下来,就是运动记忆在起作用。儿童最早的记忆就是运动记忆,在出生后2周左右出现,如儿童在吃奶时形成的身体姿势条件反射。学前儿童身体动作的发展和运动记忆密切相关,婴幼儿学会各种动作,掌握各种生活、学习技能和行为习惯,都依靠运动记忆。运动记忆一旦形成就很难消退,且在间隔很长时间后仍容易恢复。

(2) 情绪记忆,指对体验过的情绪或情感的记忆。如人们在获得重大奖项时激动兴奋的心情,多年后仍然能清楚地记得,这就是情绪记忆。情绪记忆出现得也比较早,在出生后6个月左右出现,如新生儿已明显地表现出对惧怕情绪的记忆,在整个幼儿期,记忆都带有强烈的情绪性。年幼的儿童很容易记住那些富有情绪色彩(愉快或不愉快)的事情

(图 5-2),如听儿歌或童话时往往容易记住富有感情的句子,而且保持时间很久。大多数成年人能回忆的四五岁的往事,往往是一些带有情绪色彩的事情。

图 5-2 "妈妈,哥哥打我"

童真童趣

下午孩子们在教室里进行角色游戏,"翻斗幼儿园"的子璇老师正在吼小朋友。

凯丽老师:哎哟,你们幼儿园的老师这么凶哦!

其他孩子:嗯嗯,好凶的。

子璇(转过头看着我):你不是也发过火吗?

(3)形象记忆,(狭义)指以感知的事物的形象为内容的记忆,包括动觉、视觉、听觉、嗅觉形象等。如人们脑海中保持的鸟巢、水立方的形象,以及说起杨梅时的回味等都属于形象记忆。形象记忆大约出现在 6~12 个月,依靠表象进行,且主要依靠视觉表象。婴儿认识奶瓶、熟悉的玩具,认识母亲,分清熟悉和陌生的人,都是形象记忆的表现。1 岁前的形象记忆和动作记忆、情绪记忆紧密联系。

(4)语词逻辑记忆,指对概念、公式、判断和推理等抽象思维过程的记忆。如人们对心理学的概念、有关数理化公式、定理的记忆。由于这些内容都是以语词符号来表达的,因而叫语词逻辑记忆。这种记忆出现比较晚,在 1 岁左右出现,与学前儿童语言中枢的发展密切相连,是在儿童掌握语言过程中逐渐发展的。

儿童的形象记忆比语词逻辑记忆出现得早,且在幼儿的记忆中,形象记忆占主要地位,记忆效果优于语词逻辑记忆。他们最容易记住具体直观的材料;其次才是实物的名称、事物的形象和行动的语词材料;最后才是概括性较高、较抽象的语词材料。根据幼儿记忆的这一特点,提供给他们的学习材料应该尽量具有生动形象性。两种记忆水平在三四岁时都较低,其后随年龄的增长而不断发展,并且语词逻辑记忆的发展速度大于形象记忆的速度,两者差距逐渐缩小。这是因为形象记忆和语词记忆相互联系得越来越密切,如幼儿只有把物体的形象和相应的词语联系在一起,才能叫出熟悉物体的名称,而幼儿所熟悉的词,也必然建立在具体形象的基础上,词和物体的形象是不可分割的。中班幼儿开始使用记忆方法,观看图片时往往自动说出图片名称。大班幼儿更明显地使用语言帮助记忆。他们有时边看边说,有时只是默默地动嘴,自言自语,指导自己的识记过程。

在生活实践中,上述 4 种记忆是相互联系的。要记清某一事物,往往需要两种或两种以上的记忆参加。同时还要明确,由于先天素质和后天实践的个别差异,记忆类型在每个人身上的发展程度也不一样,如舞蹈家擅长运动记忆,画家擅长形象记忆。

(三)记忆方法的发展:记忆的理解和组织程度逐渐提高

(1)根据识记时对材料的理解和组织程度,将记忆划分为机械记忆和意义记忆。在不了解材料意义的情况下,只根据材料的外在表现形式,采用简单重复的方式进行的记忆称为机械记忆。幼儿因为知识经验比较贫乏,缺少可以吸收理解新材料的旧经验,也不善于发现材料本身的内在联系,对事物的把握往往只停留在一些外部特征和表面联系上,只能机械地去识记,而且幼儿确实能够记住一些根本不理解的东西。例如,幼儿记一首儿歌或一则故事,往往是从头到尾、逐字逐句地死记硬背。有的幼儿虽然不懂得数的实际意义,却能够流利地唱数从 1~100 或更多。

(2)根据材料的意义和内在逻辑关系,在理解基础上运用有关经验进行的记忆称为意义记忆。幼儿给人的印象是大量利用机械记忆,实际上,幼儿期是意义记忆迅速发展的时期。幼儿在记忆过程中越来越多地依赖于理解,并把记忆材料加以系统化。幼儿在识记与自己经验有关的事物时,常常运用意义记忆。意义记忆的基础是对材料的理解,理解使记忆的材料和头脑中已有的知识经验联系起来,把新材料纳入已有的知识经验系统中,且使记忆材料互相练习,把孤立的小单位联系起来,形成较大的单位或系统,所以意义识记的效果比机械识记好得多,保持的时间也较长,因此教师或家长有必要引导幼儿进行意义识记。如学习一首古诗,采用先讲故事、看图片帮助幼儿理解古诗内容,而后再背诵的方式比让幼儿简单跟着重复读有效得多。

在整个幼儿期,无论是机械记忆还是意义记忆,其效果都随着年龄的增长而有所提高,且机械记忆中加入了越来越多的理解成分,两者的差距不断缩小。两者相互联系,相互渗透,记忆效果不断提高。人们虽然强调意义记忆,但对于幼儿来讲,适当的机械记忆也是必要的。对于某些难理解或比较生疏的材料,机械识记的成分就多些,而对于那些容易理解或比较熟悉的材料,意义识记的成分比较多,所以教师应注意引导幼儿进行意义识记,同时也要帮助儿童在理解的基础上进行机械记忆,例如,教幼儿认识"1、2、3"等数字时,可以教他们将字形分别同"小棍、鸭子、耳朵"等形象联系起来。传授新知识时应当讲解,帮助幼儿将新旧知识联系起来,在理解的基础上进行识记。还必须经过反复练习,以达到牢固、准确记忆的目的。

> **实践应用**
>
> 你还能想到哪些具体方法引导和促进幼儿意义记忆的发展(举例说明)?查阅资料并和同学分享讨论。

(四)记忆精确性的发展:记忆的持久性进一步发展,但精确性差

精确性指儿童再现的内容与识记对象的相符合程度,即记忆的精确率。幼儿记忆的精确性较差,表现在两方面:一是往往只记住一些富有吸引力的内容,而把最主要、最本质的东西遗漏了,或者把一些相似的材料混淆起来。例如,常常"6""9"不分;复述故事时,常常只能讲出个别情节,而忘掉了基本内容。年龄越小的儿童越是这样。二是把想象的东西当作现实,把记忆与想象混为一谈。幼儿记忆不够精确,主要是由于缺乏精细的分析能力和容易受暗示。随着儿童经验的丰富,分析综合能力的增强,记忆也逐渐精确起来。儿童年龄越小,记忆的精确率越低。实验表明,5 岁幼儿独立再现一段词语时错误率是 45%,6 岁时错误率是 41%,而小学儿童只有 6% 的错误率。另有实验表明,小班幼儿记忆句子时的正确率是 26%;中班为 43%;大班则达到 60%。因此儿童记忆的正确率是随着年龄的增长而不断提高的。

第三节 学前儿童记忆力的培养

✦ 案例放送

2009年底,武汉大学在校生王峰,在英国伦敦举行的第18届"世界脑力锦标赛"中,以31.02秒的成绩获得快速记忆扑克牌项目的世界冠军,以1小时正确记忆1984个无规律数字的好成绩获得记忆马拉松项目的亚军,成为综合实力排名世界第五、中国第一的"世界记忆大师"。

王峰家境普通,并未接受过特殊训练,中学时其成绩一直保持在15名左右,并未显露特殊才能,2009年4月他加入了由记忆大师袁文魁等人发起的武汉大学记忆协会,该协会是致力于研究和推广记忆法的大学生公益社团。该记忆法主要通过开发人的图像右脑来提高记忆力,使用"编码+联想+定桩"的方法。譬如记数字,从0~100,每个数字都有一个固定的代码,其代码或是根据它的读音,或者是根据它的数量来确定。如15,也可以念成是一五,其谐音就像是"鹦鹉"。所以15在其脑海中就一直是"鹦鹉"的图像。王峰在训练时每天都会给自己定一个小目标,没有达成就不休息,经过这样1个月的简单集训后,他的成绩就与其他同学几个月训练的成绩持平。

从2009年4月到2009年底,王峰仅用半年就练成"世界记忆大师"。他可以2天倒背如流四级词汇,3天倒背如流道德经,5分钟记忆80个历史事件,15分钟记忆160个随机词汇等。而且在2010年,年仅20岁的他参加第19届世界脑力锦标赛,1小时正确记忆2280个无规律数字,19.80秒记住一副扑克牌的顺序,480个数字全部记住,打破4项世界记忆纪录,获得了5金1银,以9486分的历史最高成绩成为2010年的总冠军,成为大赛举办以来,第一个问鼎总冠军的亚洲人,并且获得由世界大脑基金委员会颁发的2010年"大脑年度人物"称号。

(资料来源:王峰[EB/OL].百度百科.http://baike.baidu.com/)

一、学前儿童记忆的品质

记忆的品质指记忆发展水平的高低优劣。衡量一个人的记忆品质,可以从以下四个方面来评价。

1. 记忆的敏捷性

记忆的敏捷性是指一个人在识记事物时速度方面的特征,一般用在一定时间内能记住事物的多少来衡量。能够在较短的时间内记住较多的东西,就是记忆敏捷性良好的表现。记忆的敏捷性与记忆的目的是否明确、注意力是否集中有密切关系。识记同样的材料,有的人记得快忘得慢,有的人记得快忘得也快,有的人记得慢忘得也慢,有的人则记得慢忘得快。记忆的敏捷性在人的智力发展中起着重要的作用,记忆速度快的人可以在同样的时间里获得更多的信息。智力超常的人,记忆的敏捷性大多是很高的。但它不是衡量一个人记忆好坏的唯一标准,在评价记忆敏捷性时,应与记忆的其他品质结合起来才有意义。

2. 记忆的持久性

记忆的持久性是指记忆内容在记忆系统中保持时间长短方面的特征。记忆保持时间的长短,也就是指记忆保持的牢固程度。能够把知识经验长时间地保留在头脑中,甚至终生不忘,这是记忆持久性良好的表现。在这个方面,个体差异也很大。有的人能把识记的东西长久保持在头脑中,有的人则很快遗忘。要提高记忆的持久性,就要加深对识记材料的理解,把识记的材料纳入到已有的知识体系中,另外,还要安排好对材料的合理复习。

3. 记忆的精确性

记忆的精确性是指对记忆内容的识记、保持和提取时与事物的本来面目一致,没有歪曲、遗漏、增补和臆测。精确性是记忆的重要品质,如果离开了精确性,记忆的其他品质就失去了它们的价值。培养记忆的正确性,首先必须进行认真的识记,在大脑皮层上建立精确的暂时神经联系。其次是在复习时要把类似的材料经常加以比较,防止混淆。最后,要把正确识记的事物同仿佛记忆的东西区别开,把所见所闻的真实材料与主观的增补臆测区别开。

4. 记忆的准备性

记忆的准备性是指对保持内容在提取应用时所反映出来的特征,记忆的目的在于实际需要时,能迅速灵活地把记忆中保持的材料回忆起来,以解决当前的实际问题。在准备性方面,有的人得心应手,能随时提取知识加以应用,有的人尽管经验丰富、学识渊博,但在遇到实际问题时,却不能用已有的知识迅速想出解决的办法。提高记忆的准备性,最重要的就是要把掌握的知识系统化,形成自己的"知识宫殿",这样才能做到有条不紊地随时提取所需要的材料。

总之,记忆的四个方面品质是有机联系的,缺一不可,不能只根据某一方面的品质去评定一个人记忆的好坏。每一种品质只有和其他的品质结合起来才有价值。

5. 学前儿童记忆发展容易出现的问题

学前儿童记忆的质和量均随着生理和心理的发展而发展,但存在一些容易出现的问题。如记忆的有意性较差,不会运用恰当的记忆方法,存在偶发记忆现象,即要求幼儿记住某样东西时,他们往往记住的是和这些东西一起出现的其他东西,这些都会影响幼儿的记忆效果。而且幼儿记忆的正确性差,容易受暗示,把现实和想象混淆,用自己虚构的内容来补充记忆中的残缺部分,把主观臆想的事情当作自己亲身经历过的事情来回忆,这种现象常导致人们误以为幼儿在说谎。教师和家长应正确对待幼儿这些记忆问题,以恰当的方式培养幼儿的记忆能力。

二、培养学前儿童记忆力的策略

记忆力是智力发展水平的重要标准,针对学前儿童的身心发展特点,应遵循客观性、发展性和教育性原则培养学前儿童的记忆力。

(一) 激发幼儿的记忆兴趣

新奇、形象、具体、鲜明的事物,以其突出的物理特点,容易引起幼儿的集中注意,也容易给儿童留下深刻的印象。因此,要求幼儿记住的事物最好使它能够吸引幼儿的注意。符合幼儿兴趣的、对幼儿生活具有重要意义的、能激起幼儿愉快或惊奇等强烈情绪体验的事物,都比较容易成为幼儿注意的对象,也容易成为无意记忆的内容,并能经久不忘。因此,应尽量采用儿童乐意接受的方式进行教育,如有趣的故事就比生硬的讲卫生说教更容易被幼儿记住。在幼儿教学中也可以创设情境引起幼儿的怀疑或惊讶来加强其记忆。

针对学前儿童的记忆以形象记忆和无意记忆为主的特点,在幼儿园的各项活动中,教师要精心设计活动方案,恰当地运用丰富多彩、形象鲜明的图画、模型、实物等直观的形式进行教学,提供幼儿能直接操作的游戏材料,讲解语言生动有趣、绘声绘色,以吸引儿童注意,激发他们的兴趣和强烈情感,使其更直观地观察和理解要识记的内容,提高儿童的记忆能力,如故事表演、木偶戏等都能收到很好的效果。形象与词的结合,可以提高记忆效果。随着幼儿年龄增长,形象记忆和语词记忆的效果逐渐接近。但是,幼儿独立地把形象和词结合起来的能力还比较差,这种能力会随着幼儿年龄的增长逐渐发展起来。相对于小班幼儿,中班幼儿已经能用词语帮助记忆图像,他们能自动说出图像的颜色、形状、位置等,大班幼儿有时边看边说,有时只是动动嘴唇来帮助记忆图像,他们运用语词来帮助识记图形的现象更明显。在教育教学中,教师要遵循直观性原则,注意形象和语词的结合,不仅能够提高教育效果,也能促进幼儿记忆的发展。

在整个幼儿期,记忆都带有很大的情绪性,记忆效果和幼儿的情绪状态有很大关系,幼儿情绪越积极、兴趣越强烈、自信心越足,记忆效果就越好。家长和教师要注重创设良好的教育环境,激发幼儿对识记材料的兴趣,让幼儿在愉快的学习环境中提高记忆效果。同时要注意的是,正是由于幼儿记忆具有强烈的情绪性,打骂、恫吓孩子带来的惊恐和痛苦会给孩子留下极深的印象,甚至会使儿童形成胆小、撒谎等不良行为习惯,因此在对幼儿进行教育时尽可能不要引起幼儿的负面情绪体验。

(二) 明确识记任务,产生识记动机

在具体的记忆活动中,家长和教师既要照顾幼儿记忆带有较大的无意性的特点,又要适时地向幼儿提出识记的任务,培养幼儿的有意识记,以提高记忆的效果。如果识记对象是儿童活动的主要对象,幼儿在活动过程中始终不能离开对该对象的认知,那么,对这个对象进行无意识记的效果也较好。例如,幼儿经常在居民区院子里玩耍,却不知道小区中有哪些植物,家长若刻意带着幼儿观察植物并让他找出几种植物,幼儿自然而然能够记住各种植物的大概形状。记忆力与有意注意有密切关系,成人要训练学前儿童的有意注意,通过在日常生活中布置任务,利用语言组织学前儿童的注意,引导或帮助他们明确记忆的目的和任务,产生有意识记的动机。如成人可以通过让儿童寻找两种(或两种以上)材料的异同之处,来训练儿童的注意力和记忆力。幼儿在完成现实生活中的,而且是他自

己感到迫切需要完成的实际任务时,通常在与他人比较或竞赛的任务中,识记的效果最好。

(三)帮助幼儿理解识记内容

幼儿对记忆材料理解得越深,记得就越快,保持的时间就越长,知识经验就越丰富,就越有助于学前儿童对事物的理解,形成良性循环。在日常生活及教学活动中,家长及教师应采取多种方法帮助幼儿理解识记任务,引导幼儿从事物的内部联系上去识记事物,以提高幼儿的记忆效果。如背诵古诗《春晓》,若让幼儿简单重复跟读,幼儿需要很长时间才能记住,而且容易出错。如果先结合相应图画将诗的内容以故事的形式讲给幼儿听,再仔细给幼儿讲解"眠""啼鸟"等难理解的词,幼儿很快就会准确背诵,而且记忆保持时间更长。这样记忆从识记开始就是准确的,并且新的材料与已有知识经验联系紧密,识记内容更加条理系统。

(四)合理安排复习

根据艾宾浩斯的遗忘规律,识记过的内容一定要及时复习,而且合理分配复习时间、采用多样化、多感官参与的复习活动,可以结合教学和生活活动,用游戏、谈话、讨论等方法让幼儿在活动中对需要识记的材料进行强化,获得最好的记忆效果。在复习时要及时纠正模糊的识记内容,通过找不同训练法、找相同训练法或综合分类训练法认识事物的相同和不同之处,锻炼识别能力,提高记忆的准确性。需要强调的是,要正确评价幼儿的识记结果,只要幼儿能背出、复述识记材料的部分内容,教师就应给予及时表扬,避免责备幼儿无法回忆部分内容,否则会挫伤幼儿识记的积极性。

▶ 考题链接

一、单项选择题

1. 记忆产生于(　　)时期。
　　A. 幼儿　　　　B. 婴儿　　　　C. 新生儿　　　　D. 胎儿
2. 儿童开始认生的年龄是(　　)。
　　A. 1~3个月　　B. 5~6个月　　C. 1岁左右　　　D. 3岁以上
3. (　　)岁前儿童的记忆一般不能永久保存。
　　A. 5岁前　　　B. 3岁前　　　C. 4岁前　　　　D. 4.5岁前
4. 幼儿记忆发展中最重要的质的飞跃是(　　)。
　　A. 无意识记的发展　　　　　B. 有意识记的发展
　　C. 活动动机的变化　　　　　D. 语词记忆的出现
5. 随着年龄增长,幼儿形象记忆与语词记忆的差别(　　)。
　　A. 不会变化　　B. 不会缩小　　C. 逐渐扩大　　　D. 逐渐缩小
6. 在整个学前期,回忆和再认的差距(　　)。
　　A. 与年龄的增长无关　　　　B. 随着年龄的增长而缩小
　　C. 随着年龄的增大而增大　　D. 是不存在的

7. 幼儿记忆的基本特点是( )占优势。
   A. 意义记忆   B. 有意记忆   C. 语义记忆   D. 无意记忆
8. 幼儿的形象记忆主要依靠的是( )。
   A. 动作   B. 言语   C. 表象   D. 情绪
9. 儿童最早发生的记忆是( )。
   A. 情绪记忆   B. 形象记忆   C. 运动记忆   D. 语词记忆
10. 在幼儿的记忆中,占主要地位的是( )。
    A. 形象记忆   B. 运动记忆   C. 情绪记忆   D. 语言记忆

二、简答题

1. 简要说明记忆在学前儿童发展中的作用。
2. 简述学前儿童记忆发展的趋势。

三、论述题

1. 论述3~6岁儿童记忆发展的特点。
2. 学前儿童记忆容量增加主要表现在哪些方面?

第六章
学前儿童的想象

 **本章导航**

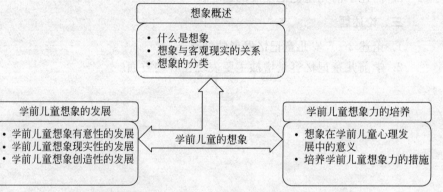

学习目标

（1）了解想象的概念、发生的条件、作用、构成方式和想象与客观现实的关系。

（2）理解和掌握想象的分类。

（3）理解和掌握学前儿童想象发展的一般趋势和特点。

（4）学会运用具体的措施促进学前儿童想象的发展。

第一节　想象概述

一、什么是想象

案例放送

《地球上的星星》是由印度国宝级人物阿尔米·汗执导并参演的儿童剧情型电影,影片讲述了一个8岁男孩伊夏和他的美术老师之间的故事。伊夏患有阅读障碍,在父母和老师眼里是个捣蛋鬼,他成绩也不好,在班上的排名靠后。但是他的想象力非常丰富,他眼中的世界充满了惊奇和快乐,他的脑子里有各种稀奇古怪的点子。

例如,他在吃饭时会想想小鸟、火车、恐龙绕着他的脑袋追赶。他在一滴水中间滴入黄色、红色颜料,以手指打圈的方式画出白天吃的冰沙棒。在做数学试卷时,伊夏看到3×9,就把×想象成章鱼,3想象成第三行星——地球,9想象成第九行星——冥王星,3×9就是要将地球拉到冥王星的位置。他自己则是勇敢的舰长,驾着飞船,用一个大吸盘吸住地球,在经过火星时,火星差点儿把用来夹住地球的钳子给熔化了,木星则眯着眼睛假寐,看到他拖着地球经过不闻不问,土星则愉快地玩着呼啦圈。最后他将地球顺利带到目的地,并用力地将地球撞向冥王星所在的位置,冥王星被撞碎,地球占领了冥王星的位置。据此他得出结论3×9=3。他还画了一本家庭画册,快速翻动页码,就可以看到那个代表他自己的小人逐渐远离家人,直到最后画面上再也没有他。他还会用铅笔、木棒、树叶和绳子做出水动力车,这些都是靠伊夏的想象力和行动力完成的。

(资料来源:地球上的星星[EB/OL].PPS,http://v.pps.tv/play_35QP9Z.html#from_splay)

(一) 想象的概念

想象是对头脑中已有的表象进行加工改造,创造出新形象的心理过程,即以感知过的事物形象为基础,从已有的表象中,把所需要的部分从整体中分解出来,并按一定的关系,把它们综合成为新的形象,如从猪的表象中分解出猪头,从人的表象中分解出身体,而后把它们结合在一起,形成《西游记》中猪八戒的形象。人们接触到的文艺影视作品中的人物角色,也都是作者综合某些人物的特点创造出来的。人的头脑不仅能够产生过去感知过的事物形象,也能够产生从未感知过的事物形象,如《哈利·波特》中的摄魂怪、鹰马兽、曼德拉草根等都不是作者以前感知过的。

(二) 想象发生的条件

想象的发生和儿童大脑皮质的成熟有关,想象的生理基础是大脑皮质上旧的暂时神经联系经过重新配合构成新的联系。刚出生的婴儿具有原始的感知和记忆形式,可以获得某些客观事物的映像,但这种映像缺乏概括性,而且保持时间很短,很难成为想象的加工材料。婴儿最开始出现的是以探寻客观事物为主的感知动作,而后才形成用于解决问题的操作动作,这些外部智力动作随着经验积累可以逐渐转化为内部智力动作,1岁半以前的婴儿还不具备内部智力动作,无法对已有表象进行操作。2岁前婴儿的大脑发育很不成熟,不能形成大量的神经联系,这就限制了暂时神经联系的重新组合,直到2岁左右大脑神经系统的发展才趋于成熟,婴儿才能在头脑中存储较多较稳定的信息材料,为丰富的想象活动提供基本素材,且此时婴儿具有一定的思维能力,可以运用内部智力动作对已有表象进行加工改造,出现了想象。此外,婴儿言语的发生也是其想象发生的重要因素,词具有概括性,与它所代表的具体事物之间有着广泛的联系,想象正是借助于词的这种概括性联系,来重新加工组合各种具体事物在大脑皮质留下的痕迹及其相互之间的联系。

(三)想象的作用

想象与感知觉、记忆一样都属于认知过程,是人类劳动和创造活动的必要因素,对人类认识世界,掌握事物发生发展规律,进而改造世界有重要作用。想象是劳动的必要前提,又在劳动过程中发生和发展起来,人类只有预想到劳动的结果才能有意识地创造需要的东西,许多发明创造都来源于人们的想象。正是因为人们一直希望像鸟儿那样翱翔天际,才有了现代的飞机、宇宙飞船。想象也是学习新知识所必需的,它可以帮助人们理解新知识。如学《将进酒》时,人们要依靠想象诗人悲愤而后狂放的状态才能深刻体会这首诗的情感。想象在日常生活中也有重要作用,如要做到设身处地、换位思考和感同身受等就必须凭借想象。

(四)想象的构成方式

想象不仅与其他认知过程,如知觉、记忆、思维一样具有分析综合的性质,还具有新的特点。知觉、记忆、思维等是事物特征、属性之间固有的关系的综合,而想象是从旧的形象中区分出必要的元素或创造的素材,按照新的构思重新组合,创造出新的形象。想象的分析、综合活动有以下几种形式。

1. 黏合

黏合指把两种或两种以上从未结合过的客观事物的属性、特征部分在头脑中结合成新形象的过程,如神话中的雷震子、猪八戒,童话中的小龙人、美人鱼,影视中的蝙蝠侠、蜘蛛侠等形象都是通过这种综合活动形成的。黏合是想象过程中最简单的一种方式,多用于艺术创造和科技发明。人们将客观事物的某些特征分析出来,然后按照人们的需要将这些特点重新组合成人们所渴求的形象。如水上公交车,就是船与公交车的某些特征的结合。但要注意的是,黏合的形象在内容上会受到社会文化、民族风俗习惯的影响,如中国神话中的龙是能兴云雨、利万物的神异动物,是祥瑞象征;而西方神话中的龙则是长着巨大翅膀,拥有强大力量的邪恶象征。

2. 夸张

夸张,又称为强调,是通过改变客观事物的正常特征,或突出某些特征而略去另一些特征,并在头脑中形成新形象的过程,如九尾狐、千手观音等都是采取这种方式进行的综合。影视文艺作品中就常用到这种形式,如《绿巨人》《汉江怪物》等。文艺作品中也常用到夸张,如杜甫的《寄李十二白二十韵》中的"笔落惊风雨,诗成泣鬼神"等诗句,就用到了夸张手法。

3. 拟人化

拟人化指赋予客观事物以人类的形象或某些特征,使之人格化。如《猩球崛起》里的黑猩猩,《变形金刚》里的汽车人,《美女与野兽》中长相狰狞的怪兽,均采用了拟人化想象的创作手法。拟人化也是文学艺术的重要手段,如高尔基的散文诗《海燕》中就使用了拟人化手法,如"波浪一边歌唱,一边冲向高空,去迎接那雷声"。

4. 典型化

典型化,是根据一类事物的共同的、典型的特征创造出新形象的过程,它是在文学艺术中普遍采用的方式。如《龙猫》里的妹妹小梅,就是宫崎骏综合某些孩子的特点创造出来的。

5. 联想

联想,指由一个事物想到另一个事物,也可以是新形象的创造。想象联想受制于创作时占优势的情绪、思想和意图。如同样是看到下雨,如果是高兴的情绪状态就会想象"上帝给需要滋润的万物洒下甘霖",而如果是悲伤的情绪状态就会想象"老天也在为这万物苍生哭泣"。

二、想象与客观现实的关系

由想象产生的形象大多是人们从未感知过的,有些甚至是现实生活中并不存在的。但是,它却不是凭空而来的。构成这些形象的材料永远来自对客观现实的感知,如果人们对于某类事物从未感知过,就不会出现以这类事物为材料的想象,如天生的盲人无法想象绚丽的彩虹、天生的聋者绝对不能想象美妙的音乐。从这个意义上来说,想象归根结底还是对客观现实的反映。科学发明、艺术创作均是如此,新型机器的制造、人物形象的创作,都是创作者利用他们过去感知的记忆表象,在头脑中加工改造、重新组成新表象的结果。如金庸武侠小说中的黄蓉、小龙女和王语嫣等形象的原型就是20世纪五六十年代香港公认西施演员——夏梦,金庸就是将夏梦的形象在头脑中加工改造,创作出诸多的武侠经典女性形象。

想象不能脱离历史和现实的现有条件,因为想象总是受个人经验、需要、思想的影响,而人的经验、需要、思想又受到社会历史条件、社会生产力和科学技术发展水平的制约。如古代虽有鬼神妖怪腾云驾雾的想象,但绝不会有火车、飞机甚至宇宙飞船的设想。此外,人的想象是在劳动过程中发生和发展起来的,人类劳动和动物本能行为的根本区别在于人能够想象预期的劳动成果。正如马克思所说"蜜蜂建筑蜂房的本领使人间的许多建筑师感到惭愧,但最蹩脚的建筑师从一开始就比最灵巧的蜜蜂高明的地方,是他在用蜂蜡建筑蜂房以前,已经在头脑中把它建成了"。想象不仅能够预期劳动成果,还能够产生中间产品和成果表象,因此想象也指导着人们的劳动过程。

三、想象的分类

根据想象活动是否具有目的性,可以把想象分为无意想象和有意想象。

(一)无意想象

无意想象也称为不随意想象,是最简单和初级形式的想象,指没有预定目的,在一定刺激影响下不由自主进行的想象。如看到天上的云朵,会不由自主联想到小狗、棉花糖、毯子等；听故事时会自然浮现故事中的情景。

梦是无意想象的一种极端表现。人在清醒状态下，语言系统调节和支配着暂时神经联系的重新结合，人们在睡眠时，大脑皮层产生一种弥漫性抑制，语言系统首先受到抑制，如果抑制发展不平衡，皮层上有些区域的神经细胞仍处在兴奋状态，某些知觉痕迹及其相互联系暂时发生重新组合，就会出现梦。梦的形象往往不同于感知过的事物，而是人脑对已有表象进行加工重新组合成的新形象。如果这种重新组合采取了不同寻常的联合方式，就出现各种荒诞无稽、离现实似乎很远的梦境。但构成梦的一切素材都来源于个体曾经经历过的事物，如梦中到处找洗手间，可能是由于个体膀胱充盈；梦到重大考试迟到，可能是由于近期精神紧张所致；梦到与亲人相见，可能是因为白天与亲人通过电话。正确释梦有助于人们及时发现自己心理及生理潜在的愿望和隐患。

梦与睡眠的不同阶段有关，睡眠分为非快速眼睡眠（NREM）和快速眼动睡眠（REM），在一个睡眠周期中，前者是90分钟，后者是10分钟。在整夜睡眠中，个体会经历5次左右睡眠周期，每个周期里的REM时间会增加。新生儿的REM时间约占全部睡眠时间的50%～60%，2岁内儿童占30%～40%，年轻人占20%，到50岁时只占8%。梦大多发生在REM，也发生在NREM，但与NREM状态联系的梦更像日间的思维，不大包含涉及情绪的内容。NREM睡眠的功能包括保存能量和恢复身体机能，REM睡眠则有助于建立脑中功能结构、建立神经和肌肉之间的通路以及存储记忆。

目前还很难确定梦最早在哪个年龄出现，皮亚杰观察到儿童最早的梦是在1岁9个月至2岁之间，这时儿童开始说梦话，睡醒后会描述自己的梦境。梦分为以下形式：①反映愿望，如连续很长时间不让儿童吃巧克力，他会在梦中梦见自己吃了很多巧克力，儿童在幼儿园没有玩到玩具，会梦见自己被很多玩具包围着；②以物代物，如在梦中以怪兽来代替白天严厉惩罚自己的爸爸；③噩梦，儿童会梦到被怪兽追赶，从悬崖上掉下来等，这与睡前过度兴奋紧张、卧室空气污浊或睡眠姿势不当有关；④受罚或自我惩罚，这种梦有时是听父母讲了可怕的故事造成的，有时则是其他原因，例如，某孩子入睡前咬了自己的手指甲，醒来后说小狗咬了她的手指；⑤由身体受到的刺激转化而来的直接象征，如把被子踢开了，梦见自己穿着薄衣服在冬日里行走。

（二）有意想象

有意想象也称为随意想象，指在刺激物的影响下，在意识的控制下，依据一定的目的而进行想象的过程。有意想象富有主动性、自觉性和计划性。人们在实践活动中，为实现某个目标，完成某项任务所进行的活动，都属于有意想象。漫画家和小说家等在头脑中构思的人物形象、科学家提出的各种假说等都属于有意想象。

在有意想象中，按照想象内容的新颖性、独立性和创造性程度的不同，可以进一步把想象分为再造想象和创造想象，幻想是创造想象的一种特殊形式。

1. 再造想象

再造想象是对于没有直接感知过的事物，根据语言文字的描述或图样、图纸、符号的示意，在头脑中形成相应的新形象的过程。如阅读《红楼梦》，根据文字的描述在头脑中形成多愁善感的林黛玉、精明泼辣的王熙凤的形象；没有经历过战争，但是通过参观烈士陵园,阅读战争史料,就能在头脑中呈现出革命战士浴血奋战的场景;小朋友听老师讲《小红帽》的故事,仿佛看见了天真可爱的小红帽和狡猾贪婪的大灰狼,这些都是再造想象。

形成再造想象首先需要丰富的表象储备,其次要正确理解语言等符号的含义,才能再造出生动准确的形象。由于再造想象是根据外界的示意创造的,因此其新颖性、独立性、创造性成分较小。但个体的经验、兴趣、能力、储备的表象等不同,对相同的描述会创设出不同的新形象,从这个意义上说,再造想象总带有一定的创造成分,但创造成分较低。学生在学习过程中的想象活动大部分属于再造想象,再造想象对于理解教材具有重要作用,教师要善于运用已有知识经验来唤起幼儿的再造想象,使再造想象得以充分发展。

2. 创造想象

创造想象是根据一定的预定目的和任务,利用自己以往经验,不依据现存的描述而独立创造出新形象的过程。如科学家发明的新机器,虽然综合了许多机器的特点,但它又具备前所未有的新造型、新性能;曹雪芹创造的林黛玉、王熙凤等形象虽然来源于生活,但它又比生活更概括集中,更具有典型意义。创造想象具有首创性、独立性和新颖性等特点,比再造想象更复杂、更困难。如曹雪芹创造的林黛玉形象,是一个具有独特性的新形象,比读者在阅读时脑中再造出林黛玉的形象更困难。因为它需要对已有的感性材料进行深入分析、综合,在头脑中进行创造性构思才能创造出来。创造想象是一切创造性活动的必要组成部分,在人的实践活动中占重要地位。

创造想象的产生,需要具备以下几个条件:①积累必要的知识经验,储备丰富的表象,为创造想象做好准备;②强烈的创造愿望,积极的思维活动;③善于发现能够启发灵感的原型,迸发创造性想法。

再造想象和创造想象既有区别又有联系,再造的形象是以前已有的形象,而创造的形象是新颖独特的形象。但是两者都以感知觉为基础,都是在原有表象的基础上加工改造的新形象。而且再造想象中有创造性因素,创造想象必须依靠再造想象,它是在再造想象的基础上形成的。正如鲁迅在谈到如何创作时说道:"如要创作,第一观察;第二是要看别人作品……必须博采众家,取其所长,这才后来能够独立。"

3. 幻想

幻想是创造想象的特殊形式,是指向未来,并与个人愿望相联系的想象。如男孩子想象自己以后当科学家,女孩子想象自己将来当舞蹈家,还有各种神话和童话中的形象都属于幻想。幻想的形象是人们寄托希望的东西,带有向往的性质,不立即体现在人们的实际生活中。积极的幻想是创造力实现的必要条件,对人类生活和社会发展都有积极意义,正是由于人们存在着对未来的幻想,才能有激情去奋斗工作。如古人幻想千里眼、顺风耳、腾云驾雾,推动了人们发明了望远镜、电话和飞机。人类劳动所创造的各种产品,都可以看成是幻想的现实化。根据幻想的社会价值和有无实现的可能性,可以把幻想分为科学幻想、理想和空想3种形式。

(1) 科学幻想

科学幻想,指表现科学技术远景或社会发展对人类影响的幻想。科学幻想是一种科学预见,是创造想象的准备阶段和发展的推动力,是具有进步意义和有实现可能的积极幻想。如古时人们幻想翱翔天空、畅游海洋,如今都变成了现实。

(2) 理想

理想,指人们依据事物发展的客观规律想象未来,如儿童想成为画家、钢琴家,这种对未来的向往符合规律,只要为之奋斗就能实现的意愿就属于理想。理想对人有很大的激励作用,是鼓舞人们前进的重要精神支柱。理想应该受到鼓励,虽然它暂时不一定指向行动,但它带给人们希望,督促人们克服困难、坚定地向既定目标前进,在人们的学习、工作、生活中具有重要作用。

(3) 空想

空想,不以客观规律为依据,甚至违背事物发展的客观进程,因而没有实现的可能性。如有些人好吃懒做,空喊口号不付出行动,却总向往他人的成就,最终只能在空想中消磨时光。空想是一种无益的消极幻想,不能激励人们前进,却瓦解和销蚀着人们的精神,使人们脱离现实生活,碌碌无为,一事无成,带给人们挫折和失望,甚至把人引向歧途。

幻想与理想不同,理想具有实现的可能性,但幻想不一定以客观规律为依据,因而不一定有实现的可能性。幻想不同于再造想象,不一定由言语或图示等引起,它具有一定的独特成分。幻想与创造想象也有区别,它不与当前创造行动直接联系,而是对未来活动的设想,如对未来生活的想象、对理想伴侣的想象都属于幻想。几乎每个孩子都有对自己未来生活的美好设计,成人要正确引导培养儿童敢于幻想、善于幻想的品质,让他们对未来充满信心和希望。

第二节　学前儿童想象的发展

案例放送

今天的午点是香蕉,拿到香蕉后,王浩马上双手握住香蕉,眯着眼,"啪"地向吴老师开了一"枪",小朋友们都笑了起来。吴老师并没有生气,而是问小朋友们:"王浩觉得他的香蕉像一把手枪,你们手里的香蕉像什么呢?"小朋友们低头看着香蕉,纷纷说:"像小船""像弯弯的月亮""像香肠"……

吃香蕉的时候,吴老师问:"香蕉吃到嘴里什么感觉啊?"小朋友们说:"香蕉很甜""吃在嘴里很软""香蕉有点粘牙""和橘子不一样,没有核"……

吃完香蕉,吴老师又问:"大家说说看,香蕉皮像什么啊?"小朋友们看着桌上的香蕉皮,高兴地说:"像降落伞""像一朵花""像一只大章鱼"……

(资料来源:2013上半年教师资格证考试《幼儿综合素质》真题[EB/OL].233网校教师资格证考试,http://www.233.com/teacher/shiti/youer/zonghe/zhenti/20140124/103937720-2.html)

婴儿出生后的1~2年内没有相当数量的记忆表象,也没有对记忆表象进行加工的能力,因而还没有想象这种心理现象。随着思维的发展和经验的积累,儿童到2岁左右开始出现想象的萌芽,能够把日常生活动作迁移到游戏中,如把勺子放在玩偶的嘴边,自己也做出咀嚼的动作,此时儿童头脑中可能呈现出妈妈喂自己的情景。这个时期的儿童也能够用语言表达自己的想象活动,如在玩火车游戏时,孩子会说"我是火车头"。最初的想象基本上是记忆表象的再现,但已能将记忆表象与新的情境结合。最初的想象还表现为简单的相似联想,即依靠事物的外表的相似性把事物的形象联系到一起,如儿童把玩偶称作"小妹妹"。2～3岁儿童的想象与记忆界限模糊,没有目的,过程缓慢,内容简单贫乏且依靠感知动作和成人的语言提示;3～4岁幼儿的想象特点为没有目的和前后一贯的主题,内容凌乱贫乏且无意义联系;4～5岁幼儿的想象开始出现有意成分,有简单的目的计划,内容也较丰富但仍零碎;5～6岁幼儿想象的有意性很明显,内容更加丰富新颖,且在一定程度上符合客观逻辑。

学前儿童的想象虽然很活跃,但想象水平还很低,主要表现为:无意想象、再造想象占主要地位,有意想象和创造想象在教育的影响下逐渐发展,而且想象常脱离现实或与现实相混淆。学前儿童想象发展的具体表现包括以下内容。

一、学前儿童想象有意性的发展

整个学前期,无意想象占主要地位,有意想象在教育的影响下逐渐发展。

(一) 儿童无意想象的发展

在幼儿的想象中,无意想象占主要地位,这与婴幼儿调节自己心理活动的能力不足有关。幼儿想象的无意性具体表现在以下几个方面。

1. 想象无预定目的,由外界刺激直接引起

在游戏中想象会随着玩具的出现而产生,随着玩具的变换而变换。看见积木,就想象要盖房子;看见救护车模型,又想象去当医生。在没有玩具时,幼儿头脑中不会进行想象活动,只是呆呆地坐着或站着。幼儿在画画时常常与旁边小朋友的主题雷同,这是因为幼儿想象的主题会受到他人所言所行的影响。幼儿往往不能在实践活动开始前进行想象活动,不知道自己要创造什么形象,只有看到了自己的行动无意造出的物体或受到外界刺激时才会想象自己所做产品的意义。

2. 想象的主题不稳定

幼儿初期的孩子具有直觉行动思维,因而他们想象的进行过程不能按一定的目的坚持下去,很容易受到外界事物的影响,想象的方向常常随着外界刺激从一个主题换到另一个主题。如在游戏中,幼儿正在扮演超市里的收银员,忽然看见别的小朋友在扮演医生,他就跑过去当"病人",看见别的小朋友骑着饮水桶当马玩,自己也跑过去一起骑(图6-1)。在画画时也是如此,一会儿画苹果,一会儿画房子,一会儿又画恐龙。

3. 想象的内容零散,无系统

幼儿的想象没有预定目的,主题也不稳定,因此他们所想象的形象不存在有机的联系。如幼儿在绘画时会在同一幅画上,把他感兴趣的东西都画下来。如幼儿画了一幅《海上垂

图6-1 一起骑马喽

钓》,包括长着锋利牙齿的大鱼、小猫、小兔子、螃蟹、小鸟、海草和大雁等,天马行空,没有时空约束,也不顾及物体的比例大小,他甚至可以将这些无系统的事物自由联想编一个故事出来。

4. 以想象过程为满足

幼儿往往只满足于想象进行的过程,不追求达到一定的目的。如幼儿在画画时,常常在一张纸上画各种各样的事物,直到把纸填满,画出的形象非常散乱,没有主题,在成人看来毫无意义,也没有什么画画的成果,但他自己念念有词,感到很满足。因为幼儿并不追求画出什么东西,而只是为了画画而画画,除了对画画过程本身感兴趣外,没有其他目的。幼儿在游戏中的想象也是如此,他们在游戏中不要求创造任何成果,只满足于游戏活动的过程。幼儿在给其他小朋友讲故事时,手舞足蹈,声情并茂,但故事并没有中心,没有讲明任何一件事的来龙去脉。但讲故事者自得其乐,听故事的小朋友也乐在其中,这种讲故事活动常可以持续半小时以上。这一点在小班儿童身上表现得最明显,小班幼儿对同一个故事百听不厌,他们对熟悉的故事可以边听边想象,满足于生动的形象在头脑中像图画似的不断呈现的过程。大班幼儿则对听过的故事不感兴趣,希望听到新的故事,他们已不仅仅满足于想象过程,而开始追求想象的结果。

5. 想象受情绪和兴趣的影响

幼儿的想象不仅易受外界刺激左右,也容易受自己的情绪和兴趣的影响,想象过程表现出很强的兴趣性和情绪性。情绪高涨时,幼儿想象就活跃,甚至不断改变想象的方向和结果。如玩"小白兔找山洞",本应以大灰狼捉住小白兔而告终,但幼儿同情小白兔,又会产生这样的想象:让兔妈妈和兔爸爸把大灰狼赶走,救回小白兔。此外,兴趣也影响孩子的想象,幼儿对于感兴趣的活动会长时间想象,专注在这个活动上;对于不感兴趣的活动则缺乏想象,在这个活动上保持注意的时间短。如大班孩子往往对于玩过的玩具、听过的故事、简单的游戏关注的时间很短。

总之,无意想象实际上是一种自由联想,不要求意志努力,意识水平低,是幼儿想象的典型形式。

(二) 儿童有意想象的发展

有意想象在幼儿期开始萌芽,幼儿晚期表现比较明显,具体表现为想象有目的、主题稳定,且能够克服一定困难来实现主题。总的来说,6岁前儿童的有意想象水平还很低,但相比于非游戏条件,幼儿在游戏条件下的有意想象水平较高。

幼儿想象虽然以无意想象为主要特征,但有意想象在幼儿期已开始萌芽,并在教育的影响下开始发展。

(1) 有意想象是在无意想象的基础上发展起来的。如一个幼儿想要画小汽车,画好后又要画小红旗,而后又要画手绢。但是发现直线画弯了,于是就改画气球,又把气球当成是爸爸的圆脑袋,在圆脑袋下画上梯形当成是爸爸的身子,再添上两条横线当成是爸爸的长胳膊。从幼儿的绘画过程可以看出他的想象大体上还属于自由联想,无意性的成分很多,但他已能做到先想后画,而且能按照自己的想法画出来,说明他的想象开始具有目的性。

(2) 想象进一步发展，可以围绕一定的主题进行。如幼儿用画画表达自己的愿望时，先画了一个房子，在房子旁边画了几棵树。然后说："还要有很多小动物"，于是又画了小鸟、兔子和猴子，又画了一只很大的鸟，鸟背上有一个小男孩，说："小鸟可以带着我出去玩。"这说明幼儿的想象进一步发展，基本上可以围绕主题进行，具有明显的有意性和目的性。有意想象在幼儿晚期表现得更明显，在活动开展之前，已能确定目的，并围绕主题进行想象，为了实现主题能自觉排除无关事件的干扰，主动克服困难，并且对自己的想象活动成果进行评价。

有意想象是需要培养的，成人可以组织幼儿进行各种有主题的想象活动，在活动中为幼儿提供明确的主题，并准备相关材料，如游戏中的玩具和绘画的材料等。例如，幼儿教师可以在教室里创设一个固定的涂写角，提供纸、蜡笔、彩笔和铅笔等材料，这些工具要在教师的监控之下存放，鼓励幼儿随意书写或绘画，并在作品上写上幼儿的姓名和日期，每个月至少为每个幼儿保存一件作品，存放在他们的档案袋中，作为幼儿成长的记录。

二、学前儿童想象现实性的发展

幼儿想象的突出特点就是脱离现实，或与现实相混淆。幼儿想象脱离现实主要表现为想象具有夸张性，这是因为幼儿的认知水平处于感性认识占优势的阶段，往往捕捉不到事物的本质。他们所表现的夸张性不同于艺术的夸张，后者能抓住事物的本质，具有深刻的意义，而前者则没有抓住事物的主要特征，显得有些可笑。在幼儿的绘画作品中，可以看到脖子特别长的长颈鹿，鼻子特别长的大象，嘴很大、牙齿很突出的人，这些夸大的部分，往往是幼儿在感知过程中给他们留下深刻印象的事物。幼儿听讲故事、看动画片等行为也体现了这一点。幼儿之所以喜欢童话故事，就是因为童话中有许多夸张的成分，如拇指姑娘、巨人国、小人国等，都是把人的形象过度扩大或缩小。深受儿童欢迎的动画片《大头儿子和小头爸爸》也是把人物的某一部分特征夸大了。儿童自己讲述事情时也喜欢用夸张的说法，如"我饿的时候能吃十个大蛋糕哪"，至于这些说法是否符合实际，幼儿是不太关心的。另外，情绪也会影响幼儿的想象过程，幼儿会非常关注他感兴趣的东西，如对小鸟感兴趣，画面上就会把小鸟画在中心位置，并且画得特别大。

幼儿的想象又常与现实相混淆，常常把自己想象的事情当作真实的事情，这种情况在小班比较多见，这是因为幼儿的感知分化发展不足，造成幼儿意识不到事物的异同。幼儿常把自己渴望得到的东西说成已经得到，如有个小孩听到别的孩子说妈妈给他买了变形金刚，他也急忙说："我妈妈也给我买了变形金刚"，但事实并非如此。幼儿也会把希望发生的事情当成已经发生，如一个孩子很想去游乐场但大人一直没有时间陪他去，过几天他会告诉别人："我爸爸带我去游乐场了"，实际上并没有这回事。

幼儿在参加游戏或欣赏演出时往往身临其境。例如，小班幼儿游戏时过于沉迷于情境中，甚至把游戏中的"菜"真的吃掉，在观看表演时，看到扮演大灰狼的演员出场会感到害怕，甚至想离开座位，中、大班的孩子不会害怕，有时还会安慰小班儿童，"不用害怕，这不是真的"。中、大班幼儿已积累了一定的经验，意识到想象的东西与真实情况是有区别的，在听到一些事情后会问："这是真的吗？"甚至有些幼儿不喜欢听童话故事，希望大人

"讲个真的"。另外,幼儿的认识水平不高,记忆不精确,有时会混淆记忆表象和想象表象,他们会反复想象渴望的事情,在头脑中留下深刻印象,以至于似乎变成是记忆中的事情了,这种情况也是小班较常见,中班和大班较少见。

幼儿的表象存储、语言水平、知识经验和思维发展远不如成人,他们的想象也缺乏有意性、协调性和创造性,但幼儿想象活跃,富于幻想,而且很大胆。教师和家长应善于利用幼儿想象的特点,在组织活动时,既要使幼儿能够分享角色的乐趣,在轻松愉快的气氛中接受教育,又要避免引起幼儿恐惧、害怕等情绪,尤其是对年幼的儿童要多加说明,让他们知道这些是假的不需要害怕。另外,成人也不要把幼儿说出的与事实不符的话简单归为说谎,要无条件关注、倾听孩子,引导孩子多观察、多经历,丰富孩子的生活经验和知识,理解孩子想象中的那些不合理因素。许多有价值的创造恰恰来源于这些荒诞的想象,所以家长和教师应注重幼儿想象的发展,在实际生活中耐心指导,帮助幼儿区分虚假和真实,以促进其智力的发展。

三、学前儿童想象创造性的发展

根据想象产生过程的独立性和想象内容的新颖性,可将想象分为再造想象和创造想象。学前儿童最初的想象和记忆的差别很小,还不具备独立的创造性。最初的想象都属于再造想象,幼儿期仍以再造想象为主。在再造想象发展的基础上,创造想象开始发展起来。

(一)儿童再造想象的发展

1. 儿童再造想象的特点

儿童最初的想象和记忆的差别很小,谈不上创造性,其最初的想象都属于再造想象。幼儿再造想象的主要特点如下。

(1)幼儿的想象常常依赖于成人的语言描述、刺激物或实际动作

在幼儿初期,幼儿的想象常常是在外界刺激的影响下产生的,幼儿经常无目的地摆弄物体,改变着它的形状,当某个形状恰好与幼儿头脑中的某种表象符合时,幼儿才能把它想象成与头脑中的原型相似的某种物体,这种想象的新异性、独特性都比较差。游戏中有直观的玩具,想象能够根据这些玩具在头脑中现成的形象进行,因而幼儿在游戏中更容易进行想象。如幼儿喜欢玩橡皮泥,可以将其捏成各种形象,由此获得各种表象来进行想象。随着年龄增长,幼儿想象的内容更加复杂,但仍常常随着成人的言语描述展开,若再加上直观的图像,幼儿的想象进行得更好,但若没有语言而单纯看图像,幼儿的再造想象则不能充分展开。如幼儿在听故事时,其想象随着成人生动的讲述展开。在游戏中,幼儿的想象往往也是根据成人的言语提示来进行,这一点在幼儿初期尤其突出,如较小的幼儿抱着一个娃娃,只是静静地坐着,可能完全不进行想象,当大人说"娃娃要出去玩了"或"娃娃要睡觉了",他的想象才活跃起来(图6-2)。

图 6-2 给娃娃穿衣服

(2) 幼儿的想象常根据外界环境的变化而变化

无意想象在幼儿想象中占主要地位。从想象的发生和进行来说，它具有无意性、被动性；从想象的内容来说，它缺乏独立性和创造性。幼儿头脑中存储的表象缺乏，且水平低，其无意想象一般是再造的，基本上是重现生活中的某些经验。

(3) 幼儿的想象多是对记忆表象进行复制和模仿等简单加工，缺乏新异性

幼儿想象的内容基本上是重现一些日常生活经验或感知过的作品中所描述的情节。如幼儿在"家庭游戏"中扮演父母时会重现自己父母的言行举止，在自编故事时，总是模仿以往听过的故事或把自己当成故事的主角进行描述。严格来说，这只是一种联想，这种联想可以说是记忆表象的复活，但将记忆表象与当前感知到的形象结合起来并赋予它一定的意义，则是幼儿对记忆表象的加工改造，只是这种改造的成分太少。这种情况在小班幼儿中尤其突出，他们甚至不能灵活使用玩具等游戏材料，中大班幼儿的想象较之灵活性增加，可以不受具体物体的限制，但仍以再造想象为主。

2. 再造想象在儿童生活中占主要地位

幼儿期的想象大多是再造想象。一方面，因为再造想象的独立性和创造性比较少，相比于创造想象来说属于发展水平较低的想象。幼儿的再造想象分为：①经验性想象，指幼儿常凭借个人生活经验和个人经历开展想象活动，如幼儿对夏天的想象是，天气很热，可以吃西瓜、喝冷饮，可以玩水；②情境性想象，指幼儿的想象活动是由当前情境引起的，如幼儿看到小河会想象可以折一个小纸船放在水里，但是纸船可能会被水冲走；③愿望性想象，指幼儿会在想象中表露个人的愿望，如幼儿会在讲述活动中说以后想当科学家、老师、舞蹈家等；④拟人化想象，指幼儿把人的特点赋予客观物体，如幼儿看到小狗后会说"狗狗说想出去玩"或"狗狗说想吃东西了"；⑤夸张性想象，幼儿常夸大事物中让他印象特别深刻的部分，如幼儿在电视上看到冰灯，就告诉幼儿园的小朋友说冰灯特别凉，如果热了，舔一下冰灯就不热了。其中，第一种想象的创造性水平低，在整个幼儿阶段占主要地位，其他类型则在中班才开始相继出现。

另一方面，因为幼儿生活中需要大量的再造想象，幼儿依靠再造想象理解间接知识，并且大量吸收知识，他们听故事、看图画、理解文艺和音乐作品都需要再造想象。如幼儿听到成人在讲故事时说到"下雨"时，脑中会出现生动的想象表象，会在复述时说成"哗啦啦下大雨"。又如当教师讲到"笔直的大路"时，幼儿不理解，而当教师引导幼儿想象大路像笔一样直时，他们就理解了。幼儿也能看着说明书上的模型用橡皮泥捏出水果、小动物等，这是靠再造想象实现的。

3. 儿童的再造想象为创造想象的发展奠定基础

幼儿的再造想象和创造想象密切相关，幼儿依靠再造想象积累了大量的想象形象，在此基础上逐渐出现一些创造想象的因素。随着知识经验的丰富、语言和抽象概括能力的提高，幼儿在再造想象过程中，逐渐开始独立地而不是根据成人的言语描述进行想象，想象的内容虽带有浓厚的再造性，但已有独立创作的成分，即再造想象可以转换为创造想象。如一个幼儿听到球时说："我爸爸给我买了一个皮球。"这是记忆的表现，旁边的幼儿紧接着说："我爸爸也给我买了皮球"，事实上他的爸爸并没有给他买气球，这是他的自由联想，包含着由别人说话引起的再造想象和最初的创造成分。幼儿在看图讲故事中也会

加入自己想象的情节,如看图讲《可爱的雨伞》时会讲到"小蜜蜂找不到雨伞急得哇哇大哭",事实上图中并没有相应的情节。

(二)儿童创造想象的发展

1. 创造想象在儿童发展中的作用

创造想象是创造性活动不可缺少的成分,在人类进步中有着不可估量的作用。儿童能够独立地从新的角度对头脑中已有表象进行加工,这是儿童创造想象发生的标志。具体表现在独立性和新颖性两个方面,独立性指幼儿能够不受外界指导,独立进行想象,而不是简单模仿;新颖性指幼儿的想象能够摆脱原有知觉的束缚,能够从新的角度对原有知觉进行加工改造。

随着年龄增长,幼儿的知识经验愈加丰富,抽象概括能力逐渐提高,他们的再造想象中逐渐出现了一些创造性成分。例如,有一位5岁幼儿在《会变的鞋子》这幅画中,画了两只带车轮的鞋子,鞋子里还住着很多人。鞋子、房子、车子是平日里常见的形象,但幼儿把这些形象进行了新的组合加工,就形成了有一定独特性的图画,这是创造性想象的初步表现。创造性想象也常表现在儿童提出的一些不平常的问题上。如幼儿会问:"姐姐你这么胖,是不是肥皂变的啊?"幼儿还能够改编听过的故事或自己经历过的事情,看图说话时能说出和主题有关但画面上没有表现出来的情节。此外,幼儿在游戏中也体现出创造性想象,尤其是在角色游戏和建筑、造型游戏中,游戏的内容日益丰富,游戏想象的空间日益扩大。如幼儿在角色游戏中不仅能反映在幼儿园、家里发生过的事情,也能反映在超市、车站、公园、医院等公共场合的事情。这些都是创造性想象的表现。

幼儿期是创造想象开始发生的时期,这个时期的创造想象的特点如下:①最初的创造想象是表露式创造,是一种无意的自由联想,严格来说还不是创造;②幼儿创造想象既是模仿,但又不是完全的模仿,想象的形象和原型只是略有不同,或仅在原型的基础上有一点改造,如原型的房子是长方形的,幼儿的创造是把房子画成苹果的样子;③想象情节逐渐丰富,根据原型创造出的形象的数量和种类都有所增加,也能够从不同中找出有规则的相似处,如从3个以"品"字形套在一起的圆圈想象出三角形。

幼儿的创造想象存在明显的个别差异,它与幼儿神经系统的灵活性有关,但更多是受成人教育态度和方法的影响。培养和发展幼儿的创造想象要依靠民主、开放的教育,同时也要采取有效的方法来激发孩子的创造想象。如带孩子去公园玩时,让孩子找一找哪些东西是圆的,再想一想哪些东西也是圆的。也可以鼓励孩子看图讲故事,接纳他们与众不同但又合逻辑的想法,以提高儿童创造想象的能力和水平。

2. 儿童创造想象发展的水平

小班幼儿经常直接根据知觉形象进行想象。如在绘画时会把已有图形作为自己图画的主要部分,再依靠想象添上几笔,使它更像某一物体,这就局限了想象形象的数量,因而这种想象的创造成分很少。如把圆形画成熊、人等,而且把圆形作为头部;把正方形加工成窗户、电视机;把长方形加工成公共汽车、树干等。

根据契雅琴科等1980年对幼儿进行的图画加工研究得知,幼儿创造想象水平可以分为6种。第一种水平是最低水平,幼儿会利用已给图形进行想象,而且是任意想象;第二种水平,幼儿能根据原有图形画出粗线条的形象,只有轮廓没有细节;第三种水平,幼儿能画出多种物体并带有细节;第四种水平,幼儿能画出包含情节的物体,如不仅能画出女孩,还能画出她在做操;第五种水平,幼儿能画出相互之间有情节联系的物体,如一个男孩在跟小狗玩耍;第六种水平,幼儿的想象较少受知觉形象的束缚,表现出相当大的自由,能够把原有图形作为想象形象的次要成分,如圆形不再作为熊的头部,而是成为饼干或棒棒糖。

资料卡片

幼儿的发展是一个快速变化且相当复杂的过程。对于幼儿教育工作者来说,评价既是一项重要的工作,也是一个困难的话题。幼儿园的任课教师希望知道如何随着时间的推移来展现幼儿的成长与发展,在校的学前专业的学生希望对他们所学习的专业知识有一个蓝图或规划,美国的 Sue Y. Gober 提供了 6 种评价幼儿的简易方法,包括发展检核法、父母访谈法、自画像法、涂鸦、书写和绘画案例法、声音(或录像)资料法以及轶事记录法,具体操作可以参照她的 *Six Simple Ways to Assess Young Children*《评价幼儿的 6 种简易方法》。

(资料来源: Sue Y. Gober. 评价幼儿的 6 种简易方法[M]. 毛曙阳,译. 上海: 华东师范大学出版社,2011)

实践应用

收集幼儿的绘画作品,观察幼儿的角色游戏,或者观看幼儿的舞蹈表现,分析幼儿在其作品和活动中表现出的想象类型、想象力发展水平和特点。

第三节 学前儿童想象力的培养

童真童趣

茉茉嘴巴受伤,她去过医院后回到教室,拿起一个小星星。

茉茉:你猜这个加一点水就变成了什么?

凯丽老师:难道是……水星?

茉茉:是的,是水星。你猜加一点土变成什么了呢?

凯丽老师:你说变成什么了呢?

茉茉:是土星呀!那你猜加点火变成什么了呢?

凯丽老师:你说呢?

茉茉:就变成火星了呀!你猜……

一、想象在学前儿童心理发展中的意义

想象几乎贯穿在幼儿的各种活动中,对幼儿心理发展有重要意义。

1. 想象的产生是学前儿童认知发展的标志之一

想象的起源与意识的表征功能有关。表征功能也称为象征功能,指运用符号来代替

其他物体。一种方式是从用较具体的形象、动作到用语言、数学等抽象符号代替某种物体,直至产生思维的逻辑形式;另一种方式是从用假想的东西代替实物、情境到加工表象形成新形象,直至达到创造性想象的水平。早期的表征基本是想象,它的产生代表幼儿的认知不只是直接反映具体事物,还能反映事物的关系。

2. 想象是幼儿理解的基础

想象可以帮助幼儿把当前感知的事物与已有的经验联系起来,有助于其掌握抽象的概念,理解较为复杂的知识。如教幼儿唱《数鸭子》这首歌时,如果幼儿不能随乐曲展开想象,那么就没有对乐曲的理解,也就不能产生相应的感受。又如在听故事时,幼儿只有随着成人的讲述展开想象,才能沉迷于故事情节,理解故事内容以及要表达的情感。想象对幼儿理解的作用不仅体现在学习上,还体现在人际关系上。幼儿借助于想象才可以理解、分享他人的情感,并学会为别人着想。例如,在幼儿园中幼儿会为玩具、游戏场地等发生纠纷,此时便可以引导幼儿思考如果玩具、场地给了别人,自己会有什么感受,通过这样的换位思考理解他人,减少群体相处时的摩擦,提高幼儿的群体适应能力。想象力是儿童重要的认识能力之一,是创造性思维发展的核心,更是其智力的重要组成部分。

3. 想象在幼儿游戏中有重要作用

游戏是幼儿的主要活动,游戏材料中有些较接近于实物,如玩偶、玩具车等,有些则和实物有较大差异,幼儿在运用游戏材料时,需要把这些玩具想象成真实的物品或与真实物品相似的东西,并模仿成人对其操作。尤其是在角色游戏和结构游戏中,更是依靠幼儿的想象过程。如在过家家游戏中,用布包代替馒头,用草叶代替炒菜,用玩偶代替孩子等都是通过幼儿的假想完成。又如在结构游戏中,幼儿可以把一根棍子一会儿当马骑、一会儿又当成宝剑来耍弄。正是由于想象的存在,游戏的情节可以根据幼儿的需要而变化,家长或教师可以通过各种方法发展幼儿的想象力,促进幼儿游戏水平的提高。

4. 想象是维持幼儿心理健康的重要手段

想象能满足幼儿的情感需要,并推动幼儿的行动。如把自己想象成超人,告诉自己:"超人是不会怕打针的,我是超人。"这是儿童的一种自我保护机制,一种"精神胜利法"。幼儿本身害怕打针,但因为不得不打针,害怕不仅无用,还会使痛苦和焦虑增加,幼儿把自己想象成超人以减轻恐惧和焦虑感。想象还能引发儿童的情绪,并受情绪的影响。除了这种"精神胜利法",幼儿还会假想同伴来进行游戏,以补偿自己缺乏玩伴的现状。这种假想使幼儿自得其乐,暂时忘却孤独和现实生活中的烦恼。

二、培养学前儿童想象力的措施

想象力是智力的重要组成部分,是创造性活动的必要条件,尤其对于幼儿来说具有重要意义。幼儿借助想象可以认识从未感知过的事物,发展创新能力。因此,培养幼儿的想象力是非常必要的,具体来说有以下几种方式。

1. 丰富幼儿的感性经验,扩充幼儿的记忆表象

想象是在已有的记忆表象基础上重组加工而成的,想象内容的新颖性取决于原有记忆表象的丰富性,这就需要增加幼儿的感性知识和生活经验。家长或教师要注意让幼儿多观察周围的事物,多接触社会,如多带幼儿到大自然、植物园、科技馆等场所去接触各种动植物、科技产品,开阔幼儿的视野(图6-3)。除了通过获得直接经验的方法,也可以通过间接的方式,如书籍、图片、视频等来帮助幼儿丰富表象,许多童话,如阿里巴巴、阿拉丁神灯等都为幼儿提供了生动、鲜活的表象。要让儿童从多感官全方位感受这个世界,这些表象的储备对再造想象和创造想象的形成都是必不可少的。

图6-3 好多漂亮的石头

2. 鼓励和引导幼儿大胆想象,提高幼儿想象的积极性

为幼儿提供有利于想象的环境,充分利用幼儿在园的一日生活环节,全方位、多角度地为幼儿提供丰富而宽松的空间,鼓励幼儿大胆想象。在看图讲述时,引导儿童自由联想,将所想的内容用语言表述出来,还可以引导幼儿通过绘画、手工等方式再现在大自然中看到的事物,甚至稍加改造。家长在日常生活中可以创设良好的想象环境,如与孩子一起布置自己的房间,利用废旧物来制造一些生活用品、玩具等。成人给孩子买的玩具要有多种玩法,并鼓励孩子发明更多新的玩法。多带孩子接触外面的世界,并多问孩子"你看这个像什么?你看那个像什么?",这在开发想象力的同时也训练了孩子的语言能力。要注意的是,当孩子讲述自己的想法时,无论听起来多么荒诞离奇,都不要敷衍了事,要认真倾听并引导孩子进一步思考和探索,保护孩子的想象力。

3. 创设问题情境,培养儿童的发散思维

幼儿教师应将教室设计得具有自然气息,尊重幼儿对自然的向往,在布置环境时也应让幼儿参与,促进幼儿想象力和创造力的发展。幼儿教师在教学活动中,提出的问题要难易适中,过于容易的问题幼儿不需要思索就能回答,因而不能引起幼儿的思考活动;太难的问题超出幼儿的理解范围,幼儿无从下手,因而也不会有思考活动。教师提问的问题要符合幼儿的认知水平,符合幼儿的思维特点,多提问开放式问题,多和幼儿一起从多个角度探讨问题。教师还可以组织小组讨论,选择幼儿很感兴趣但又不太了解的内容,让幼儿充分发挥想象力表达自己的想法和感受,促进幼儿之间相互学习、取长补短,最终形成自己的独到见解。在这过程中,教师要包容幼儿在讨论过程中的不当之处,形成让幼儿敢想敢说的氛围。

童真童趣

昨天晚上,很多孩子都看到了红月亮。

凯丽老师:孩子们,月亮为什么会变成红色呢?

俊杨:就是有石头把月亮挡住了,月亮变成红色了。

丹丹:用红色的东西把月亮涂成了红色。

刚刚:肯定是外星人干的。

怡宝:警察的红外线光打在月亮上,月亮就变成红色了。

在接下来的自由活动中,很多孩子用画笔、橡皮泥还原了月全食的全过程。

4. 组织各种活动,训练幼儿的想象力

教师和家长要积极开展各种创造性活动,包括讲故事、音体、美工等,例如,讲故事时可以先给幼儿起个头,然后让幼儿自由发挥,自行编造故事的发展和结尾。和幼儿一起改编以往听过的熟悉的故事内容。播放幼儿喜欢的音乐或歌曲,让幼儿在乐曲声中随意跳舞,不讲章法,没有套路,让他们随自己的心情去舞动。让幼儿模仿熟悉的诗歌,根据旋律自己编写歌词。在美工活动中给幼儿提供半成品的画,让幼儿填补成画。也可以提供给幼儿橡皮泥、纸张等材料,让他们自己按照自己的想法制作一些东西。总之,在进行活动时需从幼儿的原有水平出发,逐步提高活动要求,有目的、有计划地训练幼儿的想象力。

考题链接

一、单项选择题

1. 儿童出现想象萌芽的时期是( )。
   A. 1.5~2 岁   B. 2~2.5 岁   C. 2.5~3 岁   D. 3~3.5 岁

2. 幼儿想象的典型形式是( )。
   A. 无意想象   B. 有意想象   C. 再造想象   D. 创造想象

3. 一个小女孩看到"夏景"说:"小姐姐坐在河边,天热,她想洗澡,她还想洗脸,因为脸上淌汗。"这个小女孩的想象是( )。
   A. 经验性想象   B. 情境性想象   C. 愿望性想象   D. 拟人化想象

4. 在同一张桌上绘画的幼儿,其想象的主题往往雷同,这说明幼儿想象的特点是( )。
   A. 想象无预定目的,由外界刺激直接引起
   B. 想象的主题不稳定,想象方向随外界刺激变化而变化
   C. 想象的内容零散,无系统性,形象间不能联系
   D. 以想象过程为满足,没有目的性

5. 有幼儿说:"我妈妈给我买了一辆玩具汽车!"其实,他妈妈只是答应过他,还没有真的给他买。这反映幼儿想象的( )特点。
   A. 夸张性   B. 虚幻性   C. 情境性   D. 过程性

6. 幼儿抱着一只玩具鸭子,只是静静地坐着,当老师说:"鸭子要游水了。"幼儿的想象才活跃起来,这说明( )。
   A. 经验性想象对幼儿的重要作用
   B. 成人的语言提示对幼儿有意想象的发展起重要作用
   C. 实际行动对幼儿期的想象具有重要作用
   D. 幼儿的想象受个人愿望的影响

7. 关于幼儿想象的说法,不正确的是( )。
   A. 想象容易受自身情绪的影响,也容易受别人情绪的影响
   B. 想象容易受自身情绪的影响,不受别人情绪的影响
   C. 无意想象占主要地位,实质上是自由联想

D. 不要求意志努力,意识水平低,是幼儿想象的典型形式

8. 幼儿正在画"雨伞",听到别人说:"这像雨伞吗?"他立刻说:"这是大炮。"这反映了儿童的想象(　　)。

  A. 受情绪和兴趣的影响　　　　B. 主题不稳定
  C. 内容零散　　　　　　　　　D. 以想象过程为满足

9. 幼儿在绘画时经常会在纸上胡乱画很多东西,这主要体现了幼儿的想象(　　)。

  A. 无预定目的　　　　　　　　B. 内容零散、无系统
  C. 受情绪影响　　　　　　　　D. 易受外界刺激的直接干扰

10. 看见小坦克,就要开坦克;听见蛙鸣,就要学青蛙跳;拿到雪花积木片,就会想到冬天的漫天风雪;如果没有玩具,幼儿可能呆呆地坐着。这反映了幼儿(　　)。

  A. 想象的无意性　　　　　　　B. 相似联想较强
  C. 直觉思维较强　　　　　　　D. 想象的有意性

二、简答题

1. 举例说明幼儿创造性想象的发展及特点。
2. 简述幼儿想象萌芽的表现和特点。
3. 简要说明学前儿童再造想象的特点。
4. 根据5~6岁儿童想象的特点,在教学中应如何对其引导与培养?

三、论述题

论述想象在幼儿心理发展中的地位和作用。

四、材料分析题

1. 离园时,3岁的小凯对妈妈兴奋地说:"妈妈,今天我得了一个'小笑脸',老师还贴在我的脑门儿上了。"妈妈听了很高兴。连续两天,小凯都这样告诉妈妈。后来妈妈与老师沟通后才得知,小凯并没有得到"小笑脸"。妈妈生气地责怪小凯:"你这么小,怎么就说谎呢?"

请阅读上述材料,回答以下问题。

(1) 小凯妈妈的说法是否正确?
(2) 试结合幼儿想象的特点分析上述现象。

2. 兰兰是个幼儿园中班的孩子。一天她拿起纸和笔画画,画之前她自言自语地说:"我想画小猫咪。"先画了猫头、猫耳朵,再画猫眼。然后画了条线,说这是草地,在上面画了绿草小花,接着又画了只兔子。边画边说:"哎呀,不像不像!像什么呀?像小火车。"这时她又突然想起来:"小猫还没嘴呢!也没画胡子。"于是又画了起来。

请阅读上述材料,回答以下问题。

(1) 兰兰的画画行为,说明了幼儿想象的一个什么特点?
(2) 如何培养幼儿的有意想象?

第七章
学前儿童的思维

本章导航

```
                    思维概述
                  • 思维的概念
                  • 思维的分类
                  • 思维的生理机制
                  • 思维的基本形式
                  • 思维在学前儿童心理
                    发展中的意义
                         ↑
                         |
   学前儿童思维的发展 ← 学前儿童的思维 → 学前儿童思维能力的培养
  • 学前儿童思维发展的一般              • 学前儿童思维能力培养的
    趋势                              原则
  • 学前儿童掌握概念的一般              • 促进学前儿童思维能力
    特点                              发展的措施
  • 学前儿童判断的发展                • 学前儿童创造力的培养
  • 学前儿童推理的发展
```

学习目标

（1）了解思维的概念和种类。

（2）理解思维在学前儿童心理发展中的作用。

（3）理解和掌握学前儿童思维发展的一般趋势和特点。

（4）学会运用具体的措施促进学前儿童思维尤其是创造性思维的发展。

（5）在实践教学中能够结合学前儿童思维的特点开展相关的教育工作。

第一节 思维概述

✦ 案例放送

那年冬天的一个傍晚,我回家时带回一小箱鸡蛋。刚走进厨房打开箱子,2岁的儿子就跟跟跄跄地跟了过来。见我拿起一枚鸡蛋正往冰箱里放,小家伙按捺不住地叫道:"爸爸一起,爸爸一起。"原来,他也想参与。这是小家伙第一次接触生鸡蛋,也是我和儿子第一次合作放鸡蛋。我们面对面蹲着,鸡蛋放在中间。我拿起一枚,让他放在保鲜盒里。可这时,意想不到的事情发生了——儿子拿着那枚鸡蛋,偏着头左看右看,刚刚站起来的身子又蹲了下来,他几乎是双手抓住鸡蛋,以迅雷不及掩耳的速度,在地砖上用力一磕。只听见"啪"的一声脆响,蛋壳破裂,蛋清蛋黄一股脑儿地流淌出来。小家伙明显一愣,还没容我反应过来,他胖乎乎的小手又伸进了那一堆黏糊糊的液体里面。不仅如此,估计是这种状况跟他之前接触的鸡蛋完全不同吧,接下来,第二枚生鸡蛋转眼工夫又重蹈覆辙。然后,是第三枚、第四枚、第五枚……

案例分析:案例中的小家伙不断磕破生鸡蛋,并用手去体验黏糊糊的蛋清和蛋黄。在成人看来这可是一种破坏行为,孩子为什么要这么做呢?他是不是非常好奇为什么这种鸡蛋跟平常吃的不一样呢?他不停地磕破鸡蛋去尝试,去思考。

(资料来源:徐晨.磕破的鸡蛋[J].父母孩子,2014(6):14-15)

一、思维的概念

思维是人脑对客观事物的间接的和概括的反映。思维是认识的高级形式,它能够借助语言、表象或动作,揭示事物的本质特征和内部规律。儿童天生具有强烈的好奇心,他们在看到各种现象时喜欢问"为什么",并且思考其中的原因,这就是思维的最初表现。思维具有间接性和概括性两个特点。间接性指人们利用已有的知识经验来理解和认识那些没有被直接感知的事物及其关系的过程。如儿童也会察言观色,根据大人的表情和语气来分析大人的情绪,继而调整自己的行为。概括性指个体将同一类事物之间的共同特征和事物之间的普遍联系抽取出来得出结论的过程。例如,儿童将不同形状、颜色和尺寸的能书写绘画的工具称为"笔",这种行为体现了思维的概括性。思维的两种特性是相互联系的,它们的发展水平都会随着儿童年龄的增加而提高。

二、思维的种类

从不同的角度,可以将思维分为不同的种类。

(一)直观动作思维、具体形象思维和语词逻辑思维

根据思维任务的性质、内容和解决问题的方式不同,可将思维分为直观动作思维、具

体形象思维和语词逻辑思维。

(1) 直观动作思维又称为操作思维或实践思维,是通过实际操作来解决直观、具体问题的思维活动。它解决问题的方式是一边动手操作,一边思考。例如,汽车突然发动不了,修理人员需要动手检查油箱、电瓶和发动机等部件来发现故障并解决问题。儿童更是需要通过实际操作来思考问题,3岁之前儿童的思维基本上属于直观动作思维,他们在活动或游戏的过程中思考,其动作停止了,思考也就停止了。

(2) 具体形象思维指人们利用头脑中的具体形象和表象来解决问题的思维活动。它解决问题的方式是想象。作家、艺术家、工程师和导演等会更多地运用具体形象思维。例如,艺术家在创作时,大脑中会呈现丰富的表象,这成为他们艺术创作的源泉。幼儿教师在进行环境创设时,首先需要考虑墙面如何装饰和区角材料如何摆放等问题,这个过程就需要具体形象思维的参与。

童真童趣

凯丽老师:你们现在能不能用一种水果来表示三位老师,并说说为什么呢?

子乔:我觉得张老师像一个苹果,因为她的脸红红的。

岩岩:我觉得陈老师像一个梨子,因为你的脸上有很多点。

凯丽老师:说得很好,那董老师呢?

岩岩:董老师像一个西瓜,圆圆的。

天佑:我觉得张老师像一个水蜜桃,她生下来就是水蜜桃;陈老师像一个西瓜,因为头很大;董老师也像一个西瓜,我就是喜欢西瓜。

(3) 语词逻辑思维,也称为抽象思维,指人们运用抽象的概念和理论知识来解决问题的思维活动。它解决问题的方式是运用概念进行判断和推理。例如,教师讲授理论知识和学生学习理论知识,都需要抽象思维的参与。当人们思考一年为什么有春夏秋冬;夏天从冰箱里拿出的雪糕为什么会冒出白汽时都需要抽象思维。

(二) 聚合思维和发散思维

根据思维探索答案的方向不同,可将思维划分为聚合思维和发散思维。

(1) 聚合思维指综合考虑已有的各种信息,并得出一个正确的或最佳的解决方法的思维过程。它是一种有方向、有范围、有条理的思维方法。例如,甲比乙高,乙比丙高,必定能得出甲比丙高的结论。

(2) 发散思维指人们沿着不同的途径思考,并产生出大量的独特的新思想的思维活动。例如,给学生提供一种物品(如铅笔),让他们尽可能多地说出铅笔的用途,这种活动鼓励学生突破铅笔传统的功能,沿着不同的方向思考,能够锻炼他们的发散思维能力。

(三) 常规思维和创造性思维

根据思维的创造性程度,可将思维分为常规思维和创造性思维。

(1) 常规思维,又称为再造性思维,指人们根据已有的知识经验,利用现有的、常用的方式解决问题的思维活动。这种思维的创造性水平偏低,没有改造原有的知识经验,也没有创造出新的成果。例如,学生使用已学会的公式解答同类型的数学问题。

(2) 创造性思维指人们重新改组已有的知识经验,用新颖、独特的方式来解决问题并创造出新成果的思维活动。创造性思维的核心是发散思维。它是人类思维的高级形式,是多种思维综合作用的结果。例如,科学家提出一种新的理论,艺术家创造出一件新颖而独特的作品。

资料卡片

可口可乐的发迹史

在美国,最初上市的可口可乐是一种健脑药,能消除疲乏,振奋精神。作为一种健脑汁,上市后销量一直不大。有一天,一个患头痛的人来到药店内,要求店员当场给他冲配一杯可口可乐。这个店员在冲配时,由于粗心慌张,他没有按规定倒进自来水,而是随手倒入了错拿过来的苏打水。那位头痛病人喝了几口,竟连声高呼:"妙!妙!妙!这味道太妙了!真是妙不可言!"这让彭伯顿意识到,这样的可口可乐将有可能成为一种大受欢迎的饮料。后来,彭伯顿对可口可乐的配方做了一番调整,将它作为一种"芳醇可口、益气提神"的饮料推向市场,并广为宣传。此后可口可乐便在美国逐渐风行起来。由于彭伯顿关注细节,善于运用创造性思维,从而使可口可乐完成由健脑药水到提神饮料的转变。这"誉满全球"的可口可乐,是一次机遇中的"歪打正着"的产物,更是创造性思维的结晶。

(资料来源:论创新的普遍性[EB/OL]. 百度文库,http://wenku.baidu.com/)

(四) 直觉思维和分析思维

根据思维过程是否遵循一定的逻辑规则,可将思维分为直觉思维和分析思维。

(1) 直觉思维指人们在解决问题时能直接快速地领悟并迅速做出判断的思维活动。例如,科学家在思考问题时头脑中突然闪现的灵感,有多年办案经验的警察能在人群中快速辨认出犯罪分子,靠的都是敏锐的直觉思维。

(2) 分析思维指人们遵循严密的逻辑程序,逐步推导,并做出判断和得出结论的思维活动。例如,学生通过一步一步地推论解决数学题的过程。

三、思维的生理机制

思维是整个大脑的功能,特别是大脑皮层的功能,大脑皮层的觉醒状态是思维进行的前提条件。与学习、思维有关的脑电波主要是 β 波,其频率为 14~30 次/秒,是努力工作时的脑电波。在人们进行心算时,大脑皮层的前额区与运动区的血液流量显著增多。大脑的左右两半球具有功能的不对称性。大脑左半球主要处理言语信息,是进行抽象思维、聚合思维和分析思维的中枢,它主管人的说话、阅读、书写、计算和排列等。大脑右半球主要是处理表象信息,是进行具体形象思维、发散思维和直觉思维的中枢,它主管人的视知觉、复杂知觉和形象记忆等。在创造性思维的脑机制上,研究者的分歧比较大。有研究者认为右半球在创造性思维中占有更重要的地位。也有研究者(如恩田彰和萨根)认为,创造性思维需要左右两半球的联合,而且只有通过大脑左右半球的合作,人类才能实现最有意义的创造活动。

大脑的不同部位受损伤,对思维将产生不同的影响。大脑皮层的额叶对思维活动具有重要的作用。如果一个人额叶受到损伤,他只能根据直接感知到的事物的某些特征做出简单的推论,而不能发现事物之间的联系。例如,额叶受伤的病人很难概括一幅画面的主题,他只会抓住某一细节进行猜测。大脑半球左侧颞叶与顶—枕叶也和思维有密切的联系。如果个体左侧颞叶受损,他的言语听觉记忆出现障碍,进行口头作业就会比较困难。若顶—枕叶损伤,则表现为综合信息的能力,特别是空间综合能力会遭到破坏。思维的生理结构如图7-1所示。

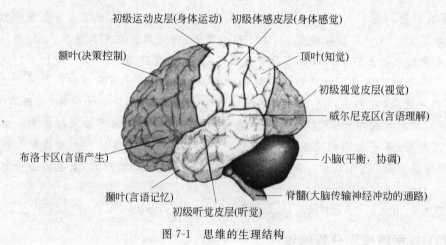

图7-1 思维的生理结构

四、思维的基本形式

思维形式是指思维的逻辑形式:概念、判断和推理,这几种思维形式是互相联系的。概念的形成往往需要通过一定的判断和推理。获得判断主要通过推理,而逻辑思维主要运用判断和推理进行。

(一) 概念

概念是人脑对客观事物本质属性的反映。概念是思维的基本单位,掌握以词为标志的概念,是逻辑思维发展的表现。例如,"宠物"这个概念,它反映了小猫、小狗、鹦鹉等人们在家里豢养并供其消遣娱乐的动植物的本质属性,而不涉及它们各不相同的具体特性。每个概念都有其内涵和外延。内涵指概念所反映的事物的本质属性;外延指这个概念所包含的一切事物。例如,"玩具"这个概念的内涵是可用来玩的一切物品,其外延非常广泛,包括布娃娃、玩具车和弹弓等。概念是人类社会的产物,它会随着时代的发展产生变化。

（二）判断

判断是概念与概念之间的联系，是事物之间或事物与它们的特征之间的联系的反映。人们可以通过判断来确认某一事物是否具有某种特征，或者某一事物是否属于另一事物。例如，"狮子具有锋利的牙齿""企鹅是一种鸟"等。判断可分为直接判断和间接判断。直接判断主要在感知觉层面上进行，不需要复杂的思维活动。间接判断一般需要推理，能反映事物之间的因果、时空和条件等关系。思维的过程离不开判断，思维的结果也以判断的形式来体现。

（三）推理

推理是在已有判断的基础上推出新判断的思维形式，是事物的联系在头脑中的反映。推理可分为归纳推理、演绎推理和类比推理。归纳推理指根据一类事物的部分对象具有某种特征，推出这类事物的所有对象都具有这种特征的推论。它是从个别到一般的过程。例如，由"鲨鱼会游泳、鲸鱼会游泳、草鱼会游泳"推出"鱼会游泳"。演绎推理指从一般性的前提出发，通过推导得出个别结论的过程。它是从一般到个别的推理。例如，从"男孩子不可以穿裙子，小强是男孩子"推出"小强不可以穿裙子"。类比推理是根据两个或两类对象有部分属性相同，推出它们的其他属性也相同的推理。它是对事物之间关系的反映。

资料卡片

"叩诊"的来源

19世纪中叶，奥地利首都维也纳有一位医生，名叫奥恩布鲁格。有一次，他给一位病人看病，没有检查出什么严重疾病，但病人很快就死了。经过尸检后发现胸膛积满脓水。医生想，以后若再碰到这样的病人怎么诊断呢？忽然，他想起他父亲在经营酒店时，常用手指关节敲木质酒桶，听到"卜卜"的叩击声，以此估量木桶中还有多少酒。他开始思考：人们的胸膛不是很像酒桶吗？他运用类比推理把"酒桶和装酒量"与"人的胸膛和胸腔积水"做类比：同是封闭的物体，内藏液体，叩击时能发出声音等，从而根据叩桶知酒量而推出叩胸知病情的结论。奥恩布鲁格通过反复探索胸部疾病和叩击声音之间变化的关系，终于写出《用叩诊人体胸部发现胸膛内部疾病的新方法》的医学论文，发明了"叩诊"这一医疗方法。

（资料来源：叩诊的来源[EB/OL]. QQ主页, http://home. 51. com/sdzyg0032/diary/item/10042346.html）

五、思维在学前儿童心理发展中的意义

1. 思维的发生标志着儿童的各种认识过程已经齐全

众所周知，儿童的各种认识过程并不都是天生就有的，而是在出生之后逐渐产生的。

思维作为人类高级的复杂的认识活动,是在个体感知觉和记忆等心理过程的基础上形成的,它在个体心理发展中出现得较晚。因此,思维的发生,可以说明儿童的各种认识过程已经齐全。

2. 思维的发生标志着意识和自我意识的出现

思维的发生使个体具备了对事物进行间接和概括反映的能力。意识是人类特有的,其基本特征是抽象概括性和自觉能动性。自我意识是意识的一个方面,它是个体对自己各方面的觉察和认识,包括自我认知、自我体验和自我调控。个体的自我意识不是与生俱来的,而是在与人交往的过程中,随着思维和言语的发展逐渐形成的。由此可见,意识和自我意识的出现与思维的发生存在非常密切的联系。

3. 思维的发生发展使其他认识过程产生质变

思维是人类高级的认识活动。它是在感觉、知觉和记忆等认识过程的基础上产生的,同时也参与到这些等级较低的认识过程中,而且使这些认识过程发生质变。例如,思维参与到知觉过程中,使知觉成为思维指导下的理解的知觉,不单是反映事物的表面特征(图7-2)。思维对于记忆的作用更是显著。个体的记忆可分为机械记忆和意义记忆两种。低龄儿童主要以机械记忆为主,思维的产生使儿童的意义记忆产生和发展,使记忆效果变得更加高效和牢固。

图7-2　你看到了什么

4. 思维的发生发展使情绪情感、意志和社会性行为得到发展

思维的发生发展使儿童的情绪情感越来越复杂化和深刻化,出现了高级的情感,如道德感和美感。例如,《小人国的秘密》中的柔柔是一个喜欢体味诗意和美丽的女孩,她在眺望远方时喃喃自语:"风景风景,新的风景!嗯——我要呼吸一下风景!"这种美感和柔柔对周围风景的理解密切联系。思维的发生发展也使儿童开始萌发意志行动,儿童开始学会确立行动目的,理解行动的意义,并按照已确立的目的行动。此外,思维的发生发展还促进了儿童社会性行为的发展。儿童出现思维之后,开始理解人与人之间的关系,理解自己的行为所产生的社会性后果,逐渐学会与他人建立适当的关系。

5. 思维的发生发展促进了儿童个性的形成

思维的参与改变了儿童的认知、情感和意志三大过程,同时也促进了儿童的能力、气质、性格和兴趣等个性心理特征的发展和完善。儿童通过思维活动,参与到实践活动中去,不断地更新知识和提高能力,认识自己和他人,形成自己独特的个性特点。

第二节 学前儿童思维的发展

一、学前儿童思维发展的一般趋势

学前儿童的思维发展遵循着从直观行动思维、具体形象思维到抽象逻辑思维的发展趋势。

(一) 直观行动思维

直观行动思维,又被称为直觉行动思维、感知运动思维和实践思维,它是主要借助于实际动作来进行的思维方式。这种思维方式在2~3岁学前儿童身上表现得最为明显,在3~4岁儿童身上也常有表现。直观行动思维是最低水平的思维,它的主要特点如下。

(1) 思维在直接的感知中进行,它离不开直观的事物和情境,要紧紧依赖于对事物的直接感知。例如,儿童只有抱着玩具娃娃时才会玩"娃娃家",玩具娃娃不见了,游戏也随之停止(图7-3)。

图7-3 假装喂奶

(2) 思维是在实际行动中产生的,它不能离开儿童自己的动作。换句话说,此年龄段的儿童只能在动作中思考,边做边想,离开了动作儿童的思考立即停止。儿童还不能计划自己的动作,预见动作的效果。例如,儿童画画时并没有确定的目的,只有在画出来之后才知道画的是什么。例如,一个儿童说"我要画一个梨"(她用黄色画了一个小圈……画了一条线代表梨柄,看了看,又在圈的外面多加了几条线),"这是一只小蜜蜂"。于是她所画的梨就变成小蜜蜂,之后,整幅画变成了蜜蜂的故事。

(3) 出现了初步的间接性和概括性。直观行动思维的概括性表现在动作之中,也表现在感知的概括上。儿童常常以事物的外部相似点为依据进行知觉判断。例如,要求2~3岁的儿童对香蕉、苹果、皮球、口琴等进行分类,他们常把苹果与皮球归为一类,把香蕉与口琴归为一类。

一些年龄更大的儿童,在遇到障碍或困难时,也经常依靠直观行动思维来排除障碍。例如,儿童的玩具车不能跑了,他可能会翻来覆去地检查车身,甚至动手去拆卸玩具车来检查故障,这个过程就是直观行动思维的体现。

(二) 具体形象思维

具体形象思维是依靠事物的表象即事物在头脑中的具体形象进行的思维方式。具体形象思维是3~7岁儿童最典型的思维方式,这个年龄阶段的儿童主要依靠具体事物的表象以及对具体形象的联想进行思维。例如,幼儿在医院区角进行游戏,会根据头脑中关于医生、护士、病人和药房等不同的形象进行联想和思考,从而进行角色扮演与情景模拟(图7-4)。具体形象思维是一种过渡性思维方式,它介于直观行动思维和抽象逻辑思维之间。一般认为,2.5~3岁是儿童从直观行动思维到具体形象思维转化的关键时期。具体形象思维具有如下特点。

图7-4 小朋友们正在医院看病呢

实践应用

在幼儿园实习过程中,观察幼儿的区角游戏,并记录反映他们具体形象思维特点的言语和行为,在班级里进行小组分享和讨论。

(1) 具体形象性。儿童思维的具体性表现在儿童思维的内容是具体的。他们能够掌握具体物体的概念,但不易掌握抽象概念。例如,幼儿容易掌握"小鸡""小鸭"和"小鸟"等概念,但却难以掌握比较抽象的"动物"的概念。儿童思维的形象性表现在儿童依靠头脑中的形象来思维。例如,在幼儿教师给孩子进行数学领域教学时,经常借助具体的形象来进行加减运算等,用3只兔子代表3,用4只兔子代表4,幼儿依靠具体的兔子表象才能得出 $3+4=7$。

(2) 自我中心化。儿童完全以自己的身体和角度为中心,从自己的立场和观点来看问题,同时认为其他人与自己用相同的方式方法去观察、思考和感觉。此年龄阶段的儿童还不会站在其他人的角度来思考问题,也没有意识到别人和自己的观点不同。皮亚杰的三山实验有力地说明了儿童的自我中心化思维特点。

资料卡片

皮亚杰的三山实验

皮亚杰的三山实验是儿童思维自我中心化最有力的证明。他先在桌子上呈现一个不对称的山地模型,这个模型包括三座山。然后让幼儿坐在桌子的一边,同时在对面的凳子上放一个洋娃娃,如图7-5所示。皮亚杰让儿童从备选图片中选出一张洋娃娃所看到的风景。实验结果表明,3~4岁的幼儿往往存在自我中性化倾向,他们认为对面的洋娃娃跟自己看到的风景是一样的。他们是按照自己的视角所看到的风景来选择图片,而不能从洋娃娃的视角来观察事物。

(3) 拟人性。儿童往往把动物或一些物体当作人来对待。他们把自己的思想感情和生活经验加到小动物或一些物品身上,和它们交谈,把它们当作好朋友。例如,一个4岁的幼儿在入睡前问妈妈一个问题:"是不是你把开关按掉,电灯就死了呢?"还有,一个幼儿在和妈妈分享过儿童情绪管理丛书中的小兔子的故事后,开心得对妈妈说:"我也要做

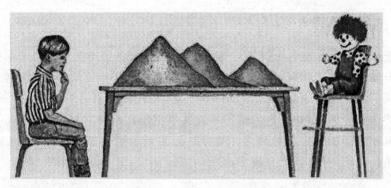

图 7-5　皮亚杰的三山模型

人见人爱的小兔子呢!"

（4）表面性。幼儿只根据具体接触到的表面现象思考问题。幼儿的思维常常只能反映事物的表面联系，而不能反映出事物的本质联系。例如，一个 5 岁的男孩看到一只长着黑白花色的小狗，便指着小狗叫"奶牛狗"，因为他看到过奶牛是黑白花色的。再如，幼儿听到妈妈说："看那个女孩子长得多甜！"他便问妈妈："妈妈，你舔过她吗？"针对孩子思维表面性的特点，成人在回答他的问题时，首先要明白他到底想了解什么，不必将问题复杂化。

（5）缺乏可逆性。缺乏可逆性指幼儿不能从事物发展的历程再返回原点进行逆向思考，即幼儿的思维只能沿着单一的方向进行。例如，问一个 4 岁儿童："你有妹妹吗？"他回答："有"。但反过来问他"你妹妹有哥哥吗？"他回答："没有。"皮亚杰认为，由于缺乏可逆性，这一阶段的幼儿很难获得物质守恒的概念。例如，给儿童呈现两排数目相同的珠子，每排放置的距离也一样，他会认为两排珠子数量一样，然后当着儿童的面将其中一排珠子摆放得更长一些，他会认为距离长的这排珠子数量更多。这说明儿童还未形成数量守恒的概念。

除了上述 4 个特点，具体形象思维还有经验性、片面性、绝对性和近视性等特点。经验性指幼儿的思维常常根据自己的生活经验来进行。片面性指幼儿的思维常常是片面的，不善于全面地看问题。绝对性指幼儿对世界和事物的认识缺乏相对性和灵活性，在日常生活中，幼儿常常认死理。近视性指幼儿只能考虑到事物眼前的关系，却不会考虑到事情的后果。

童真童趣

午睡，很多孩子都睡着了，牧原在玩。

牧原（若无其事地大声说）：陈老师，你的牙齿怎么有项链啊？

凯丽老师：宝贝，你轻点声音，别人都睡着了，我牙齿坏了所以戴项链。

牧原：啊！坏了呀，哪颗坏啦？

凯丽老师：都坏了！行了，你赶紧睡啊！

牧原：哎呀，你一定是每天都不刷牙呀，哈哈哈……

（三）抽象逻辑思维

抽象逻辑思维指儿童利用抽象的概念或词汇，根据事物本身的逻辑关系解决问题的思维。它反映事物的本质属性和规律性联系，是高级的思维方式。从严格意义上讲，学前儿童还没有出现抽象逻辑思维，只是 4~5 岁，尤其是 5 岁之后的幼儿明显出现抽象逻辑思维的萌芽。例如，幼儿遇到自己不懂的事情总喜欢问"为什么"，这表明他们正在努力探索事物之间的因果关系和内在规律。随着抽象逻辑思维的萌芽，儿童开始学会从他人的角度考虑问题，脱离自我中心化的思维倾向，开始理解事物的相对性，获得守恒的概念。

二、学前儿童掌握概念的一般特点

概念是人脑对客观事物本质属性的反映。儿童掌握概念的主要方式，是向成人学习社会上已经形成的概念。这个学习过程不是简单机械的过程，而是主动建构的过程。儿童还会在自己的生活实践中掌握概念。例如，儿童一到周末就不需要去幼儿园上学，他们会自发地形成"周末就是不上幼儿园的日子"这样的概念。学前儿童对概念的掌握一般具有以下特点。

1. 儿童掌握概念的内涵和外延都是不准确的

这主要缘于幼儿概括能力的发展有限，主要处于形象概括的水平。幼儿往往存在概括的内容比较贫乏，概括的特征很多是非本质的、外部的，且不能把握事物的本质特征等现象。他们有时会出现过度扩充或过度缩小的现象。过度扩充指儿童超越或扩充了概念的范围，例如，幼儿认为"阿姨"的特征就是"长着长头发的人"，当他看到一个扎着长辫子的男人时会叫其"阿姨"。过度缩小指将概念的意义范围窄化，如认为"妈妈"这个概念只限于指自己的妈妈。随着年龄的增长，幼儿掌握概念的准确性和深入性会逐渐提高。

2. 从掌握具体实物概念为主，向掌握抽象概念发展

具体形象思维是幼儿的典型思维方式，因此，他们掌握的各种概念以具体实物概念为主。但并非概念越具体，或者说概括的水平越低，幼儿就越容易掌握。根据概括水平，可将幼儿获得的概念分为上级概念、基本概念和下级概念 3 个层次。幼儿往往先掌握处于中等概括水平的基本概念，再由此出发掌握更具体的下级概念和更抽象的上级概念。例如，在"动物""鱼""鲸鱼"这 3 个概念中，幼儿一般先要掌握"鱼"这个基本概念，然后才能掌握"鲸鱼"和"动物"这两个概念。随着儿童年龄的增加，到幼儿晚期，才有可能掌握一些比较抽象的概念，如动物、善良和友谊等。

3. 儿童掌握数概念比掌握实物概念更困难一点，时间上也会更晚一点

掌握数概念是逻辑思维发展的一个重要方面。幼儿掌握数概念主要包括以下几个方面：①掌握数的顺序，如儿童知道 4 在 5 之前，5 在 4 之后，4 比 5 小，5 比 4 大。一般 3 岁儿童已经学会口头数十以内的数，记住了数的顺序；②理解数的实际意义，如 6 指

6个物体,当幼儿学会按物点数,即口手一致地数物体,而且能够说出物体的总数,这说明他已经理解了数的实际意义,具备了初步的计数能力;③掌握数的组成,如5是由1+1+1+1、1+4或2+3等方式组成,幼儿学会按物点数后,逐渐学会借助实物进行10以内的加减法。掌握数的组成是幼儿形成数概念的关键。儿童数概念的形成经历了口头数数、给物说数、按数取物和掌握数概念4个阶段。

案例放送

银行社区中的存取款游戏

大班幼儿学会认识人民币后,孩子们提议创设"中国银行"游戏区。"中国银行"游戏区创设之后,每个孩子拥有一个"存折",并存入本金10元。有钱了,孩子们就出去消费,先在银行取钱,然后去买蛋糕、美发等。

"我要取3元钱。""你卡上有10元,取出3元,还剩7元。"银行工作人员认真计算着存折剩余钱数,并在存折上做好记录,而户主自然要监督银行工作人员计算是否正确。有些孩子在游戏区内从事面点师、售货员和设计师等工作,通过劳动获取收入,把挣到的钱存入银行,银行工作人员就用加减的方法进行记录,"加号"表示存钱,"减号"表示取钱。孩子们在办理存取款业务的快乐游戏中,了解数与数的关系,熟练掌握10以内的加减运算。

随着孩子们挣钱越来越多,存折上的数字逐渐上升,10以上的加减运算对孩子来说颇有难度。扮演银行职员的小朋友向我求助:"老师,23元取走7元,还剩多少元?"我鼓励孩子们一起想办法。"用计算器计算。""找23个豆子,拿走7个,看看还剩多少个。"孩子们七嘴八舌地议论着。最后,他们觉得数豆子的方法不错。于是,我们在银行里放一些小豆子,让他们借助实物操作拿取的方法,理解"加"和"减"的实际意义。

幼儿不喜欢也不易理解抽象的数学概念,而银行游戏大大提高了孩子们计算能力和解决问题的能力,同时也激发了他们对数学的兴趣。

(资料来源:李岩.游戏里的数学欢乐多[N].中国教育报(学前教育·保教),2015-06-21(3))

三、学前儿童判断的发展

判断是概念与概念之间的联系,是事物之间或事物与它们的特征之间的联系的反映。学前儿童判断的发展变化主要有以下特点。

1. 学前儿童的判断从以直接判断为主,开始向间接判断发展

这简称为判断形式的间接化。幼儿大量依靠直接判断,他们常常受到知觉线索的影响,把直接观察到的表面现象当作事物的本质特征。例如,幼儿认为飞机没有汽车快,因为他坐在汽车里时,看到车外的景物被飞速地甩到后面,风呼呼地在耳边吹过,感觉汽车飞快地行驶,而天上的飞机看起来飞得很慢。这就是幼儿的直接判断,他能够感觉到汽车的速度,但不能直接感觉到飞机的速度。成人对"飞机比汽车快"的结论一般是间接判断的结果。随着儿童年龄的增长,儿童间接判断能力开始形成并有所发展,见表7-1。

表 7-1　儿童直接判断与间接判断的发展　　　　　　　　　　单位：%

年龄/岁	5	6	7	8	9	10
直接判断	74	63	27	28	23.1	4.2
间接判断	11.2	22.8	71	70	76.2	95
其他判断	14.7	14.2	2	2	0.7	0.8

（资料来源：陈水平，郑洁.学前儿童发展心理学[M].北京：北京师范大学出版社，2013）

2. 学前儿童的判断从反映事物的表面联系，开始向反映事物的本质联系发展

这简称为判断内容的深入化。判断内容和判断形式的发展是同时进行的。幼儿初期常常根据直接观察到的物体表面现象进行因果归因。例如，对于只有一条腿的桌子是否倒下了的现象，3～4 岁儿童认为"要倒，是烂的"；5～6 岁的儿童会说"桌子断了三条腿，它站不稳"。对于斜面上皮球滚落下来的原因，3～4 岁儿童认为"球站不稳，没有脚"；5～6 岁的儿童则认为"球从斜面上滚下来，因为这有小山，球是圆的"。可见，在判断发展的过程中，幼儿逐渐脱离事物的表面现象，找出比较准确而具体的原因，能够按照事物比较本质的联系做出判断。

3. 学前儿童的判断从以对待生活的态度为依据，开始向以客观逻辑为依据发展

这简称为判断根据的客观化。幼儿初期往往不能按照事物的客观逻辑进行判断，而是按照生活的逻辑进行。这种判断不符合客观规律，而是幼儿从自己对待生活的态度出发的。例如，3～4 岁幼儿认为，"球会滚下来"是因为"它不愿意待在桌子上"或者"猫会吃掉它"。"秤杆为什么要一头翘起"，是因为"它不乖""它不听话"。在浙江卫视播出的一期《爸爸回来了》节目中，小甜馨和家人一起去吃烤鸭，师傅在旁边切烤鸭，她不好好吃饭，爸爸眼睛瞄向烤鸭，吓唬她说："你看，不听话就变这样了。你不好好吃就对不起这鸭子。"甜馨怔怔地看了一会儿，对爸爸说："它不听话就被卸成那样！"可见，幼儿的生活态度很大程度上来源于父母言语行为的影响。幼儿逐渐从以生活为根据的判断，向以客观逻辑为根据的判断发展。

4. 儿童从没有意识到自己判断的根据，开始向明确意识到自己判断的根据发展

这简称为判断根据的明确化。幼儿初期虽然能够做出判断，他们没有或者说不出判断的根据，或者以别人的观点为依据。例如，儿童经常说"我妈妈说的"或者"我老师说的"。他们甚至意识不到判断应该有一定的依据。随着年龄的增长，幼儿开始设法寻找论据，但最初使用的论据往往是游戏性或猜测性的。幼儿晚期，儿童不断修改自己的论据，努力使自己的判断具有合理的根据。判断根据的明确化，标志着儿童思维的自觉性、意识性和逻辑性开始发展。

四、学前儿童推理的发展

推理是在已有判断的基础上推出新判断的思维形式。幼儿在其已有生活经验的基础上，能够进行一些符合事物客观逻辑的推理，但水平较低，表现出抽象概括性差、逻辑性差和自觉性差 3 个特点。实验表明，幼儿在进行推理的过程中，也表现出共同的发展趋势。

1. 推理过程随年龄增长而发展

3岁组儿童基本上不能进行推理活动。4岁组儿童推理能力开始发展。5岁组儿童大部分可以进行推理活动。6岁组儿童和7岁组儿童全部可以进行推理活动。

2. 推理过程可划分为4级水平,且随年龄逐级发展

0级水平:不能进行推理。

Ⅰ级水平:只能根据较熟悉的非本质特征进行简单的推理活动。

Ⅱ级水平:可以在提示的条件下,运用展开的方式逐步发现事物的本质联系,最后得出正确的结论。

Ⅲ级水平:可以独立而较迅速地运用简约的方式进行正确的推理活动。

推理水平的提高表现在推理内容的正确、推理的独立性、推理过程的概括性及方式的简约性等方面。

3. 推理方式的发展由展开式向简约式转化

展开式指儿童的推理是一步一步进行的,推理过程进行缓慢,主要通过外部语言和动作表现出来。简约式指儿童的推理活动是独立而迅速地在头脑中进行的。展开式的推理活动在5岁之前迅速发展,简约式推理则从4岁或5岁开始发展。5~6岁是儿童迅速从展开式推理转化为简约式推理的年龄阶段。5岁以前儿童的推理以展开式为主,而从6岁起简约式推理占优势。

第三节 学前儿童思维能力的培养

资料卡片

听话是优点　太听话是缺点

在教育孩子听话的问题上,家长总是很纠结,既不能不听话,又不能太听话,这个度该如何把握?北京教育学院教育管理室主任关鸿羽的观点是"听话是优点,太听话是缺点"。对不听话要具体分析,采取不同的态度。

(1) 属于道德问题的不听话——坚决反对。该批评的要批评,该惩罚的要惩罚。家长对孩子的道德问题必须严肃处理。

(2) 属于天真活泼的淘气——宽松一点。孩子淘气不全是道德问题,淘气有生理基础,家长可"睁一只眼,闭一只眼"。

(3) 属于思维上的不听话,有独到见解——支持鼓励。

"听话是优点,太听话是缺点。"这句话该如何理解?

首先,行为上严,思维上宽。我们要求孩子行为上要基本听话,但思维上可以不太听话,可以有自己的想法。

其次,小时候严,大了宽。孩子小时,以听话为主,要培养良好的行为习惯,孩子大了应给一点"不听话度",如果限制太死,反而产生逆反心理,形成"代沟",因此要宽松点。

最后,管而不死,活而不乱。创造需要一定的时间和空间。家长应该给孩子更多的时间和空间,让他们自由自在地去遐想、去活动、去创造。当然不能混乱,尤其是道德上的混乱。

有一个孩子,不听家长的话,家长让他画红太阳,可他偏偏画了一个蓝太阳,家长并未生气,而是问他原因,孩子说:"我画的是海里的太阳。"家长说:"好极了,你太有想象力了。"家长这样容忍孩子"不听话"是很有道理的,它可以保护孩子的想象力,激发孩子的创造力。

允许孩子"不听话"指的主要是思维上的"不听话",给孩子一点"不听话度"就是对他们创造性思维、创造欲望的保护。经验证明,"淘气"的孩子更有创造力。其原因就是淘气的孩子接触面广,大脑受的刺激多,激活了孩子的智能。因此,给孩子一点"不听话度"对提高孩子的创造力是有好处的。

(资料来源:安苏. 听话是优点　太听话是缺点[J]. 幼儿教育,2015(7):46)

美国心理学家捷明·罗姆的一项研究结果表明:若将17岁个体的思维水平作为标准定义为100分,那么,从胚胎到4岁思维水平发展50%;从4~8岁思维水平发展30%;剩余的20%是在8~17岁完成的。由此可见,学前期是个体思维发展最迅速、最快捷的时期。因此,成人应该抓住这一关键时期,培养儿童良好的思维能力,使其思维更加活跃,且更富想象力和创造力。

一、学前儿童思维能力培养的原则

幼儿教师在日常教育活动中对儿童的思维能力进行培养时,需要坚持下面几点原则。

1. 创造性原则

创造力是一种极其重要的思维能力,能创造出新颖且有价值的成果。陶行知先生曾说:"时时是创造之时,处处是创造之地,人人是创造之人。"在幼儿园一日生活的所有教育活动中,如集体教学、区域活动和户外活动等,都可以培养儿童的创造力。教师应坚持创造性原则,具备发展幼儿创造力的意识,运用各种方法和手段培养儿童的创造力。例如,在体育活动中,让儿童一物多玩,想出跳绳、篮球等体育器材多种有趣的玩法,培养他们的发散思维能力。

2. 主体性原则

陈鹤琴先生说过:"儿童的世界是儿童自己去探索去发现,他们自己所求来的知识才是真知识,自己所发现的世界才是真世界。"主体性原则要求教师尊重儿童在活动中的主体地位,给孩子选择的权利,让孩子自己思考并选择感兴趣的主题。教师应充分尊重孩子的意愿,将教育活动建立在孩子的兴趣之上。只有儿童乐于探究,才能善于思考。

3. 探究性原则

探究性原则要求教师允许孩子自己探究,自己发现。传统的教育方式过度重视知识的灌输,形成了幼儿园教学小学化倾向的局面,极大地扼杀了孩子的思考能力。教师应给予孩子去探索发现的时间和空间,在幼儿园中尽量创设自然的生态环境,陪伴孩子一起探索新鲜的事物。在整个过程中,教师不要干涉孩子探索和发现的过程,只需在适当的时候给予提醒和指点。

4. 互动性原则

互动性原则要求教师在教育活动中注重师幼之间以及同伴之间的讨论和交流。良好的互动不仅能够促使儿童萌发新的思考,同时也能促进幼儿言语表达能力的发展。教师可以通过提问激发儿童的好奇心,鼓励幼儿之间的小组讨论,促使他们进行新的思考;在面对儿童的疑问时,应首先鼓励其大胆质疑的精神,帮助其在活动中自己探索出问题的答案。例如,一位老师在美术课上涂色时,没有绿色和紫色的油画棒,却涂出了这两种颜色。细心的小朋友发现后好奇地问老师:"老师,你的绿色是怎么变出来的呢?"这位老师抓住教育契机,通过"会变的颜色"活动,带领孩子们多次操作和尝试,在师幼互动的过程中让孩子明白了颜料的混合定律。

5. 因人施教原则

《幼儿园教育指导纲要(试行)》(以下简称《纲要》)指出:尊重幼儿在发展水平、能力、经验、学习方式等方面的个体差异,因人施教,努力使每一个幼儿都能获得满足和成功。教师应尊重每个儿童发展水平的差异,并根据儿童的原有水平进行因人施教,使儿童在活动中都能收获体验,获得发展。例如,在折纸游戏中,教师提供给孩子彩色纸条,让孩子自由发挥,折出他们想到的各种形状。教师在指导的过程中,可根据每个儿童不同的折纸水平,提供相应的鼓励和指导,让每个儿童都能获得满足和成功的体验。

二、 促进学前儿童思维能力发展的措施

1. 为学前儿童提供丰富的感性材料,并引导其不断观察和探索

人类的思维活动不是凭空产生的,是在实践的过程中,通过积累并加工大量的感性知识和材料而生成的。因此,感性知识越丰富,思维就会越深刻。教师应为幼儿提供大量可以感知的活动材料,引导幼儿在活动过程中边操作边思考,发展其思维能力。针对儿童思维的具体形象性特点,教师提供的材料应具备直观、形象和生动等特点,吸引孩子们的兴趣。成人还可以带领儿童参观、游览和直接观察各种实物,促使儿童能够亲身感受和体验,以获得鲜明生动的感性经验,在观察和探索的过程中学会思考。

✦ **案例放送**

孩子们眼中的大自然

幼儿1:阳台山很美,每次总能发现许多新奇的东西,譬如树胶、悬崖、白色的野花,还有石刻、石碑。石阶路很滑,每次都是我自己爬。我最喜欢和爸爸一起找琥珀(其实就是树胶),桃树的是红褐色的;松树的是透明的。冬天的胶很好采摘,又干又硬。千万别因为嫌脏去洗手,否则树胶就会变得黏黏的,粘在手上。

幼儿2:去西山国家森林公园的路上可以看到好多小果子,有小毛桃,还有好吃的槐花树,太有趣了。我还看到绿色的毛毛虫。第一次摸它,我吓得直哆嗦;第二次摸它,我还

有点害怕;第三次摸它,我就不怕了。它软软的,挺好玩。

幼儿3:我和妈妈去帕劳玩,在水母湖潜水,触摸、亲吻小水母,感觉小水母很柔软。但水母湖的水很脏,我希望能发明大的过滤器来过滤水母湖的水。

(资料来源:胡华.父母——影响儿童学习与发展的重要他人[J].幼儿教育,2015(6):10-13)

2. 给学前儿童提问和思考的空间,发挥其主体性作用

儿童的世界有别于成人的世界,他们观察事物的角度非常独特,同时也会产生稀奇古怪的问题。爱因斯坦说过:"提出一个问题比解决一个问题更重要。"当儿童提出"为什么"或"是什么"的问题时,这说明他们正在积极地思考。成人应当鼓励孩子的好奇心,以欣赏和鼓励的态度对待他们的发问。更重要的是,成人不要代替孩子去解决他们的问题,而是要留给孩子思考的空间,让他们自己去解决问题。当儿童解决问题出现困难时,成人也不要急于给出答案,不妨给孩子提供思考的角度,引导其找到问题的解决方法。只有在思维活动中发挥孩子的主体性,才能真正提高他们的思维能力。

3. 为学前儿童尽量提供口语交流的机会,以言语的发展带动思维的发展

语言和思维的发展有着紧密的关系。语言是个体思维活动的工具,是人们相互交流思想的工具,是记录思维活动成果的工具。因此,无论是在集体教学、区域活动还是日常生活中,应提倡师幼之间和幼儿之间经常用语言进行交流讨论。幼儿的词汇水平会更加丰富,同时在语言交流的过程中幼儿的思维变得更加活跃,这有利于他们掌握相应的概念和进行判断推理的过程,促使其思维从具体形象思维逐渐发展为抽象逻辑思维。

三、学前儿童创造力的培养

创造力指人们根据一定的目的,运用已有的经验,产生出某种新颖、独特且具有社会或个人价值的产品的能力。梅斯基(Mey-sky)和纽曼(Newman)认为,当幼儿创造出一种表达自己思维的新方式和发现新问题时,就代表他们具有了创造力。例如,儿童能够根据故事的开头编出符合逻辑的结尾,在游戏中产生新的主题或情节等都是他们创造力的体现。

(一)学前儿童创造力发展的特征

加登纳说过:"差不多每一个孩子到了3~6岁时,在有合适环境的鼓励下,都是极富于创造性的,对于所有的孩子来说,这个阶段正是最自由的阶段。"可见,3~6岁是孩子最具有想象力与创造力的时期,在此时期成人需要呵护孩子的好奇心和想象力,创设合适的环境培养孩子的创造力。首先,成人需要了解儿童创造力发展的特征,在此基础上有效地发展儿童的创造力。

1. 好奇心是儿童创造力发展的起点

儿童天生具有探索周围世界的好奇心,这种好奇心会体现在他们的行为和语言上。例如,儿童拿到新玩具后不久,就喜欢把它拆得七零八落,这种在成人看来极具破坏性的行为反而是儿童好奇心的体现,因为他们想了解玩具的内部构造,想明白它为什么会发光、会发声等。在语言上,儿童最喜欢问"为什么",他们的小脑瓜里充满了对世间万物的疑问。这种"打破砂锅问到底"的现象正是幼儿好奇心的体现。儿童以好奇心为起点,开启了探索世界的大门,走上了漫长的创造之路。

2. 创造想象是儿童创造力发展的特点

想象是人们对头脑中已有的表象进行思维加工,创造出新形象的过程。根据想象内容的新颖程度不同,可将有意想象分为再造想象、创造想象和幻想。再造想象是人们根据语言的描述或某事物的图样,在头脑中形成相应的新形象的过程。创造想象是人们根据一定的目的在头脑中独立地创造出新表象的过程。幻想是指向未来,与个人愿望相联系的想象,是创造想象的特殊形式。一般而言,儿童3岁时主要是再造想象;4岁时则向创造想象转化;5岁时以创造想象为主。

3. 探索活动是儿童发展创造力的主要手段

苏联教育家苏霍姆林斯基说过:"在人的心灵深处,都有一种根深蒂固的需要,就是希望自己是发现者、研究者、探索者,而在儿童的精神世界中,这种需要特别强烈。"儿童的探索活动越丰富多样,越灵活新奇,儿童的创造力越能得到体现和发挥。例如,在幼儿园的建构区,这些小小建筑师利用现有的游戏材料(烟盒或饮料罐)搭建成形状各异的建筑物(图7-6),充分发挥了自己的想象力和创造力,而且能在搭建的过程中学习几何图形的知识。

图7-6 "快乐施工队"正在搭建房子

4. 积极情绪是儿童创造力发展的动力

我国著名心理学家孟昭兰认为,积极情绪伴随着愉悦的主观感受,能够提高个体的认知能力,有利于其创造力的发挥。国外学者研究(Paul,Nathan,2010)也发现:积极情绪的激活能够提高认知的灵活性,从而提高创造力的流畅性和原创性。可见,愉快、喜悦等积极情绪能够促进个体创造力的发展。幼儿期是最富有创造力的时期,成人应当给孩子创造轻松、舒适和支持的环境氛围,增强孩子积极的情绪体验,让孩子享受创造的每一刻。

资料卡片

积极情绪有益儿童成长 笑可助提高儿童创造力

据俄罗斯"消息岛"新闻网10月14日消息,美国科学家研究发现,儿童常笑可提高其创造力。据统计,儿童平均每日笑300余次,成年人平均每日笑15~20次。很多研究都表明,积极的情绪对人体健康有益,可增强人体免疫力。近日,美国科学家一项研究发现,儿童大笑时,可促进其大脑中负责创造能力及创造性思维的区域变得活跃,即大笑可提高儿童创造力。同时,研究人员认为,积极的情绪对儿童成长发育有着十分重要的意义。因此,科学家建议,父母应多带孩子去游乐园等场所,并陪伴孩子看有趣的卡通漫画。

(资料来源:积极情绪有益儿童成长 笑可助提高儿童创造力[EB/OL].环球网,http://health.huanqiu.com/health_news/2013-10/4459874.html)

(二)培养学前儿童创造力的措施

1. 培养创造力,从家庭开始

家庭作为学前儿童最初的生活环境,将对他们创造力的发展产生最为直接而深远的影响。其中,父母的教养方式对儿童的创造力发展有显著的影响。有研究者将父母的教养方式分为3种:民主型、专制型和溺爱型。

拥有民主型教养方式的父母会以宽容和民主的态度对待自己的孩子,给予孩子信任和尊重,以儿童的角度来看待孩子的行为,并给予孩子探索事物的自由,甚至和孩子一起参与到探索中。专制型教养方式的父母则不能从儿童的角度看问题,强迫孩子服从成人的规则和命令,不允许孩子有不同的想法。这种教养方式下的儿童经常会因为自己的探索行为受到父母的训斥,从而很难发挥自己的创造力。溺爱型教养方式的父母是孩子忠实的公仆,生怕孩子受到挫折和伤害,愿意为孩子包办一切。这种教养方式下的儿童因为父母的过度保护,耐挫能力和坚持性差,同时缺乏创造的动力和乐趣。

因此,家长应当做民主型的父母,尊重孩子的年龄发展特点,尽量创造一个宽松自由的家庭氛围,提供丰富有益的刺激材料,并鼓励孩子的探索和发现,为培养其创造力打下坚实的基础。

2. 幼儿园是培养幼儿创造力的主阵地

学前儿童入园之后,教师对他们创造力的发展产生越来越重要的作用。3~6岁的幼儿正是想象力和创造力发展的黄金时期,他们思维活跃,想象力大胆丰富,经常出现让成人惊叹不已的言语和行为。在这个创造力发展最有潜力的时期,幼儿教育工作者应该从多方面努力,激发和培养孩子的创造性。

(1)尊重儿童的游戏权利,发挥游戏对创造力提升的重要作用

陈鹤琴先生曾说过:"孩子是以游戏为生命的,玩是孩子的天性。"游戏是孩子在幼儿园最主要的学习方式,是表现幼儿创造力的最重要、最根本的方式。游戏为幼儿提供了自由探索和大胆想象的机会,有助于幼儿养成乐于探索和勇于创造的态度和精神。教师应当为幼儿提供一个自由游戏的空间,投放可供他们探索和操作的材料,激发其好奇心和探索欲,而不是强迫儿童去玩他们不愿意玩的游戏。而且,在游戏过程中,教师应当允许幼儿犯错误,在保证幼儿安全的前提下允许甚至鼓励各种荒诞离奇的做法,保护幼儿的想象力。

(2)在各领域的教学活动中激发幼儿的创造力

幼儿的创造力体现在各种各样的活动中,如艺术活动(包括舞蹈、音乐和绘画等)、体

育活动、科学发明和语言活动等。在主题教学的过程中,教师首先应当具备识别高创造力儿童的眼光。为了能够发现具有创造力的儿童,教师可以为幼儿提供自由活动和自由表达的机会,如让幼儿编一个故事或画一张画,通过观察幼儿的故事或绘画是否新颖、想象力是否丰富等来发现幼儿的创造水平。

其次,教师在各领域教学活动中,还应当为幼儿提供轻松自由的教学氛围,赏识和鼓励幼儿的每一次创造,让幼儿体会创造的快乐。人本主义心理学家罗杰斯认为"心理的安全和心理的自由是促进创造性的两个重要条件"。最后,教师需要采用多样化的教学方法,这些教学方法要符合幼儿具体形象性的思维特点,如采用生动活泼的直观言语、与教学主题相关的游戏、图片和视频等。教师只有将培养幼儿的创造力融入各领域的教学活动中,才能全方位、多维度地激发幼儿的创造行为,使其创造力持续发展。

(3) 开展多种形式的训练活动,锻炼幼儿的发散思维

除了在主题教学活动中对幼儿渗透创造力的培养之外,教师还可以有意识地开展训练活动,锻炼幼儿的发散思维能力。个体的创造力主要体现在优质高效的发散思维能力上。发散思维是能产生出大量的独特的新思想的思维活动。发散思维具有3个品质:流畅性、变通性和独特性。流畅性指在较短的时间内较快地找出新的解决方法。变通性指可以从不同的角度和方向思考问题。独特性指可以找到独特的、新颖的解决方法。具体的训练方法有很多,如拼图比赛,给幼儿提供各种颜色的几何图形,让其尽可能多地拼出不同的图案。教师可以观察在这个过程中哪个幼儿拼出的图案数量最多,最多者代表其流畅性好;哪个幼儿拼出的图案类别最多,最多者代表其变通性好;哪个幼儿拼出的图案最独特,最独特者代表其独特性好。教师还可在教学活动中通过提出问题、看图讲述、续编故事和仿编诗歌等形式引导幼儿进行发散思维训练,从而培养其创造力。

> **实践应用**
> 设计一种训练幼儿发散思维能力的教学活动,条件允许的情况下,组织幼儿参与此次活动,并评价活动效果。

3. 社会环境从宏观方面影响幼儿创造力的发展

个体创造力的发展会受到社会文化环境的制约,这也得到大量跨文化研究的证实。托兰斯等人采用《托兰斯创造性思维测验》研究中美儿童的创造力,结果发现,美国儿童在发散思维的3个品质上的得分都要高于中国儿童。西莫顿(D. Kismonton)对数千名取得突出创造性成就的历史人物进行调查研究,得出以下结论:社会因素对人的创造力发展具有重要影响,其中,榜样的作用以及文化的多样性是很重要的影响因素。而且,与对成人的影响相比,这些社会因素对幼儿创造潜能的影响更为重要。

祖国的未来寄托于下一代。准确地说,寄托于具有想象力、创造力的下一代。因此,为了培养具有高创造力的人,整个社会应该营造一种欣赏创造、鼓励创造和推动创造的社会氛围。政府可以发挥其行政职能,鼓励文化及价值的多样性,举办更多的创造力竞赛,让更多具有创造力的人才脱颖而出,主导全民创造的风向标。

资料卡片

中国(国际)幼儿创造力邀请赛

"为什么我们的学校总是培养不出杰出的人才?"这就是著名的"钱学森之问"。为贯彻《国家中长期教育改革和发展规划纲要》和《国家中长期人才发展规划纲要》的精神,促进中国幼儿教育事业的发展,直面回答"钱学森之问",为中华民族的伟大复兴和培养创新拔尖人才奠定坚实的基础。由幸福泉儿童发展集团主办的"中国(国际)幼儿创造力邀请赛"已于2011—2014年成功举办4届。大赛覆盖全国24个省市自治区90余座城市近万名4~6岁儿童,深受家长和小朋友们的欢迎。在4届赛事中共有12位小朋友获得5项国家专利。其中,一位5岁半的小朋友的作品"多功能组合儿童空调"获得国家专利。其创意是把电蚊香和空调组合在一起,既凉快又灭蚊。蚊香片放在空调里,空调产生热后可以让蚊香片释放出香气。这个空调包括4个功能:灭蚊、香风、制冷和制热,如图7-7所示。

图7-7 多功能儿童空调

(资料来源:中国(国际)幼儿创造力邀请赛[EB/OL]. http://www.ciccit.com/award.html)

考题链接

一、单项选择题

1. 幼儿教师在教授动作示范时往往采用"镜面示范",原因是(　　)。
   A. 幼儿是以自身为中心来辨别左右的
   B. 幼儿好模仿
   C. 幼儿分不清左右
   D. 使幼儿看清楚

2. 幼儿形成数概念的关键是(　　)。
   A. 掌握数的顺序　　　　　　B. 知道数的实际意义
   C. 掌握数的组成　　　　　　D. 能辨数

3. 幼儿典型的思维方式是(　　)。
   A. 直观动作思维　　　　　　B. 抽象逻辑思维
   C. 直观感知思维　　　　　　D. 具体形象思维

4. 幼儿对科学概念掌握的特点为(　　)。
   A. 可通过日常交往掌握　　　B. 可通过个人积累经验掌握
   C. 需经过专门教学才能掌握　D. 以上都对

5. 问儿童"1加1等于几",儿童可能无法回答,但若问他"1个苹果加1个苹果等于几个苹果",他就比较容易做出回答,这是儿童(　　)的体现。
   A. 动作思维　　B. 形象思维　　C. 逻辑思维　　D. 发散思维

6. 3岁的幼儿在进行分类活动时,会把人、马分为一类,原因是他们认为人和马都有头、有脚。这表明该年龄段幼儿认识活动具有( )的特征。

  A. 缺乏有意性 B. 情绪性 C. 直觉行动性 D. 表面性

  7. 成人习惯说:"你如果不多加衣服就会感冒。"孩子则不能接受这种预见的后果,她看到小布裙子好看,她要穿。这说明这个小孩的思维还处在( )阶段。

  A. 直观行动思维   B. 具体形象思维

  C. 前概念思维   D. 抽象逻辑思维

  8. 下列活动反映了儿童的形象思维的是( )。

  A. 做游戏,遵守交通规则过马路 B. 过家家,用玩具锅碗瓢盆做饭、吃饭

  C. 给娃娃穿衣、喂奶   D. 儿童能算出 2+3=5

  9. 创造性思维的核心是( )。

  A. 聚合思维 B. 直觉思维 C. 发散思维 D. 形象思维

  10. 幼儿知道"夏天很热,最好不要到户外去"反映了幼儿( )。

  A. 感觉的概括性   B. 知觉的概括性

  C. 思维的概括性   D. 记忆的概括性

二、简答题

1. 简述幼儿思维发展的一般特点。

2. 简述幼儿掌握概念的特点。

三、论述题

结合实际教学谈谈如何培养幼儿的创造性。

四、材料分析题

1. 情境一

一天晚上,莉莉和妈妈散步时,有下列对话。

妈妈:月亮在动还是不动?

莉莉:我们动它就动。

妈妈:是什么使它动起来的呢?

莉莉:是我们。

妈妈:我们怎么使它动起来的呢?

莉莉:我们走路的时候它自己就走了。

情境二

在幼儿园教学区活动中,教师给莉莉出示两排一样多的纽扣,莉莉认为一一对应排列的两排一样多。当教师把下面一排聚拢时,她就认为两排不一样多了……

请阅读上述材料,回答以下问题。

(1) 莉莉的行为表明她处于思维发展的什么阶段?举例说明这个阶段思维的主要特征及表现。

(2) 幼儿的这种思维特征对幼儿园教师的保教活动有什么启示?

2. 有一名实习生在幼儿园进行了一次简单的"幼儿水平测验"。他设计了两个题目:

①若 A>B,B>C,请小朋友说说 A 和 C 哪一个大? ②小王同学比小李同学高,小李同学比小张同学高,请问小王和小张两位同学谁高? 他使用"随机取样"方式在大班选用了题目①,在中班使用了题目②。可出乎他的意料,他发现中班幼儿的思维发展水平高于大班。他满意地把这个新发现告诉老师,老师说他可能弄错了。

请阅读上述材料,回答以下问题。
(1) 该实习生测验的是幼儿心理发展的哪个方面?
(2) 老师为什么说他可能弄错了,请你给他指出来。

第八章
学前儿童的言语

本章导航

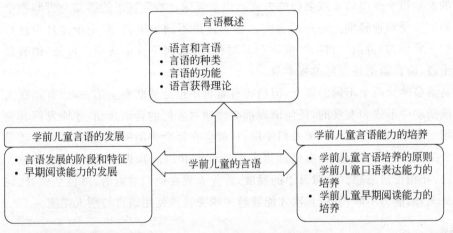

学习目标

(1) 了解言语的概念和种类。

(2) 理解言语的功能和语言获得理论。

(3) 理解并掌握学前儿童言语发展的阶段和特征。

(4) 掌握并能运用具体策略促进学前儿童言语尤其是口语表达和早期阅读能力的发展。

第一节 言语概述

一、语言和言语

语言是一种社会现象，是音义统一的全民性交流工具。人们借助语言这个特有的工具进行相互交流和了解。斯大林说过："语言是工具、武器，人们利用它来互相交际，交流思想，达到相互了解。"语言是社会历史的产物，随着人类社会的产生而产生，亦随着人类社会的发展而发展。每个民族都有自己通用的语言，如汉语、英语和俄语等。

言语指人们用语言进行交际的活动和过程，包括言语的表达和言语的感知与理解两方面。言语的表达指个体用口头或书面的方式运用语言的过程。言语的感知与理解指个体通过感觉器官接受和理解别人运用语言的过程。言语不同于语言，它是个体自身进行的活动。人们平常说的"讲话""讨论""演讲"和"写作"等都属于言语活动。可见，语言是一种交际的手段，而言语则是交际过程本身。

语言和言语虽然是两个不同的概念，但两者有着密不可分的联系。第一，语言是在人们的言语交流活动中形成和发展的，任何语言都必须通过人们的言语活动，才能发挥其交流工具的作用。如果一种语言不再被人们使用，它就会在社会中消失。第二，言语活动是借助语言这个工具进行的。人们只有借助语言中的词汇和语法知识，才能很好地与他人进行言语沟通，互相传递思想。儿童言语的发展，首先表现在他们掌握语言（包括语音、词汇和语法等知识）的能力不断提高；其次才能够越来越完善地使用语言与别人交流。

 **童真童趣**

孩子们：陈老师，你在做什么？

凯丽老师：在做"海报"呀。

灿灿：什么是"海报"？

杰哥："海报"就是生活在水里游的呀。

二、言语的种类

言语活动通常分为外部言语和内部言语。外部言语进一步分为口头言语和书面言语。在日常生活中，有的人擅长口头表达，有的人擅长书面写作。

（一）外部言语

外部言语指人们进行交际的言语活动，又分为口头言语和书面言语。

1. 口头言语

（1）对话言语

对话言语指两个或两个以上的人直接进行交际时的言语活动，如聊天、座谈和辩论等。它是一种最基本的言语形式,其他形式的言语活动都是在其基础上发展起来的。它也是一种最古老、最简单的言语形式,只要是健康正常的人,一般都具有与他人对话的能力。对话言语具有情境性、简略性、互动性和灵活性的特点。

(2) 独白言语

独白言语指个人独自进行的,与叙述情感和思想相联系的、较长而连贯的言语活动。例如,讲课、演说和做报告都属于独白言语。独白言语比对话言语更为复杂,使用之前需要人们做好充足准备。个体可以通过正确使用独白言语来系统地表达自己的思想和感情。独白言语具有单向性、开展性、计划性的特点。

2. 书面言语

书面言语指个体借助文字来表达自己的思想或借助阅读来接受他人言语影响的言语活动。它的出现要比口头言语晚得多。文字是书面言语的载体,只有当文字出现之后书面言语才被人们掌握和运用。儿童书面言语的发展,与其对文字的识别和书写是分不开的,因此,幼儿阶段书面言语发展的重点是识字。书面言语具有随意性、开展性和计划性的特点。

(二) 内部言语

内部言语是一种自问自答的言语活动,或者一种不出声的言语活动。它是在外部言语的基础上产生和发展的。一般认为,6岁左右是内部言语的形成时期。成人应该将幼儿出声的自言自语发展为真正的内部言语。人们平常说"打腹稿"(指在内心酝酿即将表达的思想)就是内部言语的典型表现。内部言语虽然不直接用来与他人交际,但它的参与是人们顺利进行言语交流的保障。内部言语具有隐蔽性和简略性的特点。

三、言语的功能

言语具有两种功能:交际功能和思维功能。

1. 交际功能

言语是人们使用语言进行具体交际的行为。人们通过具体的言语活动可以传达自己的思想和情感,同时也能够理解他人的思想和情感,从而达到交际的目的。人们几乎每天都在运用语言与人交谈,互相表达各自的意愿和主张。在不同的场合,面对不同的交际对象,人们会选择不同的言语活动。例如,一个大学生希望向一位知名教授请教学术问题,他可以选择书面言语的形式,给这位教授写一封充满敬意和真诚的邮件,这样也许会达到良好的交际效果。而人们在日常生活中与熟悉的人打交道,会不拘小节,比较随意地使用口头语言。

2. 思维功能

人类的思维过程主要依靠言语活动来进行。换句话讲,人们在思考时会以言语活动作为工具,帮助其完成思考的过程并表达出思考的结果。成人更多地使用内部言语进行思考,而幼儿主要借助外部言语来思考。例如,幼儿在画画的时候,通常会一边说一边画"我要先画一座房子,再画一棵小树,树上还有一只小鸟……"人们思考的过程,就像是一个自己与自己对话的过程。

四、语言获得理论

儿童的语言是与生俱来的还是后天习得的?心理学家和语言学家一直致力于这个问题的研究,并且从各自不同的角度来解释个体语言的获得,从而形成了不同的理论。一般而言,有关语言习得的理论主要包括以下 3 种取向:先天论、学习论和相互作用论。

(一) 先天论

先天论认为儿童的语言能力是与生俱来的,人类获得语言是生理发展的必然结果。其中较有影响力的学说有先天语言能力说和自然成熟说。

1. 先天语言能力说

先天语言能力说又称为转化生成说,是由美国语言学家艾弗拉姆·诺姆·乔姆斯基提出来的。该学说认为:人类具有先天遗传的语言能力,儿童习得语言是一种本能的自然过程。例如,一个小孩和一条小狗一起生活在人类的语言环境里,小孩可以习得语言,而小狗却无论如何也学不会语言。再如,与人类更为接近的类人猿尽管接受了多年的训练,也只能掌握简单的手语和其他符号代码,最佳的水平只是相当于两岁半的人类儿童的水平(Savage-Rumbaugh 等,1993)。在所有物种中,只有人类天生能够运用语言。

乔姆斯基认为,人类所有语言中包含普遍的语法规则,儿童能够在出生的头几年迅速且准确地掌握自己的母语,是因为儿童大脑中存在一个语言获得的神经系统,即语言获得装置(Language Acquisition Device,LAD)。环境输入给儿童原始的语言材料,通过语言获得装置的复杂加工,儿童能够根据有限的规则创造出无穷的新句子,表现出极大的创造性。个体的语言活动装置作用的发挥会受到机体成熟水平的影响,即儿童语言的发展存在一个敏感时期,在此时期语言获得装置发挥作用,但凡错过了敏感期,语言获得装置就会退化,儿童就很难正常使用语言。

乔姆斯基理论最大的贡献在于它掀起了儿童语言获得研究的热潮,他抛开儿童被动模仿语言的观点,开始吸引人们注意儿童本身的特点。但是他的语言获得装置仅属于一种假设,无法得到证实,而且他过分强调先天因素对儿童语言获得的影响,低估了后天环境和学习的重要性。

童真童趣

凯丽老师:什么是大方的孩子?

孩子都举手,我们是大方的孩子。

凯丽老师:我们为什么要做大方的孩子?

珂:小方的孩子不好,大方的孩子很好。

2. 自然成熟说

美国心理学家勒纳伯格提出了语言获得的自然成熟说。这个学说包括如下观点：①语言是个体的先天行为；②遗传素质是人类获得语言的决定因素，人类大脑有专管语言的中枢区域，如布洛卡区和维尔尼克区(图 8-1)，当大脑的语言中枢发育成熟，再加上适当的外界环境的刺激，个体就会表现出相应的语言能力；③语言发展具有关键期，从 2 岁左右到 11 或 12 岁为止。当个体错过语言发展的关键期，今后即使加以训练，仍然难以获得语言。该学说关于大脑的语言中枢和关键期的观点具有一定的科学性，得到相关研究的佐证。但它关于语言的先天性以及遗传素质的决定性的论点是有失偏颇的。

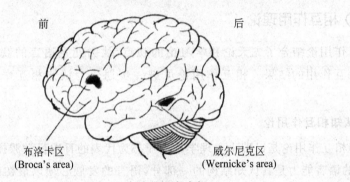

图 8-1 大脑的语言中枢

（二）学习论

学习论盛行于 20 世纪 20~50 年代，以美国心理学家华生为代表的行为主义理论为依据。它认为儿童的语言能力是后天学习的结果，主要受后天环境和学习因素的影响。语言的获得是一系列"刺激—反应"的结果。学习论可分为两派：强化理论和模仿理论。

1. 强化理论

强化理论是由美国心理学家斯金纳提出的。他认为儿童语言的获得如同其他行为一样，都是刺激—反应—强化的过程，也可以通过强化、塑造或训练逐渐形成。例如，当婴儿最初发出声音的时候，养育者会选择性地强化那些像语言的声音，如用微笑、拥抱和温柔的声音回应婴儿，婴儿会有意地重复类似的声音，逐渐在成人的强化过程中获得语言。通过成人的选择性强化，儿童的语言越来越合乎规范，直到掌握和成人一样的语言能力。强化在儿童语言发展中起着十分重要的作用。但强化理论忽视了环境因素和心理因素对儿童语言获得的影响，如在现实环境中，成人不可能对儿童的每一个语言行为都给予强化。而且，该理论也不能解释儿童语言的创造性，忽视了儿童自身因素在语言活动中的主观能动性。

2. 模仿理论

模仿理论最早由美国心理学家奥尔波特提出。他认为儿童语言的习得是对成人语言的观察和模仿，是对成人语言的简单复制，儿童在这个过程中完全是机械被动的接受者。

模仿在儿童语言习得的过程中发挥着重要作用,但奥尔波特的模仿理论忽视了儿童在语言学习过程中的主动性和创造性,无法解释为什么儿童在没有模仿范型的情况下能够创造出新颖奇特的句子。后来,怀特赫斯特提出了"选择性模仿"的概念,即儿童的模仿是对语言结构和规则的模仿,而不是对具体内容的模仿。他认为儿童学习语言并不是对成人语言机械的模仿,而是在理解基础上的选择性模仿。例如,从"吃水果""吃米饭"和"吃点心"这类短语中,儿童通过选择性模仿获得了"吃××"的语法结构,并能够创造出新的句子。选择性模仿理论更加符合儿童获得语言的真实情况,但它也无法充分解释儿童获得语言的过程。

(三) 相互作用理论

相互作用论结合了先天论和学习论的观点,认为儿童语言的获得是先天能力和后天环境相互作用的结果。相互作用论可进一步划分为认知相互作用论和社会相互作用论。

1. 认知相互作用论

认知相互作用论是以瑞士心理学家皮亚杰为代表的日内瓦学派提出来的。该理论认为,儿童的语言能力是其认知结构的一部分,语言的发展必须以最初的认知发展为基础。儿童的语言能力是其运用自身的认知能力与语言环境和非语言环境互动产生的结果,而且儿童语言的发展水平会受到其认知水平的影响和制约。认知相互作用论吸收了先天论的合理观点,认为生理成熟为儿童提供了获得语言的可能性,又必须具备一定的认知基础,而语言环境为儿童语言的发展提供了支持性的因素,这种解释比较符合客观事实。但是该理论过分强调认知因素对语言发展的作用,而且忽视了社会性因素对儿童语言发展的作用。

2. 社会相互作用论

社会相互作用论以布鲁纳和贝茨等学者为代表。该理论认为儿童语言的获得是在先天能力的基础上,通过儿童与后天环境的相互作用,尤其是在与成人社会交往中的语言交流过程中发展起来的。这个理论特别重视儿童与成人交往的过程,并且认为儿童和成人语言交流的互动过程对儿童的语言发展起着决定性的作用。狼孩的故事恰好说明了社会交往的缺失导致语言的发展障碍。外在的语言环境对儿童语言能力的发展非常重要,儿童会主动参与到与他人的语言交流中,在动态的过程中发展自己的语言能力。社会相互作用论具有很大的合理性,但它过分强调语言环境的影响作用,而忽视了个体理解和生成语言的心理过程。

综上所述,3种语言获得的流派分别从各自的角度解释了儿童语言获得的过程,均具有一定的合理性和局限性。其实,人们更倾向于认为,儿童语言的获得是多种因素共同作用的结果,不同的因素在儿童习得语言的不同阶段发挥着不同的作用,如图8-2所示。在婴儿1岁之前,遗传素质,尤其是大脑生理结构的成熟可能对语言的发展更具有决定性影响。但是,只具备人类的大脑,没有与社会环境的交往,没有语言交流的机会,也不可能产生语言。在 2~4 岁，幼儿更多地通过模仿成人的语言并在成人的强化中发展语言能力，而且会表现出一定的创造性。随着年龄的增长，儿童越来越积极主动地参与到社会交往中，产生自由表达的欲望，进一步发展自己的语言能力。

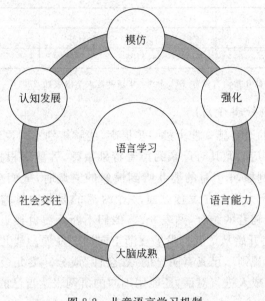

图 8-2　儿童语言学习机制

第二节　学前儿童言语的发展

一、言语发展的阶段和特征

（一）语言准备阶段

语言准备阶段也叫前言语阶段，是儿童在正式说话之前的准备阶段，是围绕语音进行的语音感知、语音发音和语音交际行为。在这个阶段，儿童虽然还没有掌握语言，但已不同程度地在为言语的发生做准备。言语发生的准备主要表现在两个方面：说出词的准备（包括发出语音和说出最初的词）和理解词的准备（包括语音知觉和对词语的理解）。吴天敏等（1979）认为 0~1 岁是婴儿的语言准备阶段，并进一步将此阶段划分为 3 个小阶段。

1. 简单发音阶段（0~3 个月）

啼哭是婴儿第一次发出的声音，也是他们最初的发声准备。在这个阶段，婴儿学会使用不同的哭声表达不同的需求，以吸引照料者的关注。婴儿对语音较为敏感。研究表明，出生 12 天的婴儿能够区分出人类的语音和其他声音，刚出生的婴儿还能很好地区分母语语言和非母语语言，出生 24 天之后的婴儿能够对男人和女人的声音、照料者和陌生人的声音产生明显不同的反应。婴儿最初发出的声音多为简单的单音节，如"o""m"和"a"等，2 个月之后，婴儿在与成人的互动中开始模仿更多的语音发声，见表 8-1。2 个月的婴儿会与成人进行"交流",在成人跟他逗笑时通过微笑、摇晃胳膊和蹬腿来与成人互动,这种伴随着身体动作的交流行为是婴儿进行语言交流的重要方式。

表 8-1　2 个月婴儿的发音

a	ai	e
ei	hai	ou
ai-i	hai-i	u-è

(资料来源:张明红.学前儿童语言教育[M].上海:华东师范大学出版社,2001)

2. 连续音节阶段(4～8 个月)

这个阶段的婴儿的语言感知能力进一步提高,能够辨别不同说话者的语言,能够区分熟悉的人和陌生人的声音,尤其对母亲的声音特别敏感,并能够根据说话者的语气、语调辨别他的情绪态度。例如,6 个月的婴儿听到愤怒的语调时,他们会感觉紧张害怕,立马躲进母亲的怀抱或放声大哭。在发音方面,4 个月后的婴儿明显增加了很多重复的连续的音节,且多为元音和辅音的结合,见表 8-2。他们不断练习着接近有具体意义的言语的声音,如 ba-ba-ma-ma,开始从语音的发展逐渐走向词的发展。婴儿在与成人交际互动中初步懂得语言交际的"规则",已具有明显的"社会性"成分。婴儿会用"嗯啊"等语音回应成人的逗弄,好像在与成人进行对话,还能用不同的语调表达自己的态度和愿望。

表 8-2　4～8 个月婴儿连续音节阶段的发音

hei	heng	hu	en-ou	ge-ge	hai-ou
pei	a-bu	à- bù	he-en	hong-ai	ng-a
a-en	a-fu	a-i	à-en-en	a-hai-è	da-da-da
a-ia	a-m	a-me	dà- dà- dà	nà- nà- nà	a-hai-hai-i
a-hu	à-pu	ba-ba	a-ma-ma-ma-ma	bù-à- bù-à	en-ei-ei-jià
dù- dù	ei-en	en-ei	ai-a-ba-ba-ba	a-ba-ba-ma-ma	

(资料来源:张明红.学前儿童语言教育[M].上海:华东师范大学出版社,2001)

3. 学话萌芽阶段(9～12 个月)

此阶段的婴儿开始真正理解成人的言语,能按照成人简单的指令做出反应。例如,当妈妈跟孩子说"跟阿姨再见"或者"给阿姨一个飞吻"时,孩子会做出挥手或飞吻的动作。当问到"妈妈在哪里?"时,孩子会用手指向妈妈或目光转向妈妈。这说明孩子已经充分理解成人的言语。虽然婴儿还不太能说话,但他们已经具备强大的理解能力了。这个阶段的婴儿发音音调更加丰富多样,他们有意识地模仿成人的语词,开始发出不同的连续音节,而且发出的语音更长了,有时听起来像是一个句子。10 个月左右的婴儿会说出第一个有实际意义的词,这是个体言语发展过程中最有标志意义的事情,代表这个婴儿终于会说话了。他们可能最早会喊"妈妈"或"爸爸"等,这会让爸爸妈妈兴奋不已。

(二)言语发生阶段(1～2 岁)

从婴儿开口说出第一个有具体意义的词开始,他就进入了言语发生的阶段。在这一阶段,婴儿主要以掌握词汇为主,并且词汇的数量急剧增加。可将言语发生阶段进一步分为两个阶段。

1. 理解语言迅速发展阶段(1~1.5岁)

在此阶段,婴儿能够理解更多的言语,但是说出的词汇很少,最早能掌握的是自己身边的人和物的名字,如妈妈、爸爸、爷爷、奶奶、包包、车车等。婴儿不太愿意开口说话,出现一个短暂的相对沉默期,只用手势或者行动来表达自己的想法,甚至停止了独处时自发的发音活动。婴儿言语发展的基本规律就是:先听懂,后会说。因此,当父母看到自己的孩子在这个阶段不太愿意讲话时,大可不必操之过急,硬逼着孩子学话,应当学会尊重孩子言语发展的规律。倾听和理解也是必不可少的积累。

2. 积极说话发展阶段(1.5~2岁)

在此阶段,婴儿说话的积极性很高,具有强烈的说话愿望。这一阶段婴儿言语发展最明显的特征是:词汇量猛增,出现词语爆炸现象,而且电报句的使用非常频繁。电报句也叫双词句,指由两个单词组成的句子,听起来像发电报时的省略句一样。例如,"妈妈抱抱""爸爸班班""狗狗汪汪"等。在词汇掌握方面,有研究者发现,儿童在1~1.5岁,每月大概能学8个新词,而在1.5~2岁,突然出现词汇量的爆发性增长,每天能学会9个新词。这些都为婴儿进入下一个口语萌芽阶段做好了充足的准备。

(三)口语萌芽阶段(2~3岁)

2~3岁是婴儿口语发展的早期阶段,与上一阶段比较,他们在掌握语音和词汇方面有了明显的进步,而且能够逐步正确地运用语法,说出的句子越来越长,开始逐步用语言来表达自己的想法和情感。儿童学习简单口语的最佳时期是2~4岁。儿童从2岁开始,逐渐出现比较完整的句子,完整句的数量和比例随着年龄的增长而增长,见表8-3。完整句可分为简单句和复合句,由此,可将口语萌芽阶段进一步分为以下两个阶段。

表8-3 学前儿童不完整句与完整句的比例　　　　　　　　单位:%

年龄/岁	不完整句	完整句	年龄/岁	不完整句	完整句
2	36.22	63.78	4	6.76	93.24
2.5	35.08	64.92	5	5.26	94.74
3	7.08	92.92	6	1.61	98.39
3.5	5.73	94.27			

(资料来源:陈帼眉.学前心理学[M].北京:北京师范大学出版社,2015)

1. 简单句发展阶段(2~2.5岁)

随着婴儿在上一阶段词汇的大量积累和电报句的熟练应用,他们逐渐开始出现完整的简单句,并且能够使用简单句与成人进行交流。简单句指句法结构完整的句子,主要有以下几种语法类型:主谓结构,如"宝宝睡觉";谓宾结构,如"找妈妈";主谓宾结构,如"宝宝坐车"和主谓双宾结构,如"妈妈给我糖"。从2岁开始,婴儿的简单句逐渐增加和发展,但是成人在理解婴儿的语言时还需要借助具体的情境和婴儿的表情和动作。

2. 复合句发生阶段(2.5~3岁)

复合句是指由两个或两个以上的有意义关联的简单句组成的句子。婴儿在此阶段开始出现复合句,句子明显变长,大部分句子已有6~10个字。但婴儿复合句的结构松散,不会使用连词,只是简单句意义上的结合,如"外面下雨了,不出去玩"。复合句发展需要具备两个条件:第一,掌握足够的词汇,特别是连接词。第二,逻辑思维的发展。因此,在这个阶段,婴儿还是以简单句为主,只是出现了复合句的萌芽。

(四)基本掌握口语阶段(3~6岁)

随着儿童言语器官和神经系统的不断成熟,加上成人有意识的言语教育,儿童的言语水平不断发展,到6岁时基本可以掌握本民族的口头语言,能够与他人自由交流。在这一阶段,幼儿言语的发展主要是头口言语的发展,主要表现在语音、词汇、语法和口语表达等方面。

1. 语音的发展

3~4岁是幼儿语言发展的飞跃时期,也是培养儿童正确发音的关键期,在此时期幼儿很容易学会世界各民族语言的发音。3岁左右的儿童已经掌握本民族或本地区语言中最基本的语音,4岁的儿童能够掌握本民族或本地区语言的全部语音,并达到基本正确。在幼儿的发音中,韵母的正确率高于声母(表8-4),韵母中只有"o"和"e"容易混淆,幼儿容易将声母中的"g"发成"d",将"zh""ch"和"sh"分别发成"z""c"和"s"。一般来说,随着年龄的增加,幼儿的发音正确率会随之逐步提高。但是,幼儿的发音正确率还会受到其所处环境的影响,主要表现为:在不同的方言地区,幼儿的发音正确率明显不同;同一方言地区,城市和农村的幼儿发音正确率也存在较大差异。一般在4岁左右,幼儿的语音意识明显地发展起来,他们能够意识并自觉调节自己的发音,指出别人的发音错误,意识到同音字的不同意义等。

表8-4 3~6岁儿童语音发展的正确率   单位:%

发音	儿童	3岁	4岁	5岁	6岁
声母	城	66	97	96	97
	乡	59	74	75	74
韵母	城	66	100	99	97
	乡	67	85	87	95

(资料来源:周念丽.学前儿童发展心理学(修订版)[M].2版.上海:华东师范大学出版社,2006)

2. 词汇的发展

词汇的发展是儿童言语发展的重要标志之一,词汇量也是儿童智力发展的标志之一。我国许多学者对此做过大量研究,主要从词汇数量、词类和词义三方面来阐述幼儿词汇的发展特征。

(1)词汇数量的增加

3~6岁是人的一生中词汇量增长最快的阶段,词汇量随着年龄的增长而增加,6岁时大约增长到3岁时的4倍。词是语言的基本单位,词汇量的增加有助于儿童更加有效地表达思想和进行交流。

(2) 词类范围的扩大

词汇量只能从数量上说明儿童掌握词汇的水平,而词类范围则可以从某种程度上说明儿童词汇的质量。实词代表比较具体的事物,包括名词、动词和形容词等,虚词的意义比较抽象,包括介词、连词和助词等。在幼儿的词汇中,实词的数量比虚词的数量大得多,虚词只占很小的比例。首先,幼儿掌握词的类型不断增加。幼儿一般先掌握实词,沿着"名词—动词—形容词—数量词"的顺序发展,然后再掌握一些虚词。各类词汇在幼儿词汇量中的比例随着儿童年龄的发展而产生变化。其次,各类词汇的内容不断扩大。随着幼儿年龄的增长,生活范围不断扩大,他们掌握同一类型词汇的内容也在不断地扩展,其发展的趋势是:从掌握与日常生活有关的词逐步发展到与日常生活距离较远的词,从具体的词到抽象性和概括性较高的词。

(3) 对词义的理解逐渐准确和深化

在词汇量不断增加、词类范围不断扩大的同时,幼儿所掌握的每一个词的含义也逐渐准确和深化。儿童最初掌握一个单词时,对它的理解往往不确切,主要表现在两个方面:第一,词义的过度泛化,指儿童用相对特殊的单词指代范围更广的事物的倾向。例如,将"猫"过度泛化,理解为一切有毛、4条腿的小动物,不仅用于指猫,而且用于指狗和老虎等。第二,词义的过度窄化,指儿童用一般化的单词指代较小范围的事物的趋势。例如,对于"妈妈"这个词,有的幼儿认为只有自己的妈妈才是"妈妈",或者"妈妈"必须是年轻的,如果头发白了就不是"妈妈"而是"奶奶"了。

幼儿对词的理解水平,随着自身的心理发展水平尤其是思维发展水平的提高而不断提高。他们逐渐克服词义的过度泛化和过度窄化,对词的理解更加准确。除此之外,幼儿不仅能够掌握词的一种意义,还能掌握词的多种意义;不仅能理解词的表面意义,还能理解词的转义;不仅能理解具体意义的词,还能理解一些抽象的词。

童真童趣

教室里,岩岩吃完午饭来盛汤。

凯丽老师:岩岩,你今天吃饭吃得好棒哦!

岩岩:那当然啦,我想吃敬酒,不想吃罚酒。

凯丽老师:哈哈,那罚酒是什么味道呢?

岩岩:罚酒就是吃了倒霉了呀。

凯丽老师:那敬酒呢?

岩岩:敬酒就是开心呀!

3. 语法的发展

语法是由一系列语法单位和有限的语法规则构成的,是语言最为抽象的基础性系统。儿童对语言的掌握,在很大程度上是指掌握了一种语言的语法。虽然由于儿童学习语言的主客观条件不同,他们语法系统的发展会表现出不同程度的差异,但是从大体上来看,儿童对语法结构的掌握呈现出基本相同的发展趋势和特点。

(1) 句子从结构松散到逐步严谨

儿童最初使用的单双词句只是一种简单的堆砌,并没有体现出一定的语法规则。幼儿最初说出的句子不仅简单,而且结构松散,常常漏掉句子成分或成分排列不当。例如,当幼儿想吃蛋糕时指着蛋糕跟妈妈说"妈妈蛋糕"来表达自己想吃蛋糕的意图,这个句子中缺乏"吃"这样的动词。当然,随着幼儿年龄的增长,他们说出的句子会越来越严谨和完整。

(2) 从不完整到逐步完整

儿童最初使用的句子是不完整的。2岁之前,儿童主要使用不完整句,包括单词句和电报句。6岁左右,儿童使用的句子绝大多数是完整句,占所有句子的98%以上。完整句可分为简单句和复合句、陈述句和非陈述句、无修饰句和修饰句。儿童的句子从不完整到逐步完整的发展趋势具体体现如下。

① 从简单句到复合句。3岁的幼儿虽然出现了一些复合句,但绝大部分还是简单句。随着年龄的增长,复合句所占的比例逐渐增加,但总体看来,幼儿主要还是使用简单句,见表8-5。

表8-5 幼儿简单句和复合句的比例　　　　　　　　　　　　　　单位:%

年龄/岁	简单句	复合句	年龄/岁	简单句	复合句
3	96.2	3.8	5	87.5	12.5
4	88.5	11.5	6	80.9	19.1

(资料来源:张永红.学前儿童发展心理学[M].2版.北京:高等教育出版社,2014)

② 从陈述句到非陈述句。儿童最初掌握的是陈述句,如"爸爸去上班了"。在学前期,陈述句一直是使用最多的句型,占全部语句的2/3左右。但是,随着年龄的增长,幼儿的疑问句、否定句和祈使句等其他句型也逐渐发展起来。

③ 从无修饰句到修饰句。儿童最初使用的句子是无修饰语的,如"姐姐走了""宝宝吃饭"等。朱曼殊等人的研究发现,2.5岁的儿童开始使用简单的数量修饰语,如"1个苹果"。3岁的儿童开始出现复杂的修饰语,如"我的爸爸"。3~3.5岁是复杂修饰语句的数量增长最快的时期。从4岁起,修饰句开始占优势。6岁时,修饰句比例已经达到90%以上。

(3) 句子的长度不断增加

随着年龄的增长,儿童使用的句子长度不断增加,也就是说句子的含词量逐渐增加。儿童经历了从单词句到双词句,到简单句,再到复合句的过程,期间使用的句子长度逐渐增加。有研究表明,3~4岁的幼儿使用的句子多数含4~6个词,4~6岁幼儿的句子多数含7~10个词,其中5~6岁的幼儿同时出现不少于11~16个词的句子。

(4) 语法意识的出现

幼儿掌握语法结构,主要通过在日常交流中对成人言语行为的模仿进行。从4岁开始,幼儿的语法意识开始明显出现,主要表现为幼儿对于语法结构产生疑问,逐渐能够发现他人言语中的语法错误等。他们不是根据语法知识来发现错误的,而是感觉有些话听起来不顺耳。

4. 口头言语表达能力的发展

幼儿在掌握了一定的语音、词汇和语法知识之后,还需要学习如何在具体的生活情境中加以运用,这就体现在幼儿的口头言语(简称口语)表达能力上。这一能力在学前期逐渐发展,具体表现在以下方面。

(1) 对话言语的发展和独白言语的发生

口语可分为对话言语和独白言语。对话言语是在两人及两人以上之间进行的谈话,而独白则是一个人独自的讲述。儿童的语言最初是对话形式的,只有在和成人一起交往互动中才能进行,往往用于表达简单的要求或回答成人的问题等。3岁之后,幼儿的对话言语进一步发展,不仅能够提出简单的问题和要求,而且能与成人商量和讨论一件事情,或者提出指示等。随着幼儿独立性的发展,幼儿需要独立地表达自己的思想和情感。独白言语发生在幼儿初期,此时的发展水平很低。3~4岁的幼儿能主动讲述自己看到的事情,但羞于在集体面前讲话。4~5岁的幼儿能独立地讲故事。5~6岁的幼儿不仅能系统地、清晰地讲述发生的事情,有些甚至能讲述得自然流畅、有声有色。

(2) 情境性言语的发展和连贯性言语的发生

情境性言语指说话者言语表达不够完整和连贯,往往需要借助手势和表情来辅助自己的表达,而倾听者也只有结合具体的情境才能理解说话者所表达的内容的一种言语形式。连贯性言语指说话者说出的句子完整,前后连贯,能够反映完整而详细的内容,倾听者仅从言语本身就能理解说话者所表达的思想的一种言语形式。3岁之前儿童的言语主要是情境性言语,对儿童单词句和电报句的理解都不能离开具体情境。3~4岁的幼儿说话时仍带有情境性。6~7岁的幼儿已经能够完整连贯地叙述。范存仁等(1962)的调查发现:随着年龄增长,情境性言语的比重逐渐下降,连贯性言语的比重逐渐上升,见表8-6。

表8-6 幼儿情境性语言和连贯性语言的百分比 单位:%

年龄/岁	情境性语言	连贯性语言	年龄/岁	情境性语言	连贯性语言
4	66.5	33.5	6	51	49
5	60.5	39.5	7	42	58

(资料来源:陈帼眉.学前心理学[M].北京:北京师范大学出版社,2015)

(3) 讲述逻辑性逐渐提高

史慧中等的研究(1986)发现,3~4岁的幼儿常常讲述不清楚,往往是现象的简单罗列,表现为主题思想不够明确,层次不清。随着年龄的增长,幼儿口头表达的逻辑性不断提高,主要表现为讲述的内容与主题紧密相关,而且层次比较清晰。

(4) 逐渐掌握言语表达技巧

随着儿童的成长,他们不仅能够清晰且有条理地表达自己的思想,而且学会使用一些言语表达的技巧,如通过适时地运用声音的高低起伏和快慢变化等语气和声调的变化,使自己的言语形式更加生动形象、自己思想的传递更加有效。再如,儿童在讲述时结合面部和身体表情的变化,使表情成为无声的言语,能够极好地吸引和感染听者。

> **实践应用**
>
> 亲自收集0~6岁任何一个年龄的儿童的言语材料,可以用录音、录像、纸笔记录等形式,或者在互联网上搜索相关视频,然后在班级里分享这些资料,共同讨论分析儿童的言语发展特点。

二、早期阅读能力的发展

早期阅读指儿童凭借色彩、图像和成人的言语以及文字来理解以图画为主的读物的活动。事实上,儿童在识字之前已经可以阅读,这种阅读不同于成人真正意义上的阅读。幼儿阅读的材料主要是图画而非文字,他们可以自己翻阅图画书,也可以在成人的陪伴和帮助下阅读。以图画书作为主要的阅读材料,儿童的早期阅读能力的发展大体经历了3个阶段。

1. 分析阶段

由于生活经验的不足和理解能力的限制,儿童对图画书的理解往往是单个的、局部的。他们对图画书内容的表达往往处在"给事物命名阶段",即说出"这个是什么,那个是什么"。

2. 综合阶段

这个阶段的儿童,开始能够把图画上的内容用自己的语言组织后表达出来。他们表达的内容不再是给事物命名,而是能够表达图画中事物之间的联系,并且表达开始带有情境性。但他们的表达还不连贯,还不足以把图画中的内容准确迅速地表达出来。

3. 分析综合阶段

儿童阅读图画书时开始能够完整地理解图画的内容,能够把看到图画的和说出的内容统一起来,即能够准确而迅速地将所理解的图画内容用言语表达出来。此时的表达不仅具有情境性,而且具有连贯性。

资料卡片

什么是图画书

图画书是用图画与文字共同叙述一个完整的故事,是图文并茂的。当然,也存在一个字也没有的无字书。图画书要用画面来说话,它非常强调画面的连贯性,通常被规定在32页或40页以内。所以,每一本图画书的作者就相当于一位电影导演,必须在有限的篇幅内把一个故事讲得既清晰又有趣。一本好的图画书,即使孩子不识字,仅仅通过"读"图画,也能了解大概意思。图画书的结构包括封面、环衬、扉页、正文和封底等。拿起一本图画书,首先映入我们眼帘的就是封面,它通常蕴含着故事中最关键的要素。环衬是封面与书芯之间的一张衬纸,通常一半粘在封面的背后,一半是活动的,因其以两页相连环的形式出现,所以叫作环衬。书前的一张叫前环衬,书后的一张叫后环衬。扉页又叫主书名页,位于前环衬和书芯之间,上面一般写着图画书的书名、作者及出版信息等。正文是图画书的主体,既包括文字,也包括图画。封底,是图画书的底封,是封面、书脊的延展、补充和强调。封底和封面紧密关联,互相帮衬,互相补充,缺一不可。

(资料来源:彭懿.世界图画书阅读与经典[M].南宁:接力出版社,2011)

第三节 学前儿童言语能力的培养

一、学前儿童言语培养的原则

1. 顺应儿童自然天性的原则

卢梭曾经说过:"大自然希望儿童在成人之前就要像儿童的样子。如果我们打乱了这个次序,我们就会造成一些早熟的果实,它们长得既不丰满也不甜美,而且很快就会腐烂。就是说,我们将造就一些年纪轻轻的博士和老态龙钟的儿童。"他认为教育应该遵循自然,顺应孩子的天性,应该让孩子自由地成长。对于儿童言语能力的培养,也需要遵循儿童言语发展的阶段和特征,循序渐进地对儿童进行引导,而非拔苗助长。例如,对于1岁左右的儿童,父母可以购买一些图卡,教孩子认识一些动物或者日常生活用品,先从输入信息开始,逐渐地带领孩子学习发音、说话等(图8-3)。

图8-3 教孩子认识动物

2. 尊重儿童兴趣的原则

每个儿童生活的背景不同,自身的性格特点和身心的发展水平也各异,这些造就了每个儿童不同的兴趣爱好。兴趣是孩子最好的老师。成人在培养儿童的言语能力时,需要结合儿童自身的兴趣特征,尽量使其在自己喜爱的活动中得到锻炼和提高。例如,为了提高幼儿的阅读能力,成人会提供多种多样的图画书供其阅读。在购买图画书时可适当结合儿童的性别特点,如男孩子喜欢运动、探索和打仗类型的,女孩子喜欢美丽的公主类型的,提供儿童感兴趣的读物,这样会收到事半功倍的效果。

3. 赏识儿童言语发展的原则

卢梭曾经说过:"要尊重儿童,不要急于对他做出或好或坏的评判。"在现实生活中,成人往往从自己的角度去对待儿童,把儿童看作"小大人",以成人的思维去评判儿童的言语行为,而忘记去欣赏儿童的天真烂漫。经常会听到成人指责儿童的声音:"你这样讲是错误的,跟着我再说一遍……"大人培养孩子的心情太过迫切,总觉得孩子学得太慢,反而失去了欣赏和称赞孩子的能力。成人应该学会赏识儿童的言语表达,欣赏他们小脑瓜中迸发出的奇妙世界。

二、学前儿童口语表达能力的培养

人际交往能力是21世纪人才必须具备的能力,而口语表达能力是拥有良好人际交往能力的前提。学前教育作为人生发展的开端教育,应该着重培养儿童的口语表达能力,使儿童敢说、愿说和会说。

(一)创设适宜的语言环境,调动幼儿表达的积极性

《幼儿园教育指导纲要》指出:语言能力是在运用的过程中发展起来的,发展幼儿语言的关键是创设一个能使他们想说、敢说、喜欢说、有机会说并能得到积极应答的环境。创设幼儿语言发展环境的具体措施有以下几种。

1. 创设多彩的空间语言环境,让幼儿能时刻感知语言

语言感知是语言表达的前提,因此,应首先培养幼儿的语言感知能力。空间语言环境主要包括走廊和班级两大环境。例如,在幼儿园的公共走廊里,可以进行"走进童话世界"和"走进成语世界"的主题规划,时刻刺激幼儿的感官,激发他们口语表达的兴趣。在班级里面,教师可根据幼儿的特点,创设独特的语言区角,给幼儿提供自主交流的空间。如教师可以在语言区投放不同的图片,供幼儿进行表达能力和创编能力的训练。

2. 创设丰富的活动环境,让幼儿在真实的语言环境中发展语言能力

一切语言活动的学习,都应得到相应环境的支持,真实的语言环境对培养幼儿的口语表达能力尤为重要。教师可以利用身边的自然环境,为幼儿提供表达的机会。例如,教师可以将幼儿带到大自然中,并引导他们去观察草木山水和鸟语花香,让幼儿描述自己所看到的景象。在这样真实而生动的大自然中,幼儿自然会更具有表达欲望。除此之外,教师还可通过社会实践活动环境的创设,促进幼儿口语表达能力的发展。如带着幼儿去敬老院慰问孤寡老人的社会实践活动,不但可以塑造儿童良好的品德,同时也促进了儿童的交际沟通能力。

3. 创设全方位的语言渗透环境,让幼儿在各种领域教学中都能发展语言能力

除了专门的语言教学外,在其他领域的教学中也应注重与语言活动的结合,尽可能将幼儿语言的发展任务渗透到一日生活的每个环节。例如,在午餐前可开展专门培养幼儿表达能力的午餐介绍活动,午睡前可开展训练幼儿倾听能力的睡前故事活动。在组织幼儿进行体育游戏时,可将幼儿喜欢的儿歌与游戏结合起来,培养幼儿良好的语言节奏感。在绘画课上,教师可以为幼儿多提供讨论和分享作品的机会,不仅可以提高其口语表达能力,还能让幼儿充分感受创作的成就感和满足感。

(二)联系幼儿的实际生活,激发幼儿的表达兴趣

幼儿一般对自己熟悉和常见的事物容易产生兴趣。因此,在语言教育活动中,教师抛出的主题应贴近幼儿的生活经验,幼儿才会有话可讲。例如,一位教师在一次谈话课上以

"我爱爸爸妈妈"为主题,要求每位幼儿带来一张全家福,并围绕着全家福讲述自己和爸爸妈妈之间的故事。在幼儿分享完全家福的故事后,这位教师趁热打铁,请幼儿讲述几件爸爸妈妈为自己做过的印象深刻的事情。围绕着这个熟悉的主题,幼儿充满兴趣,兴致勃勃地参与到讨论和分享中来。

✦ 案例放送

我 的 家 庭

教师:爸爸妈妈怎么做你才感觉到他们是爱你的?

幼儿1:我不想起床,妈妈会陪我一会,然后我们一起起床。

幼儿2:以前爸爸特别忙,从没时间陪我,现在每周能有一天陪我了。

幼儿3:爸爸妈妈亲我的时候。

教师:爸爸妈妈做什么,会让你觉得他们不爱你?

幼儿4:爸爸妈妈拿"家法"出来的时候。

幼儿5:我难过得哭的时候,他们不安慰我,还留我一个人在屋子里。

幼儿6:我睡觉时把手放在爸爸身上,爸爸把我推到妈妈那边。

教师:你最担心、害怕的事情是什么?

幼儿7:我最害怕的是爸爸妈妈生气,我必须听他们的,为什么小孩就得听大人的?

幼儿8:我害怕妈妈把我扔到外面去,就是推到门外面。

幼儿9:我最担心的就是爸爸妈妈把我关在"黑屋"里。但是他们把我关进"黑屋"还是有一定道理的,大部分的时候还是我太淘气了,不过现在关得越来越少了。

(资料来源:胡华.父母——影响儿童学习与发展的重要他人[J].幼儿教育,2015(6):10-13)

(三)尊重幼儿的口语表达方式,鼓励幼儿创造性地运用语言

幼儿在口语表达能力上存在个体差异。教师应坚持尊重的原则,当幼儿的表达不太完整或词不达意时,不要轻易打断和否定幼儿的表达,导致其挫败感的产生。在尊重的基础上,教师应鼓励幼儿创造性地使用语言。例如,教师鼓励幼儿仿编或续编故事情节,向同伴分享自己创编的故事。教师还可鼓励幼儿根据自己听到的或创编的故事进行表演,在整个过程中尊重幼儿对故事的理解和演绎。这种创编表演不仅能激发幼儿的创造力,还能提高幼儿口语表达的能力。

(四)开展丰富的游戏活动,发展幼儿的口语表达能力

游戏是幼儿的主要活动,也是幼儿的主要学习方式。因此,教师可将发展幼儿口语表达能力的任务融入幼儿的游戏中来。其中,角色游戏在发展幼儿语言能力上具有很大的优势。在角色游戏中,幼儿可以通过不断地更换角色,练习不同人物说话的内容和语气。而且角色游戏的氛围活泼轻松,幼儿在这种活动中无拘无束,更容易自如地表达。例如,有一个小朋友胆子很小,平常说话声音很低,好像是从鼻孔钻出来的。在一次角色游戏中,他扮演爸爸的角色,当"老师"过来家访时,这位"爸爸"非常响亮而清晰地请老师坐下,

说道"水还没有开,请稍等一下",俨然一副大人的模样。

三、学前儿童早期阅读能力的培养

早期阅读活动是儿童借助图片或文字与他人交流的过程,一般采取有声阅读的方式。早期阅读对于儿童的全面发展和今后的学业成绩具有积极的影响。艾登·钱伯斯在《打造儿童阅读环境》中提到:阅读经历所代表的不仅仅是我们曾经阅读过哪些书,它多姿多彩地呈现了当时的阅读心情,也造就了今日的自我……对于学前儿童而言,4~5岁以非主动阅读为主;5~6岁处于主动阅读与非主动阅读相结合的时期。因此,成人应依据儿童阅读兴趣和能力的大小提供相应的指导,促进其阅读能力的发展。

(一)幼儿园方面

《纲要》指出:培养幼儿对生活中常见的简单标记和文字符号的兴趣。利用图书、绘本和其他多种形式,引发幼儿对书籍、阅读和书写的兴趣,培养前阅读和前书写技能。幼儿教师在培养儿童的阅读能力时应注意以下几方面。

1. 根据儿童的年龄特点,选择适宜的阅读材料

为儿童提供阅读材料时,应注重图画和文字的有机结合。国内外各类优秀的绘本就是不错的选择,儿童绘本一般具有图文并茂、色彩鲜明、语言生动有趣、朗朗上口等特点,深受儿童喜爱。对于3岁之前的婴儿,教师可提供一些适合婴儿年龄阶段的图片和具有简单和重复的故事情节的绘本,孩子会不厌其烦地翻看或央求教师讲同一个故事。对于3~4岁的幼儿,教师应该选择内容有趣、情节简单、形象突出、画面清晰的绘本故事和儿歌。对于5~6岁的幼儿,阅读材料的范围可延伸至中外经典童话故事和古体诗等,选择时应注重材料的多样化和文体的多样性。

2. 根据儿童的言语能力,提供正确的指导方法

在开展儿童早期阅读时,教师应结合儿童的言语发展水平,给予恰当有效的指导。3~4岁的小班幼儿发音器官尚未发育成熟,主要通过倾听和模仿成人发音,获得有关语言方面的知识。因此,教师在讲故事时应发音正确、口齿清晰,给孩子树立好的榜样。同时,教师也应教育小班幼儿学会安静地倾听同伴讲话,不随便插嘴。4~5岁的中班幼儿的发音器官已经成熟,4岁时语音意识明显发展起来。在开展早期有声阅读中,教师应注意给幼儿示范清晰吐字的习惯,采用抑扬顿挫的语气和丰富生动的面部表情和姿态表情,激发幼儿对阅读的兴趣,引导幼儿逐步做到大声、清楚和沉着镇定地表达。5~6岁的大班幼儿已掌握一定的识字量,教师需要将有声阅读(非主动阅读)与无声阅读(主动阅读)相结合,在阅读过程中进一步丰富幼儿的词汇量。

3. 营造浓郁的阅读氛围,开展丰富的读书活动

教师可以每周定期安排幼儿去图书馆借阅图书,还可以在各自的教室里创设一个阅读区,向幼儿收集各种无声和有声读物,定期组织幼儿开展阅读,帮助其养成良好的阅读习惯。为最大限度地达到图书共享的目的,教师还可以在班级之间进行图书传递活动。在具体开展阅读活动中,教师应注意形式的丰富多样性,如让幼儿进行故事续编活动、玩故事接龙、说相反词、把故事改编为歌谣和引导幼儿围绕自己感兴趣的话题制作图画书等。此外,在幼儿园中可以设计"阅读橱窗"的平台,定期将每个班开展的读书活动展示出来,激发师生共读的热情。

案例放送

一位老师接手每一届孩子,都从小班开始坚持给他们讲故事。孩子睡觉前讲,睡醒后讲,新书来了及时讲,孩子发出邀请后马上讲……有的老师就问她:"这么用心投入地讲故事,你们班的孩子和其他班的孩子有什么不一样?"

在一次主题活动"勇敢的我"进行中,她和孩子们就"勇敢"这个话题进行讨论。孩子们说,"勇敢,就像小黑鱼一样,遇到危险的敌人,想办法吓跑它(《小黑鱼》)";"小兔子皮科很勇敢,有时候躲过敌人,有时候敌人发发火又走开了,最后还能聪明地打败它们(《小机灵鬼皮科的故事》)";"勇敢,就像小老鼠一样,明明害怕一个人睡觉,但是还自己睡着了,以后就不怕了(《小老鼠的漫长一夜》)";"勇敢,还像三个强盗,知道自己的错误就改正了,变成了三个好人(《三个强盗》)"……在故事阅读中遇见的那些动物和人物形象,已经渐渐走进了孩子们的心里,在漫长又精妙的理解和内化过程中逐渐成为孩子成长中的精神食粮和学习榜样。

(资料来源:陆小涛.绘本阅读在教育生活中的"课程形态"[J].学前教育,2015(4):36-38)

> **实践应用**
>
> 挑选一本适合学前儿童的绘本故事,写出一份简单的教案,准备教学材料,把全班同学当作"幼儿"开展一节阅读分享课,条件允许的情况下可在实习幼儿园进行,效果更佳。

(二)家庭方面

《3~6岁儿童学习与发展指南》指出,成人应"为幼儿提供丰富、适宜的低幼材料,经常和幼儿一起看图书,讲故事"。儿童心理学家吴念阳曾提出一个观点"给孩子买100本书,不如陪孩子读一本书",这一观念掷地有声,给广大家长带来深深的思考。家长也许会毫不吝啬地给孩子买大堆的书籍,但却不能或不愿抽出时间陪孩子读一本书。其实,亲子共读对孩子的身心发展具有重要意义。亲子阅读不仅可以塑造良好的亲子关系,培养孩子的积极情绪,而且能够提高孩子的阅读能力和口语表达能力,培养孩子的阅读兴趣。因此,在家庭中,父母应该多抽出时间与孩子一起阅读,给孩子讲绘本故事或者听孩子讲简单的故事,营造家庭的阅读氛围。

资料卡片

亲子阅读

松居直是日本著名的图画书阅读的推广者,他认为图画书不是让孩子自己读的书,而是大人读给孩子听的书。他在《幸福的种子》中写道:"孩子的人生经验还很有限,自己看图画书很难了解故事的内容,充其量只是跟着文字读而已。相反,大人拥有丰富的人生体验和读书经验,在阅读时能充分体会作者的心情和思想,并通过文字想象故事所描绘的世界,甚至对某些内容产生共鸣,深受感动。能这么深入了解图画书的人,如果满怀爱心地念书给孩子听,必定能将文字转化成生动、温暖的话语,并让这些话语传入孩子的耳中和心中,即读的人把自身的内涵与图画书结为一体,将书中的真谛和自己的感受传达给孩子。这种言语的体验和心灵的沟通,是幼儿自己看书时无法体验的。因此,由大人读图画书给孩子听,对孩子的心理和智能的成长非常重要……"

美国学者爱伦·汉德勒·斯皮茨也非常赞同亲子阅读,他在《走进图画书》中说:"出声地朗读图画书,不论是对于大人还是幼小的听者们来说,都是一种非常有益的行为……在亲密相偎一起阅读图画书的同时,大人和孩子一起迈入想象的空间。大人越过了自己与孩子相隔的岁月,越过了孩子与日常生活的界限,借助艺术的翅膀,给日常生活带来更多的现实感。"亲子阅读能为大人和孩子提供一段短暂而幸福的时光。

(资料来源:彭懿.世界图画书阅读与经典[M].南宁:接力出版社,2011)

考题链接

一、单项选择题

1. 1.5~2岁的儿童使用的句子主要是(　　)。
   A. 单词句　　B. 电报句　　C. 完整句　　D. 复合句

2. 从词性上说,幼儿对(　　)掌握最早。
   A. 名词　　B. 动词　　C. 形容词　　D. 副词

3. 儿童学习简单口语的最佳期是(　　)。
   A. 1~2岁　　B. 2~4岁　　C. 4~5岁　　D. 5~6岁

4. 幼儿阶段开始出现书面言语的发展,其书面言语发展的重点是(　　)。
   A. 识字　　B. 写字　　C. 阅读　　D. 写作

5. 对待幼儿出声的自言自语,成人正确的处理方式为(　　)。
   A. 发展为对话言语　　　　B. 发展为真正的外部言语
   C. 任其自然发展　　　　　D. 发展为真正的内部言语

6. 语言能力是在(　　)的过程中发展起来的,发展幼儿语言的关键是创设一个能使他们想说、敢说、喜欢说、有机会说并能得到积极应答的环境。
   A. 一日生活　　B. 交往　　C. 活动　　D. 运用

7. 学会安静地听同伴说话,不随便插嘴是对(　　)年龄段的要求。
   A. 小小班　　B. 小班　　C. 中班　　D. 大班

8. 婴儿最初掌握语音是通过(　　)学会的。
   A. 辨音　　B. 自发　　C. 强化　　D. 模仿

9. 下列各项表述,(　　)不表现幼儿语音意识的产生。
   A. 对自己和别人的发音感兴趣,并意识到自己发音弱
   B. 能比较稳定、正确地叫爸爸
   C. 评价他人的发音,追求自己发音准确
   D. 意识到同音字的不同意义

二、简答题
1. 简要说明幼儿掌握语音的特点和难点。
2. 结合学前儿童词汇发展的特点和规律,谈谈如何促进儿童词汇的发展。

三、论述题
联系实际谈谈幼儿口语培养中应注意的问题。

四、材料分析题
基尼是美国加利福尼亚州的一个小女孩。她母亲双目失明,丧失了哺育孩子的基本能力;父亲讨厌她,虐待她。基尼自婴儿期起就几乎没听到过说话,更不用说有人教她说话了。除了哥哥匆匆地、沉默地给她送些食物外,可以说,基尼生活在一间被完全隔离的小房子里。她严重营养不良,胳臂和腿都不能伸直,不知道如何咀嚼,安静得令人害怕,没有明显的喜怒表情。基尼3岁被人发现后,被送到了医院。最初几个月,基尼的智商得分只相当于1岁正常儿童。多方面的重视使她受到了特殊的精心照顾。尽管如此,直到13岁,她都没有学会人类语言的语法规则,不能进行最基本的语言交流。据调查分析,基尼的缺陷不是天生的。

请阅读上述材料,回答以下问题。
(1) 小基尼的缺陷说明了什么?
(2) 小基尼在人们的精心教育下,仍不能学会人类语言的语法规则,这说明了什么影响的作用?

第九章
学前儿童的意志

本章导航

```
                    意志概述
                  • 意志的特征
                  • 意志行动
                  • 意志与认识、动机和情感
                    的关系
                          ↑
  学前儿童意志的发展                    学前儿童意志力的培养
• 学前儿童意志行动的萌芽    ← 学前儿童的意志 →   • 培养幼儿意志力的途径
• 学前儿童意志的发展                     • 培养幼儿意志力的方法
• 影响学前儿童意志发展的
  因素
```

学习目标

（1）掌握意志的3个特征，理解意志与认识活动、动机和情感的关系。

（2）了解学前儿童意志活动在目的性、坚持性和自制能力三方面的发展状况。

（3）基本掌握培养学前儿童良好意志品质的几种方法。

第一节 意志概述

✦ 案例放送

尼克·胡哲 生命的奇迹

尼克·胡哲(Nick Vujicic)出生于1982年12月4日,刚出生时陪产的父亲看到他的模样忍不住跑到产房外呕吐。原来尼克一生下来就没有双臂和双腿,仅仅在左侧臀部以下的位置有一个带着两个脚趾头的小"脚"。他的母亲也无法接受这一残酷的事实,直到尼克4个月大才敢抱他。

但是,尼克的父母并没有放弃对儿子的培养,而是希望他能像个普通人一样生活和学习。父亲在尼克6岁时开始教他用两个脚趾头打字,母亲发明特殊塑料装置帮助他拿起笔。双亲一直鼓励他学会直面困难,战胜困难,他也逐渐交到了朋友。直到13岁那年,尼克看到一篇刊登在报纸上的文章,介绍一名残疾人自强不息、给自己设定一系列伟大目标并完成的故事。他受到启发,决定把帮助他人作为人生目标。

通过家人和自己的艰辛努力,他成为著名残疾人励志演讲家,到过超过35个国家和地区进行演讲,鼓舞了一批又一批的人,并创办了"生命不设限"组织(图9-1)。现今他拥有深爱他的妻子,并在2013年有了一个健康的宝宝,一家人幸福地生活在一起。尼克的事迹感动和鼓舞了许许多多人,虽然只是个别案例,却足以说明意志在一个人生命发展过程中是多么重要。

图9-1 尼克·胡哲

(资料来源:尼克·胡哲.上帝背着我[EB/OL].http://www.lz13.cn/lizhirenwu/6786.html)

意志是意识的能动方面,是指个体根据明确的目的,有意识地调节自己的行动使之符合自身或社会的要求,并且在此过程中克服困难的心理过程。明确的行动目的,有意识地调节行为和克服困难是意志活动的3个基本特征。个体根据对客观事物的认识,首先在头脑中确定行动的目的,然后根据这个目的来支配自己的行动,并力求实现此目的,这种心理活动就是意志。由此可见,个体对客观世界的反映并非是消极被动的,它实际是人类主观能动性的部分体现。人类在认识世界和改造世界的需要中产生意志,并随着认识的不断深入和更有效地改造世界使得意志本身也获得发展。

一、意志的特征

(一)明确的目的

意志是人类特有的高级心理机能。动物作为自然界的一部分,它们以自身的活动来适应周围环境,尽管动物在其活动中也改变了环境,但它们在自然界中并没有留下意志的痕迹。例如,非洲大草原每年都会有动物的大规模迁徙,许多动物(如角马)要经历长途跋涉才能到达目的地。整个过程充满了威胁（如水源短缺、天敌袭击等），但它们的行动只是本能地对自然环境的被动适应。人类则不同，人们依靠自觉的活动来适应和改造自然，在劳动过程中试图最大化地利用自然界为人类服务，从而达到人与自然的和谐共存。因此，意志不同于其他心理活动的重要区别在于，个体在意志活动中始终保持着清醒的意识，有着明确的行为目的。

（二）意识调节行动

人的各种运动分为随意运动和不随意运动。随意运动又称为有意运动，它是意志的基本组成部分。例如，伸手去拿起身边的一本书，在这个过程中身体就根据明确的行为目的，调动相关器官的功能（如用眼睛注视书本的位置，通过手部骨骼和肌肉的屈伸够到物体等）去完成行动。不随意运动，也叫无意运动，是指由事物变化直接引起的肌肉运动，是一种被动的运动。它是天生就会的，是无条件反射活动。例如，在寒冷的环境中，人们因为衣服单薄开始不自觉地瑟瑟发抖。有意运动是在无意运动的基础上产生的。意志表现为人的意识对行动的自觉调节和控制，无论是在行动之前清楚地意识到自己行动的目的，还是拟订行动计划，抑或选择行动方式方法与步骤，均是由意识支配的。从严格意义上讲，意志行动是一种随意运动。

（三）克服困难

克服困难是意志行动的较为突出的特征，是判断人的活动是否为意志行动的重要标准。正是因为实现预定目的的过程中可能遭遇种种困难，意志的作用才能够更好地体现出来。人的诸多活动中，有些并没有明显困难而言，如闲时聊天、观花赏鱼、饭后散步等，所以一般不认为它们是意志行动。只有那些与克服困难相联系的行动，才能体现意志行动的重要特征。物质条件的匮乏、消极情绪、信心不足、性格胆怯、技巧不足、生理心理上的疲劳等均有可能构成人类行动的障碍。正是在克服各种障碍的过程中才能体现人的意志水平。例如，为完成别人交代的任务而努力拼搏、为了在某项比赛中获得荣誉而辛苦训练等。所以，一个人的意志水平往往可以用困难的性质和克服困难的努力程度加以衡量。

二、意志行动

意志行动的基本阶段是指意志对行为的积极能动的调节过程，它有发生、发展和完成的过程。意志行动的过程分为两个阶段：确定决定阶段，包括动机斗争和确定行动的目的。执行决定阶段，包括行动方法、策略选择和克服困难以实现已经做出的决定。

一般而言，意志是通过行动表现出来的。但对成人而言，由于诸多原因导致意志过程比较深刻，很少直接外露。可学前儿童由于生理发育和整个心理活动发展还处在一个较低的水平上，他们的意志过程往往表现为直接外露的意志行动，意志内化的水平很低。因此，本章第二节中涉及的学前儿童的意志发展，只能说是在有意动作的基础上发展起来的意志行动，或者是意志的萌芽。

三、意志与认识、动机和情感的关系

(一) 意志与认识的关系

1. 认识活动是意志行动的基础

意志的一个主要特征是个体具有自觉的目的性。人的行动目的来自于对客观现实的认识,但目的的提出并非随意为之。尽管人的目的是很抽象、很主观的,但它却是来源于客观现实,是人过去或现在对客观现实的认识活动的产物,必须受现实条件和客观规律的制约。人只有在充分认识了客观世界的规律、了解自身的需要和客观现实的关系之后,才能提出和确定合理的目的,这些目的才有可能最终得以实现。但在为了实现目的的意志过程中,人往往会遇到种种困难。如何及时调整自己的心理(如情绪、态度等)和行为去克服这些困难,以创造更有利的实现目的的条件就需要个体学会审时度势。例如,头脑清醒地分析已有条件的利弊并对其进行选择和利用,回顾以往累积起来的可利用的成功经验,设想固定行为可能带来的结果,拟订具体而完整的行动方案等。上述步骤均需涉及感知、想象、记忆、思维等认识活动。由此看来,离开了认识活动,意志行动就无从谈起。

2. 意志行动反作用于认识活动

人对不断变革的客观世界的认识,其本身就是变革的一部分。一切变革现实的实践活动都是意志活动,需要克服各种困难。没有意志,人的认识活动就不可能全面而深刻。例如,"学奕"的故事,两个学下棋的人,一个为了学到真本领专心致志,自觉地排除外界一切干扰埋头专研象棋的精髓,另一个却三心二意,一边学奕一边想着会不会突然有天鹅从头顶飞过,好拿弓箭去射它们。尽管故事中没有明确地提到两位学奕者的其他差异,如智力、学习动机等,但可以推理他们外部条件是基本相同的,如教授本领的教师和学习的环境等。同样的条件学习效果有如此明显的差别,其根本原因还是在于前者意志坚定,后者意志薄弱。

(二) 意志与动机的关系

意志行动是有目的和方向性的活动过程,在决定意志行动的方向时,由于同一时间内个体的多种需要不能同时得到满足,而且需要与需要间也可能存在矛盾,所以在该阶段往往存在着动机冲突。按照德国著名心理学家勒温(Lewin.K.)的理论,可以从形式上把动机分为以下4类:①双趋冲突,即个体同时并存两种能满足需要的目标,两者具有同等强大的吸引力,但又不能同时达到,只能选择其中一个,由此产生的矛盾心理状态就被称为双驱冲突;②双避冲突,和双趋冲突不同,双避冲突是一个人同时遇到两个具有威胁性的而又力图躲避的目标,而个体又不得不接受其中一种,此时个体必须"两害相权取其轻",这导致了个体的心理状态处于困扰的境地;③趋避冲突,这是指一个人对同一目标同时产生两种动机,一方面希望接近,另一方面又不得不回避,例如,学生想多参加文娱活动锻炼自己能力,又害怕此举耽误时间影响学习成绩;④多重趋避冲突,在现实生活中,一个人面对两个或两个以上的目标,而每个目标又分别具有趋避两方面的作用,这种对几个目标同时兼具好恶的复杂矛盾心理状态就被称为多重趋避冲突。

在多种动机冲突中,由于各种动机对人的意志行动驱动程度不同,一般由实际发挥作用的、强度较大的优势动机决定意志行动。

(三)意志与情感的关系

1. 情感可以驱动意志

正面积极的情感可以促进人的意志行动,正所谓"爱之愈切,行之愈坚"。雷锋的钉子精神恰好说明了这样的关系。雷锋工作后,整天驾驶汽车东奔西跑,很难抽出时间学习,雷锋就把书装在挎包里,随时带在身边,只要车一停,没有其他工作,就坐在驾驶室里看书。他在日记中写下这样一段话:"有些人说工作忙,没时间学习,我认为问题不在工作忙,而在于你愿不愿意学习,会不会挤时间。要学习的时间是有的,问题是我们善不善于挤,愿不愿意钻。一块好好的木板,上面一个眼也没有,但钉子为什么能钉进去呢?这就是靠压力硬挤进去的。由此看来,钉子有两个长处:一个是挤劲,一个是钻劲。对学习的热爱也使得我们要发扬这种'钉子'精神,善于挤和钻。"对事物产生积极强烈的情感,就会使人对之执着,做到锲而不舍。由此可见,情感可以有效地驱动个体意志行动。

2. 意志能够调节情感

意志不是被动地受情感影响,它也能反过来调节情感。坚定的意志可以控制消极情感的不利影响,使之服从于理智。例如,爱国英雄林则徐脾气急躁,遇事容易冲动发怒,为了避免怒火影响正确的判断,从而导致对大局的不利,他在自己房间里写上"制怒"二字,每当要发火,看见这两个字迫使自己冷静下来。鲁迅先生从小认真学习,少年时,在江南水师学堂读书,第一学期成绩优异,学校奖给他一枚金质奖章,他立即拿到南京鼓楼街头卖掉,然后买了几本书,又买了一串红辣椒,每当晚上寒冷时,夜读难耐,他便摘下一颗辣椒,放在嘴里嚼着,直辣得额头冒汗,他就用这种办法驱寒坚持读书,由丁苦读,后来终于成为我国著名的文学家。

综上,意志行动和认识活动、动机及情感都有着相互补充、相互促进、密不可分的关系。在阐述学前儿童意志力发展及具体的意志行动行为表现时,均需要把学前儿童的认识活动、动机以及情感联合起来理解,不可割裂开来。

第二节 学前儿童意志的发展

一、学前儿童意志行动的萌芽

✦ **案例放送**

哞哞画圆的故事

三岁半的哞哞喜欢绘画,平时愿意在白纸上用各种颜色的笔涂涂画画,但最近妈妈发现他的热情似乎在慢慢消减。原来哞哞画圆时总是画不圆,尝试过很多次就是不能成功。

细心的妈妈察觉到孩子有了意志力萌芽,就给哞哞讲了世界著名画家达·芬奇小时候学画画的故事,并用达·芬奇画鸡蛋的方法调动他画圆的积极性,使他画出了许许多多较圆的圆形。妈妈不但亲了他,还在家人面前夸赞他,同时用商量的口吻给孩子提出增强毅力的方法,要求孩子更加努力。孩子在亲切友好的氛围中很乐意地接受了父母的要求。由于他能够持之以恒地练习绘画,水平得到了很大的提高,在一次幼儿园组织的绘画比赛中取得第一名,被誉为"小画家"。

新生儿没有意志行动,只有本能的无条件反射行为。4个月左右婴儿的行为有了比较原始的有意性,但此时行动的有意性并不是很强烈,很容易受到外界环境的干扰而停止活动。8个月左右婴儿的活动可能指向某个活动目标,并且在各种尝试的过程中努力排除障碍以达到一定的目标,尽管这种行为目标并非一开始就确定好或始终能保持一致。这个时候,婴儿动作的有意性发展出现了质变,即出现了意志行动的萌芽。

二、学前儿童意志的发展

进入1岁以后,幼儿开始表现出比较明显的意志行动。他们为了达到预期的目标,开始在行动过程中不停地探索和尝试新方法,通过"试误"逐一排除前进过程中的困难和障碍。例如,此时的幼儿在街上玻璃窗外看到喜欢的玩具,想拿又拿不到,他们会拉扯成人衣服,或去拉成人的手,意思是请成人帮他做这件事。但该阶段中儿童行为的目的性还比较原始。2~3岁幼儿的行动有一定的目的性,但仍旧带有极强的冲动性,往往不考虑后果,确定目标后就不假思索地立马行动,并且受外界环境影响很大。他们常常想做什么就做什么,而在行动过程中容易被其他事情吸引而放弃刚才在做的事情。并且,由于缺乏计划,在完成任务的过程中总是会遇到很多困难,意志稍微薄弱点的孩子很容易放弃手上的事情,注意力转移到其他事物上,难以有始有终地完成一件事情。

3~5岁幼儿的意志行动较为成熟,此时他们的行动不仅有了非常明确的目的,而且还能在开始前先计划一番,从积累的经验中寻找最有效最符合的促使目标达成的方法。例如,在搭积木时,幼儿首先会考虑积木最终搭成的样子,然后选择相应的积木块,在目标的指引下一步步地走向成功。5~6岁幼儿在意志行动中不仅有明确的目的,还能根据个人的兴趣和能力水平自定目标和任务,在合作游戏中还可以根据任务要求分配角色,让参与活动的几个小伙伴共同完成游戏任务。若碰到同伴在某方面因能力较弱导致进展缓慢的情况,他们还会主动上前帮忙。以上特点均显示他们在该阶段行动的目的性非常强。

为了方便理解,现将学前儿童意志发展的几个重要趋势归纳如下。

(一)目的性逐渐增强

意志的目的性指个体对行动目的和行动意义有清晰明确的认识,并能随时控制自己的行动,使之符合正确的目的的一种意志品质。缺乏目的性的人可能有两种极端表现:一是容易受到别人暗示。这种人缺乏独立性,没有自己的主见,容易不假思索地接受别人的观点,人云亦云;二是专断独行,这类人无视客观实际和有益的意见,听不进别人的劝告,固执己见,一意孤行。由此可见行动的目的性对学前儿童意志发展是非常重要的。幼儿期意志的目的性有如下特点。

(1)缺乏明确的目的。幼儿初期的儿童在活动中往往缺乏明确的目的,例如,在教室里晃来晃去不知道应该做点什么,即便开始行动也不假思索,没有一个清晰的目的。所以他们的行为往往是没有条理的,很容易受到外界的影响而停止或改变方向。3岁左右的幼儿做错了事,大人若质问他们为什么要这样做,他们会表现一脸茫然,这不是因为他们已经意识到自己的错误,恰恰相反,由于他们在行动之前根本就没有什么目的,缺乏计划,也无法富有预见性地判断某一行为可能带来的最终结果。因此,对处于该时期的幼儿,成人提出具体、明确的要求对他们的行动有相当重要的作用。这就需要成人在给幼儿讲解时使用具体的动作和言语示范。

(2)实践经验的累积能帮助幼儿逐渐学会预判行动结果。在幼儿中期,随着经验的不断丰富以及成人的教育,幼儿能逐渐意识到自己的行动可能会带来哪些有利的结果或造成哪些糟糕的后果。这是意志发展上巨大的进步,因为这让幼儿懂得在行动前就预先确定目的。最初是在成人的帮助下,后来他们开始尝试独立地预想行动结果。例如,在绘画、游戏和手工活动中已能自定主题,选择行动方法,只是他们所提出的目的还不够明确,在相当大的程度上还要依赖成人的耐心指导。

(3)到了幼儿末期,幼儿已经能够提出比较明确的行动目的。知道自己想要什么不想要什么,用哪些方式可以达到目的等。在一些熟悉的活动中,他们已经能够并擅长确定行动任务和行动计划。如在角色扮演游戏中,几个幼儿可以通过商量的方式在确定目标任务等方面达成共识,然后一起为完成任务付出各自的努力。

从年龄上看,幼儿期是意志行动目的性形成并快速发展的时期。此时的幼儿受暗示性强,这种特点在幼儿初期表现尤其突出。他们在活动中,行动目的的确定很大程度上还要依赖成人的帮助,因此教师在组织活动时,既要考虑到幼儿心理的这些特点,给幼儿提供及时合理的帮助。同时还应正确引导,注意培养幼儿意志的独立性,防止他们过分依赖成人。

(二)坚持性逐渐发展

坚持性指个体在较长时间内自觉连续地按已有目的去行动。往往能在幼儿坚持地完成某件事情中看到其意志的自觉性、目的性和自制性的发展状况。

幼儿早期,在成人指导和集体活动的要求下,幼儿的坚持性相较于婴儿期有所提高,能逐渐在感兴趣的活动中坚持行动,按时按量地完成被交代的任务。到了幼儿中、晚期,儿童逐渐能自觉地坚持行动,达到预定目的。此时,幼儿在行动中还会在意活动细节,他们会想一些活动的方法,使得自己能更加顺利地坚持行动。儿童因为责任感、义务感等高级情感的驱动坚持完成任务则一般出现在幼儿晚期。

一个有关幼儿动作坚持性方面的经典实验是由苏联教育家马努依连柯进行的,实验要求3～7岁的幼儿在空手的情况下保持哨兵持枪的姿势。5个实验要求相同,均要求幼儿维持主试示范的动作,但实验条件受到了控制,各不相同。

实验一:在实验室内,不告诉幼儿动作的名称,只需他们维持主试示范的动作,对幼儿逐个进行。

实验二：地点换在幼儿园的活动室进行，活动室里有许多小朋友在玩耍，增加了分心因素，其他条件和实验一相同。

实验三：以游戏方式对幼儿提出要求。幼儿扮演工人，坐在桌旁包装糖果，哨兵则在旁边为保护工厂而站岗。该项实验使幼儿感觉不是在完成成人交代的任务，而是在游戏中担任哨兵的角色。

实验四：要求幼儿在实验三实施的游戏中担任角色。告诉幼儿让大家看看他是否能持久地维持哨兵的姿势，但全程没有让他加入游戏。

实验五：让被试幼儿在离开集体的地方（大门外）担任哨兵的角色。

马努依连柯用上述实验来观察幼儿在不同限定的条件下维持哨兵站岗的时间有多长，并把年龄因素考虑在内。结果表明，无论在哪一种条件下，幼儿有意保持特定姿势（即坚持性）的时间都是随着年龄的增长而增长，见表9-1。

表9-1 幼儿在不同条件下有意保持姿势的时间

年龄组	实验一	实验二	实验三	实验四	实验五
3～4岁	18″	12″	—	—	—
4～5岁	2′15″	41″	4′17″	24″	26″
5～6岁	5′12″	2′55″	9′55″	2′27″	6′35″
6～7岁	12′	11′	12′	12′	12′

注：′表示分钟，″表示秒钟，—表示缺失相关数据。

此外，实验结果表明：幼儿活动的坚持性与活动的性质有关系。以游戏方式出现的活动，幼儿坚持性将显著地增长。如在实验三中，以游戏方式提出如下要求：保持右臂弯肘，左臂下垂的持枪姿势。4～5岁的幼儿能平均维持4分17秒，5～6岁的幼儿能维持9分55秒，6～7岁的幼儿则足足维持了12分钟。尤其是4～6岁的儿童因为游戏方式使得维持时间大大增长，该数据足以说明幼儿感兴趣的游戏能有效地促进幼儿活动的坚持性。而6～7岁幼儿在每种实验条件下平均都能维持12分钟，这也能说明处于该年龄阶段的幼儿已经具备较强的意志坚持性，在各种活动中都能发挥意志控制作用，可以做到根据他人指令较长时间地进行活动。

各种研究材料表明，儿童在3岁左右开始出现了坚持性，但此时坚持性的发展仍处于较低水平。在某些特定条件下虽然能开始有意识地坚持行动，但行为过程仍然不能完全受行动目的的支配，经常表现出来的是他们时常违背成人的语言指示，难以使自己的行动服从于预定的目的，坚持时间也较短，如果再遇到一些困难，或任务本身比较单调枯燥，他们会很快失去坚持完成任务的愿望和行动。

韩进之和李季湄等人对幼儿坚持性的研究都证明了4～5岁是幼儿坚持性发生明显质变的年龄，这点在"哨兵姿势"实验中已得到充分的证实。3岁幼儿在各种实验条件下变化不大，其坚持性都较低；在幼儿坚持性的波动方面，4～5岁幼儿的波动性最大，呈现出极大的不稳定。因此可以得出结论：4～5岁是幼儿意志行动坚持性发展的关键年龄，成人应该重视对此年龄阶段幼儿意志坚持性的培养。

（三）自制能力逐步发展

自制性指个体在意志行动过程中主动地抑制和制止那些干扰性因素，通过对自己的心理活动和行为进行调节和控制，使行为符合既定的目的，保持行为的有效性。自制性是意志发展的重要方面，它贯穿于意志行动的整个过程。

自制力是幼儿期活动发展的一种重要意志品质，它与年龄有很大的相关。年龄较小的幼儿在日常生活中经常会面临需要自制但又不能自制的矛盾冲突。大约从 2 岁开始，随着认知能力的提高，幼儿自制力也逐渐发展起来。但 4 岁前的幼儿自制力依旧较弱，控制水平依旧处于较低层次。只有到五六岁，幼儿才具备一定的自制力。这时的幼儿能够在没有外界监控的情况下服从父母的要求，也能够根据他们的要求暂时缓解自己的行为，或根据自己的动机来调节行为等。例如，5 岁半的天天很想下午和妈妈一起去外婆家，但妈妈要求出发之前他必须认真地把还没有画完的画完成，此时如果天天能够控制自己静下心来画画，并坚持把画完成，那么他就要自我控制。

资料卡片

延迟满足实验

实验者发给 4 岁被试儿童每人一颗好吃的软糖，同时告诉孩子们：如果马上吃，只能吃一颗；如果等 20 分钟后再吃，就能吃两颗。有的孩子急不可待，把糖马上吃掉了；而另一些孩子则耐住性子、闭上眼睛或头枕双臂做睡觉状，也有的孩子用自言自语或唱歌来转移注意消磨时光以克制自己的欲望，从而获得了更丰厚的报酬。在美味的软糖面前，任何孩子都将经受考验。

研究人员在十几年以后再考察当年那些孩子现在的表现，结果发现，那些能够为获得更多的软糖而等待得更久的孩子要比那些缺乏耐心的孩子更容易获得成功，他们的学习成绩要相对好一些。在后来的几十年的跟踪观察中，发现有耐心的孩子在事业上的表现也较为出色。也就是说延迟满足能力越强，越容易取得成功。

（资料来源：延迟满足实验[EB/OL]．互动百科，http://www.baike.com/wiki/延迟满足实验）

许多研究都表明，年龄是早期自我控制能力最显著的预测因素。克莱门（Kremon）在一项长达 20 多年的追踪研究中发现，3～4 岁时幼儿所测得的自我控制水平与 15～20 年后所测水平有着极为显著的相关，且男孩的相关高于女孩，具有更大的预测性。这一现象可能表明男性的自我控制发展受到内源性因素（如气质）的影响较大，而女孩受外源性因素（如环境）的影响更大。从性别差异方面来看，5～6 岁女孩的控制力比男孩强，这可能是女孩心理成熟水平比男孩早的缘故。总体而言，整个幼儿期幼儿的自控能力水平都不高。

自我控制能力对幼儿的发展具有重要意义。那些具有较高自控能力的幼儿一般具有较高的成就动机。另外，自控能力的缺乏还是注意缺陷多动障碍（ADHD，多动症）出现的主要原因之一。多动症主要表现为：注意力不集中和注意时间短暂、活动过度和冲动，也常伴随适应不良、学习困难和品性障碍，这将明显影响幼儿的学业和生活。

当然，幼儿的自我控制需要有一个适宜的"度"，过高和过低都不利于幼儿身心发展。自我控制过低，常常表现为容易分心，无法延迟满足，容易冲动，攻击性强；自我控制过强，又会导致幼儿的需要和情绪表达出现很强的抑制性，这类幼儿平时很少在家里和班级里惹麻烦，但容易被成人和同伴忽视，容易间接导致幼儿出现焦虑、抑郁等心理问题。最适宜的自我控制用一句话概括就是"管得住，放得开"，幼儿能随环境的变化调整自控的程度，具有很强的灵活性。

童真童趣

教室里晨阳想要小便，但是厕所间门被关上了，有人正在使用（晨阳平时做事情很慢，喜欢憋尿，一般他要小便就必须立刻去）。

凯丽老师：晨阳，我带你去中四班小便好不好？

晨阳（一脸大义凛然地看着我）：老师，我能控制得住！

三、影响学前儿童意志发展的因素

学前儿童意志的发展受到众多因素的影响。这些因素不是孤立地起作用，而是相互影响、相互制约的。在儿童生长的不同时期，各种因素对儿童动作和意志行动发展发挥着不同的作用。

（一）遗传因素

儿童身体发展是以遗传素质为基础的。动作是神经系统支配的骨骼、肌肉系统的活动，也与呼吸系统有关，因此，动作的发展与整个身体的发展有十分密切的关系。当确定行动目的后，幼儿就需要依靠一系列动作来达到目的，从这个层面上说，动作的熟练程度决定了意志行动目的完成的质量。研究资料表明，在体格发育上，遗传因素占有相当大的比例。例如，身高的增长方面遗传因素为63%，遗传因素的作用在胸围增长方面占64%。不同性别儿童动作能力发展的关系，在一定程度上也是遗传决定的，例如，男孩在大肌肉协调动作方面比女孩强些，如抛接球、上下楼梯等，男孩一般要胜过女孩；而在小肌肉协调方面，女孩则比男孩强些，如单脚跳跃和手部的精细动作，女孩往往比男孩更为熟练。

此外，体形也在相当程度上与遗传有关，而体形又影响动作和运动能力的发展。例如，体形肥胖的儿童，动作的灵活性就不如普通儿童。

由遗传因素导致的幼儿动作不灵敏，会增加他们完成预期目的的难度，也可能会导致他们在意志行动中遇到困难就失去信心，止步不前。例如，由遗传导致的下肢过短会影响到幼儿的赛跑速度，手指过短则不利于弹钢琴等。

（二）成熟因素

儿童意志行动的发展受生理成熟的影响是显而易见的。例如，在婴幼儿期，当婴儿在生理方面还没有成熟到会坐的时候，成人强行教他学坐是无效的，这也不利于他身体的发育。

幼儿的动作发展是存在关键期的，例如，婴儿从5个手指一起抓东西的动作，渐渐发展到五指分工的动作,一般在3~4个月至4~7个月完成,如果这个时期成人加以指导或帮助,则完成得较早,也较为熟练。进一步说,幼儿最早学会的基本动作往往是简单的、个别的动作,以后,这些独立的简单的动作会被结合为基础动作,而基础动作又是各种复杂动作技巧的基础。如果幼儿最初形成错误的动作,其随后动作的发展将深受影响。例如,要求幼儿过早执笔写字,由于他们力量不足,此时如果缺乏正确指导,则极易使幼儿形成自发的错误执笔姿势,日后要改正过来是相当困难的。再如,中国是典型的东方文化国家,其中筷子文化深入到教育领域中,按理说灵活使用筷子是中国人的特长,但有些成人拿筷子的动作相当笨拙。这是由于从小缺乏正确的指导,家庭和幼儿园要注意教幼儿正确使用筷子。

笼统地讲,0~6岁是儿童动作发展的关键期,最初始的动作和基础性的动作都是在这个时期学会的,这与成熟因素有关。动作的熟练程度会在极大程度上影响意志行动的顺利完成,因此,成人需要十分重视婴幼儿动作发展的辅导。

(三)教育和练习

组成学前儿童意志行动的各种基础动作并非是自然成熟的,都要经历反复的练习。成熟只是提供了一种生理上的可能性。在成熟的时间范围内,练习起着十分重要的作用。许多人的某项运动能力终生处于初级阶段,未能发展到成熟阶段,缺乏练习机会是原因之一。

辅导孩子掌握各种动作需要一定的技术。婴幼儿动作的发展,主要依靠手把手地教,通过小步子的学习和练习,以及儿童不自觉的模仿,而不是靠课堂式的讲解。例如,有位母亲要训练自己的孩子用手指拿东西,她的孩子总是用手大把地抓握,看到这一情况后,这位妈妈开始向孩子表演用手指拿的动作,这样的示范却不见效。但是,当身边的专家把玩具轻轻地放在孩子的食指和大拇指中间,并引导他慢慢地用两只手指拿东西时,在短短几分钟内,孩子就不再大把抓了,他已经开始习得正确地用手指拿物品这一小肌肉动作。

(四)行动的动机

幼儿自身的积极性,是促进其动作发展,特别是意志行动发展的主要力量。

兴趣是激发活动动机的有效手段。当孩子在练习爬行或走路时,成人用诱人的玩具吸引他向玩具的方向爬去或走去,都是很有效果的。一项针对4~6岁的幼儿的研究表明,幼儿在运用玩具进行游戏时,由于兴趣性较强,其坚持性行为显著地高于兴趣性较弱的手工操作活动。

成人的态度对婴幼儿动作和意志行动的发展至关重要。幼儿自发地具有活动的需要,他们在探索活动中,获得各种成就感,进一步促进更深层次的探究行为。成人对孩子的尝试和探索,应当持鼓励的态度,过多的担心或责备,都会挫伤孩子的积极性。成人对待孩子最忌讳的态度便是嫌弃孩子动作笨拙、错误百出和成果不美观等。

增强幼儿在意志行动中的自信心,是发展孩子各种动作和意志行动强有力的内部力量。肯定和鼓励都可以增强孩子的自信。当孩子得到点滴进步时,成就感可以使他增加自信心,在活动失败时,更需要成人的鼓励和支持。有些家长当孩子摔倒稍有碰伤时,冷静地帮助他,告诉他如何对待,让孩子感到这是很正常的事,谁都可能遇到,这样孩子就会信心十足地继续练习,跑跑跳跳。如果成人对孩子的事情大包大揽,就会打击孩子的积极性,使他渐渐丧失活动的愿望,也丧失自信心。

第三节　学前儿童意志力的培养

✦ **案例放送**

天天学车的故事

天天的爸爸妈妈想让孩子学车,就特意在每天晚饭后带天天去附近的广场看别的孩子骑自行车。观看的次数多了,天天也逐渐被小朋友们骑车时的快乐气氛感染。有时天天跟着爸爸妈妈仅仅路过那儿,他也会目不转睛地盯着那些骑车的小朋友们看。有次逛商场的时候天天一直盯着自行车区,流露出心驰神往的神情。这一切都被爸爸妈妈看在眼里,暗暗窃喜方法奏效了。爸爸妈妈就鼓励天天,如果他学会骑车就给他买一辆新车,随后从朋友家借来一辆儿童车让他学。刚开始的时候很不容易,对平衡的把握不足总是让天天东倒西歪,也因此摔倒过许多次。但为了能买新车,天天克服了许多困难,在爸爸妈妈的帮助和自己的努力下终于学会了骑车。爸爸妈妈看到孩子进步后表扬了他,并买了辆新车给他,兑现了当初对孩子的承诺。

学前儿童的意志力在幼儿期开始萌芽和初步发展,从小就开始培养幼儿良好的意志品质,对其一生的发展都会产生重大而积极的影响。培养幼儿意志力的途径和方法有以下几种。

一、培养幼儿意志力的途径

(一)在教学活动中培养意志力

教师把古今中外意志坚强的人和事融入教学活动中,为幼儿树立一些积极正面的榜样,激发幼儿的敬意和学习这些伟大人物高贵意志品质的欲望。例如,在适当的时候为幼儿讲澳大利亚著名演讲家尼克·胡哲的励志故事,这位天生四肢残缺的勇士,敢于直面身体残障,并凭借超乎常人的意志力创造了生命的奇迹。此外,教师还可以选择一些主题鲜明、趣味性强、形象生动的优秀文学作品,如《小猫钓鱼》《做完事再玩》等,用这些艺术形象去感染幼儿,让幼儿在听故事、看图书的过程中明白做事需要专心致志,不能虎头蛇尾。成人无须刻意劝诫幼儿,优秀的故事和图书会对他们起到潜移默化的教育作用。此外,在其他教学活动中教师也应该利用活动的特点对幼儿的意志进行训练和培养。例如,在体育教学活动中,教师要求幼儿做有一定难度的动作,幼儿需要控制自己的兴趣和愿望,自觉地克服某些外部障碍和内心矛盾。这样不仅能提高幼儿学习的效果,还能培养幼儿良好的意志品质。

(二)在日常生活中培养意志力

培养幼儿的意志力,除了专门的教育活动外,一些融入日常生活的活动也起着重要的作用。首先,培养幼儿养成独立自主的生活习惯。鼓励幼儿自己的事情自己做,自己力所能及的事情尽量不找人代办,并一贯坚持下去。像洗脸、吃饭、刷牙、整理床铺、收拾玩具等事情,虽然看起来都是微不足道的小事,却提供给他们充分锻炼双手和大脑的机会,能够培养幼儿独立完成自己事情的能力和习惯,也增强了他们行为的坚持性。其次,应该鼓励幼儿帮助教师做一些他们能力所及的事情,如教师在擦洗桌椅的时候请幼儿帮着用小盆端接水、收拾桌面用具等,大部分孩子很愿意做这些小事。最后,教师应该巧妙引导幼儿做他们不愿做的事。例如,户外活动结束后,孩子回到班里把鞋子随意扔在门口就进屋里玩,教师可以跟孩子一起玩"给鞋子宝宝找家"的游戏,在游戏活动中让幼儿明白鞋子乱扔是一种不良的行为习惯,不仅破坏了老师的劳动成果,影响了班级的环境卫生,而且下次需要再穿的时候难以找到,应该试着去改变这种行为。

童真童趣

户外活动课,孩子们看见操场上有一个玩具。

凯丽老师:这是谁玩的玩具没有送回家?

孩子们都说不是自己玩的,是小班弟弟妹妹玩的。

子璇:不是我们玩的就不能收了吗?不是我们玩的,我们也可以收。

说完子璇将玩具送回家。

(三)在体育锻炼中培养意志力

积极参加各种锻炼活动,不仅可以增强幼儿体质,还能磨炼出坚强的意志力。如幼儿园组织或家庭策划的登山、徒步远足、野外露营,再如冬天的冷水浴、夏天的日光浴,以及幼儿园组织的各种常规体育活动(如每天坚持做早操、赤足训练)等都是培养幼儿意志力的良好途径。幼儿在这些活动中体验到身体的劳累与疲乏,感受到完成一件事并非轻而易举,而是需要为之付出艰辛的努力,最终锻炼了幼儿身心的耐受力和吃苦精神,培养了意志的自制力和坚韧性。

(四)在幼儿力所能及的劳动中培养意志力

劳动分为体力劳动和脑力劳动,体力劳动是培养幼儿意志力的重要途径。目前,比较流行的养育观念是过分注重和强化幼儿脑力劳动,忽视体力劳动的重要性。许多家长甚至从小就给幼儿灌输以下观念:体力劳动是下等人才做的事,体力劳动者为脑力劳动者打工。大多数情况下,幼儿在家里时父母包办了一切,去幼儿园后由专门的保育员打扫卫生,幼儿需要做的就是好好学习。其实,这种做法对幼儿的成长非常不利,是过分追求考试成绩、忽视幼儿多种能力和素质发展的结果。不让孩子参加体力劳动,容易使他们意志薄弱、生活自理能力差,养成贪图享乐等不良个性。培养幼儿的意志力,成人可以从一些细小的活动着手。例如,教师每周或每天分配给幼儿一些力所能及的体力劳动,帮助保育阿姨打扫活动室或饭桌、收拾床铺、擦洗玩教具等,这些做法会让他们产生一种对集体的责任感和荣誉感,感受到一种约束力,对那些怕脏、自制力差的孩子效果很明显。

(五) 在家园合作过程中培养意志力

意志力的培养,还需要幼儿园和家长的密切配合。教师利用家访、书信、家长开放日、家长会、每天与家长交接幼儿时的闲聊等形式与家长沟通,跟家长讲明培养幼儿意志力的重要意义和方法,争取家长的理解和支持,消除一些不必要的误会。良好的家园合作可以避免"5+2=0"(5+2=0 指由于学校和家庭教育理念不一致,导致学生在学校 5 天学到的知识和养成的良好习惯,在双休日回到家里后就全部被消除,所有由教育产生的效果清零,教育成了无用功)这种不利的教育局面。应统一思想,以保持家庭教育和幼儿园教育的一致性,形成一股培养幼儿意志力的强大合力。

> **实践应用**
> 结合本章所学知识,留意你生活中接触到的学前儿童,通过观察和访谈其父母和其他养护人,了解家长是如何培养这些孩子的意志品质的。做好相关记录,与老师、同学分享。

(六) 为幼儿树立良好的榜样

由于幼儿的具体形象思维占优势,且他们的模仿能力很强,成人的一言一行对他们的意志磨炼有强烈的暗示作用。因而成人要随时随地做好表率,为幼儿树立一个坚毅、顽强、自制和果断的榜样。

二、培养幼儿意志力的方法

1. 制定目标法

指导和帮助孩子制定短期和较长远的目标,使之有努力奋斗的方向。幼儿心中有了目标,就会为实现目标去努力,表现出应有的坚毅、顽强和勇气。

2. 独立活动法

尽可能让孩子独立活动,如让他自己穿衣、自己收拾玩具、自己完成作业等。幼儿在进行这些活动时,要克服外部困难和心理障碍,并在克服困难与障碍中锻炼意志。

3. 设置障碍法

成人有意识地给孩子设置一些障碍,为其创造条件去提高克服困难的本领。如让孩子参加一些对他来说兴趣不大或情绪上有点抵触的活动,不要怕孩子吃苦。此外,孩子不合理的欲望应该被抑制,这是为了培养幼儿的自制力。现今独生子女被父母视为掌上明珠,孩子所提出的要求家长都会尽量予以满足,但无止境的满足也容易导致孩子失去自制力而养成任性、自私的品质。

4. 表扬激励法

家长和老师要适时、适度地给予孩子肯定和赞许。期待的目光、温存的微笑、亲切的抚摸对孩子而言都是很好的鼓励。

5. 自我锻炼法

家长和老师经常启发孩子加强自我锻炼,而自我鼓励、自我禁止和自我命令就是孩子意志锻炼的好方法。

资料卡片

日本人如何锻炼孩子的坚强意志

在日本,无论学校、家庭还是社会都重视从小就培养幼儿的自主、自立的精神,这在日本的学校教育里更是体现得十分明显。在日本有一种特殊的"耐寒训练",学生冬天的校服和夏天一样,都是短裤短裙。即使光着小腿学生依旧要在操场上活跃,参加各种课间活动,而且他们并不怎么觉得冷。此外,每逢一年中的第一场雪,父母就会带着儿女在户外用冷水将身体淋湿,进行特定的冷水浴。

日本有一所学校为了培养孩子的意志力,给孩子吃"忆苦饭"。虽然孩子面对在当年艰苦岁月里大人们食用过的糠菜号啕大哭,拒食3天,但校方、老师、在场的父母毫不动摇,决不迁就。到了第4天,饥肠辘辘的孩子们终于咽下了这顿特别的饭菜,在幼小的心灵里留下了深刻的印象。

现如今日本教育界已经达成一种共识:他们让孩子们背着统一样式的书包、过马路排着整齐的队伍、冬季穿短裤短裙、雪中进行冷水浴……这些看上去是一件件小事,却对他们意志力的培养起到了潜移默化的作用。

(资料来源:锻炼孩子的坚强意志日本人有方法[EB/OL]. 宝宝带, http://yuer.ibabyzone.cn/zaojiao/xingge/14695.html)

考题链接

一、单项选择题

1. 以下不属于意志的基本特征是( )。
   A. 根据目的有意识地调整行动　　B. 克服困难
   C. 有明确的目的　　D. 强烈的个人主观色彩

2. 幼儿既因为虫牙而痛苦,又害怕去看牙医,这种动机冲突属于( )。
   A. 双趋冲突　　B. 回避冲突　　C. 趋避冲突　　D. 多重趋避冲突

3. ( )幼儿的行为有较强的冲动性,做事不考虑后果,且容易放弃正在从事的事情。
   A. 1~2岁　　B. 2~3岁　　C. 3~5岁　　D. 5~6岁

4. 苏联教育家马努依连柯的"哨兵持枪"实验说明了幼儿意志( )的发展特点。
   A. 果断性　　B. 目的性　　C. 坚持性　　D. 自制能力

5. 下列对于幼儿意志力培养的描述中正确的是( )。
   A. 教师应该经常批评幼儿做事情时三心二意,虎头蛇尾
   B. 幼儿应该以学习为主,无须去帮助成人做力所能及的事情

C. 幼儿意志力培养是幼儿园的事情,家人大可不必操心
D. 教师应该尽可能地利用常规体育活动来培养幼儿坚强的意志力

二、简答题

1. 简要说明幼儿意志行动动机的发展。
2. 简述培养和提高幼儿的意志行为的措施。

三、论述题

结合实例论述学前儿童意志发展的趋势。

四、材料分析题

思远已经5岁了,爸爸妈妈平时由于工作忙,把他送去给乡下的爷爷奶奶照顾一段时间。重新回到家后爸爸妈妈发现他身上有了些变化,比如总是要父母为他做这样做那样,自己的床铺也不再像以前那样起床后就自己动手整理,非要等到妈妈发现了后帮着他做。有次直接跟爸爸说想要一个曾经在商场里见到的直升机模型,那个模型价格不菲,爸爸起初没答应就不停地哭闹,甚至在地上打滚。爸爸的命令或要求统统都不管用,若采取暴力的方式,心中又有点舍不得,毕竟是"独苗",打在孩子身上,痛在自己心里。通过这些小事情,爸爸妈妈都觉得自己的话不怎么管用了,孩子越来越娇气,看到这趋势,两个大人都很头疼,不知拿孩子如何是好。

请阅读上述材料,回答以下问题。

(1) 从幼儿意志品质的分析角度入手,请你谈谈案例中思远存在哪些心理发展问题,都有哪些可能的原因。

(2) 如果你是思远的父母,你会采取哪些教育措施帮助孩子克服意志薄弱的毛病?

第三篇 社会化

第三篇 政 治

第十章
学前儿童的个性

本章导航

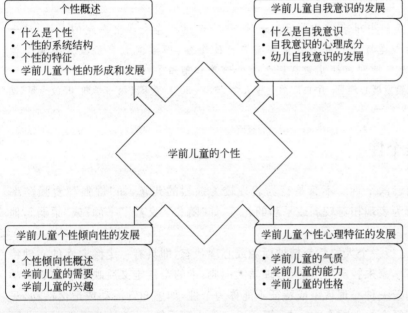

学习目标

(1) 理解个性的概念,了解个性的心理结构系统和特点。

(2) 理解自我意识的概念,了解自我意识的结构。

(3) 理解个性倾向性(需要、兴趣)的概念,了解个性倾向性各方面的类型。

(4) 理解个性心理特征(气质、能力、性格)的概念,了解个性心理特征各方面的类型。

(5) 掌握个性及其各结构系统的发展特点和规律,学习分析学前儿童个性心理各方面的发展状况。

第一节 个性概述

案例放送

琪琪性子很急,每次拿小人书,都是拿一大沓,翻得很快,即使新书也很快看完。他喜欢活动量大的活动,每次玩创造性游戏,总是玩打仗。他是全班扔沙包扔得最远的一个。琪琪还爱逗能。有一次全班小朋友正在排队,他突然跑出队伍,用力拉住正在转动的转椅。他上课时坐不住,随便站起来,或在椅子上乱动,常常发出叫声。即使老师对他有所示意,他仍然克制不住,而且对老师的提问常常没有听清楚就急着回答,因此常常答非所问。

案例分析:上述案例中琪琪的各种行为表现,说明琪琪已经表现出一定的个性,性子急便是其显著的个性心理特征。每个儿童都有自己的个性,而学前教育阶段是儿童个性形成的重要时期,成人要特别重视儿童良好个性的培养和塑造。

(资料来源:学前儿童发展心理学.中央广播电视大学 2010—2011 学年度第一学期"开放专科"期末考试.)

一、什么是个性

每个儿童都有自己的个性。不管是行为表现较为强烈的儿童,如"倔强""要强""率真"或"固执",还是行为表现相对较弱或平静的儿童,如"随和""文静""平静"或"柔弱",他们都是具有个性的人。

一般认为,个性是指一个人的整个精神面貌或心理状态,即具有一定倾向性的心理特征的总和。我国心理学家朱智贤主编的《心理学大词典》中的个性定义反映了多数心理学研究者的看法。人的某一种心理现象或特征不能称为个性,如感知觉活动或记忆活动,只有这些心理现象或特征有机地整合在一起,形成一定的心理系统,才能称为个性。

二、个性的系统结构

个性是复杂的、多方面、多层次的有机心理系统。一般而言,心理学研究者认为个性的心理系统包括自我意识、个性倾向性和个性心理特征。

自我意识是个性心理系统的自我调控系统,是个性形成和发展的前提和动力基础。它对个体心理和行为进行调节和控制,使人的活动具有目的性、自觉性、计划性和能动性。它主要包括自我认识、自我体验和自我调控。个性倾向性是个性心理系统中最活跃的要素,是个体进行活动的内在动力系统。个性倾向性制约个体对现实的态度,也决定个体认识活动的选择需要和发展方向。它主要包括需要、动机、兴趣、理想、信念、价值观、人生观和世界观等。个性心理特征是个性心理系统的特征系统。它是个体心理独特性的集中表现,是个人稳定的心理特点。它主要包括气质、能力、性格。

个性是一个有机整合的心理系统。每个个性系统之间不是孤立地存在的，而是有着复杂、密切的联系和影响。儿童自我意识的萌发，使得其认识活动受到个性倾向性的制约，表现出一定的需要、动机和兴趣。个性倾向性调节着个性心理特征的发展和形成，也影响着自我意识的调整。

三、个性的特征

个性作为个体区别于他人的心理品质，在于它具有整体性、独特性与共同性、稳定性与可塑性、生物性与社会性。

1. 个性的整体性

个性是由许多部分和结构组成的，但这并不意味着它是几种元素的简单总和，这些部分和结构是复杂地相互联系、相互制约而组成的整体。个性的整体性主要表现在两个方面。

首先，个性的整体性表现于个性的内在统一。一个人的内心、动机和行为之间，之所以呈现出和谐一致的状态，在于其有合理的自我意识，这就是内在统一。一旦失去或者内在同一水平很低，个体的行为就会在相互抵触、相互矛盾的支配下出现混乱，如"人格分裂""双重人格"和"多重人格"。其次，只有从整体的视角去认识，并和其他个性特征联系起来，才能认识个体特征并使其具有确定的意义。例如，关于"孤独"，不同的人有不同的表现。甲可能是怕羞、退缩，是懦弱的表现；乙可能是不愿意暴露真实的自己，是虚伪的表现。

2. 个性的独特性与共同性

每个人都是独特的个体，其个性都是由独立而不同的个性倾向性和个性心理特征组成的。世上没有完全一样的两片树叶，即使是同卵双生子，他们具有极其相似的遗传基础和品质，但在后天环境中诸多因素的影响下，同样会表现出各自的独特性，只要仔细观察，仍然能把两者区别开来。

对于个性独特性的强调，并不是就此排除个性的共同性。某一个群体的所有成员所共有的、典型的心理特点，指的就是个性的共同性。每个人在具有个性的独特性的同时，由于长期共处于一个自然和社会文化环境下进行学习、工作，就会形成一定的共同性，如共同的民族特点。

3. 个性的稳定性与可塑性

个性的稳定性指个体在不同时间、不同空间情境下，所呈现的心理倾向和心理特征的一致和统一。个体偶尔表现出来的心理倾向和特征，只是暂时的，并不能表现出一个人的个性。只有在不同时间、空间情境下，经常表现出来的、稳定一致的心理倾向和特征，才能称为一个人的个性。正是由于个性具有稳定性，才能在不同时间、空间情境，区分一个人与其他人，并预测这个人在该时空情境之下，会有怎样的心理行为表现。

个性具有稳定性，并不代表个体的个性是一成不变的，因为个性的稳定性是相对的，个性是稳定性与可塑性的统一。由于社会生活的复杂性，随着生活环境条件、教育条件的变化,生理的成熟,以及个人的自我调节和努力等,个性也很可能发生相应的变化,这就是个性的可塑性。正是因为个性在外界作用的影响下具有可塑性,才使得教育具有存在的意义。当然,个性的改变不是一蹴而就的,是在经历漫长的过程之后受到复杂的影响才能实现的。对于教育而言,需要学会"三分教,七分等"。

4. 个性的生物性与社会性

个性的形成和发展是生物性和社会性的统一。个性是在生物因素和社会因素的共同作用下形成和发展的。在自然的生理基础上,通过生活与教育的作用和学习,人的个性逐渐形成和发展起来。不能把影响个性的因素简单地归结于生物因素或者社会因素,也不能将两者等同而言。生理成熟是基础,为个性形成和发展提供基本可能,人类在漫长、复杂的社会生活中,个性逐渐形成和发展。社会因素对个性的形成和发展起决定性的作用。

四、学前儿童个性的形成和发展

个性不是与生俱来的,而是在生理成熟的基础上,在社会生活环境、教育和学习的共同作用下,逐渐形成和发展起来的,这需要经历一个漫长、复杂的形成和发展过程。

(一)学前儿童个性形成和发展的阶段

1. 先天气质差异(0~1岁)

婴儿从出生开始就表现出个体的差异,如啼哭的声音、吃奶的状态不同等,都是这种个体差异的具体表现。婴儿的这种个体差异,多是与生理联系紧密的气质差异。有关新生儿的研究表明,新生儿对个别刺激的行为反应是有差异的。例如,用金属盘触碰新生儿的大腿内侧,有的反应比较强烈,有的则没有什么反应,有的轻轻回缩大腿等。婴儿的这种先天气质差异,将会对父母的抚养方式造成影响,并在双方的日常互动中,使幼儿逐渐形成独特的个性特征。

2. 个性特征的萌芽(1~3岁)

该阶段,儿童的各种心理过程(想象、思维等)逐渐产生齐全,发展非常迅速,气质、性格、能力等个性心理特征也开始出现。3岁左右,在先天气质差异的基础上,以及与父母等成人的相互作用中,儿童产生了比较明显的个性特征差异,成人可以从儿童的日常行为举止中观察到这一特点。

3. 个性初步形成(3~6岁)

幼儿期,儿童心理活动的水平逐渐提高,特别是随着心理活动和行为出现有意性的发展,幼儿个性的整体性、稳定性、独特性、倾向性等各方面都有了迅速的发展。从而,标志着学前儿童个性的初步形成。

(二)学前儿童个性形成的标志

心理学研究认为,3~6岁是个性初步形成的时期,主要表现在以下几个方面。

1. 心理活动整体性的形成

3岁以前,儿童的各种心理活动逐渐发生,但却是零散、混乱的。婴儿的记忆还没有完全发展起来,所感知到的事物不能长久地保存在头脑中,前面的感知不能成为后面感知的稳固基础,其行为经常呈现出许多矛盾现象。如想哭就哭,想笑就笑,心理的自我调节能力还非常差。3～6岁,儿童的自我意识开始萌芽,调节、控制自我行为的能力逐步提升,感知觉、记忆、想象、意志、言语、思维等心理机能逐步发展。这个时候,学前儿童基本形成了一个完整的主观世界,能够按照既定的目的调控自己的行为,心理活动的整体性才日益表现出来。3～6岁儿童的心理活动开始具有系统、完整的特点。

2. 心理活动倾向性的形成

个性倾向性的形成是个性形成的一个重要标志,它决定着个体心理活动经常出现的特点,表明人的心理活动经常出现的方向。婴儿的活动动机缺乏内部联系或只有低级的联系,使得其心理活动表现得很零散,缺乏内部动机,只是为满足生理需要。当好玩的玩具出现时,他就表现出极其渴望获取的需要;当看到糖果时,就急需要来吃,等等。而当这些事物消失在视觉范围时,婴儿所表现出来的相应需要和动机也随之消失。3岁以后,儿童的各种活动动机逐步形成内部联系,需要、动机、兴趣等的内部联系逐渐复杂、增强,幼儿的心理活动形成了明显的倾向性。

3. 心理活动稳定性逐渐增强

个性是具有稳定性的,没有心理活动的稳定性,就不能组成个性整体。婴儿期,儿童的心理活动变化无常,但随着生理的成熟,儿童的心理活动逐步趋于稳定。儿童心理活动的稳定,包括注意、感知、观察和情绪等诸多方面。例如,婴儿期,注意是极其不稳定的,注意的持续时间非常短暂,但随着生理成熟和环境作用,注意的稳定性逐渐增强。幼儿期后,随着心理活动的各方面都趋于稳定,儿童逐渐具有一定倾向性的个性特征。

4. 心理活动独特性的发展

个性还具有独特性,儿童在出生时就开始具有气质特征上的个体差异,主要表现在睡眠、啼哭、吃奶等行为上,以及对各种刺激的反应中。婴儿期,儿童的心理活动水平还很低,其行为的个体差异主要受生理差异的影响,这种个体差异是非常局限的。随着心理活动的发展和水平的提高,这种个体差异也会越来越明显。进入幼儿期后,个性心理特征在各个方面的差异开始形成,这些个体差异将会影响儿童日后的成长和发展。

5. 心理活动积极能动性的发展

心理活动积极能动性的发展是个性形成的一个重要标志。心理活动的积极能动性,主要指的是个体对环境刺激的选择性反应,以及能动地改变外部和内心世界。婴儿早期的心理活动基本是被动的。随着心理活动的发展,特别是自我意识的形成和发展,进入幼儿期后,儿童的行为逐渐摆脱主要受外界刺激直接制约的被动状态。此时,儿童开始意识到自己以及自己与周围环境的关系,并有了自己的想法、兴趣爱好。就此,个性开始形成。

第二节　学前儿童自我意识的发展

✦ **案例放送**

男孩点点,两岁半,很可爱。以前,点点总是愿意被到家里做客的叔叔阿姨牵着抱着到处走,很乐意看着叔叔阿姨给他剥糖果,喂他吃……可是现在,点点总表现出不情愿的表情;以前总会把糖果塞到大人手上剥给他吃,现在却说:"我会,让我剥。"点点的爸爸妈妈也说,他很喜欢自顾自地做自己喜欢的事情,爱表达自己的意见,像个小大人似的,不过做事情还不是很协调,经常出洋相,比如把稀饭弄到自己身上,或者说话发错音。

案例分析:两三岁幼儿的自我意识开始萌芽。他们开始对自我和自我与周围环境的关系有所认识,在行为方式上,表现出一定的独立性,开始追求"自我"。但是在学前期,幼儿的自我意识发展水平还很低,会受到很多因素的影响,并呈现出不同的发展特点。

(资料来源:幼儿认知案例分析——自我意识[EB/OL].百度文库,http://wenku.baidu.com/view/d28927e19b89680203d82513.html)

一、什么是自我意识

自我意识指个体对自身内在的身心状态及其同客观世界关系的意识。在生活中,常听到"我是一个认真的人""我认为我有能力担任这个职务""我现在心情不好"……在自我意识过程中,自己既是认识者,也是被认识者。它主要包含3个层次:对自身及其状态的认识,即物质的自我;对自身外部行为动作及人际关系的认识,即社会的自我;对自己的思维、情感、意志等心理活动的认识,即精神的自我。

自我意识是个性的重要组成部分,是个性形成和发展的一个重要标志。自我意识整合了个性各个结构系统的关系,对个性的发展起到调节、推动的作用。个体产生了自我意识,也就有了认识自我和客观世界的条件和前提。个体意识到自我,才能自觉、自律,能动地去认识、改造自身与客观世界,不断地自我调控、完善,形成一个完整的个体。

二、自我意识的心理成分

一般认为,个体自我意识的心理成分主要表现为知、情、意3个方面。

(一)知——自我认知

自我认知是个体对自己各种身心状态,自己与他人、社会的关系的观察和理解。自我认知包括自我感觉、自我概念、自我观察、自我分析和自我评价等。例如,"我身体很强壮""我头脑冷静""我性格温和""我朋友很多"等。因此,可以看出自我认知主要回答的是"我是谁""我是怎样的人""我为什么是这样的一个人"等问题。自我认知是自我意识的首要成分,是自我体验和自我调控的基础。在自我认知中,自我分析是基于自我观察的一种对自我的反思。在对自我的反思中，人们常常会对自己的能力、品质、行为等进行社会价值的评估，便形成了自我评价。自我评价是自我认知最核心的部分，是自我意识发展水平的最主要标志。

（二）情——自我体验

自我体验是个体认识自我后对自己所表现的情绪情感和所持的态度。例如，"我成绩得优，我很高兴""朋友都很关心、包容我，我很知足"等，就是一种自我满足的情绪体验。因此，可以看出自我体验主要回答的是"我是否对自己满意""我能否接纳、认可自己"等问题。自我体验是自我意识的情感成分，是伴随着自我认知而产生的内心体验，它包括自尊、自信、自爱、自满、自我欣赏、自豪、自怜、自卑、自责、自惭等诸多的内容，其中自尊心和自信心是自我体验的主要内容。自尊心指个体通过社会比较所获得的有关自我价值的积极的评价与体验。自信心指个体对自己的能力能否适应和承担某种任务和现状而产生的评估和体验。自我体验的这两个方面和自我评价有着密切的关系。个体的自我评价越积极，对自己的肯定就越明显，自我体验越自信，那么自尊心就会得到强烈的满足；反之，则缺乏自尊心，自信不足，对自己的认识评价也是消极的、否定的。

（三）意——自我调控

自我调控是个体对自己的行为表现、心理活动、个性品质和态度的调节、控制。例如，"我要好好学习，天天向上""我应该尊老爱幼""我不该好吃懒做"等。因此，可以看出自我调控主要回答的是"我应该成为什么样的人""我怎么成为某种人""我如何改变自己"等问题。自我调控是自我意识的意志成分，直接作用于个体的行为和活动，是个体自我教育、自我发展的重要机制，并且集中体现了自我意识在认识自我、改造自我和自我与他人、社会相互关系时的主观能动性。自我调控主要包括自我检查、自我监督、自我控制等。例如，幼儿依照一定的情境，做出符合时宜的动作，是自我检查的体现；幼儿抗拒外部环境的诱惑和干扰，专心于正在进行的活动，是自我监督的体现。而幼儿用一些方法来调节、控制自己的消极情绪，继续和同伴完成游戏活动，便是自我控制的体现，这是一种个体对自己心理和行为的主动掌控。

自我认识、自我体验和自我调控，这3种自我意识的心理成分紧密联系、相互递进，共同作用于个体的心理和行为。个体只有对自身状态和自己与他人、社会的关系有了一定的认知评价，并产生了合理的情感体验，才能主观能动地指引和确定个体的行动方向，规划自己如何去行动。

童真童趣

珂：老师，我好可爱的，我生下来就这么可爱！

凯丽老师：哈哈，那你觉得你是小时候可爱还是现在可爱呢？

珂：我小时候现在都好可爱！

三、幼儿自我意识的发展

自我意识不是与生俱来的,它是个体在一定程度的心理和生理成熟基础上,逐步发生、发展起来的。众多心理研究表明,个体的自我意识开始于婴儿期,是以个体的动作发展为前提,与个体的语言发展相关联,并主要在与成人的交互活动中形成的。3岁左右,儿童对人称代词"我"的掌握标志着其基本的自我意识开始形成。3岁以后,儿童对自己心理活动的意识逐步发展起来,主要表现在自我评价、自我体验和自我调控3个方面。

资料卡片

婴幼儿自我意识的发生

婴幼儿自我意识的发生与形成主要有以下3个标志。

1. 物——我知觉分化

新生儿没有自我意识,甚至不知道自己身体的存在,他就像对待别的物体一样吸吮自己的手指、触摸自己的身体。当婴儿能感觉到自己与其他物体的区别时,就出现了物——我感觉分化,即婴儿出现了自我感觉。到1岁末,在物——我感觉分化的基础上,幼儿开始能将自己的动作和动作的对象区别开来,形成了对自己动作和动作对象、结果的分化知觉。例如,推球,球滚;拉扯床单,床单上的小猫吓跑了。以此进一步发展,幼儿出现了最初的随意性动作,开始意识到自己是行为动作的主体,幼儿出现了最初的相对于客观物体的自我意识。

2. 人——我知觉分化

婴儿在3个月的时候,开始会对他人微笑,这是一种最初的人际相互作用反应。6个月左右,婴儿已经能从镜子中认识父母的形象;七八个月时,婴儿开始关注镜子里的自我形象,到10个月左右出现与镜子中自我形象玩耍的现象;20个月左右,开始能区分同伴;到了2岁左右,幼儿基本能准确认识镜子中或照片上的自我形象。于此,幼儿出现了最初的相对于他人的自我意识(自我知觉)。

3. 有关自我的词的掌握

1岁以后,幼儿开始能将自己同表示自己的名字联系起来,当别人叫自己的名字时,幼儿知道是在叫自己。接着,幼儿开始学会使用自己的名字代表自己,同时发展起对自己身体部位和感觉的认识。2~3岁,幼儿开始能用"我的"作为自己的物主代词,来表示自己的身体和属于自己的物体,以及用"我"作为代表自己的人称代词,来表达自己的意思。掌握人称代词"我",表明儿童已经从把自己当作客体的人转变为主体的人来认识了,标志着自我意识的形成。

(资料来源:全国13所高等院校《社会心理学》编写组.社会心理学[M].天津:南开大学出版社,2008)

（一）幼儿自我评价的发展

1. 从主要依赖成人的评价到独立的自我评价

幼儿初期，儿童还未产生独立的自我评价。鉴于个人认知水平的局限和成人的权威，他们的自我评价主要依赖成人对自己的评价，他们对自己的评价只是简单地重复成人对其的评价。在幼儿园中，经常会出现这样的现象，幼儿对于"你是好孩子吗"的回答，通常会是"不是，因为老师说我总是不听话"或者"是，因为老师经常夸赞我"。到了幼儿后期，儿童开始产生独立的自我评价，儿童开始对成人的评价进行辨别，对不符合自己的评价，会提出反对或异议。

2. 从局部、表面的评价到全面、深入的评价

由于受到认知和情感发展水平较低的制约，幼儿的自我评价还比较笼统，更多根据自己某个方面的个别行为进行自我评价，且多是对外部行为进行评价。随着年龄的增长，到幼儿后期，儿童的自我评价才逐步向比较具体、全面、深入的方向发展。例如，还是关于"好孩子"问题的回答，4岁左右的幼儿一般会说"我不打人"；5岁左右，幼儿的回答稍微进一步，"我帮妈妈擦桌子、扫地"；6岁之后，幼儿则能从更多方面进行回答，如"我是好孩子，我会帮老师收拾玩具，遇到长辈会问好，上课认真听讲"。

3. 从强烈主观、情绪化的评价到初步客观、理智的评价

在幼儿初期，儿童的自我评价往往会违背具体的客观事实，具有强烈的主观色彩和情绪特征。例如，在美术教育活动中，幼儿对于自己作品的评价往往会偏高或偏低，即使事实并非如此。幼儿的自我评价，伴随着年龄的增长，在成人的正确引导下，逐渐趋于客观实际和理智。但是，即使到了幼儿后期，许多幼儿还是认为自己的最好，不过拘于羞耻感的萌发，会选择回答"我不知道自己做得怎么样"或者"我不知道"。

幼儿期，儿童的自我评价虽然在迅速地发展，但由于生理和心理发展水平的制约，其评价水平还很差。教师和家长要重视成人对其评价的重要作用，正确地引导幼儿逐步向着全面的、深入的、客观的、理智的方向做自我评价。

（二）幼儿自我体验的发展

我国心理学研究者韩进之等人的调查研究（1990）显示：幼儿的自我体验，有一个不断深化的发展过程，社会情感的自我体验逐渐丰富，并有一定的顺序性；另外，幼儿的自我体验表现出容易受暗示性的特点。

1. 幼儿的自我体验由生理性向社会性发展，并不断深化

幼儿的自我体验由生理性向社会性发展，见表10-1。幼儿生理性的自我体验主要表现为愉快和愤怒，这是一种比较低级的自我体验；而委屈、自尊、羞愧感则是一种较高级的社会性自我体验。前者发展得较早，后者发展得较晚。这表明幼儿的各种自我体验随着年龄的增长而发展，水平不断深化。例如，关于"愤怒"的情绪体验，3~6岁的幼儿会表现出不同程度的自我体验，一般呈"会哭""不高兴""会生气"，到"很恨他"的深刻性不断发展的过程。

表 10-1　学前儿童各种自我情绪体验的统计

百分数/%＼年龄组/岁＼项目	3～3.5	4～4.5	5～5.5	6～6.5
愉快	23.33	56.67	100.00	96.67
愤怒	20.00	66.67	100.00	100.00
委屈	10.00	60.00	86.67	93.33
自尊	10.00	63.33	83.33	93.33
羞愧感	3.33	43.33	90.00	96.67

2. 幼儿的自我体验易受暗示

幼儿的自我体验在产生的过程中容易受到暗示,特别是成人的暗示。这种现象,年龄越小越显著,见表 10-2。关于羞愧感的体验,教师问幼儿:"如果在做捂眼睛贴鼻子的游戏时,被老师看到你私自拉下毛巾,你会觉得怎么样?"3 岁年龄段的幼儿,只有 3.33% 的人有自我体验,而在有暗示时(你做错了,觉得难为情吗?),有 26.67% 的幼儿有自我体验。到 5 岁和 6 岁年龄段时,幼儿的这种差异便不是很显著了。

表 10-2　学前儿童自我体验的受暗示性

百分数/%＼年龄组/岁＼项目	3～3.5	4～4.5	5～5.5	6～6.5
有暗示性	26.67	73.33	93.33	100.00
无暗示性	3.33	43.33	90.00	96.67

✦ **案例放送**

我怕自己做不好

一天下午,孩子们正在为第二天的"自制服装秀"做最后彩排。轮到润润上台时,她却停住了脚步,双手紧握着,迟迟不愿上台。在其他孩子的催促下,她显得有些紧张。我走到她身边问:"润润,怎么了?已经轮到你上台喽!"话音刚落,润润的眼泪就流下来了。我上前抱住她,但她轻轻地躲开了。润润的举动让我有些不解,因为以前润润是很愿意跟我亲近的。于是我问:"润润怎么了?发生什么事情了?上午彩排时你不是还挺开心的吗?"润润哭着说:"我……不要上去。""为什么呀?""我……害……怕。""为什么害怕呀?""我怕自己做不好,动作做得不好看。"

听到润润这样说,我顿时明白怎么回事了。上午,孩子们彩排后,我觉得有几个孩子最后的动作摆得不够漂亮,于是点了这几个孩子的名字,其中就有润润。没想到这件在我看来很平常的事却在润润心中留下了深深的印记,并已经影响到她的自信心。

(资料来源:许倩.我怕自己做不好[J].幼儿教育,2015(6):46)

由于认知水平的局限性,幼儿对自我的认知和评价主要依赖成人进行,从而其自我体验还不够完善,容易受到成人的暗示。因此,教师和家长要利用合适的时机,采用积极的暗示,促进幼儿良好社会情感体验的发展,并避免消极暗示的不良影响。

(三) 幼儿自我调控的发展

研究表明,幼儿自我调控能力的发展主要表现在坚持性和自制力两个方面。总的来看,幼儿的自我调控能力非常低,3~4岁幼儿的坚持性和自制力都很差,到5~6岁才有一定的发展。

1. 幼儿自我调控能力差,主要受他人控制

3岁左右,幼儿的自我调控水平非常低,主要受成人的监督,一旦成人离开,在遇到外部诱惑时,很难控制自己,会出现违反规则的行为。例如,在延迟满足的实验里,发给每个幼儿一个包有礼物的盒子,并告之老师要离开一会,等10分钟后老师回来才能打开礼盒。结果,3~4岁的幼儿多数会很快打开盒子,而5~6岁的幼儿坚持的时间较长,并有更多幼儿坚持到教师回来。

2. 从缺乏自我调控到逐渐使用自我调控策略

控制策略是影响幼儿自我调控能力的一个重要因素。3~4岁的幼儿还不会使用有效的控制策略。幼儿随着年龄的增长,逐渐学会使用较为简单的策略进行自我调控。例如,在关于延迟满足的实验里,4~5岁的幼儿,有少数能运用一些分心的策略(如唱歌、手藏起来、脚踢踏地板、闭上眼睛等),而不去触碰装有礼物的盒子。5~6岁的幼儿,这种运用分心策略的现象更多,并已经懂得如何将礼品盒盖起来。

3. 幼儿自我调控的发展易受成人控制特征的影响

研究表明,在父母没有要求或要求低的情况下,幼儿有较高的攻击性特征,而在过于严厉控制下的幼儿,又会有情绪压抑、盲目顺从等过渡性自我调控表现。并且在父母控制下而形成的幼儿调控,在其发展中具有一定的稳定性。

总而言之,幼儿的自我调控能力还非常低,但随着年龄的增长,逐渐从主要受他人控制发展到能初步自我调控,并且也逐渐形成一些自我调控策略。另外,成人对幼儿的控制在很大程度上会对幼儿自我调控的发展造成影响,并且是多方面的,因此,成人应该重视自己对幼儿控制程度的影响作用,对幼儿实施适当的监督和控制,并创设情景和机会,引导幼儿逐渐发展起良好的自我调控能力。

实践应用

根据自我调控能力发展的内容,编制"幼儿自我控制能力发展水平教师评定问卷",在幼儿园中选取3~5名幼儿作为研究对象,对其教师进行调查,了解其自我控制能力的发展情况。

第三节 学前儿童个性倾向性的发展

✦ 案例放送

区角活动中,老师发现建构区几个男孩子搭了许多东西,有楼房、小花。这时,小凡带来了几辆玩具汽车,老师心想:这下孩子们肯定会玩得很开心,建构能力一定会得到提高。的确,孩子们玩得热火朝天,把原先搭的小花、楼房一会移到这一会移到那,汽车开来开去,但并不再搭建其他东西了,老师开始建议:"我们给汽车搭个停车场吧。"可孩子们对老师的建议并没有多大的反应,还是自得其乐地自己玩着。于是,老师加入了他们的行列,和孩子们一起搭建了马路、公园、停车场,在老师的带领下孩子们似乎也很开心,她接着引导:"我们再建个交通岗好吗?""好!"看到孩子们这么积极,老师高兴地离开了。过了一会,老师又回到了建构区一看,孩子们不但没有建交通岗,还把刚才他们一起搭的公园、马路全弄翻了。可孩子们呢,却依旧快乐地玩着汽车。

案例分析:从这则教学案例中,可以看出老师的"教育"没能取得成功。主要原因在于,这个老师未能掌握孩子的游戏动机,不能了解孩子的兴趣所在。

(资料来源:尊重幼儿的兴趣和需要[EB/OL].百度文库,http://wenku.baidu.com/view/82d48f08f12d2af90242e634.html)

一、个性倾向性概述

个性倾向性指个体在与周围环境相互作用中所形成的,并经常和稳定地表现出来的态度、观点和行为选择。它主要包括需要、动机、兴趣、理想、信念、世界观等心理成分。其中,需要是个性倾向性的基础,调节和支配着其他成分,信念、世界观是最高层次的个性倾向性成分,体现个体总的思想意识倾向。

个性倾向性是个性心理结构的动力系统。个性倾向性体现出一个人需要什么、追寻什么、崇尚什么,是个体进行各种活动的基本动力,决定着个体的行事态度、行为的积极性与选择性,推动着个性的变化和发展。

个性倾向性的各种心理成分相互联系、相互影响。在个体成熟与发展的不同阶段,个性倾向性中起主导作用的心理成分也会不同。学前儿童个性倾向性的发展主要体现在需要、动机和兴趣3个方面。在这三者里,需要是基础,年龄越小的幼儿,越表现出更为强烈的生理需要,从而也形成了幼儿的行为动机;兴趣也是影响和支配幼儿心理活动和行为的主要因素。

二、学前儿童的需要

(一)什么是需要

需要是人脑对生理和社会的需求的反映,它通常表现为生理或心理上的缺失或不满足所引起的一种个体内部的紧张状态。人们为了获得自身和社会的生存和发展,必须追求一定的物质基础和心理满足,如吃、穿、住、行、睡眠、劳动、娱乐、交往等。这些需求反映于人脑中,就形成了个体的需要,形成个体活动倾向性的源泉。

首先,个体的需要总是表现为缺失或不满足的状态而引发的一种个体内部的不平衡和紧张状态,即需要的紧张性;其次,个体的需要总是人脑对某种客观具体的生理或社会需求的反映,即个体需要的对象具有针对性;另外,人是为了获得自身和社会的生存和发展,产生了对某种物质或状态的需求,当这些需求出现时,便驱动着个体对其的达成,产生一定的心理活动和行为,即需要的驱动性。例如,当一个人口渴了,有喝水的需求,他就会想方设法寻找水源,并喝上足够的水;当一个人感觉到孤独时,一般会采取一些行动,加入到与朋友的交往活动。

总而言之,需要是个体心理活动和行为的基本动力,在人的实践活动、心理活动和个性中发挥着主要作用。它是个体正常生存和发展的基本保证,很大程度上影响着个体的认知、情绪情感、意志等方面的发展,永远对个体的心理活动和行为产生驱动作用。

(二)需要的类型

人的需要是复杂多样的,根据不同的标准和理论基础,就会出现不同的类型。以下主要介绍几种常见的类型。

1. 生理性需要和社会性需要

根据需要的起源,人的需要可以划分为生理性需要和社会性需要。

生理性需要指个体为维持生命与繁衍而产生的一种本能的自然需要,是人脑对生理需求的反映。进食、饮水、休息、睡眠、觉醒、排泄和性等,都是人的基本生理性需要。社会性需要指人在生理性需要的基础上,通过社会实践和教育经历所发展起来的需要,是人脑对社会需求的反映。它主要包括人对劳动、交往、学习、审美、道德、成就和奉献的需要等。社会性需要是人类社会存在和发展的必要条件,会受到社会生活条件的制约,往往是从社会要求转换而来的。

童真童趣

教室里,子宸带了一袋爆米花来分享。

吉老师:岩岩,你找个座位坐下来。

岩岩还在晃悠,吉老师给他找了一个座位,让他坐下来。

岩岩:爆米花在哪里我就坐哪里!

2. 物质需要和精神需要

根据需要所指向的对象,可以把人的需要划分为物质需要和精神需要。

物质需要指人对维持个体与社会的生存和发展的物质产品的需求,包括对衣、食、住、行等有关物品的需求,也包括对劳动、学习研究、娱乐等物质工具的需要。物质需求既有生理性需求的成分,也有社会性的需求。例如,对服饰的选择中,既包括人类的防寒、防晒等生理性需要,也包括对自尊、审美的社会性需要。

精神需要指人为维持个体与社会的生存和发展,对参与社会精神文化活动的需要,它是人类特有的需要。精神需要主要包括交往、认知、美、道德、创造的需要等,其中交往需要是人类在社会劳动实践中最早形成的精神需要。这些需要对人类个体和社会的生存和发展有着十分重要的影响作用。另外,精神需要按照内容的不同,可以分为能激励个体不断进步的高级需要和会消磨个体意志的低级需要。

资料卡片

马斯洛的需要层次理论

美国心理学家马斯洛(Maslow)(图 10-1)的动机理论是以他对人类需要的理解为依据的。他认为需要的性质决定动机的性质,需要的强度决定动机的强度,但动机与需要之间并非简单的对应关系。人的需要是多种多样的,但只有一种或几种成为行动的主要动机。他把人类的需要分为两大类。一类是基本需要。这类需要和人的本能相联系,与一个人的健康状况有关,缺少它会引起疾病。它包括生理需要、安全需要、归属与爱的需要以及尊重(自尊)需要。另一类是成长需要。这类需要不受本能所支配,不受人的直接欲望所左右,以发挥自我潜能为动力,这类需要的满足会使人产生最大程度的快乐。它包括认知需要、审美需要和自我实现的需要。根据对人直接生存意义的大小,将这两类需要排列成梯状,像一个金字塔的形状,如图 10-2 所示。马斯洛认为,人类的需要具有层次性,人类的各种基本需要是相互联系、相互依赖和彼此重叠的,是一个按层次组织起来的系统。他认为,只有低级需要基本满足后才会出现更高一级的需要,越处于底端的需要越具有强大的推动力;只有所有的需要相继满足后,才会出现自我实现的需要。他还认为,每一刻最占优势的需要支配着一个人的意识,成为组织行为的核心力量,已经满足了的需要就不再是行为积极的推动力量。

图 10-1 马斯洛

图 10-2 人类需要层次

自我实现的需要是追求实现自我理想的需要,表现为个人特有潜能的极度发挥,做一些自己认为有意义和有价值的事。自我实现者大都是成年人或年长的人,或者心理发展比较成熟的人。一个人的童年经历,2 岁以内的爱的教育特别重要。如果童年失去了安全、爱与尊重是很难成为自我实现的人。马斯洛认为,对于大多数人来说,自我实现需要的满足,仅仅是个人的奋斗目标。只有人类中的少数人才能达到真正的自我实现境界,成为自我实现者。

……

马斯洛认为,个人需要的发展过程更多地像波浪式地演进,各种不同需要的优势由一级演进到另一级,如图 10-3 所示。例如,婴儿时期主要是生理需要,后来才产生安全需要、归属与爱的需要,青少年时才产生尊重需要,等等。

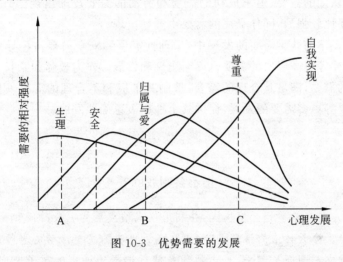

图 10-3 优势需要的发展

(资料来源:叶奕乾,孙克勤,杨秀君.个性心理学[M].3 版.上海:华东师范大学出版社,2011)

(三)学前儿童需要的发展

学前儿童需要的发展,遵循着年龄越小,生理需要越占主导地位的规律。新生儿的生理需要占据主导地位。1 岁左右,随着与成人交往增多,婴儿开始出现比较明显的与成人交往的需要。例如,看到母亲或熟悉的人会笑、会高兴,母亲离开或陌生人接近会哭、会焦虑。到了 1～3 岁,幼儿的社会性逐渐增加,如模仿成人活动的需要、游戏的需要,以及与同伴交往的需要等。但这个阶段,生理性需要仍占主导地位。总的来说,随着年龄的增长,与成人和同伴交往的增多、增强,幼儿逐渐表现出更多的社会性需要,并且表现出显著的个性特征。

1. 学前儿童的需要开始形成多层次、多维度的结构

在学前儿童需要的发展过程中,既有生理与安全的需要,也有交往、游戏、尊重、学习等社会性的需要。学前儿童各种需要的水平都在不断提高,开始形成多层次、多维度的结构,见表 10-3。

表 10-3　学前儿童需要结构模式

层次维度	生理需要	安全需要	活动需要	交往需要	尊重需要	认知需要	审美需要
主要表现	饮食 睡眠 休息	依恋 人身安全 避免羞辱	游戏 文娱活动	母爱 同伴交往	赞扬 自尊 成功	听故事 好奇 探究	喜欢优美的图画、音乐、漂亮物品等

2. 优势需要的形成和发展

在学前儿童需要的发展过程中，几种强度较大的需要占据优势地位，并且在不同时期，每种需要在整体中的优势地位总在不断变化。3～4岁，幼儿的生理需要、对母爱的需要、安全需要、玩游戏的需要和听故事的需要占主导优势。5岁之后，儿童的社会性需要快速发展，学习认知的需要、追求成功的需要和劳动的需要逐渐出现。6岁时，儿童渴望获得尊重的需要比较强烈，同伴交往的需要也开始出现。

总而言之，在学前儿童需要的发展中，生理性需要和安全需要占主导地位，但随着年龄的增长，社会性等更高层次的需要也逐渐出现和发展。作为教师和家长，要关注和正确处理学前儿童的需要，满足其合理的需要，抑制其消极和不合理的需要，引导和鼓励学前儿童的交往需要等更多需要的发展，促进其个性积极正确地发展。

✦ **案例放送**

反正不会叫我回答

每周一，幼儿园都要举行升旗仪式，并利用仪式结束后的一段时间和全体孩子一起分享某个主题经验。今天讨论的话题是"如何在冬天保暖"，主持活动的老师话音刚落，我们班的几个孩子就立刻高高举起手，可老师还是就近选择大一班的孩子来回答。我们班孩子的眼神里明显地流露出了羡慕和渴望。"我们站得这么远，就是举手，老师也不会叫我们的。"几个颇有见地的孩子小声嘀咕着。这时，我们班一个举手的孩子放下手咕哝着："为什么总是不叫我们啊？"在接下来的时间里，我们班的孩子不再举手，甚至三三两两地交头接耳起来，完全忘了活动还没结束。

回到教室，我和孩子们讨论他们刚才的表现。原来，孩子们刚才的表现是因为他们想要表达和分享自己经验的强烈意愿没有得到满足。

（资料来源：宋玮婷.发现孩子的需要[J].上海托幼，2015(4)：30-31）

三、学前儿童的兴趣

（一）什么是兴趣

兴趣是个体积极主动地认识、探究某种事物或从事某项活动的心理倾向，它反映出人对客观事物的选择性态度。例如，幼儿对游戏感兴趣，喜欢游戏，当看到其他幼儿在玩游戏时，就想要接近，希望参与其中。兴趣进一步发展就是爱好，表现为经常从事该项活动。例如，有音乐爱好的幼儿会经常听音乐、演奏音乐。首先，决定兴趣的因素是多方面的，遗传因素和环境因素都影响着兴趣的发生。其次,兴趣也是在需要基础上,通过社会实践活动而形成发展起来的。人对某些事物产生了需要,才会对这些事物发生兴趣。因生理性需要而产生的兴趣是短暂的,稳定的兴趣主要建立在社会性需要的基础上。另外,兴趣也和认识、情感有着密切的联系。一个人对事物没有认识和理解,就不会对之产生肯定的情感,也不会对其产生兴趣。反之,如果对某个事物的认识和理解比较深刻,并产生肯定的情感,那么也就表现出对该事物浓厚的兴趣。

兴趣是推动人去认识和进行活动的巨大动力和心理因素。兴趣能引发和保持人们对某个事物的注意,人们对感兴趣的事物,总是愉悦主动地去认识和探究。兴趣是人们进行活动的巨大动力,若活动符合个体的兴趣,就能提高人的参与积极性,并使人愉悦地进行该项活动。而且,兴趣对智力的发展也起到促进的作用,"兴趣是最好的老师"。

(二)兴趣的类型

人类的兴趣是复杂多样的,主要有以下几种类型。

1. 物质兴趣和精神兴趣

根据兴趣的内容不同,可以把人的兴趣分为物质兴趣和精神兴趣。

物质兴趣主要表现为人对食物、衣服和舒适生活等物质方面的兴趣。对于幼儿的物质兴趣,成人必须加以正确的引导和适当控制,否则将会造成兴趣畸形,带上贪婪的特征。精神兴趣指人对精神生活的兴趣,如对学习的兴趣、音乐艺术的兴趣、同伴交往的兴趣等。

2. 直接兴趣和间接兴趣

根据兴趣指向的目标不同,可以把人的兴趣分为直接兴趣和间接兴趣。

直接兴趣是人对活动过程本身的兴趣,如对某项学习任务本身的兴趣、对某项劳动任务本身的兴趣等。间接兴趣是人对活动结果的兴趣,如对通过学习可以取得职业的兴趣、对工作后可以获取报酬的兴趣等。在社会实践活动中,直接兴趣和间接兴趣都是不可缺少的。直接兴趣,可以使人感觉到活动的趣味;间接兴趣,可以使人意识到活动的重要性,并能保证活动长久持续下去。只有直接兴趣和间接兴趣正确合理地结合,才能使一个人的积极性得到充分发挥。在一定条件下,直接兴趣和间接兴趣是可以相互转化的。例如,一个人开始学习英语,不一定是对学习过程本身的兴趣,而是意识到学习英语的重要性;随着学习进程的加深,对学习本身也感兴趣了。

(三)兴趣的品质

兴趣好与坏、是否合理,很大程度上会影响着人的生活活动和认知发展,这些影响作用的产生主要与兴趣的品质有关。

1. 兴趣的指向性

兴趣的指向性指人的兴趣总是指向一定的事物。每个人的兴趣指向有很大的差异,有的人对社会科学感兴趣,喜欢文学、历史等,有的人对自然科学感兴趣,喜欢数学、天文等,有的人却对文艺感兴趣。兴趣的指向性受一定的社会历史条件所制约,其差异主要是在后天不同的社会实践中形成的。

2. 兴趣的广度

兴趣的广度指兴趣范围的广泛程度。不同的个体,兴趣的广度也不一样。有的人兴趣广泛,对许多的事物和活动都兴趣盎然;有的人兴趣范围狭窄、单调、漠然。通常情况下,兴趣的广泛程度会制约个体的认知范围的宽窄。个体的兴趣广泛,生活就丰富多彩,认知范围也越广阔,反之,就会知识匮乏、目光短浅、生活单调。当然,如果一个人的兴趣仅仅是广泛,而不和中心兴趣结合起来,结果会一无所长。只有使兴趣既博又专,才能有所建树。

3. 兴趣的稳定性

兴趣的稳定性指兴趣指向某一或某些对象的时间长短,即兴趣的稳定程度。人的兴趣必然会发生变化,但在一定时期内,个体的兴趣基本保持一种稳定状态。只是有的人对事物的兴趣保持的时间较长,不断地努力和追求;有的人兴趣缺乏稳定性,朝三暮四。只有具有相对稳定性高的兴趣,才能最终取得成就。

4. 兴趣的效能

兴趣的效能指的是兴趣对人的活动所产生的作用效果。有些人的兴趣只停留在低层次的感知水平上,听听音乐、看看图画等就能感到满足,没有进一步去理解、掌握,这种兴趣的效能较低。有的人对网络游戏过度沉迷,这样的兴趣效能是比较低级的,甚至是有害的,会影响正常的学习、工作和生活。

(四) 学前儿童兴趣的发展

通过对学前儿童兴趣品质的观察分析,其兴趣发展主要表现出以下几个方面的特点。

1. 兴趣比较广泛,缺乏中心兴趣

学前儿童总是对周围世界充满好奇,对任何新鲜事物都充满新鲜感,什么都想摸摸,什么都想看看。儿童渴望认识世界,喜欢和成人或同伴进行交往,对一切人事物都表现出广泛的兴趣。例如,大多数儿童都很喜欢小动物,对各种各样的花草树木感到好奇,对雨露雾雪、日月星辰等自然现象很感兴趣,对玩具、游戏、歌唱等社会活动也有广泛的兴趣。虽然随着年龄的增长,学前儿童的兴趣中,总会出现一些占优势的兴趣,但一般而言,还没有形成一个比较稳定的中心兴趣,这与儿童各方面发展还不够完善是有密切关系的。因此成人要客观地认识到儿童的这一发展特点,不能过早地勉强儿童形成稳定的中心兴趣。

✦ **案例放送**

一天下午,我带孩子们去户外做游戏。当我把游戏场地布置好,准备叫孩子们做游戏时,发现有一群孩子围成一团,兴奋地讲什么事。我不停地喊叫:"快过来,过来,游戏要开始了……"可孩子们好像没听见,还在一旁说着。我想了想,悄悄走过去,一看,他们正围着一只蜗牛说笑着。于是其他孩子也开始了找蜗牛的行动。我站在那里,听着小朋友的讨论。过了一会儿,涵涵发现了我,高兴地说:"老师,你看,这是我发现的蜗牛。"于是,孩子们你一言我一语地争着告诉我"我发现蜗牛的头上有两对角""蜗牛喜欢吃……"

我被孩子们的兴趣感染了,也加入他们的队伍中去,引导孩子观察蜗牛的外形,告诉他们一些有关蜗牛的知识。接着,我让孩子们观察蜗牛的爬行,并学它的样子走路。孩子们高兴地看着、学着。最后我请一名孩子把蜗牛拿到自然角去饲养,告诉孩子们:"我们把蜗牛放在自然角的桌上,等我们做完游戏再来看看,有什么变化。"于是,我又领着孩子们在场地上玩游戏。我把游戏的内容改为"蜗牛赛跑"。孩子们玩得很开心。

(资料来源:尊重幼儿的兴趣和需要[EB/OL].百度文库,http://wenku.baidu.com/view/82d48f08f12d2af90242e634.html)

2. 较多表现为直接兴趣

学前儿童的兴趣较多表现为直接兴趣,多数儿童基本只是对当前的事物或活动过程感兴趣,而不会对比较遥远的事物或活动结果产生兴趣。例如,幼儿喜欢上课,是因为对教师讲故事、做游戏本身感兴趣。随着年龄的增长,儿童才逐渐会对活动结果感兴趣。

3. 兴趣浅显,容易变化

学前儿童的知识经验和智力水平有限,基本不会深入地去了解事物更深层次的意义,往往只是被事物的表面特质所吸引。学前儿童的兴趣主要是由事物鲜艳的颜色、奇特多变的外形所引起,因而表现得很浅显。但是,由于事物的这些表面特质容易发生变化,或是时间稍长一点,这些表面特质就对儿童失去了吸引力,儿童对它的兴趣也随之消失或降低。总之,学前儿童的兴趣稳定性不高,容易变化。

4. 兴趣的发展呈现年龄和性别的差异

受各方面因素的影响,学前儿童兴趣的发展呈现出较明显的年龄差异和性别差异。例如,随着年龄的增长,学前儿童的兴趣逐渐出现对活动结果的间接兴趣,兴趣的广度越发广泛,也逐渐形成中心兴趣,兴趣的稳定性也逐渐增强。学前儿童的兴趣还呈现出性别差异,如一般女孩比较喜欢造型清新可爱的毛绒玩具,喜欢讲故事、娃娃家之类的游戏,男孩则喜欢舞刀弄枪,对具有挑战性的冒险游戏比较感兴趣。

5. 兴趣的发展容易出现不良倾向

学前儿童对一切事物都有广泛的兴趣,但儿童认知发展水平较低,特别是是非辨别能力还很差,这使得他们很容易对不良事物产生兴趣倾向。例如,很多幼儿会模仿影视剧或者网络游戏里的暴力情节,而产生消极有害的行为举止。

第四节 学前儿童个性心理特征的发展

✦ **案例放送**

正确看待性格内向的孩子

上课时,老师讲了一个好听的故事《调皮的七彩光》,孩子们听得津津有味,"故事讲好了,现在老师要考考你们了,看谁最聪明,能回答老师提出的问题"。大胆的、外向的孩子把手举得高高的,踊跃回答老师的提问,胆小的、内向的孩子连手都不敢举起来,更别说回答问题了,即使叫到他们的名字,也是涨红了脸,不敢开口说一句话;放学了,大家都有礼貌地和老师说再见,可文文在奶奶的使劲催促下也不肯说"老师再见"这几个字……诸如此类的情况不胜枚举,这些孩子到底怎么啦?

案例分析:瑞士心理学家荣格把人的性格分为两类:内向和外向。内向的人,好静不好动,不善交往,不善言谈,不善表露,上面提到的孩子就是如此。但是,内向的孩子也有他们的优点,他们善于观察,好思考,做事仔细,持之以恒。内向的孩子最大的不足就是不善交往,难以适应环境的变化。

(资料来源:正确看待性格内向的孩子[EB/OL].幼儿学习网,http://www.jy135.com/html/changyongziliao/anli/201309/21-51981.html)

个性心理特征是个性心理系统的特征系统,它指的是个体身上经常地、稳定地表现出来的心理特点,主要包括气质、性格、能力。在个性心理发展的过程中,这些心理特征是比较早形成的,并且在不同程度上受生理因素的影响。

一、学前儿童的气质

(一) 什么是气质

日常生活中,常常听到"某人好有气质",这里的"气质",其实并不是心理学所指的气质。心理学中的气质与日常生活中人们所说的"脾气""秉性""性情"等词比较接近。有的婴儿活跃多动,哭声响亮;有的婴儿比较安详宁静,声微气小;有的人脾气暴躁,易激动;有的人则沉着冷静,不动声色;有的人郁郁寡欢,多愁善感;有的人活泼开朗,心平气和;有的人思维灵活,行动敏捷;有的人反应迟钝,动作缓慢。这些关于人的特点描述,都是气质的表现。

气质是个体所特有的,表现在心理活动的强度、速度、稳定性和指向性等方面的相对稳定的一种心理动力特征。气质与其他个性心理特征相比较,更具稳定性,它使个体的整个心理活动带上了个人独特的色彩,制约着心理过程所表现出来的各种特点。气质也是受生理遗传因素制约最大的个性心理特征,因此它是比较稳定的个体心理特征。但是,气质也是可以改变的。当外界环境和教育发生一定程度的变化时,就会暂时掩蔽个体的气质,并且能够在一定程度上改变个体的气质。

(二) 学前儿童的气质类型

学前儿童的气质类型,有传统的气质分类,是以高级神经活动类型为标准的;也有不少研究者按照儿童不同的行为反应制定标准,对儿童的气质进行分类。

1. 传统的气质类型

古希腊医生希波克拉底提出气质体液说。希波克拉底认为,人体含有4种体液:血液、粘液、黄胆汁和黑胆汁,人的机体状态由这4种体液的适当搭配决定。这种学说经过不断演化发展,逐渐形成了按体液特性划分的典型气质类型:胆汁质、多血质、粘液质和抑郁质。这种气质分类,对学前儿童同样适用。这4种典型气质类型的行为表现如下。

(1) 胆汁质。黄胆汁占优势的称为胆汁质。胆汁质的儿童,热情直率、精力旺盛、脾气暴躁、好冲动、反应迅速强烈。

（2）多血质。血液占优势的称为多血质。多血质的儿童，活泼好动、反应迅速、行动敏捷灵活、主动性高、精力充沛、注意力和热情易转移。

（3）粘液质。粘液占优势的称为粘液质。粘液质的儿童，反应慢、动作迟缓、沉着稳重、安静、有耐性。

（4）抑郁质。黑胆汁占优势的称为抑郁质。抑郁质的儿童，敏感、心思细腻、多愁善感、行为孤僻、反应迟缓。

俄国生理学家巴甫洛夫提出的 4 种高级神经活动类型，与传统的典型气质类型基本吻合。他认为，人的高级神经活动有两个基本过程：兴奋过程和抑制过程。这两个过程具有 3 个基本特征：神经过程的强度、平衡性和灵活性。他根据这 3 种基本特征把高级神经活动分为 4 种类型，并与典型的气质类型相对应，见表 10-4。

表 10-4 高级神经活动类型与气质类型

类 型	高级神经活动 基本特征			气质类型	行 为 特 征
	强度	平衡性	灵活性		
兴奋型	强	不平衡	—	胆汁质	急躁、易冲动、反应快
活泼型	强	平衡	灵活	多血质	活泼好动、主动、注意力易转移
安静型	强	平衡	不灵活	粘液质	稳重、安静、有耐性、反应慢
抑制型	弱	—	—	抑郁质	敏感、孤僻、迟缓

2. 托马斯和切斯的气质类型

托马斯和切斯等人通过对婴儿进行大量跟踪研究，提出了气质有 9 个维度的表现，即活动水平、生理节律、注意分散度、客体趋避性、适应性、注意广度和持久性、反应强度、反应阈限、心境状态。他们根据这一系列维度的标准，把婴儿的气质类型分为 3 类。

> **实践应用**
>
> 以托马斯和切斯关于婴儿气质类型和行为表现的理论观点，选取一名婴儿进行观察，试分析、判断其气质类型。

（1）容易抚育型。该类型的婴儿约占托马斯和切斯全体研究对象的 40%。这一类婴儿，生理节律性好，吃、喝、睡等生理机能有规律性；容易适应新环境和接受新事物和不熟悉的人；情绪一般积极愉快，爱玩。由于他们具有这些特点，能够对成人的抚育活动进行大量的积极反应，因此更容易得到成人最大的关爱。

（2）困难抚育型。这一类婴儿约占托马斯和切斯全体研究对象的 10%。他们的生理节律性差，吃、喝、睡、排泄等生理机能的规律让人难以掌握；他们情绪反应强烈，消极情绪较多，经常大声哭闹、烦躁易怒，难以安抚；对新事物、不熟悉的人、新环境的接受和适应很困难。这一类婴儿需要成人花费很大的精力去养育，并很难对成人的抚育做出正面积极反应，容易造成亲子关系疏远，因此，需要成人在抚育过程中富有极大的耐心和宽容。

（3）迟缓型。在托马斯和切斯的全体研究对象中，有 15% 属于这一类型。该类型的婴儿活动水平较低,反应较慢,强度较低,情绪多是消极且不愉快,但是又不像困难抚育型的婴儿那样难以安抚。他们对新事物、不熟悉的人和新环境的接受和适应,总是消极退缩、缓慢。这一类婴儿,成人对其的抚育,在不同情境中,困难程度也不同,并且他们会随着年龄的增长和成人抚育和教育情况不同而分化。

以上3种类型总共只约占托马斯和切斯全体研究对象的65%,还有35%的婴儿不能简单、显著地归为以上任何一种类型。一般情况下,他们往往具备以上两种或者3种类型的混合特点,因此也可以把这部分婴儿称为混合型。

3. 巴斯的活动特性说

心理学家巴斯对人们在各种类型活动中的倾向性进行观察研究,提出了活动特性说。他根据人的活动倾向性不同,把气质划分为活动型、情绪型、社交型和冲动型4种类型。

(1) 活动型。这一类型的儿童,精力充沛,活泼好动,积极主动,总是不停地探索周围的外界环境,参与一些活动性游戏。巴斯认为,该类人群在婴儿期主要表现为手脚不停地活动,幼儿期表现为坐不住,成年期表现为活动能力强、有强烈的事业心。

(2) 情绪型。这一类型的儿童,情绪反应强烈敏感;经常哭闹,难安抚;容易激动,喜怒无常。他们通过行为、心理或生理上的变化,表现出悲伤、恐惧或愤怒的情绪反应。

(3) 社交型。社交型儿童乐于与人交往接触,渴望与他人建立亲密、友好的关系,婴儿期主要倾向于与父母等成人交往接触,幼儿期也会倾向于同伴之间的交往。这种类型的儿童,孤单时会悲伤,甚至哭闹,容易受环境变化的影响。

(4) 冲动型。这种类型的儿童易兴奋,缺乏自我控制力,冲动性强。在婴儿期,总是等不及成人的喂饭、换尿布等养育行为,幼儿期则表现为注意力容易分散,坐立不安,情绪、行为缺乏控制且来得快去得也快。

(三) 学前儿童气质的发展特点

研究表明,学前儿童气质的发展主要具有相对稳定性、可塑性和个体差异性。

1. 相对稳定性

气质受生理遗传的影响很大,神经系统的类型就是气质的生理机制,儿童生来就具有某种气质表现。因此,气质是个性心理中相对最稳定的方面,从而构成比较稳定的个性心理特征。研究者曾对198名研究对象从出生到小学的气质发展进行长达10年的追踪研究表明,在大多数儿童身上,早期的气质特征一直保持稳定不变。例如,一个活动水平较高的儿童,在婴儿期时手脚不停地活动,到了幼儿期也时常坐不住;一个活动水平较低的儿童,在婴儿期睡眠和觉醒状态下都不爱动,到了幼儿期也表现得动作迟缓,总是表现得很安静。

气质与其他个性心理特征相比较,更具稳定性,并一定程度上影响着能力、性格的发展。因此,可以认为气质是个性形成和发展的基础,而且成人对儿童的教养可以把他们的气质作为参考依据。

2. 可塑性

虽然学前儿童气质的发展具有相对稳定性,但并不代表气质是不可改变的,学前儿童的气质还具有一定的可塑性。幼儿期，儿童的大脑神经系统还未发育结束和完善，在后天生活环境和教育的影响下，其气质类型和行为表现可以获得一定程度上的重塑或被掩蔽。例如，入园后幼儿在教师的教育和引导下，在与同伴的交往中，他们原先具有的一些消极气质特征会渐渐改变，甚至消失。儿童气质的发展是可变的，具有一定的可塑性。成人不要轻易对其的气质类型下结论，并且可以根据儿童的气质特点进行针对性教育和引导。

3. 个体差异性

学前儿童气质的发展还表现出个体差异。因受到生理遗传和后天环境的影响，儿童出生后便表现出气质的差异，并在成长的过程中明显地表现出不同的气质类型。个性初步形成，并在气质方面表现出个体差异。每个儿童的气质类型或行为特征表现是不一样的，并且气质本身没有好坏之分，成人要依据儿童气质的差异，进行匹配教育，选择适宜的方式手段，因材施教。

童真童趣

班里新转来的小朋友涵芊经常喜欢哭，今天因为有孩子追着她想和她玩，她又哭了。

凯丽老师：别人想和你玩，你要是不想和她玩就跟她说，你哭我们怎么知道你什么意思呢？

涵芊：可是我从小就喜欢哭。

凯丽老师：你已经是中班了，不是小孩子了哦。

涵芊：我不想长大，我想当小宝宝。

慕岩：还不想长大，羞羞羞。

全班哄笑。

凯丽老师：你们不要这样子，有的人想长大有的人不想长大，这很正常。但是不管有没有长大，都需要勇敢坚强。

惠研：哭是解决不了问题的。

皓男：涵芊，你不要哭了，你妈妈放学就要来接你了。

二、学前儿童的能力

（一）什么是能力

能力指人成功完成某种活动所必需的，并直接影响活动效果的个性心理特征。例如，画家作画除了基本的物质条件外，自身需具备色彩辨别能力、形象记忆能力、结构设计能力等。能力具有两种含义，即实际能力和潜在能力。例如，一个人会说流利的英语、会开汽车等，指的就是个体已经具备并在活动中表现出来的实际能力。而某人具有音乐、体育运动方面的天赋，则是个体将来可能发展并表现出来的潜在能力。

能力和活动是紧密联系着的。一方面，个体具有一定的能力是其成功完成某种活动的前提；另一方面，个体的能力是在活动中形成、发展和表现出来的。个体的身体健康状况、活动动机和知识经验都是完成某种活动所必需的，要成功地完成某种活动必须以一定的能力为前提。而没有开展活动，个体所具备的某种能力也就无法得以施展。在完成新的活动内容和更难的活动任务时,个体将形成某种新的能力,或者能力可以得到发展、提高。并且,完成某项活动,单靠一种能力是不够的,必须依靠多种能力的有机结合。例如,一个晚会节目主持人要很好地完成主持活动,除了良好的口头语言表达能力,还需具有准确的记忆能力、敏锐的观察能力、灵活的应变能力、严谨的逻辑思维能力、现场调控能力以及夯实的信息储备等,并且只有这些能力有机地结合,才能保证晚会活动得以顺利完成。这种为成功完成某项活动,多种能力的完备结合称为才能。

能力与知识技能属于不同的概念范畴,如音乐学习中,关于音程、和弦、音阶等的概念和乐理属于知识,听音、辨音、节奏感和曲调等属于能力范畴,而乐器演奏、歌曲演唱的方式技巧等则属于技能。能力既是掌握知识技能的结果,也是掌握知识技能的前提,它们密切联系,相互促进。因此,在日常生活和教学活动中,不能仅凭一个人的知识技能水平来确定和评判其能力的高低。

(二) 能力的类型

人的能力复杂多样,根据不同的标准,可以进行不同的分类。

1. 一般能力和特殊能力

按照能力的适用范围,可以将其分为一般能力和特殊能力。

一般能力是完成各种活动所普遍需要的能力,又称为普通能力。一般能力的适用范围广泛,符合多种活动的要求,能保证人们比较容易、有效地学习和掌握知识技能。一般能力包括注意力、观察力、记忆力、想象力、思维力等。通常说的智力,指的是一般能力的综合体。

特殊能力又称为专门能力,是完成某种专门活动所必需的能力。它只在特定的活动范围内发挥作用,是完成相关活动必要的能力,如音乐能力、体育能力、数学能力等。

一般能力与特殊能力有着密切的联系。首先,人要成功地完成某种活动,既需要一般能力,也需要具备与该活动相关的特殊能力。其次,一般能力是各种特殊能力形成和发展的基础,一般能力的发展为特殊能力的发展创造有利条件。总之,一般能力与特殊能力是密不可分的有机统一体。

2. 认知能力、操作能力和社交能力

按照能力的功能不同,可以把其划分为认知能力、操作能力和社交能力。

认知能力是个体用于接收、加工、存储和应用信息的能力。心理学认为,知觉、记忆、注意、思维和想象的能力都是认知能力。它是人们掌握知识、完成各种活动所必需的最基本、最重要的心理条件。

操作能力指操纵、制作和运动的能力,它是在操作技能的基础上发展起来的,又是顺利掌握操作技能的重要条件。例如,劳动能力、体育能力、实验操作能力等。

社交能力指人们参加社会活动、与人交往、保持协调所表现出来的能力,如组织能力、管理能力、领导能力、言语感染力等。

3. 模仿能力和创造能力

按照能力参与的活动的性质不同,可以把其划分为模仿能力和创造能力。

模仿能力指仿效他人言行举止并引起与之相类似的行为活动的能力。例如，儿童模仿父母的说话、表情；人们学画画、练书法时的临摹等。

创造能力指产生新思想、发现和创造新事物的能力。它是成功完成某种创造性活动所必需的能力，如文学创作、学术研究、科学发明等。创造想象和创造思维对创造能力起着十分重要的作用。

模仿能力和创造能力密切联系。在模仿能力的基础上，创造能力发展起来；模仿可以说是创造的前提和基础，创造是模仿的发展，两者相互联系、相互渗透。

（三）学前儿童能力的发展

学前儿童从出生以后就在接受教育、进行游戏和学习等活动中，逐渐表现并发展各种能力，同时能力在发展的过程中也表现出一些显著的特点。

1. 多种能力的初步形成和发展

学前儿童的操作能力最早显现，并逐步发展。语言能力在婴儿期发展迅速，幼儿期是口语发展的关键期。模仿能力迅速发展，成为儿童学习的基础。认知能力也迅速发展，为儿童的学习、个性的发展提供了必要的前提。

学前儿童有一些特殊能力开始有所显现，如音乐、绘画、体育、计算、语言等。相关研究表明，音乐能力多在学前期出现。幼儿后期，创造能力萌芽。相对于其他一些能力，儿童的创造能力发展较晚，也远未达到成人的水平，但到了幼儿后期，在儿童的绘画作品中明显地表现出了创造力的萌芽。

2. 学前儿童的智力发展迅速

许多心理学家对人的智力发展进行研究，认为出生后的头几年是智力发展最快的时期，有的心理学家还认为幼儿期是智力发展的关键期。平特纳（R. Pintner）曾指出，人从出生到5岁是智力发展最迅速的时期；而皮亚杰（J. Piaget）也认为，从出生到4岁是人智力发展的关键期；布鲁纳（J. S. Bruner）经过多年研究，发现儿童出生后的最初几年是智力发展最快的时期；美国心理学家布卢姆（B. S. Broom）通过对大量儿童的跟踪观察分析，认为儿童在出生后的4年内智力发展最快，见表10-5。由此可见，大多数心理学家都认为学前期是儿童智力发展的关键期。大脑的发育是儿童智力发展的生理基础。儿童脑发育的研究表明，7岁左右的儿童大脑各方面的发展都趋于成熟，这点可以证明学前期是儿童智力发展的关键期。

表 10-5　儿童的年龄与智力发展水平

年龄/岁	1	4	8	13	17
智力发展水平/%	20	50	80	92	100

3. 学前儿童的能力发展出现个体差异

不同儿童的能力在形成和发展的过程中会表现出个体差异。例如，有的儿童能很快地记住较长的故事、儿歌等，这是记忆能力较强的表现；有的儿童能很快地理解故事的内容、游戏的规则，这是理解能力较强的表现；有的儿童搭积木、剪纸等比较灵巧，这是动手能力较强的表现；有的儿童口齿清晰，侃侃而谈，这是言语表达能力较强的表现。

学前儿童能力的发展出现个体差异，很大程度上与其出现了主导能力（即优势能力）有关。在个体身上有机结合的能力中，总有一种能力起主导作用，其他能力则处于从属地位。例如，有的儿童在音乐方面有特殊能力，有的运动能力很强，有的语言能力优势明显等。并且，有时候在同一种活动中，不同的儿童，能力的结合方式和突出的方面也不同。例如，同是音乐方面成绩最好的儿童，有的乐感最好，有的节奏感最强，有的则听觉表象能力较强。

三、学前儿童的性格

（一）什么是性格

性格指个体在对客观现实所持的稳定态度和与之相适应的习惯化了的行为方式中所表现出来的具有核心意义的个性心理特征。诚实或虚伪、勇敢或怯弱、谦虚或骄傲等都被视为性格特征。性格特征表现为个体对现实的态度和行为方式，即"做什么"和"怎么做"两个方面。"做什么"反映的是个体对现实的态度，体现了一个人在活动中追求什么、拒绝什么；"怎么做"反映的是个体的行为方式，体现了一个人如何去追求他所要得到的东西，如何去拒绝他所要避免的东西。个体对现实的态度和行为方式相互作用，对现实稳定的态度决定着人的行为方式，反之，人习惯了的行为方式也可以体现出其对现实的态度。

性格是个体稳定的心理特征，但又有一定的可塑性。性格是人在一定的实践活动中，与客观世界相互作用的过程中形成和发展起来的。并且人的性格不是一天两天就形成的，而是要经历一个漫长复杂的过程，一经形成就比较稳定，并贯穿到其全部行动之中。因此，个体偶尔的行为表现不能认为是他的性格特征，只有经常性、习惯性的表现才能认为是他的性格特征。例如，同一个人只是在某个特定的情境中表现出了怯懦，而平时经常表现出勇敢，那么就不能认为他是怯懦的。性格是稳定的，但并不是说它是不可改变的。在活动中，主体和客体相互作用也会使性格发生缓慢的变化。

性格是具有核心意义的个性心理特征。个体对现实的稳定态度和习惯了的行为方式是与其意志和世界观紧密联系的，体现出一个人的本质属性，因而它最能表现个体的个性差异。人们平时所讲的某个人有"个性"，其实主要指的就是一个人的性格。性格总是受到社会历史的制约，不同历史条件下，会具有一定的社会历史色彩。

（二）性格与气质、能力

性格与气质、能力同属于人的个性心理特征，它们既相互区别，又相互联系。

1. 性格与气质

性格与气质是有区别的。性格主要是在后天的生活环境中形成的，受后天因素影响较大，变化比较容易、比较快，社会生活条件不同，人的性格就会有明显的差异；而气质主要是由神经活动类型所决定的，具有先天性，变化比较难、缓慢，即使在不同的生活条件下，人的气质也很可能表现出相同的特点。气质是个体行为的动力特征，反映的是个体的自然实质，与行为的内容无关，因而无好坏善恶之分；性格反映的则是个体的社会实质，涉及活动的态度和行为方式,因而有好坏善恶之分。

性格与气质又是紧密联系,相互渗透、相互制约的。一方面,气质影响性格的动态,使其带有某种独特的色彩。气质可以影响性格的情绪性和表现的速度。例如,同是具有勤劳的性格特征,多血质的人会表现为精力充沛、动作迅速,粘液质的人则表现为踏实能干、沉着细致。气质还会影响性格形成和发展的速度和动态。例如,粘液质和抑郁质的人比多血质和胆汁质的人更容易形成忍耐持久、踏实细心的性格特征。另一方面,性格可以在一定程度上掩盖和改造气质的某些特征,使之符合一定社会实践的需要。

2. 性格与能力

性格与能力是有区别的。能力是决定个体心理活动效率的心理因素,是顺利完成某种活动所必需的个性心理特征,它反映的是一个人的智慧特征。而性格表现为个体活动的倾向性,即"做什么""怎么做"。例如,某人记忆力差,这是对其能力特点的评价;如果这个人不管是识记什么,总是马马虎虎、粗心大意,这便是反映了其性格特点。

性格与能力也是紧密联系的。一方面,性格影响能力的发展。例如,良好的意志品质、热情和勤奋的性格,使人的能力得到锻炼和更好的发展,而且"勤能补拙"。另一方面,能力也影响着个体性格的形成和发展。例如,某个儿童在某一个或几个方面具有突出的能力,则对于其自信心的树立有很大的促进作用。

(三)性格的类型

性格是一种多方面、非常复杂的心理有机体,许多心理学家都根据自己的理解,对性格的类型进行分析。以下介绍几种常见的具有代表性的分类观点。

1. 机能类型说

英国心理学家培因(A. Bain)和法国心理学家李波(T. A. Ribot)根据个体智力、情绪和意志这3种心理机能何者占优势,把性格分为理智型、情绪型和意志型。理智型的人,主要依靠理论思考行事,用理智支配行动;情绪型的人,不善思考,感情用事;意志型的人,行动目标明确,积极主动,自制力强。实际生活中,大多数人属于中间类型,如理智—意志型。

2. 向性说

这是最具影响力的观点,最初由瑞士心理学家荣格(C. G. Jung)提出。这种观点,按照个体心理活动倾向于外部或内部,把人的性格划分为外向型和内向型两类。外向型的人活泼开朗,善于交际;内向型的人沉静谨慎,交际面窄。

3. 威特金的类型论

这种观点来自于美国心理学家威特金(H. A. Witkin)等人的场依存性理论。该理论根据个体的独立性程度,把人的性格划分为顺从型和独立型。顺从型的人,易受暗示,独立性差,缺乏主见;独立型的人,信念坚定,善于思考,自信心强,强势。

(四)学前儿童性格的发展

1. 学前儿童性格的发展基础

学前儿童性格的发展基础主要发生在婴儿期,因此也可以理解为婴儿性格的萌芽。

首先,性格是人在与周围环境相互作用的过程中形成的,婴儿期也不例外。对于婴儿来说,其周围环境的主要客体就是照顾他、他熟悉的成人。研究表明,母子关系对婴儿性格的萌芽起着最重要的作用。良好的母子关系会让婴儿获得安全感,对母亲形成一定的信任和依恋,从而为良好性格的形成奠定基础。家庭中,父母成人的教养方式和生活习性,对婴儿性格的萌芽也起着决定性的作用。父母成人良好、规律的生活习性会潜移默化地影响婴儿逐渐稳定下来的态度和行为习惯。而父母注重对孩子进行教育引导,也会给婴儿良好性格的萌芽打下基础。

其次,个体气质的差异也会对婴儿性格的萌芽造成影响。例如,困难抚育型的婴儿,性子急,饥饿时会立刻大声哭闹,这要求成人不得不立即放下一切其他正在进行的事情,对其进行安抚和喂养。久而久之,这类婴儿就可能形成缺乏耐心、霸道、自律性差的态度和行为习惯。反之容易抚育型的婴儿,通常会发展出独立、自制的性格特征。在众多因素的影响下,随着心理过程、心理状态和自我意识的发展,学前儿童在两岁左右的时候出现了性格的萌芽。

2. 学前儿童性格的发展特点

随着年龄的增长,在不断受周围环境和教育的影响和作用下,加之不断加深的自我实践活动,儿童的性格初具雏形,并形成一些最初的性格特征。

(1) 活泼好动,好奇好问

儿童总是喜欢不停地摆弄玩具等物体,喜欢做各种动作,并且是重复性的动作。儿童喜欢与成人和同伴进行交往、游戏,即使是那些相对内向的儿童也渴望被接纳。另外,儿童表现出强烈的求知欲和好奇心,对于新异的事物充满兴趣,什么都看看、摸摸。儿童好问,经常打破砂锅问到底,"童言无忌""十万个为什么"是对儿童最好的形容。

(2) 自我调控能力差,模仿性强,易冲动

儿童自我调节能力差,缺乏知识经验,其对事物的态度和行为方式容易受暗示,很容易随周围环境的变化而变化。成人和同伴总是容易成为儿童的模仿对象,儿童喜欢模仿成人和同伴的态度和行为方式,满足自己成长的渴望、社会性的发展和知识经验的积累,这在很大程度上影响着儿童性格特征的发展。另外,学前儿童自制力差,情绪不稳定,易冲动,做事马虎,急于求成,持久性差。

(五) 学前儿童性格形成和发展的主要影响因素

学前儿童性格的形成和发展会受到诸多因素的影响,一般包括遗传、家庭、教育、环境等因素。

1. 遗传因素的影响

与气质特征紧密联系的性格特征,一定程度上受遗传的影响。人的气质影响着性格特征的外部表现。例如,在逆境中,抑郁质的儿童要比胆汁质的儿童更加容易形成懦弱的性格特征,而在顺境里,胆汁质的儿童更容易形成勇敢的性格特征。多血质的儿童,热情、灵活,善于人际交往;粘液质的儿童则比较安静内敛,不太善于人际交往等。还有研究表明,人的神经系统的某些遗传特点可能会影响到某些性格特征的形成,加速或延缓一些行为习惯的形成和发展。一些心理学家选取遗传素质最为接近的同卵双生子进行跟踪调查

后发现,即使分开生活,他们不仅在身高、体形、声音、动作等生理发展上都极其相似,还在饮食习惯、兴趣爱好、行事风格等心理发展方面也很相似。因此,可以看出遗传因素在儿童性格的形成和发展上也起着一定的作用。

2. 家庭的作用

学前期,家庭是儿童最初的环境,大多数儿童主要在父母家人的影响下成长。许多心理学研究表明,家庭对个体性格的形成和发展具有主要和深远的影响。在家庭中,亲子关系、父母的教养方式会影响孩子性格特征的形成。良好稳定的亲子关系、积极科学的教养方式,能让幼儿获得安全感、爱和尊重,从而促进其性格的健康发展。例如,民主、信任的教养方式,会促进儿童独立、直爽、协作、和善、坚韧等性格特征的形成,而专制、溺爱、忽视等消极的教养方式,则会导致儿童产生缺乏独立性、任性、自私、妒忌、盲从等不良性格特征。

家庭的气氛和父母榜样对儿童性格的发展和形成也有明显的影响。研究表明,气氛和谐融洽的家庭中的孩子,在家庭中感受得到安全感,有利于乐观开朗、愉快、自信、亲切和善等性格特征的形成;气氛紧张的家庭中,孩子缺乏安全感,表现出易紧张焦虑、忧郁、多疑等不良性格特征。另外,家庭的政治经济地位、家庭的结构、儿童的出生顺序等因素也会在一定程度上对儿童性格的形成和发展产生影响。

案例放送

家庭教养环境与儿童的性格特征

李韵:比较内向,攻击性行为突出,这种行为往往通过较"无声"的动作完成。

李韵不大说话,内向,在班上表现不是很活跃;喜欢将自己的观点强加给别人,需要别人听她指挥;喜欢做小动作,上课注意力也不集中,不被老师喜欢;只有一两个玩得好的朋友。但是李韵在家里和在幼儿园的表现有较大差异。在家里,她较活跃,与父母、长辈能主动友好地相处。李妈妈对自己女儿是说不出的满意:"我有一个这样的崽很满足。"她对女儿的种种言行都表现出极大的兴趣、喜爱和支持。可以说,李韵是处在民主偏溺爱的家庭氛围中。她在家里的玩伴只有父母和爷爷奶奶,而家人对她的所作所为都不加干涉,缺乏对她的有效引导。在缺乏同伴交往经验的背景下,这样的家庭教养环境很不利于孩子良好性格的形成和发展。

(资料来源:矛盾型儿童性格特征的个案分析[EB/OL].百度文库,http://wenku.baidu.com/view/b597a86527d3240c8447efe6.html)

3. 幼儿园教育的作用

幼儿园教育对学前儿童性格的形成和发展也有重要作用。幼儿园教育的理念方针、内容方法、游戏活动、规章制度等,都影响着儿童性格的形成和发展,甚至能弥补或者调节家庭环境因素对儿童性格所造成的影响和缺失。教师的榜样示范作用也会影响儿童的性格发展。好模仿、模仿性强是学前儿童的特点,教师日常的一些言行举止直接或间接地影响着儿童性格的形成。幼儿园集体或班集体的氛围、特点、要求、舆论、同伴关系等,同样也会对儿童性格的形成和发展产生影响。

4. 社会环境和实践活动的影响作用

社会环境形形色色、错综复杂,不同社会物质和文化环境条件下的学前儿童,其性格的形成和发展状况也会不一样。某一个国家、民族、地区的人,都各自具有属于自身的主要性格特征。社会环境对儿童性格的影响,主要通过图书、报刊、影视音像作品等文化媒介途径进行传播和体现。良莠不齐的社会文化媒介对儿童良好性格特征的形成所造成的影响也不同。学前儿童参与社会实践活动的类型、担负的社会角色所呈现的要求,也会对其性格的形成起作用。例如,经常从事文艺活动的儿童,活泼开朗、善于想象、感情丰富。

5. 主观因素的作用

家庭、幼儿园教育、社会环境等都是影响学前儿童性格形成的客观外部条件,但都不能直接决定人的性格,它们必须通过儿童已有的心理发展水平和心理活动才能发生作用。各种外部环境的影响,只有被儿童理解和接受,才能转化为他们的需要和动机,才能推动活动的进行。儿童的兴趣、需要和动机,理解和领悟能力,在一定程度上制约着外部影响因素的实现。例如,守纪律、有责任心等性格特征是在接受与领会一定外部的社会要求之后,逐渐把这一要求转变为对自己的内在要求而形成的。

考题链接

一、单项选择题

1. 渴望同伴接纳自己,希望自己得到老师的表扬,这种表现反映了幼儿(   )。
   A. 自信心的发展　　　　　　　B. 自尊心的发展
   C. 自制力的发展　　　　　　　D. 移情的发展

2. 某儿童活泼好动、反应迅速灵活、善交际、兴趣广泛而不稳定,由此可推断他的气质基本属于(   )。
   A. 胆汁质　　　B. 多血质　　　C. 黏液质　　　D. 抑郁质

3. 游戏时,一个幼儿尽管拥有游戏所需的玩具材料,但如果同伴拒绝与其共同游戏,他还是会不高兴。这是因为他的(   )没有得到满足。
   A. 生理需要　　　　　　　　　B. 安全和保障的需要
   C. 求知的需要　　　　　　　　D. 交往和友爱的需要

4. 下列不是学前儿童性格的典型特点的是(   )。
   A. 活泼好动　　B. 喜欢交往　　C. 好奇好问　　D. 稳定性较强

5. 个性心理的核心特征是(   )。
   A. 气质　　　　B. 能力　　　　C. 性格　　　　D. 兴趣

6. 自我意识萌芽最重要的标志是(   )。
   A. 会叫"妈妈"　　　　　　　　B. 思维出现
   C. 学会评价　　　　　　　　　D. 掌握代名词"我"

7. 3~6岁儿童个性发展阶段的主要表现是(   )。
   A. 先天气质差异　　　　　　　B. 个性特征萌芽
   C. 个性初步形成　　　　　　　D. 个性基本定型

8. "老师说我是好孩子",说明幼儿对自己的评价是(   )。

A. 独立性的　　B. 个别方面的　　C. 多方面的　　D. 依从性的
9. 下列各项中,不是用来描述个性的词是(　　)。
A. 自私自利　　B. 心胸狭窄　　C. 宽容大度　　D. 相貌出众
10. 个性倾向性是以人的(　　)为基础的动机系统,它是推动个体行为的动力。
A. 兴趣　　B. 动机　　C. 需要　　D. 志向

二、简答题
1. 简述幼儿自我意识发展的内容及特点。
2. 学前儿童兴趣的发展具有哪些特点?

三、论述题
试论述性格与气质、性格与能力的关系。

四、材料分析题
1. 家长常发现2~3岁的孩子没有以前听话了,经常说:我不,我自己来。不让他做什么偏做什么。喂他吃饭,他偏要自己吃,结果弄得满身都是饭菜。在外面玩久了,让他回家,他也不回,家长对此感到不知所措。

请你用学前儿童发展心理学的有关理论为家长分析,并回答以下问题。
(1) 案例中孩子的行为表明了2~3岁儿童心理发展的什么特征?
(2) 这一特征的出现,在儿童心理发展上有什么重要意义?
(3) 成人应该如何对待这个时期的儿童?

2. 强强对妈妈提出了一个要求,让他独自在洗衣机中洗自己的一双袜子,并且要把手伸到洗衣机里去操作,他说大人都是这样做的,他也要这样做。妈妈告诉他小孩子是不可以去弄洗衣机的,这样很危险的。强强不愿听,偏要去弄,妈妈只得拔掉了洗衣机的电源插头。强强折腾了半天,这边扳扳摸摸,那边敲敲打打,发现洗衣机没能转动起来,于是他大怒了,哭闹着,"我自己来""我要"。

请你运用儿童心理发展的有关理论对上述案例进行分析。

第十一章
学前儿童的社会交往

本章导航

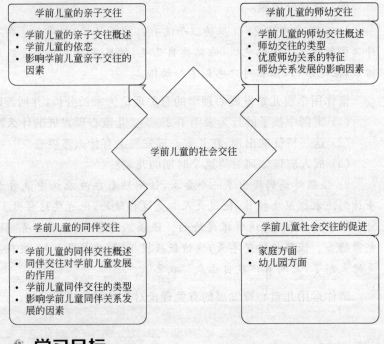

学习目标

(1) 掌握亲子交往、师幼交往、同伴交往对学前儿童发展的重要意义及作用。

(2) 熟练掌握亲子依恋的发展与类型、师幼交往及同伴交往的特征,并能在现实生活和教育教学中就三类关系的发展及特征进行分析。

(3) 能从影响亲子关系发展的因素角度出发,为良好亲子依恋关系的建立提出具体措施。

(4) 积极参与优质师幼关系的讨论,能分析实际教学案例,并从实际教学角度掌握促进优质师幼关系建立的方法。

(5) 了解学前儿童同伴关系发展的特点,为学前儿童同伴关系的发展提出有效措施。

第一节 学前儿童的亲子交往

✦ **案例放送**

日本"消失的儿童"

据日本 NHK 电视台 2014 年 12 月 22 日报道,NHK 电视台对日本全国儿童养护机构进行的问卷调查显示,因虐待或贫困等原因导致无法接受义务教育、在一定时间与社会隔绝的儿童中,绝大多数表现出了影响学习及身体发育迟缓的现象。在这次调查的近 1377 所儿童养护机构的儿童中,有至少 1039 人在近 10 年中因虐待或贫困的原因而无法接受义务教育,与社会隔绝,成为"消失的儿童"。在对这些被收养的儿童的现状进行询问时,813 名被访者中有 92% 的人表示,与社会隔绝对他们的发展造成了一定的影响。在对影响内容的众多回答中,无法读写等学习能力迟缓居首位(68%),之后较多的回答是身体发育迟缓(19%)、不良行为及犯罪(16%)、创伤后应激障碍等心理创伤现象(11%)等。此外,与社会断开联系的时间越长,就有受影响程度越深的倾向,甚至还有完全不具备学习能力和与他人社交能力的儿童。调查中还有许多人表示,这些孩子几乎所有时间都是一个人度过的,因此交流能力低下。调查显示出"消失儿童"无法走入校园、没有和他人交往的机会,在与他人的人际关系中苦苦挣扎的现状。

案例分析:日本"消失的儿童"的出现,让我们更清晰地看到,与社会的隔离,让人失去的不单是与社会交往的机会,更会导致认知、语言、道德、情绪情感、社会性发展等诸多方面的问题。儿童早期的社会交往对其终身发展起着重要的作用,无论是家长、教师还是社会都有责任采取措施积极促进幼儿社会性的发展,保证其身体、心理、社会性和谐发展。

(资料来源:调查称日本"与世隔绝儿童"学习及身体发育均滞后[EB/OL].环球网,http://world.huanqiu.com/exclusive/2014-12/5273793.html)

皮埃尔-约瑟夫·蒲鲁东在《人类秩序的创造》中这样写道:"人,不论他是否情愿,都是社会的必要组成部分,这并不意味着牺牲个人的自由,而意味着人要被社会化。"人区别于其他动物的主要特征,就是其社会性。每个人从呱呱坠地开始,就不再是独立的"自然人",而是不断进行着"社会化"的过程。0~6 岁是人生最初的阶段,是儿童社会化的重要时期。亲子关系、师幼交往、同伴交往等都是儿童社会特征获得的重要途径。其中,亲子关系作为学前儿童人生中最早出现的、与之最为密切的一种关系,对幼儿的发展起到不可或缺的作用。

一、学前儿童亲子交往概述

(一)亲子交往的概念

亲子关系存在于家庭关系中,它是指儿童与主要抚养者(主要是父母)之间进行的交往。它是儿童生活中最早出现的一种社会关系。

（二）学前儿童亲子交往的意义

相对于其他类型的社会交往，亲子交往是较频繁、较稳定、持续时间最长的交往类型，它对幼儿的发展起着重要的作用。

1. 有助于学前儿童安全依恋的形成

学前儿童的亲子交往产生于家庭，依赖于养育者的教养。父母亲尤其是母亲在幼儿的亲子交往发展中发挥着重要作用。良好亲子交往关系的形成，有利于婴幼儿安全依恋的形成，有助于其心理健康。

（1）亲密的亲子交往，有助于建立良好的母婴依恋

0～3岁是依恋建立的最佳时期，它对婴儿安全感的建立具有重要作用。婴儿时期，养育者若表现出对婴儿需求的高度敏感性，如饥饿时及时给予食物、孤独时及时给予安慰陪伴等，会帮助婴儿建立对父母和周围环境的安全感，获得信任感。大量研究指出，早期亲子交往的缺失对儿童的心理健康发展将产生无法弥补的伤害。如英国比较心理学家哈洛曾做过著名的恒河猴假母的实验，实验结果显示，婴儿的需求不仅是喂养，更倾向于与他人建立联结。同时研究也指出，早期被隔离的婴猴会产生异常的行为，如不能正常玩耍或交配，受到攻击时也不能自卫。鲍尔比还通过对失去依恋对象的儿童进行观察，研究他们与依恋对象的分离与后来的犯罪和心理障碍之间的联系。研究证实"5岁以前与母亲或母亲替代者长期或永久的分离是产生不良行为的最主要因素"。

（2）父亲与幼儿的亲子交往对幼儿的发展有举足轻重的作用

一直以来的研究都比较关注母婴依恋，对父亲在亲子交往中的作用往往不够重视。实际上，婴儿可以和父亲建立强烈的依恋，而且父亲和婴儿依恋关系的建立有利于其日后心理社会性的发展。Karine和Marrcoen关于父亲与婴儿亲子依恋的研究显示，与父亲有安全关系的幼儿比不安全的幼儿在同伴交往中表现出更少的焦虑和退缩行为。这都充分表明早期良好的亲子关系有利于儿童的安全依恋的形成并影响其今后的发展。

实践应用

上网搜索父亲与婴幼儿亲子依恋的相关研究，了解父亲在亲子依恋建立中的重要地位及作用。

资料卡片

恒河猴的假母研究

英国比较心理学家哈洛（Harry F. Harlow，1905—1981）做过著名的关于恒河猴的假母研究。他和同事们把一只刚出生的婴猴放进一个隔离的笼子中养育，并用两个假猴子替代真母猴。这两个代母猴分别是用铁丝和绒布做的，实验者在"铁丝母猴"胸前特别安置了一个可以提供奶水的奶瓶。按哈洛的说法就是"一个是柔软、温暖的母亲，一个是有着无限耐心、可以24小时提供奶水的母亲"。刚开始，婴猴多围着"铁丝母猴"，但没过几

天,令人惊讶的事情就发生了:婴猴只在饥饿的时候才到"铁丝母猴"那里喝几口奶水,其他更多的时间都是与"绒布母猴"待在一起;婴猴在遭到不熟悉的物体,如一只木制的大蜘蛛的威胁时,会跑到"绒布母猴"身边并紧紧抱住它,似乎"绒布母猴"会给婴猴更多的安全感,如图11-1所示。

哈洛在研究中还发现:婴猴在出生头两年如果被完全隔离,行为会变得极不正常。它再不像其他猴子一样玩耍或交配。当它受到攻击时,或者缩成一团,或者逃走,不能自卫,而且这种行为的损害可能是无法弥补的。

图11-1 实验中的小猴子

(资料来源:恒河猴母爱剥夺实验[EB/OL].心理学空间,http://www.psychspace.com/Psych/Viewnews-8047)

2. 有利于儿童身心健康的发展

亲密和谐的家庭环境是幼儿身心和谐发展的重要保证。优质的亲子关系有利于幼儿健康人格的形成。在良好的亲子交往中,父母能给幼儿良好的环境和正确的行为典范,从而保证幼儿的身心健康发展。关于母爱剥离的研究指出,经历过母爱剥离的婴儿成年后,更容易出现犯罪事件,或表现出精神失常的倾向性。

3. 有利于促进儿童交往技能的发展,获得良好社会品质

早期亲子交往的经验有助于儿童掌握必要的社会交往策略,习得良好的社会行为。在交往过程中,父母会不自觉地向儿童传授着多方面的社会知识、为儿童提供社会交往的模范,儿童通过模仿习得大量的社交行为,掌握各种社会交往技能,如分享、协商、合作等。同时在亲子交往的过程中幼儿将获得良好的社会品质,如尊敬长辈、关心他人等。这是诸多研究都证明了的事实。例如,社会心理学家赞-威克斯勒等人(C. Zahn-Waxler, M. Radke-Yarrow,1979;E. Maccoby,1982)的研究发现,在积极的母婴交往中,婴儿学会了关爱他人、谦让、合作、团结、同情、文明礼貌等社会行为,习得了最初的社会交往技能(如发起、维持交往、处理矛盾冲突等),积累了大量的社会交往经验。可以看出,亲子关系是以后形成诸多社会关系的基础,很大程度上影响了婴儿以后人际关系的形成和发展。

4. 亲子交往对儿童个性发展的影响

学前期是儿童个性形成的关键时期,不同的亲子交往方式对幼儿个性的形成和发展产生重要影响。美国著名的心理学家麦考比和马丁根据一些前人的研究,概括提出了家长教养方式的4种主要类型,即权威型、专断型、放纵型、忽视型。不同的教养方式体现出不同的亲子交往方式,对儿童个性的形成也产生着不同的作用。

权威型的教养方式中,父母对儿童的态度积极肯定,会对儿童的要求和行为做出反应,尊重孩子的意见和观点,鼓励他们表达自己的想法并参与讨论;他们对儿童提出明确的要求,并坚定地实施规则,对孩子的不良行为表示不快,而对其良好行为表示支持和肯定。这类教养方式下的孩子多数独立性较强,善于自我控制和解决问题,自尊感和自信心较强,喜欢与人交往,对人友好。

专断型的教养方式中,父母对儿童时常表现出缺乏热情的、否定的情感反应,很少考虑儿童自身的愿望和要求;父母往往要求孩子无条件地遵循有关的规则,但却又缺少对规则的解释,他们常常对儿童违反规则的行为表示愤怒,甚至采用严厉的惩罚措施。这种方式下教养的儿童大多缺乏主动性,容易胆小、怯懦、畏缩、抑郁,自尊感、自信心较低,不善与人交往。

放纵型的教养方式中,父母和权威型父母一样对儿童充满积极肯定的情感,但是缺乏控制。他们甚至不对孩子提出任何要求,而让其自己随意控制、协调自己的一切行为,对孩子违反要求的做法采取忽视或接受的态度,很少发怒或训斥、纠正孩子。这种方式下的孩子往往具有较高的冲动性和攻击性,而缺乏责任感,不太顺从,行为缺乏自制,自信心较低。

忽视型的教养方式中,父母对孩子既缺乏爱的情感和积极反应,又缺少行为的要求和控制。亲子间交往很少,父母对儿童缺乏基本的关注,对儿童的任何行为反应都缺乏反馈,表现出厌烦、不想搭理的态度。这种教养方式下的儿童也容易具有较强的冲动性和攻击性,不顺从,且很少替别人考虑,对人缺乏热情与关心。

> **实践应用**
>
> 选择你认识的幼儿家庭,观察父母与幼儿进行亲子互动的方式,分析其家庭教养方式并总结此种亲子互动的方式对幼儿所产生的影响。

5. 有利于促进幼儿的认知发展

父母作为幼儿的第一任教师,在良好的亲子互动中可以为幼儿的认知发展奠定良好的基础。父母在照料幼儿生活的过程中,不断引导幼儿观察和认识身边的事物,有目的性地创设丰富的环境帮助幼儿探索周围的世界,并在幼儿遇到问题的过程中引导幼儿解决问题等,这些行为对幼儿认知的发展起着不可或缺的作用(图11-2)。

图11-2 母亲在引导幼儿认识树叶

总之,与父母亲密亲子关系的建立,会让婴幼儿在人生的最初阶段获得积极的情绪情感体验,在交往过程中学会关心体贴他人、获得善良、同情、友爱等良好品质,在与父母的日常生活中获得认知上的发展及日后生活所需的社会交往策略与技能等,对幼儿的认知、社会、情感等发展都起着重要的作用。

二、学前儿童的依恋

(一)依恋的概念

依恋的概念最先由英国心理学家约翰·鲍尔比(John Bowlby,1907—1990)提出,是指个体与他人之间的一种强烈、持久且亲密的情感联结。这种联结倾向于寻求和维持某个特定对象的亲近关系,它起源于婴儿的生理性需求和社会交往的需要,是一种积极的情感联系。当这种情感联结断裂时,会对儿童今后的心理健康发展产生很大的影响。

（二）学前儿童依恋发展的阶段

关于依恋的发展阶段，不同研究者从不同角度提出了不同的阶段理论，这里主要介绍较有影响力的鲍尔比的依恋发展阶段理论。根据鲍尔比关于儿童依恋的发展阶段理论，可将儿童对母亲的依恋关系的发展划分为4个阶段。

1. 无分化阶段（0~3个月）

这属于婴儿的前依恋期，最大的特点是表现出对人的反应无差别。这个时期婴儿对母亲的反应方式和对其他人的反应方式还没有出现明显的差异，他们喜欢注视人脸，喜欢听人的声音。

2. 低分化阶段（3~6个月）

这是依恋关系的建立期。此阶段婴儿对人的反应已表现出差别性。他们开始识别熟悉的人和不熟悉的人之间的差别，而且其依恋反应（如微笑）开始明显地局限于自己熟悉的人，对陌生人和母亲表现出不同的反应，这时母亲常常成为最主要的依恋对象，婴儿更倾向于依偎、亲近母亲。

3. 特殊的情感联结阶段（6个月~2岁半）

这是依恋关系的明确期，幼儿逐渐表现出对依恋对象深切的爱恋和依赖，他们会建立对特定个体的依恋。当母亲离开的时候，会表现出焦虑甚至哭闹。为了促进和依恋对象的接触和亲近，他们还开始调整自己的行为去适应成人的行为，以便能更好地和成人进行双向交流。此阶段幼儿对生人开始表现出警惕，"认生"现象较为明显。

4. 目标调整的伙伴关系阶段（两三岁以后）

这个阶段，儿童对母亲不只是单纯的依恋，而是逐渐能表现出对养育者情感的理解，开始考虑养育者的兴趣与需要，并不断调整自己的情绪和行为反应，与母亲的关系从单纯的依恋关系发展成为合作的伙伴关系。如能够理解母亲的暂时离开，不大哭大闹。又如当发现母亲情绪不好时，减少自己的要求，显得更加听话顺从等。

📋 资料卡片

母婴依恋与陌生人焦虑

母婴依恋是指婴儿与母亲间的感情联结。表现为婴儿努力寻求并企图保持与母亲身体的密切联系。具体表现为婴儿注视、追踪母亲，对着母亲微笑、哭叫，要母亲拥抱等行为；与母亲在一起，接近母亲就会感到愉快、舒适，同母亲分离就会感到痛苦；遇到陌生人或到一个陌生的环境就产生恐惧、焦虑，一旦母亲出现就能使他得到安慰。

母子形成依恋情绪是孩子心理正常发育的必要条件。依恋情绪会使孩子有安全感，具有探索世界的好奇心和创造力，长大以后的独立性更强。所以，母亲要充分抓住与孩子建立依恋的好时机。

虽然母子依恋关系形成于6个月至2岁这个时期，但6个月以前是母子依恋形成的铺垫期，所以不能忽视6个月前母亲对孩子的关心和照顾。当孩子出生后母亲应精心地照顾他，以满足孩子的生理需求。同时母亲应多用充满爱的眼神和孩子交流，给孩子微笑、亲吻和爱抚，让孩子通过感知觉充分地体验到母亲的爱，这就是建立母子依恋的过程。

孩子有了被爱的经历，长大后才会爱人，爱社会，友好地与他人相处。缺乏母亲关爱的孩子无法建立母子依恋，常常造就孤僻的性格。这种孩子胆小、多疑，很难与人相处。

（资料来源：刘新学，唐学梅.学前心理学[M].北京：北京师范大学出版社，2011）

（三）依恋的类型

常用的评价依恋类型的方法是"陌生情境"的技术。美国心理学家玛丽·艾恩斯沃斯（Mary Dinsmore Salter Ainsworth）采用陌生情境测验，研究婴儿与母亲的依恋关系类型。该研究在一间观察室进行，室内划分为三块，分别是儿童、母亲和陌生人，各摆上一把椅子，在儿童的椅子周围摆上一些玩具，如图11-3所示。同时设置一个陌生情境，大体包含8个片段（Episode），见表11-1，选择10~24个月的婴儿为实验对象，在不同的情境中观察儿童的反应，从而判断儿童依恋关系的类型。

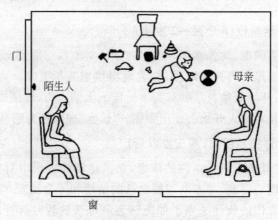

图11-3　陌生情景布置

表11-1　陌生情境实验的8个片段

片段	在场人物	持续时间	情　　境
1	母亲、婴儿和实验者	30秒	实验者告诉母亲如何放置婴儿以及应该坐在哪里后离开。需要的话，实验者告诉婴儿可以开始玩玩具
2	母亲、婴儿	3分钟	母亲不主动与婴儿互动，但可对婴儿的行为做出反应
3	母亲、婴儿、生人	3分钟	陌生人进入房间，静坐一分钟，与母亲交谈一分钟，主动与婴儿交谈或玩一分钟
4	婴儿、生人	3分钟以下	母亲离开，陌生人让婴儿自己玩，如果婴儿需要安慰，陌生人就过去安慰，如果婴儿哭得厉害，可早点结束这个情境
5	母亲、婴儿	3分钟以上	生人离去，母亲回来。如果婴儿需要安慰，母亲进行安慰；如果婴儿玩玩具，母亲就坐在椅子上；如果婴儿非常难过，这个情境可以延长
6	婴儿	3分钟以下	母亲再离去，让婴儿独处，如果婴儿哭得厉害，这个情境可以缩短

续表

片段	在场人物	持续时间	情境
7	婴儿、生人	3分钟以下	生人进来与婴儿打招呼,如果婴儿正常,就坐在椅子上,如需要安慰则安慰,哭得太厉害就缩短情境
8	母亲、婴儿	3分钟	生人离去,母亲回来,抱起婴儿,如果需要则安慰婴儿,如果婴儿想玩,就让婴儿重新去玩

(资料来源:秦金亮,王恬.儿童发展实验指导[M].北京:北京师范大学出版社,2013)

艾恩斯沃斯根据孩子在不同情境中对母亲和陌生人的反应,将孩子分成安全型、焦虑—回避型和焦虑—矛盾型,并且认为,这些孩子长大成人并建立人际关系时,这些特点仍会显露出来,即婴儿身上发现的不同依恋类型也会适用于成人。

1. 安全型(Securely Attached)

安全型的婴儿在与母亲分离前,对实验室及玩具表现出兴趣并积极探索。与母亲在一起时,能愉快地玩玩具,不总是依偎着母亲,当母亲离开后,会表现出沮丧忧伤,当母亲回来后会立即接近母亲寻求抚慰,在母亲的安抚下能快速平静下来。对陌生人的进入也没有表示出不安全感。

2. 焦虑—回避型(Insecurely Attached:Avoidant)

回避型婴儿对母亲在场或离开都无所谓,与母亲分离时不哭,与母亲重聚时也回避或无视母亲的存在,只关注环境与玩具,自己玩自己的,对母亲疏远、冷漠。这类婴儿与母亲之间并未形成特别亲密的感情联结。

3. 焦虑—矛盾型(Insecurely Attached:Ambivalent)

此类型的婴儿时刻警惕母亲离开,在母亲还未离开之前就表现出担心和紧张,对玩具少有探索兴趣。对母亲的离开极度抗拒,一旦分离就开始大哭。但母亲回来时,既寻求与母亲接触,又反抗母亲的安抚,母亲的安抚也不能让其平静下来,表现出矛盾的态度。对陌生人表现出抗拒不安全感。

> **实践应用**
>
> 利用艾恩斯沃斯陌生情境测验的方法,模拟选择一个幼儿,让其母亲带其去一个陌生的环境,母亲短暂离开,观察幼儿的反应。尝试判断幼儿的依恋类型。

(四)依恋类型对儿童后期行为的影响

婴儿早期依恋的建立,是其社会性发展的基础,早期依恋的性质对儿童后期甚至人生的发展会产生巨大的影响。大量研究表明,婴儿对母亲的依恋与孩子的认知、情感和社会行为的发展有着密切的关系。

1. 早期依恋对认知的影响

不同依恋类型的幼儿在不同的情境中会表现出不同的行为。1978年马塔斯(Matas)等人曾对12个月和18个月的儿童的依恋类型进行了评定,在他们2岁时,将他们置于有关工具应用的问题情境中,以揭示早期依恋类型与以后发展的关系。结果表明,安全型依恋的儿童对问题表现出好奇和探索的倾向,遇到困难时较少出现消极情绪的反应,也会适当地请求帮助。焦虑型依恋的儿童面对问题则表现出失望、发脾气等,合作性、坚持性都较差,也极少求助于成人。也有研究指出父亲与儿童良好的亲子关系和儿童的攻击性行为呈负相关,与儿童的学业成绩、社会技能等呈正相关。由此可见,儿童依恋的性质在一定程度上会影响儿童的认知活动。

2. 早期依恋对情感的影响

婴儿早期安全型依恋的形成,会让婴儿出于对他人信赖、有安全感和稳定的情绪状态。反之,若不能在早期形成安全型依恋,将可能成为一个情绪不稳定和对环境不信任的人。如著名心理学家埃里克森的心理社会发展理论认为0~1岁是婴儿人格发展中信任与不信任的矛盾冲突阶段,如当婴儿饿了、冷了或尿湿了时,就要求父母高度敏感并对婴儿的需求及时给出反应,否则容易引起婴儿的不信任感。若这一时期这对矛盾没有解决好,儿童将会缺乏对人的信任,将来成年后也可能很难信赖他人。更严重的是,若婴儿过早离开父母,将会造成更坏的影响。如1951年鲍尔比和同事在关于一些过早离开父母的婴儿状况的研究报告中指出,这些婴儿不能很好地与人相处,退缩逃避。鲍尔比由此得出了这样一个结论:"可以确信心理健康最基本的东西是婴幼儿应当有一个与母亲(或一个稳定的代理母亲)之间温暖、亲密的连续不断的关系。在这里,儿童既可找到满足,又可找到愉快。"他认为,如果个体及时获得安全型依恋,便会感受到爱、安全、自信,并会从事探索周围环境、与他人玩耍以及其他交际行为,反之,如果儿童感觉到不被关注,就会产生焦虑情绪,如果长期处于这种无助的情境之中,儿童就会体验到失望与抑郁,并产生许多行为问题和心理障碍。

3. 早期依恋对社会行为的影响

早期依恋对幼儿的社会行为也会造成影响。婴儿期对父母形成安全型依恋的幼儿在幼儿园通常会有较强的社会能力和良好的社会关系。有研究认为,安全型依恋的儿童与其他儿童相比更有可能在学步期、学前期和小学阶段,在同伴中展示出社会交往行为,相比较之下,焦虑—回避型依恋的婴儿则表现出有更多敌对的、愤怒的、侵犯的行为。这是因为,早期依恋关系导致儿童对同伴的期待,有安全依恋经历的儿童会期待与同伴的互动并积极发起交往,这样的社会行为也容易得到正面的回应,从而产生积极的社会交往行为。而有不安全依恋经历的儿童(如家庭中的不良关系)则可能导致这些儿童在与同伴的交往中变得孤立或者充满敌意,从而更加不被同伴接受和认可。所以,早期依恋关系的性质决定着儿童对自我和他人的多方面的认识,对幼儿的社会行为、交往能力等都会产生重要的影响。

三、影响学前儿童亲子交往的因素

影响学前儿童亲子交往的因素是多方面的,既有来自社会经济文化的因素,也有家庭环境、父母儿童本身的因素,各因素共同作用影响着亲子交往的方式。

1. 经济文化因素

不同地区经济发展水平不同,并存在着特定的文化或宗教信仰。经济文化作为一个大环境,影响着父母的社会地位、经济收入及教育理念等,从而反映到父母与幼儿的交往过程中。经济水平较低的家庭,父母可能会更多关注孩子的物质条件而忽视孩子的精神需求。教育理念开放的国家会允许幼儿个性的发展,较为传统的文化则要求儿童更多地顺从。例如,在中国文化中,家长是家庭的权威,处于核心的领导地位,家庭生活中孩子则很少有发言权和参与权,中国父母更强调培养听话懂规矩的孩子。而美国文化中,父母允许幼儿参与家庭决策,允许幼儿自由选择,鼓励幼儿独立解决问题,更注重幼儿个性的发展。

2. 家庭教养方式

家庭教养方式是影响亲子交往的重要因素之一。教养方式不同必然导致亲子交往方式的差异。权威型的教养方式中父母以积极肯定的态度对待孩子,对待孩子的错误也有原则性,亲子交往民主和谐有序;专断型教养方式中父母经常忽视孩子的需求,对孩子的态度较为排斥,管教严格,家长过于专断独行,形成的是较冷漠的亲子关系。放纵型的教养方式中家长对幼儿放任自流,易导致混乱的亲子关系。

3. 父母与儿童自身的因素

首先,父母的受教育水平会影响亲子交往方式。一般来说,受教育水平较高的家长更关注科学的育儿知识和育儿方式,能形成较好的亲子交往关系;其次,父母的性格特质也会影响亲子关系。父母的性格气质会影响家长的育儿态度,如耐心温和的养育者愿意花更多的时间与孩子游戏、相处,对儿童的需求会给予更多的关注,容易建立和谐的亲子关系,而急躁粗心的养育者则容易忽视幼儿的需求或对幼儿提出过高的要求等,导致不和谐的亲子关系。另外,父母的婚姻关系也会影响亲子关系,父母和谐的婚姻关系有利于良好亲子关系的建立,而经常争吵或离异、重组家庭等都会让幼儿产生消极情感,导致亲子关系不融洽。

此外,研究发现,儿童早期的性格气质、活动水平等也会影响亲子关系的发展。例如,性格较为温和、容易照料的幼儿,与母亲的关系会更融洽,容易形成亲密的亲子关系,反之,比较难照料、易哭闹的幼儿则较难引起母亲对他的依恋。所以,对父母来说,应该根据孩子的气质特点,寻找合适的养育方式,并以此来调整亲子关系。

✦ 案例放送

A幼儿所处的家庭是权威型的教养方式,父母对A的教育通常采用协商和鼓励的方式。A走路摔跤的时候,爸爸妈妈通常不会去扶幼儿,但妈妈会在旁边说:"我的宝贝真勇敢,摔倒了不但不哭,还能自己站起来。"在摔得不严重的时候幼儿都会欣喜地爬起来。当幼儿要求购买和家里同类型的玩具时,爸爸会和幼儿进行谈判,买也可以,但其他东西就不能再买了。A要自己做选择。在A幼儿家,亲子关系非常和谐。

B幼儿所处的家庭是专断型教养方式。对B幼儿来说,如果自己因为不小心摔跤,那一定会引来父亲的一顿责骂:"你怎么这么笨,走路都不会走!"一次,因为没有拿稳饭碗,碗掉在地上打碎了,B被狠狠地责骂了一顿,以后每次吃饭,B总是小心翼翼的。幼儿在家里面对父母尤其是父亲时总是战战兢兢的。

第二节　学前儿童的师幼交往

✦ 案例放送

你理想中的师幼关系是怎样的？每个人对幼儿都有自己的理解,有人把他们比喻为世间的花朵、天使、阳光,认为我们应该呵护关爱他们,引导推动他们的发展。下面呈现的是笔者任教班级的学生用歌曲《隐形的翅膀》改编的一首体现他们理想中师幼关系的歌词。

希望的翅膀

每一次	我终于看到
都有那么多的为什么	世界万物多美妙
每一次,就算没答案	追逐的脚步声音多嘹亮
也会去寻找	我终于知道
我知道	勇敢面对不害怕
你一直好奇世界的变化	若想要知道
我和你,一起探讨	就去寻找吧
为什么天空会有美丽的彩虹	希望的翅膀
为什么每天的夕阳都会有变化	陪你慢慢成长
我知道	留一个愿望
你一直好奇世界的变化	给自己想象
我和你,寻找答案	

案例分析:歌词虽不甚完美,却体现了这些未来的准幼儿教师们对美好师幼关系的期待。幼儿教师与幼儿之间不仅是师生关系,其还应该扮演多种多样的角色:是爱孩子的妈妈,是孩子在幼儿园的陪伴者,也是了解幼儿并支持他们去探索去发展的伙伴……但现实中,并不都是美好的师幼关系,让人痛心的幼师虐童事件也频频发生。这不禁让我们思考,作为师者,要与幼儿建立怎样的关系?如何去建立优质的师幼关系?

一、学前儿童的师幼交往概述

学前儿童进入托幼机构后,他们的生活范围不再局限于家庭,对幼儿来说,父母也不再是唯一的权威,教师将成为幼儿的另一个权威对幼儿产生重要影响。教师通过幼儿园一日活动中的各个环节,如游戏活动、教学活动、生活活动等对幼儿的身心、认知、社会性发展等方面施加影响,建立优质的师幼关系对幼儿的发展有重要意义。

(一)师幼交往的概念

师幼交往指在幼儿教育机构中教师与幼儿之间的交往,是教师与幼儿不同形式的互动关系。幼儿进入教育机构后,教师取代家长成为主要教育者,在幼儿园的一日活动中通过不同的活动与幼儿进行着各种形式的交往互动,扮演着多样的角色。如在生活活动中,教师扮演着母亲的角色,照料幼儿的生活;在集体教学活动中,教师扮演教育者的身份,为幼儿传授知识和经验;在游戏活动中,教师又扮演着幼儿的伙伴与幼儿一起游戏,并引导幼儿发展。可见,幼儿教师以多样的角色身份与幼儿进行着多种形式的互动。

(二) 师幼交往的特征

师幼交往具有一般人际交往的共同特点,但师幼关系产生于教育机构,交往主体是教师与幼儿,这使得师幼关系具有区别于亲子交往、同伴交往的特点。庞丽娟等人关于师幼交往的研究结果显示,师幼交往主要有以下基本特征。

1. 教育性

师幼交往产生于幼儿园,教师与幼儿的关系是教育者与被教育者的关系,教师与幼儿交往的主要目的就是促进幼儿多方面的发展,期望通过多种形式的交往互动获得一定的教育效果。因此,教师在选择与幼儿交往的内容、交往的方式上都具有很强的教育性。如教师通过一日活动中的生活活动、游戏活动和教学活动等不同情境中的指导促进幼儿身体、认知、社会等方面的发展。教育性是师幼互动的首要特征。

2. 交互性和连续性

教师与幼儿的交往是双向互动的。在师幼交往中,幼儿和教师双方都要根据彼此的要求或需要调整自己的行为,以构建和谐师幼关系。而且这种互动的关系是持续不断的,它不仅在当时对交往双方产生影响,还会对其之后发展产生作用的。

3. 网络性

师幼交往的网络性指师幼双方交往的影响和作用不只局限在交往的当时和交往的彼此。从横向来说,师幼的互动会影响其他教师和幼儿与该幼儿的交往,如某教师尤其喜欢某个幼儿,就会在集体中对该幼儿表现出较多的赞赏和喜爱,其他教师和幼儿受其影响也会较多地与该幼儿进行积极的互动;从纵向来说,师幼之间的互动还会影响幼儿以后与其他人的社会交往。

4. 非一一对应性

在幼儿教育机构中,师幼之间的交往大部分不是一一对应的,往往是一个教师面对多个幼儿。这充分利用了教师资源,提高了教育影响的辐射面积。但非一一对应的师幼交往也可能造成师幼交往的不充分,教师在师幼互动过程中要注意关注到全体幼儿,要顾及和平衡与每个幼儿的交流。

5. 组织化与非正式化结合

师幼交往具有明显的组织化特征。教师与幼儿的交往通常是为了完成特定的教育目的、有意识地去开展的。教师一般会有明确的目的,选择预设好的内容,在一日活动中通过教学活动、游戏活动等形式开展和幼儿的互动,完成对幼儿知识和技能的传授。与此同时,非正式化的师幼交往也补充着组织化的交往形式。师幼之间在幼儿园教育活动的间隙、幼儿园之外也进行着一些非正式的交往。这种交往虽目的性不强,却较为灵活,有利于教师与幼儿的及时交流和师幼之间感情的充分发展,对幼儿的行为、情感、人格等方面的发展也能产生重要影响。

6. 系统性和综合性

师幼之间的交往不是单个交往对象个性特征的总和,而是综合了各种交往要素的系统,师幼交往双方的交往技能、交往经验、对互动的反应方式等都会影响师幼互动的效果。

(三)师幼交往的意义

学前儿童进入幼儿教育机构后,开始了有别于与父母关系的师幼关系。对于幼儿来说,教师是具有权威性的对象,教师与幼儿互动的形式和效果影响着幼儿的发展。良好的师幼关系能促进幼儿各方面的发展。

1. 能促进幼儿对幼儿园生活的适应

幼儿最初入园,必然会对陌生的环境产生排斥感,会表现出严重的入园焦虑。面对入园焦虑的幼儿,教师若能像母亲一样亲切抚慰幼儿,或者组织有趣的游戏活动,引导幼儿与同伴互相熟悉并建立积极的同伴关系,帮助幼儿消除陌生环境带来的恐惧感,建立对幼儿园的安全感,则能有效缓解幼儿的入园焦虑,帮助幼儿尽快地适应幼儿园。

2. 有利于幼儿身心健康的发展

幼儿园一日的保教活动由教师组织实施,幼儿的身心发展都依赖于教师的管理。教师若能按照幼儿的身心发展特点组织活动,尊重幼儿的兴趣爱好和天性,给幼儿充满爱心、耐心的环境氛围,那么幼儿则能情绪积极地参与活动,身心得到良好发展。相反,若师幼关系紧张,幼儿会时刻处于紧张的心理状态下,有损身心健康。

3. 有利于促进幼儿社会性的发展

在师幼互动的过程中,教师以各种方式影响着幼儿的社会交往,对幼儿的社会性发展产生着正面或负面的影响,优质的师幼关系能促进幼儿社会性的发展。

首先,教师的社会性行为会被幼儿模仿。在幼儿园中,教师是幼儿模仿的主要对象,教师的很多行为会潜移默化地影响幼儿,幼儿会习得教师的某些行为。如果教师呈现的都是正面的社会行为的榜样,则幼儿会习得好的社会行为。如在幼儿哭泣时,教师给予关爱的示范并引导其他幼儿学会同情关心他人;在玩玩具时引导幼儿学会分享等。一个注重幼儿社会性发展的教师,会在幼儿园一日活动中的各环节给幼儿渗透亲社会行为及良好社会品质的培养。反之,教师不当的社会行为,如不遵守社会规则、不友善等也会被幼儿模仿。作为幼儿的模仿对象,教师应尽量避免出现不当的社会行为。

其次,教师积极的引导能促进幼儿同伴之间的社会交往。幼儿教师作为一个班级的中心,他的权威会影响幼儿交往能力的高低,影响幼儿对同伴的选择及同伴互动的方式等。一般来说,经常受到教师表扬的幼儿容易得到其他幼儿的认可,其同伴关系的建立和发展也较为容易;反之,在集体中经常受到教师批评的幼儿也容易受到其他幼儿的排斥,同伴关系的建立较为困难。

童真童趣

当一个善良的人好不好

然然：陈老师，我跟你说某某老师跟我阿婆说的，人不能太善良，太善良了别人会欺负你的，要有一点点坏才行。

凯丽老师：然然，我们还是要做一个善良的人，不一定要坏，但是一定要聪明。

（我觉得然然的这种说法也挺有意思的，就在班级里开了一次讨论会。）

凯丽老师：孩子们你们觉得当一个善良的人好不好？

（全部都说好。）

凯丽老师：那你们觉得当一个太善良的人好不好呢？

（一开始全都说好，几秒钟过去后有的孩子不同意。）

皓男：当一个太善良的人就不能得第一了。

苗苗：当一个太善良的人喜欢管别人的事情，有的时候会帮倒忙。

珂：一个人做错事情的时候，善良的人跟他说了，他才能变好。

凯丽老师：你们说的都很好，我的观点是，我们要当一个善良的人，善良的人是快乐的。但是我们也要当一个聪明的人，不能被别人欺负。这并不是说我们为了不被别人欺负就要变得有一点点坏，聪明想办法很重要哦。

二、师幼交往的类型

关于师幼关系的类型，不同研究者从不同维度对师幼关系进行分类，如布罗菲(Brophy,1994)从教师角度出发将师幼关系分为亲近型、关心型、漠不关心型、拒绝型。柳淑玲(1991)结合教师的个性特征，从教师指向幼儿行为的角度将师幼关系分为严爱型、慈爱型、一般型。姜勇和庞丽娟(2004)通过对105名幼儿教师的师幼交往关系进行调查，从师幼交往的目的、内容、情感性、敏感性、宽容性、交往方式等维度进行探究，将幼儿园的师幼关系分为以下4种类型，见表11-2。

表 11-2　师幼关系的类型

类型	表现
民主型	教师与幼儿之间建立非常亲密的关系，教师关心、照顾幼儿，表现出较多的耐心，关注幼儿的兴趣需要，重视与鼓励幼儿的全面发展，幼儿对教师建立起信任感与较强的依恋
开放学习型	教师重视幼儿知识的获得，但鼓励幼儿自我发现和自主探索
灌输型	教师偏重知识的传授，较少根据幼儿的实际情况调整教学内容，给幼儿自主探索的空间少
严厉型	教师缺乏对幼儿的情感支持，较冷漠，教师表现出较少的耐心，较多批评责骂幼儿，态度比较生硬，师幼关系比较紧张

三、优质师幼关系的特征

1. 互为主体性

在以往的师幼关系中,人们往往习惯将教师当作交往的主体,而幼儿是交往的客体,在师幼互动中幼儿往往处于被教师支配和控制的地位,这是对师幼交往地位不正确的认识。新型的师幼关系应该是互为主体性的人际交往关系,教师和幼儿同为交往的主体,交往中双方互相尊重,以平等的地位进行互动。

2. 互动性

优质的师幼关系还应该具有互动性,能充分体现交往的相互性和双向性,教师和幼儿之间能形成真正意义上的对话和交流。幼儿和教师能在宽松愉悦的环境中自由、真诚地交流,使交流能达到真正的沟通和相互理解的效果。

3. 民主性

民主性的师幼关系指在师幼交往中教师能真正把幼儿当作具有平等人格的人来对待,尊重与倾听幼儿的想法,关注他们的兴趣爱好,包容他们发展过程中的不成熟并以促进幼儿的发展为活动指向,而不是一味地以权威方式进行管教,让幼儿在互动中没有话语权。

4. 分享性

优质的师幼关系不是单方面的"教师传授,幼儿接受"的关系,而应该是教师与幼儿在知识、经验、情感等各方面的双向分享,教师与幼儿在互动过程中双方都能获得反馈并促进彼此的发展。

5. 激励性

优质的师幼关系还应该有较高的激励性质,师幼互动中,教师与幼儿的不同观点、不同见解可以相互碰撞,不同信息的碰撞既能激发幼儿的思考,促进幼儿的探索与发展,又能引起教师的不断反思,从而不断提升自己的专业素养,形成更有利于彼此进步的互动形式。

童真童趣

下午在班级里开了主题班会"陈老师发火的那些事儿"。

凯丽老师:陈老师发火的时候像什么?

珂:像一只兔子跳了起来。

某幼儿:像一只大老虎。

涵芊:不发火的时候像一只温柔的兔子,发火了像大老虎。

俊泽:像一只豹子。

党政:像一条蛇。

凯丽老师:为什么陈老师要发火,你们说说我会因为什么事情发火呢?

(齐声:我们打架,我们大声地说话……)

凯丽老师：发火其实很不好，让人变难看，那我们一起来想个办法让陈老师不发火，好不好？

（三三两两地说：我们不打架了，我们上课的时候不大声说话了……）

苗苗：我们会乖的。

凯丽老师：好的，你们是世界上最棒的宝贝，老师相信你们，老师对你们只有一个要求：要学会倾听，学会用眼睛看周围的一切。以后老师每发一次火就记下来，大家一起来让老师发火的次数越来越少哦！

结束之后，雪来到我身边：陈老师，你每次发火的时候脸都变成红色了。

涵芊：陈老师，不要发火了，要不然以后会长青春痘的。

四、师幼关系发展的影响因素

影响师幼关系发展的因素是多方面的，既有来自幼儿方面的因素，也有来自幼儿家庭及教师的因素，多种因素共同作用影响着师幼关系的发展。下面具体从幼儿、教师、家长、外界环境几个方面进行分析。

（一）与幼儿有关的因素

研究显示，幼儿的性格气质、身体特征、能力等因素都会影响师幼的交往。

1. 幼儿的性格气质

国外的研究表明，影响师幼互动的第一位因素是幼儿自身所具有的特征。一般来说，开朗、外向且行为积极的幼儿受到教师的关注与反馈的机会最多，而内向、不爱表现的孩子得到的关注及反馈最少，这就影响了教师与之互动的频率与效果。

2. 幼儿的长相

通常教师会对那些长相符合自己喜好的幼儿有更多的良性互动，而对那些不符合自己喜好的幼儿则较为忽视。

3. 幼儿的能力

独立生活能力、社会交往能力、认知发展能力较强的幼儿更能得到教师的青睐，从而与教师会有更多的良性互动。

（二）与教师有关的因素

1. 教师的教育观念及受教育水平

教师受教育程度是教师专业素质水平的一个重要体现。理论素养较高的教师会秉持科学的儿童观、教师观和管理观念，以儿童为本，平等对待每一位幼儿，并根据幼儿的发展特点来组织相应的活动与幼儿互动。在与幼儿互动的过程中更多扮演的是支持者、合作者、引导者的角色，而不是一味地管教与束缚幼儿。

2. 教师的期望

在师幼互动过程中，教师对集体中的每个幼儿都会形成一个总体印象，并对幼儿产生一定的期望。不同期望则会影响教师对不同幼儿采用各异的方式进行互动,也影响了幼儿对教师的反馈方式。如一个对幼儿期望较高的老师,会对幼儿提出严格的要求,当幼儿不能完成时,教师可能采取严厉的方式进行回应。

(三)与家长有关的因素

师幼的互动与家长也有紧密的关系。家长的受教育水平、素质和教育观念等都会影响幼儿的发展,影响教师对待幼儿的教育态度和教师的积极性。家长如果积极参与配合幼儿教师的工作,教师与该家庭幼儿的互动效果会更好。

(四)与环境有关的因素

幼儿园的班级规模、师幼比例和环境创设也会对师幼关系产生影响。如果班级规模太大,会导致教师心有余而力不足,会导致教师以快速简洁的方式处理幼儿的问题,如对幼儿的好奇、疑问简单回答,或更多关注对幼儿的常规管理,忽视幼儿的情感需求。

实践应用

(1)进入幼儿园与幼儿谈话,了解并讨论"幼儿最喜欢的教师具备的特征"。

(2)在幼儿园的见习、实习活动中,认真观察与记录幼儿教师与幼儿互动的方式,判断师幼交往的类型,指出师幼交往存在的问题并对如何改善师幼互动关系提出针对性的策略。

第三节 学前儿童的同伴交往

✦ 案例放送

小美和俊凯在建构区玩"别墅设计师"的游戏,小美要搭一个大大的游泳池,她把公共材料区所有半圆形的积木块都拿到了自己旁边,可是正在搭花园的俊凯也需要半圆形积木块,于是他开始指责小美抢光了半圆积木,并试图夺几块过来,小美不甘示弱护住积木并说道:"我先拿到的就应该是我的!"两人为此争论不休,就在这时,站在旁边的卡卡说道:"你们为什么不一起搭一个又有游泳池又有花园的大别墅呢?"在卡卡的建议下,小美和俊凯达成了一致的意见,三人搭起了一栋"豪华明星别墅"。

案例分析:在幼儿的同伴交往过程中,由于幼儿往往以自我为中心,较难从他人角度考虑问题,而且因为社会交往技能和社会交往经验不足,在集体生活中,幼儿常常会因为各种事件产生交往冲突,冲突的产生既可能成为发展幼儿社会性的契机,也可能对幼儿的同伴交往产生负面影响。所以,关注幼儿的同伴交往,了解幼儿同伴交往的特点,有助于对幼儿良好同伴关系的建立提供指导性策略。

一、学前儿童的同伴关系概述

(一) 同伴关系的概念

同伴关系指年龄相近或相同的儿童在交往过程中建立和发展起来的一种人际关系。它是幼儿发展过程中必不可少的交往形式之一,在促进幼儿的社会适应上具有成人无法取代的作用。同伴交往对幼儿的社会性发展、社会性知识的获得、社会交往策略的获得等方面具有重要的作用。

(二) 同伴关系的特点

与亲子关系、师幼关系相比,同伴关系表现出不一样的特点,主要体现在3个方面。首先,它作为一种同龄人之间的交往,具有平等性。幼儿之间在年龄、心理发展水平、能力、地位上都较为接近,而亲子交往、师幼交往中家长和教师往往是互动发起的权威,只有在同伴交往中幼儿的社会交往才具有真正意义上的平等。其次,幼儿的同伴关系具有自由性。幼儿之间的同伴交往通常在幼儿园进行,在众多的幼儿中,幼儿可以自由选择同伴,自行建构自己的同伴群体,可以自由决定开始或结束交往关系。他们之间的交往没有权威或地位的限制,幼儿之间的交往是自由的。最后,幼儿的同伴关系还具有高参照性。在群体中,幼儿进行比较时,多是以同伴群体作为对象。同伴群体的言行会成为幼儿模仿的范本,幼儿参照他人的行为不断调整自己的言行方式,使自我的形象容易得到同伴群体的接受和认可。

二、同伴交往对学前儿童发展的作用

同伴交往对学前儿童的心理发展有极大的促进作用,它不仅能促进幼儿的社会性发展,对幼儿的认知发展、情绪情感发展等方面都有重要的意义。

1. 有利于幼儿社会性的发展

在同伴交往的过程中,幼儿双方平等的地位是交往顺利进行的保证。交往中的幼儿双方不能一直处于被动或主动的地位,而是要不断地发起或维持双方之间的互动。当其中一方发出交往的行为或信息时,另一方要进行回应。双方不断地接收和交流信号,并不断调整自己的行为过程,由此不断习得社会交往技能与策略。幼儿还可以在同伴群体中通过观察学习新的社会交往手段。

> **实践应用**
> 观看幼儿园纪录片《成长的秘密》,分析同伴交往如何促进幼儿的社会交往能力的发展。

2. 有利于幼儿自我意识的发展

群体是自我概念形成的最佳场所。学前期是儿童自我意识建立与发展的重要时期,除了家长和教师的评价会对幼儿自我意识的建立产生影响之外,同伴交往更是为幼儿提供了一个重要的参照标准,他们会在群体中相互比较,如"我比你高"、"我跑得比你快"、"我球扔得比你远"等。同伴的言行会成为幼儿的比较对象,为幼儿建立自我评价提供了参照标准,能帮助幼儿更好地在群体中认识自己,为幼儿自我概念的形成奠定基础。

3. 有利于幼儿获得积极的情感支持

同伴交往还有利于幼儿获得积极的情感支持。在幼儿园中,幼儿一起生活一起游戏,使幼儿在集体生活中处于愉悦放松的情绪状态。同伴之间还建立起友谊,当遇到困难时,同伴之间相互关心,共同帮助,这能帮助幼儿克服困难,快速平复心情。

4. 有利于幼儿的认知发展

每个幼儿的生活经验和认知发展水平各不相同,即使是同一年龄的幼儿,也在学习方式、认知水平、社会经验、问题解决能力等方面表现出极大的差异。当幼儿在集体中产生互动时,会因为各自的差异性导致认知冲突,这就为幼儿提供了相互讨论、共同探讨的时机。在解决冲突的过程中,幼儿的认知水平、思维方式、解决问题的能力等都得到了不同程度的提高。

✦ **案例放送**

今天的小超市生意很好,来了很多顾客。天天今天扮演的是收银员,他早早就站在收银机旁等待为小顾客们服务。第一个挑好一篮子商品的是安安,只见他手里拿着10元钱,对收银员嚷着"快帮我看看要多少钱呀",收银员天天拿过篮子开始认真地清点商品的数量和价格,"娃哈哈2块、苹果1块、饼干3块、一个玩具5块,一共是12块,你要给我12块钱"。安安递过来10块钱,收银员说:"不对不对,12块钱,你这里才10块,不够的。""可是怎么办,我只有10块钱,你就卖给我吧。""不行。"收银员坚持。这时一直站在后面等待结账的轩轩说:"不对,收银员你算错了,他买的4个东西不是12块钱。"面对轩轩的质疑,三人又重新计算了一遍,最后确定是11块钱,可是安安的钱还是不够付。在安安和轩轩不知如何是好的时候,天天提出:"不然你少买一样吧,这样你的钱不就够了吗?"于是安安开始挑,最先拿出的是3块钱的饼干,找好钱之后,安安发现两块钱还可以再买一样东西,于是又跑到购物区挑商品。

案例分析:在角色扮演游戏中,幼儿对所买商品该付多少钱产生了认知冲突,在同伴的相互质疑与协商中幼儿的数概念和解决问题的能力得到了进一步的提升。

三、学前儿童同伴交往的类型

在幼儿的相互交往过程中,每个幼儿被同伴接纳的程度和受欢迎程度都是不一样的。有的幼儿能成为集体的"中心",身边有众多跟随者,也有的幼儿形单影只,总是受到其他幼儿的排斥。幼儿在交往中体现出不同的社会交往类型。庞丽娟(1991)采用"现场提名法",对4~6岁儿童同伴交往的类型进行研究,她认为幼儿社会交往的类型可分为以下4种。

1. 受欢迎型幼儿

根据目前的研究发现,受欢迎的幼儿得到较多的正提名和较少的负提名。他们长相好,卫生洁净,能力强,开朗活泼,喜欢且善于与人交往,经常表现出友好、积极的交往行为,因而受到大多数同伴的喜爱,在同伴中享有很大的号召力和很高的地位。一般来说,受欢迎的幼儿大都倾向于成为有效的协调者,能有效解决社会问题,得到他人的支持。

2. 被拒绝型幼儿

与受欢迎型幼儿相反,被拒绝型幼儿得到较少的正提名,却有较多的负提名。这些幼儿情绪不稳定,爱冲动,好动,注意力易分散,坚持性差。他们在与同伴的交往中活跃、主动,但经常采取不友好的交往方式,如爱争抢玩具、不遵守游戏规则、采用武力解决问题等,因而常被同伴排斥、拒绝。此类型的幼儿如果长期遭到拒绝,很容易在今后的生活中遇到严重的适应问题,如过分离群,被强烈的孤独感所困扰或对社会表现出敌意、攻击性等。

3. 被忽视型幼儿

被忽视型幼儿只得到很少的正提名和负提名。这些幼儿一般较为安静内向,喜欢独处或独自活动,对他人反应较为冷淡,对班级活动也缺乏兴趣。在交往中既没有过多的积极行为,也没有过多的消极行为。同伴对这一类型幼儿的态度一般是既不喜欢也不讨厌,是容易被同伴和教师忽视的一个群体。

4. 一般型幼儿

一般型幼儿得到平均的正提名与负提名,这些幼儿各方面的表现在群体中处于中等水平,社会交往上既不主动也不被动,在同伴群体中处于中间的位置,同伴们大多不是特别喜爱他们,也不会特别拒绝、排斥他们。这类幼儿能够参与同伴交流、游戏,但表现得不是很突出。

资料卡片

如何运用同伴现场提名法

在儿童集体活动的场所,挑选一处既能使幼儿看到班上其他同伴,又不至于使幼儿为别人所干扰、分心的地方,逐一向每一名幼儿提问:"你最喜欢班上哪3个小朋友?"(正提名)和"你最不喜欢班上哪3个小朋友?"(负提名),然后详细记录幼儿的提名情况。如果某一幼儿被提名为"最喜欢的小朋友"则在正提名上记上1分;相反,如果被提名为"最不喜欢的小朋友"则在负提名上记上1分,综合全班幼儿的回答,便可以得出每个幼儿的正、负提名总分。据此便可以判断某个幼儿被同伴接纳的程度,从而判断其同伴社交地位的类型。

(资料来源:秦金亮,王恬.儿童发展实验指导[M].北京:北京师范大学出版社,2013)

四、影响学前儿童同伴关系发展的因素

1. 早期亲子交往经验

早期的亲子交往经验会对幼儿的同伴交往产生影响。一方面,早期亲子交往会影

响幼儿安全感、信任感的形成。一般而言,在集体中容易信任他人的幼儿更将更能获得同伴的接纳。其次,亲子交往还能奠定幼儿同伴交往的基础,如亲子交往中交往策略与技能、情感的表达方式等都会影响幼儿的社会交往技能,从而影响幼儿在群体中的社会交往。

2. 儿童自身特征

儿童自身的一些特征,如姓名、性别、年龄、外表、卫生习惯、体质、性格、能力等都会影响幼儿在同伴中的被接受程度。一般来说,幼儿更倾向于与同年龄、相同性别的幼儿做朋友,也易对熟悉的名字做出反应。根据庞丽娟等(1991)的研究发现,长相好和卫生习惯好的幼儿受欢迎程度高。性格开朗外向、力气大、体质好、能力强的幼儿更容易获得其他幼儿的接纳和喜爱。

3. 社会交往技能

社会交往技能是影响幼儿同伴交往的重要因素。表现更多的友好、分享、合作等亲社会行为的幼儿更容易得到同伴的认可。相反,表现出攻击性行为、沉默寡言、较少与人合作分享的幼儿容易受到同伴的排斥。

4. 教师引导

教师在幼儿的同伴交往中同样起着重要的作用。经常受到教师表扬的幼儿更容易获得同伴的认可,反之,经常受到教师批评的幼儿更易受到同伴的排斥。

第四节　学前儿童社会交往的促进

对于学前儿童来说,学习社会交往的技能与策略是他们人生之初适应社会生活、为将来的社会交往打基础必不可少的。无论是亲子交往、师幼交往还是同伴交往,对幼儿的发展都起着不可忽视的作用,可以通过幼儿园与家庭的多方面合作,采取多种途径来促进幼儿的社会性发展。

一、家庭方面

家庭是儿童接触的第一个环境,儿童人际交往的能力是在潜移默化的环境中培养的。作为养育者,应该抓住日常生活的每个契机,自然而然地进行教育,帮助幼儿学习社会交往策略,发展幼儿的社会交往能力。

1. 建立积极的亲子关系,帮助幼儿形成良好的依恋

对于幼儿来说,家庭是他们学习社会交往的第一个场所。婴儿出生后,父母要注意与婴儿建立良好的依恋关系。①要注意在"母性敏感期"的母子接触,在孩子刚出生的前几天,多与新生儿保持身体接触。尽可能采用母乳喂养,在哺乳过程中建立亲密的关系,会让婴儿感受到爱与安全。②父母对孩子发出的信号要及时做出反应,并给予照顾,尽可能回应孩子的情感需求。③要尽量避免父母与孩子长期分离,婴儿期是建立亲子依恋的关键时期,若此时父母与婴儿分离,以后将很难再建立亲密的亲子依恋。④还应更多关注父亲在幼儿成长过程中的作用,给幼儿更多的父爱,让幼儿和父亲也能建立良好的亲子依恋。

2. 采取恰当的教养方式,创设开放和谐的家庭氛围

父母应该采用民主型的教养方式,建立充满爱的、和谐的,能够及时满足幼儿身心发展需要的家庭氛围。在轻松的氛围中,幼儿敢于表达自己的想法,能学习表达爱和接受爱的方式,懂得关爱、分享、同情等社会交往策略。

3. 父母应为幼儿树立良好的社会交往的典范

幼儿是在模仿中学习的,所以父母的行为就成为幼儿学习的范例,这就要求父母提高自身的素质,严格要求自己,为幼儿提供良好的社会交往的范例,如家人之间相互关爱、遇事相互协商、同情他人、遵守社会规则等。

4. 为幼儿创设更多的交往机会

当今的幼儿很多是独生子女,父母工作也比较忙,使得幼儿交往的机会越来越少。交往机会的匮乏不利于幼儿社会性的发展。家长应该多关注孩子的心理状况,有意识地为幼儿创设与他人交往的机会。如多邀请邻居、亲人的孩子来家中玩或者在周末与有同龄孩子的家庭聚会,让孩子自己去体验和感受与他人交流的快乐,为幼儿的社会交往提供更多的机会。

✦ 案例放送

六一儿童节,当很多孩子面对各种礼物喜笑颜开的时候,有这样一群孩子,他们躲在城市的高楼中,对任何事情都提不起兴趣,即使在自己的节日里也无法找到快乐。目前,一种名叫"高楼孤独症"的心理疾病正逼近都市少年儿童。家庭结构越来越小,房子越建越高,住进高楼的孩子活动空间不断缩小,没有玩伴,没有欢笑,他们日渐变得孤僻、脆弱、暴躁……6岁的小武家住广州市海珠区某高档住宅小区,父亲做生意,母亲是医生。由于父母工作忙碌,平时小武能见到父母的时间并不多,在家一般只有保姆陪着他。保姆初到广州,不敢带小武出去玩,也不敢随便放他自己下楼玩。小武每天放学后,经常一个人待四五个小时,做完作业后就看电视。久而久之,小武的母亲发现,孩子开始变得胆小、怕见生人,对任何事情都很冷漠,而且动不动就发脾气。

近年来,因住进高楼缺乏心理沟通和感情交流,引起焦虑、抑郁等症状的少年儿童明显增多,这种医学上称为"高楼孤独症"的心理疾病,正日渐成为大城市的常见现象,应引起人们的关注。据了解,"高楼孤独症"多发生在14岁以下的少年儿童,由于高楼限制了孩子的活动范围,孩子找不到玩伴,找不到快乐,久而久之产生了心理孤独。

(资料来源:都市少儿"高楼孤独症" 请把快乐还给孩子们[EB/OL]. 腾讯教育,http://edu.qq.com/a/20060602/000078.htm)

二、幼儿园方面

1. 建立民主型师幼关系

教师应积极建立和幼儿之间的亲密关系,尊重、爱护幼儿,平等对待每一个幼儿,尊重幼儿的个体差异性,与幼儿建立和谐民主的师幼关系。

2. 创设良好的心理环境

幼儿园方面,尤其是幼儿教师要注重创设良好的心理环境。为幼儿创设一个温馨、轻松愉快的环境,让幼儿在这样的环境中敢于表达、心情愉快,能与教师建立亲密的师生关系,和同伴建立互助友爱的友谊关系。

3. 创设丰富的游戏活动,注重角色游戏的指导

游戏是幼儿同伴交往最多的时候。在游戏中,幼儿能掌握社会经验并不断习得社会交往的技能和策略,懂得协商、合作、分享等。教师应该为幼儿创设丰富的游戏活动,尤其是角色游戏,如娃娃家、小医院、超市等。通过游戏中对幼儿的同伴互动进行指导,提高幼儿社会交往的技能,促进其社会性的发展。

4. 鼓励幼儿之间的同伴交往,利用多种契机促进幼儿交往能力的提高

在幼儿教育机构中,因为社会交往技能的欠缺、社会交往经验的缺乏,幼儿之间总会因为各种各样的事情产生矛盾冲突。作为教师,不应该只是粗暴地解决幼儿之间的矛盾,而应该鼓励幼儿自己去解决社会交往冲突,并以此为契机促进幼儿社会交往能力的发展。此外,教师应公正地评价每个幼儿,避免负面评价影响同伴对他的接纳,要鼓励并帮助每个幼儿积极与他人交往,帮助他们解决人际交往中出现的问题,对他们良好的社会交往行为给予肯定和鼓励。

童真童趣

牧原(正在玩荡秋千):老师,你要玩这个吗?

凯丽老师(看到简直激动到不行):嗯,好呀!

雪和玉珩都来了,都想荡秋千,牧原也回来了也想玩。

凯丽老师:这么多人都想玩,怎么办呢?

牧原:我们排队玩吧,我第一,你第二,你第三玩。

考题链接

一、单项选择题

1. 幼儿最初社会性发生的标志是(   )。
   A. 诱发性微笑的出现　　　　　　B. 不出声的笑
   C. 出声的笑　　　　　　　　　　D. 有差别的微笑的出现

2. (   )是指儿童早期与父母的情感关系。
   A. 亲子关系的发展　　　　　　　B. 同伴关系的发展

  C. 性别角色的发展　　　　　　D. 亲社会行为的发展

3. （　　）是儿童在早期生活中,除亲子关系之外在同龄伙伴中建立的社会关系。

  A. 同伴关系　　B. 师生关系　　C. 交往关系　　D. 一般关系

4. 儿童有不知足、不安全、忧虑、退缩、怀疑、不喜欢与同伴交往等特点是在（　　）教养方式下形成的。

  A. 放纵型　　　B. 专制型　　　C. 民主型　　　D. 自由型

5. 在幼儿的交往关系类型中,被拒绝型的幼儿主要表现出的特点是（　　）。

  A. 性格内向,社会交往的积极性很差

  B. 既漂亮又聪明,总是得到教师的特殊关照

  C. 喜欢一个人独处,不关心班级活动

  D. 精力充沛,社会交往积极性高,常有攻击行为

6. 儿童依恋发展的第四阶段是（　　）。

  A. 对人反应有差别的阶段

  B. 特殊的情感联结阶段

  C. 目标调整的伙伴关系阶段

  D. 对人反应无差别阶段

二、简答题

1. 什么是依恋？依恋有哪几种类型？
2. 建立良好的安全型依恋对于儿童后期行为的发展有什么意义？
3. 简述依恋感发展的4个阶段。

三、论述题

1. 试述早期依恋对后期行为的影响。
2. 试述同伴关系对儿童发展的作用。

四、材料分析题

1. 琪琪2岁了,父母平时工作很忙,爸爸一周才能回一次家,妈妈每天也是早出晚归,平时琪琪都是交给爷爷奶奶带。刚开始时,每天早上妈妈一离开,她就拼命地哭,妈妈下班回来后,她时而抱紧妈妈,时而又将妈妈推开。试分析琪琪的依恋方式。

2. 某报报道：湖南湘潭市一位幼儿家长写信说,他的孙子在幼儿园被保育员体罚,脸上和身上都有明显伤痕,而且弄得大小便失禁。他们向幼儿园投诉,对方虽然道了歉,但态度很不诚恳。李先生的孙子今年3岁,名叫小浩（化名）,3月4日进入湘潭某幼儿园,这是当地一家十分有名的民办幼儿园,收费比一般幼儿园高,被人们称为"贵族幼儿园"。李先生在信中写道："小浩入园的头两周,虽有些不适应,尚未感觉有太大变化。第三周起,我们逐渐发现孩子回家后时而埋头不语,时而大喊大叫,一提幼儿园就恐惧万分,对任何人都不理不睬,并且大小便失禁。4月9日,我们去幼儿园看孩子,发现孩子两边脸颊各紫了一大块。4月12日,我们到幼儿园接孩子,小浩脸上伤痕依旧。恰此时孩子要小便,我帮他脱下裤子,竟发现大腿两边各有几块瘀青,更令人触目惊心的是,其中有一处深

深的、特别显眼的指甲印。"校长张某还告诉我们说,前两天查夜时,晚上10点半发现小浩一个人坐在床边的痰盂上,很可怜的样子。原来是保育员怕他半夜解手解在床上,所以让他坐痰盂直到解出来为止,还是校长给孩子穿好裤子抱上床的。该园幼儿正常休息时间是8点,可10点多还让孩子坐痰盂,不知道这些"园丁"良心何在?

请阅读上述材料,回答以下问题。

(1)请问你如何看待教师的体罚行为?

(2)请结合建立优质师幼关系的相关知识点,谈谈幼儿园应该采取什么样的形式实施教育。

第十二章
学前儿童的性别角色

本章导航

性别角色概述
- 性别角色的概念
- 学前儿童性别角色发展的阶段与特点
- 影响学前儿童性别角色行为的因素
- 学前儿童的性别差异

性别角色发展理论
- 生物取向的理论
- 社会取向的理论
- 整合理论

学前儿童的性别角色

学前儿童的性别角色教育
- 父母对孩子进行性别角色教育的原则
- 双性化人格和学前儿童的双性化教育

学习目标

(1) 理解性别角色的概念及其发展阶段与特点。

(2) 了解学前儿童性别角色发展的理论。

(3) 在教学中给予儿童适当的性别教育,培养儿童的双性化人格。

(4) 能够识别有性别认同障碍的儿童,并给予家长一些教养建议。

第一节 性别角色概述

一、性别角色的概念

性别角色指社会对男性和女性在行为方式和态度上期望的总称。这种期望在孩子刚出生时就有所体现,并会一直持续下去。试想这样的场景:当婴儿的第一声啼哭从产房中传出来,焦急等待的家人最想了解的是孩子的性别,是"大胖小子"还是"小千金"呢?在病房里面对着襁褓中的婴孩,父母亲人会根据孩子的性别对孩子进行评价。如果是男孩,人们倾向于用"结实"和"虎头虎脑"等力量性的词汇来形容;如果是女孩,则喜欢夸奖她"水灵"和"白白净净"等容貌上的特点。在随后的教养中,父母会给孩子购买适合其性别的衣服和玩具,给孩子梳不同的发型,以及用不同的行为标准要求孩子,逐渐塑造适合孩子性别特征的行为。

✦ 案例放送

性别角色错位

一般儿童大约在3~4岁就可以确认自己的性别,然而,有性别认知障碍的儿童时常不清楚自己是男孩还是女孩,他们不能正确地认识自己的性别。这种性别角色错位的问题一般出现在3~7岁的儿童身上,而且男孩多于女孩。

汶汶,男,5岁。长得瘦弱、灵巧、食欲较好,精力旺盛,平时喜欢和女孩子一起玩。早在上幼儿园前,他就喜欢女孩子的袜子、裙子。上小班时,老师穿着裙子、长筒袜,他会找机会挨到老师身边,朝老师嘻嘻笑着,然后用手摸一下老师的袜子。如果老师不加制止,他就更大胆。据他妈妈回忆:汶汶从小就喜欢穿裙子、抹口红,有时候会刻意模仿女孩子的一些动作。汶汶上课时经常走神。他喜欢漂亮的女孩子,经常帮她们解决困难。

汶汶妈妈怀孕时,一直以为怀的是女孩,所以以迎接女孩子的出世来迎接他。所准备的物品都是女孩用的,颜色也很鲜艳。汶汶的爸爸干练、豪爽,对待小孩有一定的要求,比较注重教育。妈妈则对他宠爱有加,细致入微。每次妈妈梳头、化妆时,汶汶都在旁边,眼睛一眨不眨地盯着,等妈妈离开时,他便会偷偷拿出妈妈的化妆品玩,甚至学着妈妈的样子在自己脸上涂抹。随着汶汶年龄的增长,家长越来越意识到他的女性行为倾向,希望能够矫正他的行为。

案例分析:汶汶的性别角色错位可能是由不当的家庭教养造成。汶汶妈妈以为自己怀的是女孩,为未出生的孩子准备的都是女孩的用品。妈妈的这种心态无疑会继续影响出生后的汶汶。她在化妆时不避讳孩子,使孩子有机会模仿妈妈的行为。为改变汶汶的女性化行为倾向,在同伴交往中可鼓励他与同性伙伴玩耍,提供男性化的玩具,培养他的男子汉气概。在家庭教育中,妈妈应保持正确的方向,不能以对待女儿的心态和方式来对待汶汶;此外,爸爸也应积极加入到教育孩子的事情中来,树立男性坚强、独立的榜样,慢慢改掉汶汶喜欢穿女孩子衣服的习惯。在幼儿园里,教师也可以通过绘本教育、角色游戏等方式帮助孩子习得适合自己性别的行为。

（资料来源：傅宏.学前儿童心理健康[M].南京：南京师范大学出版社，2002）

二、学前儿童性别角色发展的阶段与特点

儿童首先要认识自己的性别，知道男孩和女孩是不同的，然后才能进一步了解男孩和女孩不同的行为标准，根据自己的观察和成人的期望来塑造自己的行为。儿童性别角色的发展经历了4个阶段，对于学前儿童来说，主要经历了前3个发展阶段。

1. 认同自己的性别，并初步掌握性别角色知识（2~3岁）

儿童能够区分男人和女人，说明他已经习得了性别概念。儿童的性别概念包括两方面的知识：一是对他人性别的认识，二是对自己性别的认识。一般而言，儿童对他人性别的认识要早于对自己性别的认识。大约在2岁时，儿童就能够说出他人的性别，但是要到3岁左右，绝大多数孩子才能准确说出自己是男孩还是女孩。在这一时期，孩子已经初步了解了性别角色的一些知识。例如，女孩子要穿漂亮的裙子，玩洋娃娃，而男孩子要玩汽车等。

2. 自我中心地认识性别角色（3~4岁）

这一阶段的儿童对性别角色的认识还不够明确，具有明显的自我中心的特点。他们能够正确分辨出男孩和女孩，并且逐渐积累了更多的性别角色知识，如男孩和女孩在发型、穿衣、游戏和玩具等方面的不同。但是，他们能够接受与性别角色不符的行为偏差。例如，有的家长给三四岁的男孩子留一根细长的辫子，或者在他额头上贴一颗红点作为装饰。这个年龄的男孩子不会觉得这种行为有什么不妥。

3. 刻板地认识性别角色（5~7岁）

在这一阶段，儿童对性别角色的认识向更深的层次发展。他们不仅认识到男孩和女孩在行为表现上有很多差异，而且开始了解男孩和女孩在心理上的差异，如男孩应该勇敢、坚强、大胆，女孩应该安静、温柔等。这个年龄的孩子对性别角色的认识具有刻板性。他们认为人们不应该违反自己的性别角色，否则会遭受嘲笑和惩罚。例如，一个男孩子总喜欢哭就会被同伴嘲笑和排斥，认为他像女孩子一样娇气。

三、影响学前儿童性别角色行为的因素

学前儿童如何获得性别角色行为？影响因素有哪些呢？可以从两大方面来考察。第一，生物因素，主要受性激素的影响；第二，社会因素，主要包括家庭教养方式、幼儿园教育、同伴交往、动画片和绘本等。

1. 生物因素

生物因素，主要指性激素（荷尔蒙），对学前儿童性别角色行为有一定影响。研究表明，在胎儿期雄性激素过多的女孩，在抚养过程中虽然没有教养不当，但其身上仍然具有假小子的特征，不喜欢玩洋娃娃，长大后喜欢高强度的体育活动，如打球、攀岩等。男孩子

气的女生和娘娘腔的男生在生活中屡见不鲜,他们的成长不可避免受到先天生物因素的塑造。

2. 家庭教养方式

除了不可随意改变的生物因素之外,社会因素特别是父母的教养方式,也对个体的性别行为的形成发挥了重要的作用。从孩子出生起,父母就开始塑造符合孩子性别的行为。父母是孩子性别角色的引导者、强化者和模仿对象。父母会根据孩子的性别来布置房间、购买相应的衣服和玩具。随着孩子的长大,父母会用社会文化所认同的性别价值观来教育孩子,如教育男孩子学会自立、坚强,而女孩子要安静、温柔等。而且父母本身就是孩子模仿的对象,在儿童认同自己的性别之后,就开始以同性别父母作为模仿对象。例如,女孩子会跟着母亲下厨做饭,做妈妈的小助手。男孩子则喜欢跟着爸爸修理家具,学得有模有样。在儿童表现出符合他们性别的行为时,父母及时给予强化,儿童的性别行为就会逐渐定型。

3. 幼儿园教育

幼儿园教育对儿童性别角色行为的形成也起了促进作用。例如,在很多幼儿园,孩子从小班开始就要求男女分开如厕,在做早操时要求男孩排成一队,女孩排成一队。生活中遇到体力活时,教师通常会请男孩子做。在做角色游戏时,孩子们会根据自己在生活中的观察,选择适合自己的角色。例如,男孩子喜欢玩建构区,当搬运工,而女孩子喜欢玩美甲屋和甜点屋。在游戏中,教师可以适时介入,让孩子体验不同的性别行为。例如,一群孩子在玩消防员救火的游戏,通常是男孩子扮演消防员,女孩子扮演困在火场的人。如果此时有女孩子希望扮演消防员,教师应当表示支持和赞赏。总之,教师有意无意地行为都会影响孩子对待性别差异的态度。

4. 同伴交往

学前儿童一般喜欢与同性别的伙伴交往和游戏,因为他们有相似的爱好和兴趣。例如,男孩子喜欢玩打枪和追逐等需要消耗很大体力的游戏,女孩子喜欢玩娃娃家和时装表演等体现生活乐趣和展示魅力的游戏。如果一个男孩或者女孩出现与自己性别不相符合的行为,如男孩子喜欢穿漂亮的服装展示自己,女孩子喜欢跟同伴追跑打闹,他们常常会被自己的同性群体排斥和拒绝,产生孤独感。同伴交往有一种强大的力量,规范着儿童各自的性别行为。

5. 动画片

动画片在学前儿童的生活中占据重要地位。儿童在观看动画片时,会有意无意地模仿自己喜欢的人物形象。这些媒介也在很大程度上影响着儿童性别角色的形成。例如,《喜羊羊和灰太狼》是孩子非常喜欢观看的动画片,片中的喜羊羊和美羊羊在穿衣打扮、性格特点和兴趣爱好等方面都有明显的不同。喜羊羊代表传统的男性形象,被赋予智慧、勇敢和乐观等特点,而美羊羊代表传统的女性形象,表现出温柔、善良和娇弱的特点。灰太狼需要"抓羊糊口",红太狼在家相夫教子,一旦灰太狼抓不到羊就要平底锅伺候。动画片中这些鲜明的形象深受孩子喜欢,也影响了孩子的性别角色观。

6. 绘本

绘本通过精美的图画和简单的文字传达思想,是对儿童进行教育的有效载体。学前教育专家非常推崇绘本的阅读。绘本中的男女主人公的形象会潜移默化地渗入到儿童的生活中。传统的故事书如《灰姑娘》《睡美人》和《豌豆公主》等存在着严重的性别刻板印象:女性是美丽的、脆弱的、需要保护和拯救的;男性则是勇敢、坚强和主动的。这种男尊女卑的性别形态会影响儿童的性别角色定位。随着两性平等观念的推进,绘本中折射的性别意识也在悄然发生改变。如《小恩的秘密花园》就刻画了一个坚强的小姑娘只身来到陌生的城市,乐观面对生活的故事;而《威廉的洋娃娃》描述了一个一直想要洋娃娃的男孩子威廉,他最终也实现了这个小小心愿。

童真童趣

玉珩:老师,为什么小女孩是蹲着尿尿,小男孩是站着尿尿呢?

凯丽教师:这个……(正想着怎么回答他)

玉珩:是不是因为小男孩和小女孩的尿管长得不一样?

凯丽教师:这你都知道,太厉害啦!

四、学前儿童的性别差异

男人和女人生来就是不同的,这些不同首先体现在生理结构上。在生理方面,男女两性拥有不同的生殖器官和身体形态,男性通常要比女性高大和强壮。除了显著的生理差异外,研究证明男性和女性在心理方面也存在诸多不同之处,这些不同特点在学前儿童阶段已经表现出来,见表12-1。

表 12-1 与性别有关的心理差异

差异类型	具 体 表 现
言语能力	女孩的言语能力优于男孩,女孩获得语言、发展言语技能的年龄较早,言语的流畅度也胜于男孩
空间能力	4岁时,男孩在空间能力上的优势略优于女孩,而且这种优势会贯穿一生
数学能力	男孩掌握更多的数学问题解决策略,在推理测验上优于女孩。男孩在数学上的优势在高中阶段最为显著,女孩在计算能力上优于男孩
成就动机	成就动机的性别差异与任务类型有关。男孩在数学、体育、机械技能等方面有较高的成就动机,女孩在英语和艺术等方面有更高的成就动机
攻击性	从2岁开始,男孩比女孩表现出更强的语言攻击和身体攻击。女孩更常出现关系性攻击,这种攻击具有隐蔽性,常以冷落他人、忽视他人和破坏他人的人际关系来表示敌意
情感表达	一般而言,女孩的情绪比男孩更为敏感,能更好地理解他人的情绪状态,且更善于表达感情。在移情、照料他人和亲社会行为方面,女孩的表现要优于男孩
玩具选择	男孩和女孩对玩具种类的选择不一样。男孩更喜欢玩遥控车、玩具枪和积木,女孩更喜欢玩芭比娃娃或毛茸茸的玩具。与女孩相比,3~5岁的男孩更难容忍玩与自己性别不符的玩具,并对其表现出强烈的反感

续表

差异类型	具体表现
胆小和冒险	自出生后，女孩在陌生环境中就比男孩显得胆小、害怕。女孩的冒险活动也远远少于男孩，她们较为谨慎和犹豫
发展的脆弱性	在母亲怀孕期间，男孩较易遭受母体疾病和不良环境的浸染而导致身体残缺或智力低下。在成长过程中，男孩也较易出现多动、言语和阅读障碍以及情绪障碍等
活动水平	整个童年期，男孩一直保持着比女孩更高的活动水平
服从性	女孩比男孩更为服从长辈、教师，甚至同伴的要求，男孩则更喜欢使用命令性和支配性的方法

虽然男孩和女孩在生理和心理上存在性别差异，但这并不能表明哪种性别更加优秀。而且两性心理上的差异反映的是群体的平均水平，并不能代表某个特定个体的情况。心理学家认为，男性和女性在心理上的共性远远大于差异性。在教育的过程中，绝不能从一个人的性别推断出他或她的言语表达能力、攻击水平和成就动机等，而是要具体地分析了解，因材施教。

第二节 性别角色发展理论

一般情况下，从儿童出生开始，父母就会根据孩子的性别进行相宜的教养，如起名字、购买衣服玩具和建立行为规范等。个体在成长的过程中，逐渐认识自己的性别，并表现出相应的行为。这个过程就是性别角色的发展过程，也称为性别认同过程。心理学家们提出了多种理论，用来解释性别角色的形成和发展。有的理论关注社会环境的影响，有的理论关注儿童自身的选择。研究者的视角不同，对性别角色形成的解释也各异。在此，简要介绍三类理论。一类是生物取向的理论，包括进化理论和生物社会理论。另一类是社会取向的理论：精神分析理论、社会学习理论、性别图式理论和认知发展理论。最后是综合各家之长的整合理论。

一、生物取向的理论

（一）进化理论

进化心理学家认为，男性和女性在人类历史上面临不同领域的问题，同时也承受着不同的进化压力，这种自然选择的过程最终导致了两性的心理差异。例如，男性空间能力要优于女性，这是因为男性需要外出狩猎，如果猎人不能很好地判断狩猎工具跟随猎物运动的方向和轨迹，就很难收获食物。生存的压力锻炼出了男性优越的空间技能。再如，在大多数的社会文化中，女性被鼓励担任表达性角色，即她们应该表现出亲切、慈爱、善于照顾他人和敏感等特点，男性应该担任工具性角色，表现出坚定、果断、独立和富有竞争性等特点。用进化理论来解释这一结果，女性为了延续自己的基因，必须怀胎十月，含辛茹苦地养育自己的孩子,向温和、慈爱和善于照料他人的方向进化。女性在选择配偶时,也倾向于选择能给自己提供食物、保护和关爱的男人。男人为繁衍后代,需要表现出更大的竞争性和攻击性,这样才能在恶劣的自然环境中猎取食物并赢得更优秀的伴侣。

(二)生物社会理论

对性别角色形成的进化观点受到了广泛的批评。更多的人认为,除了生理因素外,社会因素也影响着个体的行为和角色偏好,且两者存在交互作用。1972年,玛尼和恩哈特提出了生物社会理论。该理论强调儿童早期的生理发育会影响父母亲人对孩子性别的认识和确定,进而直接影响孩子对性别行为的选择。有研究表明,若母亲子宫内的睾丸激素水平较高,她生产的女孩更喜欢男性化的玩具和活动,表现出假小子的行为特征。因此,两性之间的一些差异可能与激素相关,并且母体的雄性激素水平会影响胎儿出生后的兴趣和活动等。

但是,该理论也看到社会因素如家庭教养对儿童性别角色发展的显著影响,早期的性别角色社会化(尤其在3岁之前)对于儿童的性别认同和角色偏好发挥着关键的作用。例如,一个加拿大的小男孩在进行包皮环切术时,不慎被弄伤阴茎,他的家人从其7个月大就开始把他当作女孩抚养。他成年之后也非常认同自己的女性身份。当然,生活中也存在与此截然相反的案例。总之,无论是生物因素还是社会环境,都不能单独决定性别角色的发展,它们交互地影响着儿童的性别认同过程,正如赫尔本所言:"生物因素和社会因素正如一对有着共同心脏的连体婴儿,不可分离。"

资料卡片

生物决定命运

当生物性征与社会标识发生冲突时,到底谁决定一个人的命运呢?

1966年4月,加拿大男婴布鲁斯在做包皮环切术时不慎弄伤阴茎。1年后,在美国医学专家约翰·曼尼的建议下,父母同意为他做阉割手术,去掉孩子的男性特征。从此,布鲁斯被家人改名为布兰达,被当作女孩子抚养。布兰达有一个双胞胎哥哥,5岁的时候,他们的相貌和行为已经相差甚远了(图12-1)。布兰达不知道自己曾经是男孩子,她完全不喜欢女孩的玩具和衣服,喜欢玩哥哥的东西,还喜欢把东西拆开看它的工作原理。10岁时,布兰达开始怀疑自己的性别,因为她不仅对女孩"有感觉",还经常和男孩打架。她为了使自己更女性化,主动要去动手术构造一个阴道。14岁时,经历了内心数年的挣扎,她决定停止女性性别的塑造,要重新变成一个男性。25岁时,布鲁斯结婚了,他为自己来之不易的男性认同激动不已(图12-2)。但不幸的是,在2004年,多年前的"变性试验"给他的心灵造成巨大的痛苦,38岁的布鲁斯不堪生活的打击自杀身亡。

图 12-1 小时候的布兰达和双胞胎哥哥布莱

图 12-2 成年后的布鲁斯

(资料来源：刘新学,唐雪梅.学前心理学[M].2 版.北京：北京师范大学出版社,2014)

二、社会取向的理论

(一) 精神分析理论

弗洛伊德的精神分析理论认为,儿童在性器期(3~6 岁)时开始了性别认同的任务并逐渐选择适合自己性别的行为,他们以自己同性别的父母为模仿的对象。弗洛伊德认为,儿童会在性器期对自己的异性父母产生依恋。他将男孩对母亲的依恋和乱伦幻想称为俄狄浦斯情结(恋母情结)。具有恋母情结的男孩同时对父亲产生嫉妒和敌意,会跟父亲争夺母亲的爱,他们会不断内化男性化的行为,减轻内心的幻想和焦虑。女孩对父亲也会产生依恋,因为害怕母亲的报复或想要取悦父亲,女孩通过对母亲的认同解决内心的冲突和焦虑。通过对同性别父母的认同,儿童表现出与性别相宜的行为,建立起对自身性别角色的认同。

(二) 社会学习理论

社会学习理论认为,儿童性别角色偏好的形成主要通过以下 3 种途径。

(1) 成人的强化。从孩子出生开始,父母就用不同的方式对待男孩和女孩。当孩子出现与其性别特征一致的行为时,父母倾向于鼓励和赞赏；当出现不一致的行为时,父母则很可能会制止甚至惩罚。例如,女孩子的形象应该是安静的、温柔的。如果一个女孩子总是打打闹闹,喜欢玩激烈的游戏,父母就会责怪孩子"没有女孩样,像个假小子"等。除了父母,儿童其他的长辈以及教师都会塑造孩子的性别角色行为。

(2) 同伴的影响。在儿童期,兄弟姐妹和同性别伙伴的行为会极大地影响儿童选择什么样的行为。例如,男孩子玩洋娃娃或与女孩一起玩游戏的行为经常会遭到同性同伴的鄙视,这种鄙视会让他放弃这种与自己性别不适合的行为,想方设法融入自己的同性群体。

(3) 观察和模仿。个体通过观察和模仿同性别榜样塑造典型的性别特征。儿童可以通过对同性别父母、教师、同伴和兄弟姐妹等的观察,了解哪些游戏、玩具和行为适合自己,哪些不适合自己。除了观察真实生活中的人物来学习之外,儿童还会通过阅读书籍和观看电影电视等来获得有关性别角色的知识。

（三）性别图式理论

马丁和哈弗森提出了性别图式理论,这是一种有关性别特征形成的信息加工理论。该理论认为,儿童非常主动地获取与他们性别相一致的兴趣、价值观和行为方式。他们在识别出男女两种性别后不断地积累与自己性别有关的信息,逐渐整合到性别图式中去,如图12-3所示。性别图式指一系列有关男女两性的观念、态度和期望,且能够支配人们处理与性别有关的活动。儿童在进行信息加工时,注意并接收与自己性别图式一致的信息,忽略、拒绝甚至歪曲与性别图式不一致的信息,最终做出适合自己性别的行为。例如,讲一个女孩子砍木头的故事给儿童听,儿童在回忆的过程中为了使故事情节符合他们的性别角色偏好,会将情节更改为一个男孩在砍木头。

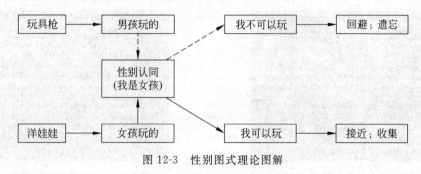

图12-3 性别图式理论图解

童真童趣

子乔:陈老师,王杰抢了我的滚筒,那是我先拿到的,王杰还跟我说只有男生可以玩,女生不可以玩。

凯丽老师:王杰,是这样子的吗?

王杰点头。

凯丽老师:这么做对吗?谁规定女生不能玩滚筒呢?你们石头剪刀布,谁赢了谁玩。

子乔和王杰猜拳获胜,子乔赢得了滚筒,王杰失望地离开了。

（四）认知发展理论

科尔伯格提出了一种关于性别角色形成的认知发展理论。他认为,儿童性别角色的发展要以认知的发展为前提,他们必须对性别角色行为有一定的了解之后,才会被社会期望所影响。在参与自身性别社会化的过程中,儿童并不是被动的承受者,而是积极的参与者。儿童只有在认同自己的性别之后,才会积极地学习使自己表现得更像一个男孩或女孩。科尔伯格认为,儿童对性别的认识需要经历以下3个阶段。

1. 性别认同

性别认同要求儿童具有简单的能力去识别自己是男孩还是女孩。3岁时,儿童已经能够确认自己和他人的性别,他们主要是根据个体外部的特征,如发型和衣着等来做出判断,如图12-4所示。一位妈妈带着2岁的儿子去朋友家做客。期间,家里来了一个长头发的男人,妈妈让男孩叫他叔叔,男孩却大声反驳道:"他是阿姨,不是叔叔,他有长头发。"

2. 性别稳定性

性别稳定性指儿童对个体的性别保持稳定的认识,即一个人无论年轻还是年老,他/她的性别不会发生改变。儿童知道男孩长大后会成为男人,女孩长大后会变成女人。

3. 性别恒常性

性别恒常性指儿童知道尽管一个人的发型、衣着和从事的活动发生改变,但他们的性别是保持不变的。5~7岁的儿童处于性别恒常性的阶段,他们不再会被表面现象所欺骗。孩子从外表逐渐发展到从身体结构来判断一个人的性别,如图12-5所示。

图12-4 从外表辨别男女

图12-5 从身体结构辨别男女

(图片来源:胡萍.善解童贞1——0~6岁孩子的性发展与性关怀[M].南宁:广西科学技术出版社,2011)

科尔伯格的认知发展理论虽然引起了研究者极大的注意,但是其依然缺乏充足的实验支持。他认为性别恒常性的产生是儿童性别行为的先决条件,这个观点过于极端,因为2岁或3岁的儿童已经出现了明显的性别化行为,他们倾向于选择适合自己性别的玩具、游戏和同性别伙伴。

> **实践应用**
>
> 调查幼儿园的孩子性别认识的真实发展情况,例如,调查小班的幼儿是否都能确认自己和他人的性别,调查他们判断性别的依据是什么等。还可以了解幼儿对两种性别的认知,如询问幼儿"你喜欢自己的性别吗?""你觉得女孩子应该玩些什么?"等,以此作为今后幼儿性别教育的依据。

三、整合理论

生物理论、社会学习理论、性别图式理论和认知发展理论都从不同的方面增进了人们对性别角色形成和发展的理解。各种理论所主张的观点分别在儿童发展的不同时期有着重要的体现,见表12-2。整合理论强调,儿童从3岁开始就是积极的自我性别社会化者,他们尽己所能获得与自己形象相一致的性别特征。

表 12-2　性别角色形成的整合理论概述

发展阶段	事件和结果	相 关 理 论
胎儿期	胎儿出生后,人们会根据其性别做出相应的反应	生物社会
0~3 岁	父母和其他人经常鼓励孩子从事与自己性别相一致的行为,阻止他们不一致的行为。由于自身神经系统的发展和社会经验的作用等,儿童形成了基本的性别认同	社会学习/生物社会
3~6 岁	儿童开始搜寻与自身性别相关的知识,形成性别图式,并积极主动地从事与性别相宜的活动	性别图式
7 岁~青春期	儿童获得性别恒常性的概念,产生坚定的、指向未来的自我形象。此时,他们较少依赖性别图式,而是观察同性别榜样的行为,形成各自的性别特征	认知发展
青春期及以后	青春期的生理巨变,与新的社会期望一起,使青少年逐渐形成成人的性别认同	生物社会/社会学习性别图式/认知发展

第三节　学前儿童的性别角色教育

一、父母对孩子进行性别角色教育的原则

与其他心理机能的发展类似,儿童对自身性别的认同和性别角色的发展也存在一个关键期。父母或其他养育者在帮助孩子度过性别角色发展的阶段时,需要把握以下几个原则。

1. 真心接纳孩子的性别

父母只有真诚地接纳孩子的性别,孩子才能够积极地认同自己的性别。如果父母不喜欢孩子的性别,并且在孩子面前有意无意地流露甚至表达自己的失望,这会影响孩子对自身性别的接纳及其相应性别角色的形成。例如,在大部分农村地区,还存在重男轻女的生育观念。女孩子的降生有时对一个家庭来说并不是一件喜事,甚至可能会影响到家族传递香火。从"换君""会领"和"领弟"等女孩子的名字中可以看出父母长辈对男孩的期待。在这样的家庭氛围中出生和成长,作为不被期待和接纳的生命体,女孩子学会接纳和欣赏自己的性别特征不是一件容易的事情。无论是男孩还是女孩,都是父母最好的宝贝,父母应该学会真心接纳和喜欢孩子的性别。

✣ 案例放送

为什么女孩没有小鸡鸡

一个 4 岁的小男孩发现男孩可以站着用鸡鸡尿尿,而女孩子要蹲着用屁股尿尿,就问妈妈:"妈妈,为什么男孩子有小鸡鸡,女孩子却没有呢?"这位妈妈回答说:"儿子,因为男孩子很勇敢、坚强、善良、乐于助人,而且热爱自己的爸爸妈妈,并且自己的事情自己做,圣诞老人觉得男孩子太棒了,就奖励给他一个鸡鸡!"

这位妈妈本是好意,希望儿子接纳和欣赏自身的性别,但她的回答会让孩子觉得"因为女孩子不棒,圣诞老人才没有奖励鸡鸡给她!"这种回答无疑贬低了女性,在孩子的心中根植了男性优越、女性卑劣的错误观念,可能会对孩子今后的异性交往产生消极影响。

(资料来源:胡萍.善解童贞1——0~6岁孩子的性发展与性关怀[M].南宁:广西科学技术出版社,2011)

2. 不可以用贬低异性性别的方式让孩子接纳自己的性别

大部分的父母把孩子看作手心里的宝贝,希望帮助孩子认识和接纳自己的性别。但是,在面对孩子对异性的好奇心以及他们提出的稀奇古怪的问题时,父母的回应方式尤为重要。父母不应该用贬低异性性别的方式来让孩子接纳自己的性别,面对孩子提出类似的问题时,只需要告诉他"男孩和女孩不一样,所以尿尿的地方也不一样",根据孩子的年龄特点告知相应的生理知识,帮助孩子在接纳自身性别的同时了解他与异性之间的不同,学会尊重异性。

3. 帮助孩子建立性别图式

2岁的孩子还不能非常确定自己的性别和选择适宜的服装和玩具用品。有的男孩子会特别喜欢女孩的东西,如漂亮的发饰、裙子和鞋子等,他们也希望能打扮得像女孩子一样漂亮,得到大人的夸奖。成人需要在孩子开始性别认同的关键时期,让其了解男女两性不同的行为方式和人格特点等,并将这些逐渐内化,建立自己的性别图式。身教胜于言传,孩子在形成相应性别角色的关键时期,同性别父母的陪伴是胜于一切的。在一些家庭中,父亲的陪伴往往是缺失的,很少跟自己的儿子待在一起,儿子很难完成从认同母亲转向认同父亲,形成相应的性别特征。因此,父亲要多陪伴儿子,给孩子树立男性的榜样。

4. 不要跨性别教养孩子

科尔伯格认为,0~3岁是孩子基本性别认同的时期,3岁的儿童已经能够确认自己和他人的性别。如果在孩子3岁之前,父母对孩子进行长期的跨性别教养,例如,将女孩子当作男孩子养,给她剪很短的头发,穿男孩子的衣服等,这些行为将干扰孩子对自身性别特征的认识,无法建立统一协调的性别角色,甚至形成性别认同障碍。一些在童年时期被父母跨性别教养的孩子,在成年之后会出现与自己性别相违背的行为习惯。由于对自己的性别缺乏认同,一些人甚至变成同性恋或者想要改变自己的性别。

5. 适当满足孩子对异性行为的好奇心

孩子在3~4岁的年龄阶段,会对异性的行为感觉好奇,如想体验穿异性服装的感觉,想体验异性小便的方式,或者想在游戏中扮演异性的角色等。当父母看到孩子出现类似的行为时,不应强行粗暴地干涉,也不应责备孩子。父母不妨适当地满足孩子对异性行为的好奇心,同时告知孩子男孩和女孩应有的行为表现。当这种好奇心被满足后,孩子的行为会自动停止。同时,孩子为了获得同性别伙伴群体的接纳,也会主动采取适合自身性别的行为。

6. 放手给孩子选择同伴的自由

有的父母不理解自己的儿子为什么喜欢跟女孩子打成一片,会担心他变得越来越女性化,便不断地鼓动儿子与男孩子一起玩。其实,孩子有选择自己同伴的权利,有时候孩子喜欢和同性伙伴玩耍,有时候喜欢和异性伙伴玩耍。父母的态度应该是顺其自然,给予孩子选择同伴的自由。无论是与同性伙伴还是异性伙伴玩耍,孩子都能从中锻炼自己的人际交往能力。父母要相信孩子会按照自己的发展来选择同伴。

二、双性化人格和学前儿童的双性化教育

(一)学前儿童的性别刻板印象

性别刻板印象是人们对男性或女性在行为、人格特征等方面的期望、要求和笼统的看法,见表12-3。学前儿童在确认自己的性别之后就开始习得性别刻板印象。儿童的性别刻板印象来源于父母的教养和其他社会因素。不足3岁的孩子已经具备了一些与性别刻板印象相关的知识。他们认为女孩子更喜欢说话,经常需要帮助,喜欢帮妈妈做家务,不喜欢打架等,男孩子则喜欢玩卡车,喜欢帮爸爸修理东西,喜欢打架等。到上幼儿园和小学时,儿童更加清楚男孩或女孩应该选择什么样的活动和游戏,以及他们在各个学科上的优劣。性别刻板印象的强弱会随着年龄的不同而有所不同。一般而言,儿童年龄越大,其性别刻板印象会变得越有弹性。

表12-3 社会对男女两性的刻板印象

男性刻板印象	女性刻板印象	男性刻板印象	女性刻板印象
进取、独立、少情感	不进取、不独立、富感情	有冒险性	无冒险性
非常客观	非常主观	有决心、有自信	无决心、无自信
支配、不易受影响	服从、容易受影响	有野心、直爽、粗鲁	无野心、灵巧、温和
对小事不激动	对小事激动	多话的	沉默的
主动、有竞争性	被动、无竞争性	不了解他人的感情	了解他人的感情
合逻辑	不合逻辑	对艺术、文学无兴趣	对艺术、文学有兴趣
有商业能力	无商业能力	不易表达其温和与性情	易表达其温和与性情
直截了当	拐弯抹角		

(资料来源:陈水平,郑洁.学前儿童发展心理学[M].北京:北京师范大学出版社,2013)

与性别刻板印象相对立的是反性别刻板印象,指男性或女性表现出来的性别角色行为与人们的性别刻板印象不符合,违背了社会对两性角色的期望和要求。在生活中,人们会把有些女性称作"女汉子",因为她们身上表现出了男性的坚强、独立和勇敢等特征,这些特征与传统的女性形象相违背。但是,随着两性关系越来越平等,社会对男女两性的期望和要求也在逐渐发生改变,传统的性别刻板印象可能会限制儿童的发展。

(二)双性化人格

1. 相关概念

传统的性别观念认为,男女两性的人格特征是一个维度上互不相容的两极,如果一个人的女性特征越多,其男性特征就越少,反之亦然。这种观念不断受到质疑和挑战。1964年,

罗斯提出了"双性化"概念,即"个体同时具有传统的男性和女性应该具有的人格气质",并认为双性化是最合适的性别角色模式。1974年,美国心理学家贝姆设计了第一个测量双性化特征的心理量表——《贝姆性别角色量表》,并通过研究证明了双性化人格的存在。他认为,男性特征和女性特征是人格的两个独立的维度,并将个体划分为4种性别角色类型:男性化类型、女性化类型、双性化类型和未分化类型,如图12-6所示。

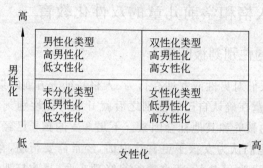

图12-6　4种性别角色类型

如果一个个体具有较多的男性特征、较少的女性特征,那他/她被归为男性化类型;如果一个个体具有较多女性特征、较少的男性特征,那他/她被归为女性化类型;而未分化类型指一个个体在男性特征和女性特征上都比较缺乏;双性化类型的个体既具有明显的男性人格特征,也具有典型的女性人格特征,即兼具强悍和温柔、果断和细致等性格特征,按情况所需灵活表现。"柔情丈夫"和"巾帼英雄"描述的就是双性化人格。大量心理研究证明:具有双性化人格的个体在主观幸福感、社会适应、人际交往以及心理健康方面存在很多优势。

2. 双性化与无性别化的区别

双性化既不是无性别化,更不等同于男性化和女性化的简单相加。

(1) 双性化不等于无性别化。双性化不是忽视或淡化儿童的性别差异,而是指在尊重儿童自身性别生理差异的基础上,对儿童进行有针对性的性别教育。在这种教育下,儿童会对自己的性别形成基本认同,乐于做一个男孩或者女孩,并在未来的生活里学会在探索异性空间中受益。

(2) 双性化不是单纯地培养男性身上的女性特征或培养女性身上的男性特征,这种做法实际上是传统性别角色刻板印象的变式。如果一个人失去自己原有的性别特征,只有异性的性别角色特征,将不利于其心理的健康发展。因此,双性化是在尊重儿童性别生理差异的基础上,首先保持自身的性别特征,同时吸收异性的优秀性别特征,将优秀的两性特征有机结合的人格类型。

3. 双性化与中性化的区别

双性化和中性化是两个截然不同的概念。中性化指社会中的个体具有性别不典型的特点,应该属于贝姆性别类型中的未分化类型。当今的综艺娱乐节目造就了一批批"中性化女孩"和"花样美少年",而且他们受到广大青少年的热烈追捧和模仿。这些女孩的中性化和男孩的女性化都是"中性化"潮流的具体表现。这种中性风挑战了传统的性别刻板印象,但容易造成青少年性别角色的紊乱和迷失,进而给他们带来性取向的困惑,甚至造成性别认同障碍。而双性化着重的是个体的心理层面,在保留自身性别特征的同时,吸纳异性优秀的人格特征,促进身心全面发展和人格的完善。

> **实践应用**
> 联系当今娱乐圈中女性的"中性风"和男性的"花美男"等现象,深入讨论双性化与无性别化、中性化的区别,探讨在对学前儿童进行双性化教育时的注意事项。

(三)学前儿童的双性化教育

幼儿期是儿童性别角色发展的关键时期,也是幼儿双性化人格形成的关键阶段。成人应该为儿童创造一个良好的环境,帮助其形成双性化人格特征,更好地适应社会的需要。

1. 家庭教养

家长应打破性别刻板印象,及时转变传统的性别角色观念,给孩子更多自由选择的空间,不阻止孩子玩异性的玩具,并鼓励孩子尝试异性的游戏活动,使他们积累不同的生活经验和情绪体验。父母双方都需要参与到孩子的教养过程中,通过轮流做家务、共同陪伴孩子、遇到事情互相商量等行为传递给孩子这样的信息:某些行为并不只属于某一个性别。在言传身教的过程中,家长可适时引导孩子比较不同性别角色的优缺点,在帮助孩子认同自己性别的同时,吸收异性的优秀品质,促进孩子双性化人格的形成。

童真童趣

怀着宝宝的蒋老师来班里有事情,孩子们都被吸引了过来。

孩子们:老师,你肚子里面是什么啊?

蒋老师:我肚子里面是宝宝呀!你们猜猜是弟弟还是妹妹呢?

懿宝:你是女的,生出来的应该也是女孩子的吧。

蒋老师:那你妈妈也是女的,为什么你是男孩子呢?

懿宝:因为我是我爸爸生的。

2. 幼儿园教育

幼儿教师需要转变传统的性别观念,培养儿童的双性化人格特征。教师对儿童身上出现的异性特征无须感到惊讶,更不能加以贬斥,应多一些理解和引导,使儿童能够兼具男女两性的优秀人格特征。

(1)教师应慎重选择幼儿读物和教材

现今,幼儿的读物和教材明显地体现出传统的性别观念,如男性多表现为勇敢、坚强、聪明和独立等,女性多表现为温柔、善良、勤劳和敏感等。因此,教师在挑选读物时要慎重,选择的读物中男性角色和女性角色要各占半壁江山,而且要体现出双性化的性别模式,避免儿童形成性别刻板印象。

(2)利用角色游戏培养儿童的双性化人格

儿童的学习主要以游戏为载体,教师可抓住这一个教育契机,在环境创设和材料准备上提供多样化的选择。例如，教师应设计更多的适合男孩女孩一起玩、没有明显性别差异的游戏区角，如银行、医院和运动场等，让儿童在其中发展自身优势。此外，在游戏中教师应鼓励儿童尝试异性的角色，淡化儿童的性别刻板印象。例如，在医院区角里，男孩子可以扮演护士，女孩子可以扮演医生。

✦ 案例放送

男孩在游戏中也可以当妈妈

一位幼儿教师的困惑：幼儿园的孩子在玩"娃娃家"游戏中，有男孩想扮演妈妈、姐姐，有女孩想扮演哥哥……在这种情况下，要不要引导孩子明白爸爸和哥哥是要男孩扮演，妈妈、姐姐是由女孩扮演？是否该这么强调？或者随他们去扮演，爱扮演谁就扮演谁？

案例分析：有时候，孩子在游戏中偶尔会跨性别扮演游戏中的角色，孩子们想体验异性角色的行为和感情，就像体验异性小便方式的心理一样，这是正常的现象。所以，在游戏中孩子想扮演什么角色就让他们扮演什么角色，这只是孩子的体验。这种跨性别扮演与孩子性别认同障碍并不是一回事，成人无须过多干预。

（资料来源：胡萍.善解童贞1——0～6岁孩子的性发展与性关怀[M].南宁：广西科学技术出版社，2011）

(3) 在日常言语行为中对儿童施加影响

教师在日常生活和教学中会不自觉地表现出自身的性别特征。例如，女教师看到毛毛虫就表现出尖叫和逃避的恐惧行为，这会让孩子感觉女性是胆小的。这种行为会不经意地影响儿童的性别观念。教师对孩子的评价和接纳也会对他们造成心理暗示和影响。例如，教师在评价儿童时说"男孩子不要这么胆小"或者"女孩子不能这么淘气"，其言语中已经暗含了性别刻板印象。因此，教师的评价应不关乎性别，单纯地赞美或批评孩子的某一人格特点，这样有利于孩子双性化人格的行为。

3. 大众传媒

以幼儿读物和动画片为主的大众传媒应塑造更多的双性化人物，传播双性化教育的理念。卜卫的研究发现，大众传媒存在较为严重的性别刻板印象。以动画片《喜羊羊与灰太狼》为例，喜羊羊具有典型的男性特征，勇敢、聪明和充满正义感，而美羊羊则是美丽、柔弱和需要保护的女性形象。在进行幼儿艺术创作时，编者应突破性别刻板观念的限制，丰富男女主人公的性格，塑造一些兼具男性和女性优良品质的双性化人物形象，为幼儿提供更多的双性化人物榜样。

三、儿童性别认同障碍

✦ 案例放送

女孩心中的"男孩梦"

我女儿2岁半时长得很秀气，很女孩的样子，但她总是说自己是男孩，不要穿裙子，不要扎辫子。有次买了一条新裙子给她穿上，竟然大哭，后来只好去商店把裙子换成其他的衣服。我们家没有谁重男轻女,不太明白她为什么不认同自己的性别,有点担心会造成什么不良后果,也许这是杞人忧天吧。现在我经常跟她说,某某小姐姐穿裙子好漂亮,某某小姐姐头上扎的花真好看。

孩子3岁半时,已经入园一年,也已经知道自己是女孩,但还是不愿意着女装。她曾经还跟我说过两次"妈妈,我不想当女孩,我再到你肚子里去,你再生我一次,把我生成男孩吧"这样的话。每次买衣服鞋子都特别费劲,让她选,一定是完全的男孩样式,我就到处搜索中性式样的,还要费尽口舌让她接受,但只要她认定是女孩穿的衣服和鞋子,买回家也不穿。前几天她放下话:"妈妈,我要自己选衣服,不要你选衣服。"好累呀!有时候就想,干脆依她的意思,打扮成一个男孩算了。问她为什么要当男孩,她说男孩能跳起来打球,男孩跳得远,跑得快。照相的时候,摆的pose都是打拳的。最爱别人说她酷,不喜欢别人说她漂亮。对蝴蝶结之类小女孩的东西,她坚决不要。让她挑选兴趣班,她只报武术班,而不愿意上舞蹈班。

女儿5岁时,在六一儿童节老师给她扎小辫,穿裙子上台表演舞蹈之后,她就不排斥扎辫子了,也会穿漂亮的女孩衣服了,照相摆的也不是打拳的pose,改舞蹈pose了。我发现她的改变是迫于"舆论"压力,因为如果她打扮得漂亮点,大家都赞赏她。而我知道她心底里还是更想当男孩,更喜欢男性化的服装,辫子也是能不扎就不扎。有时她还自言自语:"你是女孩。"像是在提醒自己。

女儿快7岁了,现在心里还是有做男孩的愿望,有时候有穿男孩服装的想法,但她也在逐渐接受自己的性别,平时也接受穿女孩服装了。

(资料来源:胡萍.善解童贞1——0~6岁孩子的性发展与性关怀[M].南宁:广西科学技术出版社,2011)

(一)认识性别认同障碍

性别认同障碍指个体对自己生物学意义上的性别不满意,并且渴望变成相反的性别。2~3岁的孩子就可能表现出性别认同障碍,但儿童、青少年和成人对于性别认同障碍的外在表现是不尽相同的。DSM-4(美国精神病诊断标准第4版)规定,如果一个儿童的行为表现符合以下标准中的4项以上,那就可诊断他/她为性别认同障碍。

(1)反复申述自己想成为另一个性别,或坚持认为自己是另一个性别。

(2)长期喜欢穿异性的服装,厌恶自己性别的服装。

(3)在角色游戏中强烈而坚持地喜欢扮演另外一个性别的角色。

(4)长期喜欢玩异性的游戏、玩具。

(5)长期喜欢和异性一起玩,不喜欢和同性一起玩。

性别认同障碍的形成原因至今还没有明确的答案。但是,有研究证实,这种障碍与遗传、生理、心理和环境等因素密切相关。现在大部分学者一致认为生物学和心理、社会因素的复杂交互作用影响了儿童的性别认同。在生物学因素上,有研究者认为怀孕时母亲体内过高的雌激素或雄激素水平对胎儿发育造成影响,会导致男性胎儿女性化或女性胎儿男性化(Collaer,Hines,1995)。在心理和社会因素上,家庭教养方式是一个最主要的影响因素。在两性中,男孩比女孩更容易出现性别认同障碍。

(二)有性别认同障碍的孩子的教养策略

对于有性别认同障碍的孩子,家长首先要分清是先天因素造成还是后天家庭教养方式导致的。家长可带孩子去医院进行身体检查,确认孩子是否存在先天性的生理缺陷。如果是先天因素造成的,家长应先接纳孩子目前的状态,再寻求专业的治疗。如果是后天教养造成的,家长必须改变错误的教养方式,才能改善孩子性别认同混乱的问题。

(1)消除对儿童异性化行为的强化。儿童性别认同障碍产生的很大原因是父母长辈对其异性化行为的默许、鼓励甚至赞赏。当孩子长期出现与自己性别不符合的行为时,家长应表明自己不喜欢的态度,引导孩子减少类似行为发生的频率。同时,当孩子出现与自己性别一致的行为时,应给予关注和表扬。父母要注意的是,在对待孩子的异性化行为时,不能粗暴地干涉和制止,否则会伤害孩子的内心,还可能导致其异性化行为更加严重。

(2)在家庭生活中,为孩子树立同性别父母的榜样作用,创设和同性相处的环境。有性别认同障碍的儿童经常喜欢和异性玩耍,不愿意和同性交往。家长应有意创设孩子和同性相处的环境,让孩子感受到和同性相处的乐趣。

性别认同障碍越早矫正效果越好。父母和教师对儿童性别认同障碍的早期发现和重视就显得极为重要。儿童的性别认同障碍,只要家长认真对待,一般都能够矫正。性别角色教育并不是刻板统一的,需要根据每个孩子的具体情况进行调整,其最终目的是使孩子能够兼具男性和女性的人格优势,更加灵活自如地适应环境,且身心健康和谐地发展。

考题链接

一、单项选择题

1. 幼儿如果能够认识到他们的性别不会随着年龄的增长而发生改变,说明他已经具有(   )。
   A. 性别倾向性   B. 性别差异性   C. 性别独特性   D. 性别恒常性

2. 在学龄前期,(   )儿童的性别角色的教育对儿童的智力发展和性格发展是有益的。
   A. 强化   B. 适当淡化   C. 不考虑   D. 以上说法都不对

3. 幼儿能区分一个人是男性还是女性,说明他已经(   )。
   A. 产生了性别行为   B. 具有了性别概念
   C. 对性别角色有明确的认识   D. 形成了性别角色习惯

4. 性别角色的发展前提是(   )。
   A. 儿童性别概念的掌握   B. 社会对不同性别的期望
   C. 家庭生活对儿童的影响   D. 社会生活对儿童的影响

5. (   )是作为一个有特定性别的人在社会中的适当行为的总和,是人的社会性的一个重要方面。
   A. 亲子关系   B. 同伴关系   C. 性别角色   D. 攻击性行为

6. 关于男女双性化,下列说法不正确的是(   )。
   A. 男女双性化指一个人同时具有男性和女性的行为特征

B. 男女双性化指一个人同时具有男性和女性的心理特征
C. 双性化理论强调进行无性别歧视的儿童教育
D. 有研究表明,高智力成就是同糅合两性品质的男女双性化相联系的

二、简答题

1. 简述幼儿性别角色认识的发展阶段。
2. 什么是双性化人格?
3. 父母是怎样对幼儿性别角色和行为产生影响的?

三、论述题

试述科尔伯格关于性别角色形成的认知发展理论。

四、材料分析题

希希是个6岁的中班男孩,雪白的皮肤、圆溜溜的大眼睛,非常招人喜欢。他是个安静的小男孩,在幼儿园不喜欢玩竞争性强的体育活动,奥特曼、变形金刚等男孩子为之疯狂的玩具也引不起他的兴趣,他喜欢和女孩子一起玩布娃娃等安静的活动。每次玩角色游戏时,他不是选择当娃娃家的妈妈就是去理发店烫头发,而且每次都打扮成女孩子的样子。教师通过家访了解到希希在家的情况,他平时和妈妈、姥姥在家,爸爸在外地上班,一两个月回家一次。妈妈喜欢打扮,化妆时喜欢帮希希也擦点口红或者涂点指甲油。希希常把妈妈的衣服、裙子披在身上,还喜欢换上妈妈的高跟鞋在家里走动。

对于希希的这些表现,父母起初并不在意,反而觉得孩子挺好玩的,有时姥姥还夸奖孩子打扮起来很漂亮。后来看见希希女性化倾向越来越明显,才着急起来,却不知道该采取哪些措施才能纠正孩子对性别认识的问题。

请阅读上述材料,回答以下问题。

(1) 希希跨性别行为产生的原因是什么?
(2) 应该采取哪些措施来纠正他的问题呢?

第四篇 心理保健

第四篇 小野杂草

第十三章
学前儿童的情绪与情感

 本章导航

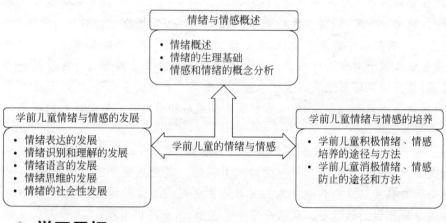

📝 **学习目标**

(1) 了解情绪、情感的概念,理解其生理基础。

(2) 掌握幼儿情绪、情感发展的基本规律和特点。

(3) 运用心理学理论指导培养积极情绪,防止消极情绪,并能够在教育活动中应用。

第一节 情绪与情感概述

📇 资料卡片

永不生气的爱斯基摩人

人类学家琼·布里格斯在生活于北极圈附近的爱斯基摩人那里居住了17个月。她居住在一户爱斯基摩人家里,在那里她可以近距离地观察这家人和他们的邻居。她的观察记录被发表在《永不生气》(*Never in Anger*, 1970)一书中。

琼发现,这些爱斯基摩人有一种能力,他们的人际关系中几乎完全没有攻击性的迹象。深入了解后,琼进一步发现,这些爱斯基摩人反对任何形式的生气。对他们来说,理想的人应该在与他人的交往中总是热情的、保护性的、脾气温和的,不会在外在行为中显示出敌意,最多只能表现出对他人的冷淡。生气之所以不被允许是因为它与这个社会的最高价值不协调,最高价值即对他人的爱和养育。如果某人表现出了这种情绪,他会被看作失去理智,做得像个小孩子。因此,所有的争端都必须用和平的方式解决。他们似乎成功地实现了这个目标。

在出生后头两三年中,儿童允许有愤怒和生气的情绪,但是从那以后,父母就不断地表明这些情绪是不允许的。他们大部分时候通过其他的渠道疏通孩子的消极情绪,以帮助他们获得耐心和自我顺从这些传统美德。父母不靠吼叫或者威胁做这些,而是用语言或者脸色平和地表现出他们的禁令。服从命令不是靠强制,虽然提倡顺从,父母却很少依靠它。孩子从来没有被体罚过,但是他们会一直被教育说任何发脾气、生气和敌意的表现都是不允许的。

当然,学习的过程是很艰难的。琼生动地描述了她住的那家的小女孩是如何应对由兄弟姐妹的竞争而引发的敌意的。最初,她秘密地表达她的情绪:在大人的背后揪她的妹妹,或者在她们单独在一起的时候抢她的玩具。大多数时候,她以闷闷不乐回应大人的命令:服从命令时要么是一张面无表情的脸,要么是转过脸去面对墙默默地哭。因此,在回应大人的一些自己不愿意的要求时(如把玩具让给妹妹),她会无声地盯着前方,任由眼泪从脸上流淌,但是没有任何生气的外在迹象。这种处理方法的结果是,与西方儿童相比,爱斯基摩人惊人地缺乏攻击性的表现,从很早开始,同伴间的敌意就是很少见的现象。这或许和他们从小的生活环境、文化和对待情绪的方式有关,来自于种族和家庭延续的对待消极情绪的方式。

(资料来源:鲁道夫·谢弗.儿童心理学[M].王莉,等,译.北京:电子工业出版社,2015)

一、情绪概述

情绪是人们在日常生活中能亲身体验的一种重要的心理活动。它与认知相伴,给人们带来快乐和满足,又不可避免地让人们遭受苦恼和折磨。学前儿童主要是从各种关系情境中学习情绪,他们从父母或其他抚养者的言行举止、声调姿态和表情等方面学习并体验着各种情绪。

(一)情绪的概念

虽然人们每天都在感受、体验、识别不同的情绪,但又很难说清楚到底情绪是什么。以往人们对情绪的看法多是消极的、负面的,人们大都相信情绪就如魔鬼野兽,是破坏性的、不理智的精神活动,会直接影响人们的认知活动,如"冲动是魔鬼""放纵情绪就会毁灭世界"等观念。但近50年生理和心理学科的研究成果愈加显示,人们应该对情绪持有更正面的态度和看法。情绪不仅具有一种消极破坏的作用,而且在人类的生存和发展以及适应环境中起着更重要的作用。学前儿童的情绪发展研究相应地被提到了一个更为重要的地位。那到底什么才是情绪呢?

功能主义学派把情绪定义为:情绪是个体与环境意义事件之间的心理现象(Campos,1983)。拉扎勒斯(Lazarus,1984)认为:情绪是来自正在进行着的环境中好的或不好的信息的生理心理反应的组织,它依赖于短时的或持续的评价。这些定义都表明情绪受环境这些被认知的客体的影响,同时认知和内在态度需要之间存在互动过程。综合多个学派的观点,可将情绪进行如下定义:情绪是对一个特殊事件的主观反应,可以从生理的、经验的和外在行为的变化几方面加以描述(Sroufe,1996)。

情绪有两种存在形式,一是体验——内在状态,二是显露——外显表情。这和认知过程很不一样,但情绪和认知过程相随相伴而且会相互影响。情绪可以激起或干涉认知过程和行为,认知过程也可以引起、调节和改变情绪反应和体验。例如,当一个人走在路上,突然看到一条长长的像蛇一样的东西盘旋在那里,他猛地一惊,从这长条状物跳开,仔细一看,是一条绳子,这时候他会感觉有点尴尬,一条绳子何必如此害怕。在这个过程中,人的情绪和认知分别在起着不同的作用。情绪对认知的调节作用在生命的保存功能中起着重要的作用。同样,情绪对学前儿童的发展也起着重要而不可或缺的作用,长久不良情绪的发展,不仅会影响其认知的发展,甚至会损害其人格的健康。

童真童趣

上午学本领的时候,有两个孩子淘气被批评了一下。

子乔:下辈子做一只狗。

凯丽老师:为什么呢?

子乔:这样就不会被批评了。

(二)情绪的特征

情绪是由许多成分组成的,主要包括以下4个方面。

(1)情绪总是由一个或多个相关的事件所引起,该事件被称为诱发事件。如恐惧是由危险的信号或场景引起的,惊喜是由意想不到的让人兴奋的事件引发,耻辱是因为自尊遭受打击。

(2)情绪的生理基础。情绪会引起生理功能变化,生理功能的变化也会引起情绪的波动。如心跳加速和脉搏频率变化、急促的呼吸、流汗等一些由自主神经系统控制的功能和情绪感受会相互影响。

（3）情绪和经验有关。这是情绪内在产生的真正的感情体验，是个体经历里最熟悉的一个方面。它一部分让人们意识到生理变化带来的感受，另一部分与人们对诱发事件认知评价有关。随着年龄的增长，儿童的认知因素越来越重要，受惊吓的婴儿做出的反应都是恐惧，年龄稍大的儿童就会采取相应的一些行动减少恐惧，如逃跑或求助，所以他们不只是被动地表现出恐惧的情绪，而是想要控制恐惧。

（4）外在行为的变化。情绪的外在行为特征包括两方面：自己的外在行为和他人的外在行为。通过观察他人的外在行为判断他人的相关情绪，可以帮助人们更好地认识情绪的外在显露，情绪最明显的外在行为是面部表情。当人们还是儿童的时候，喜怒哀惧皆表现在脸上，随着社会经验的丰富，人们慢慢会控制和隐藏自己的情绪，但不太容易隐藏肢体语言、声音变化。如尖叫声表示恐惧，愤怒时会握紧拳头等。如对外在行为和情绪关系进行研究，可参考《微表情心理学》等书籍，或美剧 *lie to me*，如图 13-1 所示，该剧是根据现实人物和事件改编的，剧中 Lightman 博士的原型是

图 13-1　美剧 *lie to me* 海报剧照

加州大学心理学教授保罗·艾克曼博士，他确实在测谎和微表情研究领域有很深的造诣，并成为 CIA 和 FBI 等执法机构的顾问。

情绪是一个主观反应，这个主观反应是由诱发事件引起的，它可以表现在生理层面、经验性方面、外在行为上的变化。情绪具有积极的功能，如儿童害怕陌生人，这个现象从他们出生后第一年的后半段就开始出现，这种趋熟悉避陌生的行为是有现实意义的，可以避免儿童受到陌生人的伤害。此外，哭是婴儿的一种交流手段，代表他们此刻感觉不舒服，这可以提醒其养育者应该采取相应的行为。婴儿能够使用语言之后，还是会以哭的形式来表达他们的内在需求。对儿童而言，恐惧情绪可以保证他们只和值得信任的人在一起，不会轻易被任何陌生人带走。从进化心理学角度来讲，这种情绪反应模式保存在人类的基因库中，通过先天的遗传，以个体保存和适应环境的模式存在下来。因此，所有的情绪都有适应价值，都会调节个体与他人、环境之间的关系。

二、情绪的生理基础

随着近 20 年来神经生理学和神经生物化学研究技术的进步，情绪的研究开始从神秘和经验性到科学实证性，脑科学在认知方面取得重要进展的同时，也发现了情绪的生理生化机制。婴幼儿会本能地表达情绪，如新生儿饥饿时无法以舒服的姿势找到奶头吸出奶水，就会发怒来抗议，母亲会根据婴儿的情绪反应调整姿势使其感觉舒适。可见，儿童不需要学习就可以表达诸如害怕、高兴、愤怒等情绪，这些情绪的表达是自然而然的，是遗传而来的。但并不是所有的情绪都是天生的，如婴儿的怕生现象直到第一年的后半阶段才

会出现。而像骄傲、耻辱、鄙视等复杂的情绪会更晚出现。

对于情绪的经验性观察，可以追溯到达尔文的观点。在1872年出版的著作《人类和动物的表情》中，达尔文第一次尝试多方面科学地观察并记录儿童的表情，揭示儿童情绪的先天遗传观点。书中大部分数据来自于达尔文对自己10个子女的细心观察，特别是对儿子多迪(Doddy)的观察。例如，达尔文这样记录多迪第一次出现的愤怒：出生后的第8天，多迪哭之前有皱眉、眼角有皱纹。虽然还很难确定是否是第一次开始出现愤怒，也可能是因为疼痛或悲伤而不是愤怒。但在大约第10周的时候，有一次不慎给他喂了冷的牛奶，他吸的时候前额一直皱着，那个样子就像我们大人被强迫做自己不情愿的事情的样子。快到4个月的时候，当他感到不舒服或愤怒的时候会涨红着脸，表现出激烈的情绪反应。

早期经验性的观察发现婴幼儿的情绪似乎是由遗传控制的，能够确保在所有个体的不同年龄阶段出现，和社会文化无关。近些年来，随着一些高度精密的仪器和科学可靠的手段的出现，关于情绪的描述变得更系统化和科学化。综合不同情绪专家的研究，新生儿会出现6种主要的情绪，分别是：喜、怒、哀、惧、厌恶、惊奇。这6种情绪是全世界人类共有的情绪表现，和其文化、种族等因素无关，是由生物性决定的，如表13-1和图13-2所示。

表13-1 6种基本情绪及其表现

情绪	面部表情	生理反应	适应性功能
喜	嘴角朝上朝后；两颊升起，下巴朝上	心跳加快；不规则呼吸；皮电提高	表示已经准备好进行友好的交往
怒	眉毛向下连在一起；嘴大张或嘴唇抿在一起	心跳加速；体温升高；脸红	克服困难；达到目的
哀	眉毛内端朝上；嘴角向下，下巴朝上	心跳慢；体温低；皮电低	鼓励别人给自己安慰
惧	眉毛向上；眼睛大睁，紧张，直盯着刺激物	高而稳定的心跳；体温低；呼吸急促	学习恐吓人；回避危险
厌恶	眉毛向下；鼻子皱着；抬高两颊和嘴唇	心跳慢和体温低；皮肤发紧	躲避有害物
惊奇	眼睛睁大，眉毛挑起；嘴巴张开；持续看着刺激物	心跳减弱；呼吸暂停；肌肉紧张消失	准备好去吸收新经验；扩大视觉范围

资料来源：鲁道夫·谢弗.儿童心理学[M].王莉,等,译.北京：电子工业出版社,2015

随着正电子发射断层照相术(PET)和功能性磁共振成像技术(fMRI)的应用，情绪的脑机制科学研究越来越精细。诸多实证研究证明了杏仁核在情绪过程中起着核心作用。例如，人类被试体验到味觉、嗅觉和干渴时，PET扫描发现杏仁核的脑成像发生改变；对愤怒和恐惧面孔的视知觉导致人类杏仁核血液改变；用引起不愉快的气味对人类被试进行实验，用fMRI扫描时发现其杏仁核信号受到抑制。综合神经生理心理的研究，发现杏仁核在情绪发生过程中起核心作用，进而引起相应的行为反应，如图13-3所示。

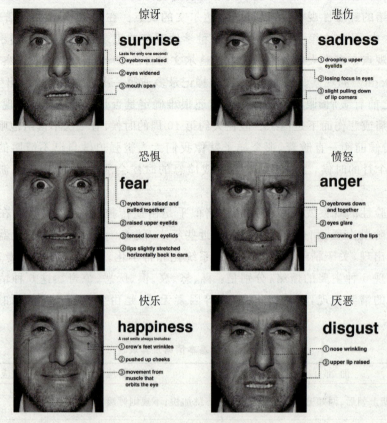

图 13-2　6 种基本情绪图示（来自美剧 *lie to me*）

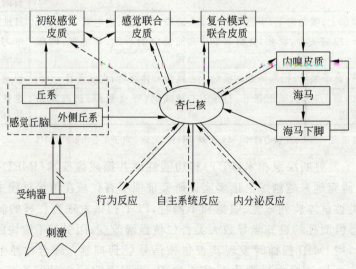

图 13-3　杏仁核在情绪过程中输入输出联系模式图
（资料来源：孟昭兰.情绪心理学[M].北京：北京大学出版社，2005）

三、情感和情绪的概念分析

情感指具有稳定而深刻社会含义的感情性反应。它经常被用来描述社会性的高级感情,标示着感情的内容,如描述对祖国的热爱、对事业的酷爱、对美的欣赏,以及对人的羡慕与妒忌等。情绪术语经常用于人类,也用于动物,指的都是脑的活动过程。

情感这个词,包括一个"感"字,有"感觉"的意思;还包括一个"情"字,又有别于"感觉"的理解。在俄语中,情感和感受性有着相同的词根;而德语中的感悟也与感觉一词的词源相同;英语中的feeling则有感觉、知觉、触觉、同情、体谅等多种含义。这说明情感的概念既包含与"感觉""感受"相联系的"感"字,又包括与"同情""体验"相联系的"情"字。因此,情感的基本内涵是感悟性反应方面的"觉知",它集中表达了感悟的体验和感受方面。在高级情感中,责任感、事业心把人带入崇高、深邃的境界。与此同时,它们也是使人激动不已的情绪过程。

> **实践应用**
>
> 选择1~2名学前儿童,拍摄其喜、怒、哀、惧、厌恶、惊讶6种基本表情的照片,并和教材上的标准表情对比差异。

情绪一词的英文emotion,来自拉丁文e(外)和movere(动),意思是从一个地方向外移动到另一个地方。在文字学史上,它用来描述许多领域"动"的现象。例如,在物理学上描述为"雷……引起空气的流动"(1708),"流动"用emotion来表示;"冰在山洞里流……是由于震动"(1758),"震动"一词也是emotion。在物理学上的这类使用逐渐转到政治和社会活动中,用以表示鼓动或扰乱、动乱。例如,"在伦巴底族人中……很大的鼓动和扰动","群众的震动是由于……所引起"(1709)。这意味着,emotion一词的原义是活动、搅动、骚动或震动。后来,这个词用于个体精神状态的激烈的扰动上。例如,"满足的快乐一般称之为emotion"(1762)。由此可见,情绪是用来描述一种运动的过程。现在它已经被限定运用在表示精神与社会活动范畴,而不再在物理学范畴上使用。

童真童趣

操场上,天云在哭(从小一直陪天云的外婆刚刚过世了),啸远在她旁边拍着她。

凯丽老师:天云,有什么想和老师说的吗?

天云(边哭边说):我刚刚和啸远说事情,然后就觉得心好疼。

一孩子在旁边说:老师,天云外婆死了。

啸远:没有,没死,她外婆只是上天了。

天云:我外婆身体不好,一觉睡过去了,醒不来了,天上的神仙知道了就把我外婆接到天上去了。

说完之后天云默默地走开了。

第二节 学前儿童情绪与情感的发展

儿童从出生第一周开始,便可以产生情绪表现,它帮助婴儿应对环境,并起着沟通信号的作用。如刚出生的新生儿,或哭或安静,或四肢划动等,这些都是儿童的原始情绪反应。学前儿童情绪的发展主要表现在以下几方面:儿童对自我情绪的表达、对他人情绪的识别、情绪语言的发展、情绪思维的发展、社会性情绪的发展。

一、情绪表达的发展

依扎德(Izard,1982,1993)通过24小时跟踪录制视频,记录婴儿在不同生活情境下的情绪反应,如握住冰块、玩具被人拿走、看见妈妈回来等。研究者截取了这些表情图片,让不了解婴儿经历的成人评分者判断婴儿所体验到的情绪。结果发现,不同的评分者都对同样的表情做出了同样的判断。可见,婴儿能够表达自己的情绪,同成年人一样,而且也能被成年人正确认识。研究发现,在出生的头2年或3年内,婴儿情绪不断得到分化并获得初步发展,不同情绪出现的时间各不相同,见表13-2。

表13-2 不同情绪出现的时间

时间	情绪	情绪的类别	影响因素
出生	满足 厌恶 痛苦 好奇	基本	可以由生理控制
2~7个月	愤怒 恐惧 快乐 悲伤 惊讶		所有健康婴儿都是在大致相同的时间段出现,在所有文化中的解释也是相似的
1~2岁	尴尬 嫉妒 内疚 骄傲 害羞	复杂 自我意识 自我评价	需要自我的感知和认知能力来评判自己的行为是否违背了标准或者规则
2~6岁	儿童能越来越好地应对自己不愉快的情绪冲动,他们会将注意力从引起恐惧的事物上转移,通过想象美好事情抑制不愉快的事情。也能以一种更令人满意的方式重新解释导致他们不愉快的事件		

资料来源:谢弗,等.发展心理学——儿童与青少年(第8版)[M].邹泓,等,译.北京:中国轻工业出版社,2013

(1)出生时婴儿会表现出好奇、满足、痛苦、厌恶。同时,他们会观察成人的情绪表现并进行模仿,如图13-4所示。这种先天的情绪表达方式和后天模仿的行为,对婴儿的情绪认识和发展具有重要作用。2~3个月的婴儿开始展露出社会性微笑,这会让抚养者感到欣喜，从而表现出更多的耐心，更积极地对待婴儿，做更多使他更快乐的事。婴儿3～4个月时会出现明显的笑声，这会更加强化抚养者和婴儿之间积极的互动。

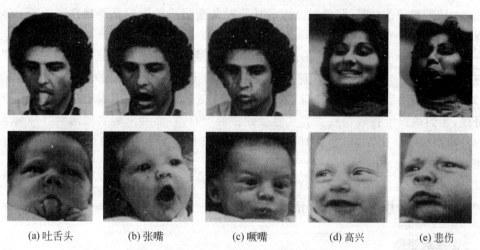

(a) 吐舌头　　(b) 张嘴　　(c) 噘嘴　　(d) 高兴　　(e) 悲伤

图 13-4　婴儿对成人面部表情的模仿

(注：图(a)、(b)、(c)中的婴儿，年龄只有2～3周，已能模仿成人的吐舌头、张嘴和噘嘴动作。
图(d)和(e)中的婴儿，出生刚2天，就能模仿母亲的高兴和悲伤表情了。)

(资料来源：周念丽.学前儿童发展心理学[M].上海：华东师范大学出版社，2014)

(2) 婴儿在2～7个月出现的其他基本情绪是喜、怒、哀、惧、惊奇、厌恶(Izard,1995)，这些情绪是初级情绪，和先天生物性遗传有关，在不同文化和不同种族间的表现也大致相同，它们出现的时间也基本一致。但除了生物因素之外，成长中的因素也不可忽略，李维斯(Lewis,1990,1992)认为最有可能激发婴儿惊讶和快乐的因素之一是他们发现自己能够控制某些物体，如学习踢腿、通过按钮让玩具发出声音、抚养者的逗乐等。而这种习得性期望的落空会激怒他们，也可能会让他们伤心。

(3) 1～2岁，婴儿开始表现出更为复杂的情绪，如尴尬、害羞、内疚、嫉妒和骄傲。这些情绪也被称为自我意识的情绪，这些情绪的发展需要有一定的自我意识为基础。如尴尬这种情绪，在婴儿能够再认自己的镜像之前是不可能出现的；而害羞、内疚、骄傲等自我评价性的情感则不仅需要能够自我再认，还需要能够理解评判个人行为的准则与标准。瓦克斯勒和柯尔(Barrett,Zahn-Waxler,Cole,1993)观察2岁儿童在弄坏了实验者"最喜欢的布娃娃"之后的两种态度：一种儿童试图补救(改正者)；另一种儿童则尽量躲避(躲避者)。研究者发现，改正者所展示出的行为与内疚感是一致的，而躲避者的表现则可能类似于害羞。内疚和害羞这两种情绪是有区别的，内疚是因为人们无法完成对他人的某些义务，感到内疚的儿童很多时候关注到他的不当行为所带来的人际后果，也许还会主动接近别人来补偿自己的伤害行为。而害羞则更多的是由于对自我的关注，因为自我的行为违反了道德，遭受个人失败而丢了面子。害羞导致儿童对自己的消极关注，使得他们试图回避他人。

(4) 3岁的儿童能够更好地评判自己的表现了，他们在成功地完成一项困难任务后，就开始表现出骄傲情绪相伴的行为(如微笑、鼓掌、强而有力地叫喊"这是我干的")，也会在未能完成一项简单任务后表现出与羞愧情绪相伴的行为(如耷拉着脑袋向下看、低垂着肩膀,或说着"我不擅长这个")。这些稍晚出现的情绪比较复杂,对儿童的行为有不同意义。

（5）随着孩子的成长,父母对儿童的评价对儿童情绪的影响显得越来越重要。亚里山德里和李维斯(Alessandri,Lewis,1996)研究发现,儿童在成功时表现出骄傲或在失败时表现出羞愧,在很大程度上取决于母亲对他们成绩的情绪反应模式。那些更关注消极表现,在儿童失败时给予严厉指责的母亲,他们的子女在失败后表现出较高水平的羞愧,却很少在成功后感到骄傲和自信。相反,那些更倾向于在孩子成功时做出积极反应的母亲,她们的孩子在成功后更容易感受到骄傲与自信,而在未能实现预期目标时表现出的羞愧则很少。可见,母亲在对待孩子时的情绪反应对孩子的情绪发展起很关键的作用。

二、情绪识别和理解的发展

童真童趣

快放暑假了,终于按捺不住涂了指甲油,下午孩子们起床后。
乔妹:陈老师,你是不是想我们羡慕你呀?
凯丽老师:啊?为什么呢?
乔妹:你明天能不能不要化妆了?
凯丽老师:我没有化妆呀!
乔妹:你看你不是涂了指甲油嘛!
凯丽老师:这也算是化妆吗?
乔妹:嗯。
凯丽老师:不喜欢我化妆吗?
乔妹:不喜欢,因为我不想羡慕你。

儿童在表达自己情绪的同时,也在慢慢地开始识别和理解他人的情绪。目前,关于婴儿什么时候开始能够识别和理解他人的情绪仍存在争议,有研究表明3个月的儿童能从照片中分辨出成人的不同情绪。但是,这种分辨可能仅仅只是反映了他们视觉分辨的能力,并不一定能表明这样小的婴儿能够理解像快乐、忧伤或愤怒等多种多样的表情。

1. 社会参照

学前儿童识别和理解他人情绪的一个重要手段是社会参照。索肯和皮克(Soken,Pick,1999)研究发现,7～10个月的婴儿识别和理解特定情绪反应的能力已经发展得比较明显,他们开始关注他们的父母对于不确定环境条件下的情绪反应,并会依此调整自己的行为。随着年龄的增长,婴儿这种能力不断地提升,而且会把这种能力扩散到父母以外的人。1岁左右,如果旁边的陌生人对他笑,婴儿就敢去接近一些他觉得新奇好玩的玩具,如果陌生人表现出恐惧,婴儿则会小心避开那些东西。

2. 情绪对话

18～24个月的婴儿能够进行情绪的对话。和父母或其他抚养者进行情绪体验的家庭对话,会帮助儿童更好地理解自己和他人的感受。研究发现,在3岁左右,在情感体验上与父母有更多交流的孩子,其在小学阶段能更好地理解他人情绪,并更好地处理与同学和朋友的矛盾,解决争执问题。因此,家人经常陪伴孩子,并与他们进行情绪交流和对话,能够促进其情绪识别和共情能力的发展,进而影响到后期社会认知的发展。

三、情绪语言的发展

情绪语言,主要以情绪对话的方式开展。儿童习得言语是情绪发展的一个全新阶段,儿童可以通过语言进行概括和交流彼此的情绪,并能对自己的情绪体验进行思考,把内心的经验客观化。当把各种情绪进行命名后,儿童便可以讨论它们。儿童一方面可以把自己的情绪通过语言传达给别人;另一方面还可以倾听他人对情绪的描述。因此,情绪可以更准确地分享。

儿童在18个月时开始用高兴、伤心、愤怒、害怕等描述自己内在的情绪。最初儿童描述的完全是自己的情绪,大约2岁半时他们会开始谈论别人的情绪。在3岁时,情绪词汇使用的数量开始迅速增加,6岁时大多数孩子已经习惯用兴奋、愤怒、烦人、高兴、不高兴、轻松、失望、着急、不安等情绪词汇进行对话。在学前期,儿童的言语发展已经日趋完善,在描述情绪时的准确性、清晰性和复杂性上发展迅速;在推测别人情绪产生的原因上日趋成熟。父母和主要抚养者的情绪表现,将首先被孩子观察、体验和推测。通过语言交流,孩子能直面自己的情绪,帮助解释别人的行为,加深孩子对复杂情绪的理解。同时,孩子可以洞察人际关系的实质和背景,能够与他人分享情绪经历并纳入其人际关系之中。

✦ 案例放送

下面有关情绪的一段对话,是一个两岁半的孩子和妈妈谈论一只死老鼠的场景。

孩子:"妈妈,什么让你这么害怕?"

妈妈:"没什么。"

孩子:"什么让你害怕?"

妈妈:"没有什么。"

孩子:"是什么?下面的什么,妈妈?让你害怕?"

妈妈:"没有什么。"

孩子:"那个没有让你害怕?"

妈妈:"没有。没让我害怕。"

孩子:"那是什么东西?"

妈妈:"死老鼠……"

我们看到,孩子相信一定有什么原因导致了妈妈现在的情绪表现。因为孩子感受到了妈妈害怕的情绪,所以他一定要打破砂锅问到底。这种通过语言对话的形式,来清晰化和明确化情绪,对儿童认识自己和他人的内心感受和外在表现是很有必要的。

(资料来源:鲁道夫·谢弗.儿童心理学[M].王莉,等,译.北京:电子工业出版社,2015)

四、情绪思维的发展

随着儿童年龄的增长和思维的发展,他们不仅体验情绪,也逐渐地思考情绪。他们会去尝试理解自己在这个关系中的情绪意味着什么,从而建构出一套自己的有关情绪反应的模式和理论。儿童最初的情绪反应模式是很原始的,思考的加入会使其很快变得越来越复杂。这体现在孩子们可以认识到情绪不仅具有外在表现,还与内在的情感状态相关联。他们可以通过一个人外在的表情或行为,来推断其内在的情绪感受。例如,一个小女孩看到一张照片后说:"她的眼睛在哭,她很伤心。"这个小女孩不仅注意到了相关的情绪线索——哭的眼睛,还用这个线索推断内在的心理感受——伤心。随着儿童思维和言语的发展,儿童对情绪的思考变得越来越具体和准确,相伴随着语言的沟通和交流,他们对情绪的评价和对情绪产生原因的理解就越准确。

可以从儿童解释他人的情绪表现中看出他们对情绪的思维方式。在费伯斯(Fabes)等人的一项研究中,他们观察3~5岁的儿童并记录下发生的每一个情绪事件(抢玩具、争顺序、回应他人伤害性的评价等)。在每一个事件中,观察人员不仅记录下儿童是如何反应的,而且让一个在附近目睹了整个事件发生的儿童描述当事者出现了什么样的情绪及其原因。结果显示,3岁的儿童能够相当准确地命名出现的情绪,尤其是愤怒和伤心等消极的情绪。在分析儿童给出的原因类型时,研究人员发现年幼的儿童倾向于指出外在的原因,如"他生气是因为她拿走了他的玩具""她生气是因为他打她";而年龄稍大的孩子更多指出内在的状态,如"她伤心是因为她想妈妈了""她恼怒是因为她觉得该轮到她玩了"。内在解释其实需要更多的思考、更复杂的体验和感受。因此,随着年龄的增长,儿童的解释从看得见的原因转向看不见的原因。通过推测别人背后的动机,儿童逐渐获得了对他人内心世界复杂的认知。只有思维不断地发展,儿童才有可能进一步提升情绪分析、推断和思考的能力。儿童辨别情绪的性质和原因的准确性随着年龄的发展不断提高,见表13-3。

表 13-3 儿童辨别情绪的性质和原因的准确性

与成人结果一致的百分率	年龄组			情绪	
	3岁	4岁	5岁	积极的	消极的
情绪的性质	69	72	83	66	83
情绪的原因	67	71	85	85	64

(资料来源:鲁道夫·谢弗.儿童心理学[M].王莉,等,译.北京:电子工业出版社,2015)

要想真正理解他人的内心世界,儿童必须有一定的思维发展,能思考并认识到每一个人有其自身的特殊性,不能想当然地以为每个人都和自己的感受一样。一些不容易产生共情的人,就是因为他们在儿童时期的思维发展过程中,因生活环境或照料者的原因导致其过于以自我为中心。有证据表明,学前儿童已经具备这种能力——认识到每一个人有其自身的特殊性。在邓恩等人的一项研究中,他们访谈了4岁的儿童,让他们描述日常生活中自己的、朋友的和母亲的高兴、愤怒、伤心和恐惧的原因。儿童的描述不仅一致、准确,而且对不同角色的描述差别很大。例如,当问到什么能让妈妈高兴时,他们会提到"一杯茶""睡个好觉,我妈妈从来没有睡好过,所以睡好了会让她高兴""香水,我妈妈喜欢香水",这些原因和使他们自己高兴的原因是截然不同的。也就是说,情绪是根据不同人的不同需要和要求来解释的,不是单纯对自己情绪的概括。这就需要思考情绪,对每个个体背后的原因进行归纳理解。

保罗·哈里斯指出,理解能力在学前期发展迅速,这为儿童认识他人情绪、预测他人情绪提供了理论保障。儿童认识到一个情境对他情绪的影响,是依赖于他根据自己的希望和期待对情境做出的评价。年龄很小的儿童认为,所有的情境对于每个人的意义是一样的,这是因为儿童在思考情境对情绪的影响时,多是以自我为中心出发的。但随着思维的发展,情况发生了变化。到了学龄前期,儿童逐渐认识到不是情境带来了情绪反应,而是他们的心理状态特点。因此,让某人害怕的东西并不一定让他人害怕,给某人带来惊喜的东西可能会让别人失望。一旦儿童能够考虑到每个人不同的心理状态,他们就能够有效地预测他人的情绪反应。哈里斯给孩子讲故事,然后让他们对故事的主人公进行评论。研究表明,儿童最迟在 6 岁就能够获得理解他人心理状态的能力,这刚好是儿童思维发展的重要时期。儿童理解他人情绪,重要的一点是要思考情绪,儿童认识到每个人的情绪感受取决于他们的愿望和信念。在学龄前期的最后,儿童看别人脸色行事的能力大大提高了。

资料卡片

大象埃利的情绪生活

要想研究儿童理解他人情绪的能力,就要使用与他们的理解能力和应对能力相适应的手段。通过对应的行为研究,我们可以更好地理解儿童的情绪。哈里斯就是通过这个设计,编写了一系列虚构的动物角色的故事,然后让儿童评论这些角色所处的情境,用来研究儿童怎样思考情绪,以及什么时候开始发展考虑他人情绪的能力。

例如,哈里斯会给学前儿童讲一个名叫埃利的大象的故事。这只大象对喝的东西很挑剔。有的儿童被告知埃利只喜欢牛奶,而其他人则被告知埃利只喜欢可乐。有一天埃利出去散步,感到非常口渴,回家后马上想喝她最喜欢的饮料。可是一只淘气的猴子,名叫米奇,在埃利出去的时候调换了她的饮料。比如,他倒掉了埃利最喜欢的可乐,换成了牛奶,然后把装着牛奶的可乐罐给埃利。这时问孩子:如果埃利喝了一口,发现了可乐罐中的真正饮料后,她会是什么感受?

无论年龄大小,所有的孩子在预测埃利的情绪时都能够考虑到她的嗜好。假如埃利喜欢可乐,孩子会说埃利发现罐里是可乐后会高兴;如果埃利喜欢牛奶,她发现罐子里的可乐后会伤心。所以说从 3 岁开始,儿童就能够在他人预定的愿望上做出预测:他们能够站在别人的立场上评价愿望满足或者没满足后的感受。而且,他们可以做到判断时不受自己的情绪和愿望的影响。

年龄更小一点的儿童的理解受到了某种程度的限制,这可以从下面这个问题的回答中看出:埃利在喝之前看到了可乐罐,她会是什么感受?比如,如果她喜欢可乐,但罐子里的可乐被猴子换成了牛奶,她会怎么反应?年龄大一点的孩子回答正确:他们体会到了埃利预定的愿望,看到可乐罐会让埃利对要喝到的饮料感到高兴,但是在她真正喝了之后会感到伤心。可是,年龄小一点的孩子就无法区别出埃利误解的原因:他们自己知道罐里是什么,就因此认定埃利也知道。最初,儿童理解情绪多少有点以自我为中心,到了学龄前期,它发展成了一种更成熟的能力,孩子因此可能站在别人的立场思考问题。

(资料来源:阿尔曼多·S.卡夫拉.儿童心理百科[M].梁雪樱,吴秀如,译.北京:化学工业出版社,2015)

五、情绪的社会性发展

不同情绪的发展有着共同的生理基础,但是它们以后的发展会受到种种社会经验的影响。婴儿的情绪表现具有影响照料者行为的交流功能。例如,伤心的哭泣会引起抚养者的注意和关照;早期出现的微笑或好奇的表情,会使抚养者激动和兴奋,知道宝宝想和他们建立社会关系,有进一步交流的愿望;恐惧、委屈、伤心的表情说明婴儿感到不安全、害怕,或者情绪低落,需要抚养者的关心和照顾。婴儿通过他们的情绪反应提示抚养者需要做出一些有利于他们的行为,适当地促进了自己的社会性接触和发展。

婴儿对他人情绪的识别和理解,会促进婴儿的社会性发展,他们推断自己在各种情境下怎样做才更合适。社会参照能让儿童迅速地获得这类知识。父母作为孩子最重要的社会参照对象,在孩子的早期发展过程中会起到重要作用,儿童会很快习得父母的幽默、善良或害羞、焦虑等待人接物的方式。例如,妈妈焦虑的表情和音调会让婴儿知道,那只老鼠很危险,那把刀很锋利可能会伤害到自己。抚养者通过表情使婴儿注意环境中某些重要事物会让自己产生怎样的情绪。心理学家认为情绪能力的获得对儿童社会能力的发展起至关重要的作用。社会能力指个体在社会交往中保持与他人积极关系的同时获取个人成就的能力。

情绪能力包括3个部分:一是情绪表达能力,主要指积极情绪表达较多,消极情绪较少;二是情绪认知能力,指能较准确识别他人的情绪情感及其出现的原因;三是情绪调节能力,指将自己的情绪体验、表情调整到能达成个人目标的适当水平。研究者发现,情绪能力的这些成分与儿童的社会能力有关。例如,较多表现积极情绪而较少表现消极情绪的儿童往往更受到父母、教师或同学的欢迎,更容易和同伴建立友好关系。情绪理解能力较高的儿童往往会被教师认为具有较高的社会能力,他们也更容易交到朋友,在班级里建立良好的人际关系。在情绪调节方面,那些调节自身情绪有困难的孩子,通常会遭到同伴的回避、拒绝,也可能存在过于冲动、焦虑、抑郁等社会退缩行为。心理学研究显示,情绪体验及其表达方式会影响人们如何看待自己或自己的人格,情绪能力也影响着儿童的人格。

第三节　学前儿童情绪与情感的培养

一、学前儿童积极情绪情感培养的途径与方法

在儿童的成长发展过程中,喜怒哀惧等情绪是其最基本的情绪,并伴随着思维的发展、社会性的发展而得到进一步发展。家长和教师应该为学前儿童创设一个温暖、安全、信任和友爱的成长环境,使他们能够经常体验和表达积极的情绪情感,这样一种"潜移默化""润物无声"的环境有助于儿童良好情绪情感的培养。

1. 培养儿童良好的生活习惯

与学前儿童情绪稳定性密切相关的一点是其规律合理的生活习惯。因此,成人要根据孩子的身心特点,制定相匹配的生活作息制度,让孩子养成良好的生活习惯。在入园前,家长需要有合理的生活作息时间,如一日三餐定时定量,晚上尽早哄宝宝睡觉,自己也尽量早睡早起,做好榜样,帮助孩子建立科学合理的生活制度。在入园后,教师要有规范的时间安排,从小事抓起,培养孩子良好的生活习惯。同时,教师也应当为孩子创设丰富多彩的活动内容,让他们生活在轻松、快乐、丰富多彩的生活环境中。

2. 为儿童树立良好的榜样

父母是孩子的原件,孩子是父母的复制品。这个复制品不仅仅是基因的遗传,还包含家庭的启蒙教育。轻松、愉快、和谐的家庭生活,会给孩子一个宽松的发展环境,能让孩子内在的情绪情感自由地抒发,向着积极的方向发展。父母经常吵闹、家庭不和睦或家庭破碎的生活环境,容易让孩子处在焦虑、恐惧、悲观的不良情绪中,从而形成不良的人格特点。婴幼儿的模仿能力很强,他们的情绪很容易被他人的情绪所感染,所以成年人的情绪示范作用非常重要。家长作为第一个重要的示范者,在养育子女过程中要严格要求自己,身正为范。幼儿教师作为幼儿一日生活的组织者和陪伴者,是幼儿社会性交往和发展的榜样,应该对自己提出更高的职业要求。因此,幼儿教师无论遇到什么不顺心的事情,一旦进入工作岗位,就需要保持良好的情绪和精神状态,切忌将不良情绪发泄到幼儿身上,这是最起码的职业操守。如若自己无法调整好情绪,可以向单位主管提出请假申请,及时调整好情绪后再上岗。

3. 对儿童进行艺术熏陶和艺术教育

艺术是一种美,会对人们的心理状态,尤其是情绪情感产生影响。如音乐是一种非常有效的放松心情、舒缓压力的方式。心理学实验表明,婴儿饥饿时妈妈或抚养者未准备好食物,这时音乐的播放可以延缓婴儿的焦虑情绪。由此可见,音乐确实是一种让人产生快乐的重要艺术活动。现代实验心理学研究表明,所有的艺术活动在陶冶情操和稳定情绪中都起着重要作用。最近10年流行起来的摆疗法,就是通过舞蹈动作来治疗人们的情绪。人们也可以通过美术或沙盘等方式来表达和释放自己的情绪。

通过对学前儿童进行艺术教育,既能培养幼儿对艺术美的感受、欣赏、识别的能力,又能让孩子在此过程中体验情绪的流动,使自己的情绪在艺术活动中得到升华。这不仅能

提高孩子的审美素质,更能塑造孩子良好的个性,培养其良好的情绪情感体验和表达能力。

儿童通过欣赏和学习艺术作品,可以体会其中的丰富情感,激发自身的审美体验。不同的儿童对同一幅作品会表现出不同的情感体验,通过教师的教育和儿童各自的分享,儿童的情感体验会拓宽加深,这种经历对孩子情绪情感培养很有帮助。许多理论与实践研究证明:艺术教育应从1~3岁开始,这是感受教育最重要的时期。通过各种艺术活动,孩子能够初步具备感受美、表现美的情趣,然后抓住儿童的兴趣点及时给予教育。

> **实践应用**
> 根据教材提示,请通过网上搜索、幼教机构实地采访等方式,制定一种具体的培养儿童情绪情感能力的方法,要求具有理论支持和实践效果。

4. 让幼儿在游戏中体验和发展积极的情绪情感

幼儿期的基本活动是游戏,而游戏对幼儿情绪情感的发展具有十分明显的作用。这是因为游戏不仅使幼儿直接从活动本身获得快乐,还可以满足幼儿的许多需要。儿童可以通过游戏实现自己在现实生活中未完成的愿望,获得满足感。幼儿年龄小,行动能力有限,他们在家要听父母的话,在幼儿园要听教师的话,这使得他们经常处于被支配的地位。但在游戏过程中,幼儿有充分的自主权,他们可以自由选择自己想要的游戏角色和任务,利用自己喜欢的和能用的物品,改变游戏的设置环境,体会拥有主动权的快乐。

5. 引导幼儿正确认识自己和他人的情绪情感

引导幼儿逐步了解自己的长处和不足,学会正确评价自己。另外,幼儿需要逐渐学会从他人的角度考虑问题。这样,当遇到问题和挫折时,幼儿会有一种比较正确的态度,避免消极情绪的干扰。在评价别人的情绪情感时,成人应做以下引导。第一,引导幼儿积极评价别人的情感,使其明白每个人都有表达自己喜怒哀惧的权利,每个人对同一件事会有自己独特的看法和感受,不能以自己的标准来要求别人。第二,训练孩子察言观色的能力,善于从别人的语言、声音、表情、行动上辨别情绪,培养他们情绪情感的敏感性。第三,培养孩子控制自己情绪的能力,不能无所顾忌地表现自己的情绪。例如,面对一个伤心难过的人,即使自己当时心里非常高兴,也不要表现出来。第四,培养孩子的共情能力,能够高兴他人的高兴,同情他人的痛苦。儿童对他人情绪情感的态度,和成人的表率作用联系很大,所以家长和教师应以身作则,做好积极的引导示范。

案例放送

小佳的随班就读之旅

小佳,女,4岁半,幼儿园中班。小佳长得很可爱,只是有情绪障碍问题,主要症状为情绪波动大,经常无缘无故发脾气,不理解别人,具有踢墙、打人等攻击性行为。有一次,一个男孩在喝水的时候不小心碰到了她的手,她立刻大声地叫:"讨厌,你是一个傻人。"然后就用手去推那个男孩,接着用脚去踢墙和地面。

面对这种情况,老师告诉班上的普通孩子小佳经常生气的原因,还让其他小朋友多去帮助、安慰小佳。有一次,小佳在玩一个球类游戏,可是试了好几次都无法将球投到篮筐里。她的情绪开始不稳定,这时班上其他孩子看到小佳这种情况,竟主动走上前去安慰小佳:"你怎么了?我们是好朋友,一起玩嘛。"他们主动牵起小佳的手,积极邀请小佳和他们玩,小佳的情绪也在孩子们的安慰中平复了下来。

孩子们慢慢学会了理解小佳的情绪变化,在小佳遇到困难时积极帮助她,在小佳伤心生气时安慰她,无形之中为小佳营造了一个良好的随班就读氛围。最后,小佳的攻击性行为越来越少,情绪也不再像以前那么反常。在其他孩子的陪同下,小佳慢慢学会了控制自己的情绪,情绪障碍也得到了完全康复,还在班上交了好朋友。

(资料来源:李思娴,何柳怡.随班就读:不一样的成长[N].中国教育报(学前教育·保教),2015-06-21(3))

二、 学前儿童消极情绪防止的途径和方法

中世纪享有"医学之王"美誉的著名医学家伊本·西拿曾做过一个实验。他把两只公羊分别系在两个不同的地方,喂以同样的食物。第一个地方是平静、安稳、没有危险的草坪;另一个地方是旁边圈养狼群的动物馆。动物馆旁边的公羊由于经常看到狼在它身边窥视而整天提心吊胆,精神一直处于高度紧张状态,不久就死了。而草坪上的公羊却一直生活得很好。这个实验表明了消极情绪对动物的生存有很大的影响,后续心理学实验也证明,消极情绪对人的身体健康也有重要影响。因此,成人要善于防止和消除学前儿童的消极情绪,培养其正向积极的情绪情感。

1. 理解儿童的情绪行为,疏通和转化不良情绪

生活环境对孩子的情绪影响很大,长期处于不良的生活环境中,儿童的情绪发展可能会出现问题。如成人对儿童冷淡、粗暴的态度容易导致其情绪不稳定,适应性差。不公正的环境容易使儿童产生愤愤不平的情绪和嫉妒的心理特点。每个孩子在生活中都会发生冲突,遭遇挫折,从而表现出不良的情绪反应。为了避免孩子产生严重的情绪困扰,家长要营造良好的家庭氛围,让孩子在一个温馨、和谐、宽松的环境中成长。如果孩子出现不良的情绪发泄行为,父母一定要充分理解,寻找情绪产生的原因并进行疏通和转化。此外,幼儿教师要提升自己的情绪控制能力和道德标准,对所有儿童一视同仁,理解他们的感受并引导他们合理表达自己的不良情绪,从而进行更好的疏通。如给儿童设立一个"情绪小屋",让他们有一个小空间,当有情绪困扰时,可以请他们到这个小屋里与好朋友说说心中的小秘密,自由表达自己的情绪和情感,或者让他们安静地待一会儿。这些都有助于缓解和疏通幼儿的不良情绪。

2. 不要给儿童造成过重的压力

学前儿童应以享受世界、积极游戏和自由探索为主,成人不应该强制性安排孩子过多的学习任务,这样做不但不能加速儿童的发展,反而可能造成幼儿紧张、焦虑等消极情绪

的产生,不利于幼儿情绪情感的发展。紧张和压抑是两种最有害的状态,心理学实验表明,老鼠在紧张压力环境下会出现胃溃疡或胃出血,甚至死亡。学前儿童处于持续的紧张和压力下,会影响其未来的身心健康,甚至会影响人格的发展。因此,父母和教师有责任为孩子营造一个激发儿童天性的放松、活泼的环境,让儿童自由学习和快乐成长,享受生活的乐趣。同时,适度激发他们对各种事物的广泛兴趣。

3. 帮助儿童消除情绪障碍,减轻消极负面情绪的影响

当幼儿遭遇父母离异、家庭暴力等不良事件时,他们的情感发展受阻,可能产生不良情绪障碍等问题,成人应及时采取有效方法消除幼儿的情绪障碍。一方面,要帮助幼儿建立积极正向的认知方式,尽量使幼儿对所遇到问题有较为正确的认识。例如,父母离异的孩子可能会产生"父母离婚是因为自己做得不好""他们以后不会再爱自己了"等想法,这种错误的认知方式就会导致孩子产生不良的情绪体验。父母可以就离婚的事情跟孩子沟通,了解其内心的想法,改变不合理的认知方式。另一方面,应通过行为训练、情感示范等方式让幼儿正确表达自己的情绪,学习有效表达情绪的能力。情况严重时可以请专业心理咨询人员,运用儿童心理咨询方法,如游戏疗法等来矫正儿童情绪障碍,使其情绪情感得到健康发展。

案例放送

壮壮的消极情绪是怎么转向积极的

壮壮是一个两岁半的小班幼儿,满月后一直由婆婆喂养,和婆婆生活在一起,感情非常深厚,上幼儿园也是婆婆接送。壮壮和父母的感情较为冷淡。有一次,妈妈去幼儿园接壮壮回家。放学后,壮壮离开自己的座位向门口跑,看到妈妈后又退回到自己的座位,一副瘪着嘴欲哭的表情。妈妈推门进来,抱起壮壮。

"婆婆呢?婆婆。"

"婆婆在家呢。"

"不要不要,我要婆婆接!"壮壮哭了。

"婆婆的脚扭了,不能走路,妈妈带你回家。"

"没有,没有,我要婆婆来带我!"壮壮边哭闹边推妈妈。

妈妈耐心地讲着。壮壮越哭越厉害。

面对越来越多的家长,妈妈一脸尴尬。终于,妈妈失去了耐心。"你不想跟妈妈回家就一个人待着,我走了。"妈妈生气地放下壮壮,装着要离开。壮壮哭得更厉害了。束手无策的妈妈满脸祈求地望着站在教室门口的老师。

老师走到壮壮身边,轻轻地拍着壮壮,拥抱到怀里,边给壮壮擦眼泪边说:"壮壮乖,壮壮不哭,让老师来帮助你,好不好?""好。"壮壮抽抽搭搭地说。

"壮壮现在很伤心吧,你告诉老师,是什么事情让壮壮这么伤心呢?"这话问到了伤心处,还没等老师说完,壮壮又大声地哭了起来:"我不要妈妈带我回家,我要婆婆带我回家。"

"噢,老师知道了,壮壮每天跟着婆婆,最喜欢婆婆,幼儿园里待了一天,最想见到婆婆,是不是?"这可说到了心坎儿了。"是。"

"妈妈说,婆婆的脚扭了,不能来带壮壮了,我们先跟妈妈回家,快点见到婆婆,好吗?"

"不要不要,婆婆脚没扭,早上是婆婆送我来的,我要婆婆。"

"噢,是这样。那我们先给婆婆打个电话,老师也想知道婆婆的脚到底怎么样了,好吗?"

壮壮老师说出"打电话"开始,嘴巴里就不停地答着"好,好",同时,哭声停止了,情绪也慢慢地平静下来了。

老师带着壮壮去打电话。壮壮对着电话说着,脸上阴转多云。他来到妈妈身边,脸上竟有了笑容:"快回家看婆婆!"妈妈如释重负。

案例分析:壮壮产生消极情绪及情绪转变的原因主要有以下几方面。

1. 消极情绪产生的直接原因:婆婆没有来带壮壮

其实许多在成人眼里不算什么的事情,在孩子幼小的心里往往是很大的压力,成为他们消极情绪的源头。由于受生理、心理发展水平的制约,幼儿一旦产生消极情绪,便难以自我排遣,往往需要借助外界力量才能得到较好的控制与调节。而壮壮的妈妈没有意识到这一点。

2. 消极情绪产生的间接原因:对婆婆的依恋情结

从满月开始,壮壮一直由婆婆喂养,连晚上睡觉都跟婆婆,在婆婆的长期呵护中,获得了牢固的亲情依恋。而壮壮的亲子关系非常单薄,因为妈妈与孩子的相处太少,缺乏交流沟通,致使与孩子的亲和力远远弱于婆婆。

3. 教师的"认同"是消极情绪的"氧化剂"

妈妈的恐吓对壮壮来说无济于事,壮壮反而哭得更厉害了。此时,教师的拥抱、抚摩、擦眼泪等安抚动作以及温柔的认同的话语,首先是接纳了壮壮的情绪,然后在处理时,她对孩子的做法和行为不随便指责,对孩子的情绪不冷漠轻视,能站在孩子的角度感受孩子的感受,体验孩子的体验,采用角色对等的语言,如"哦,你一定很伤心……""如果是我,我也会很伤心"等来缓冲矛盾,从而使壮壮接纳了老师解决问题的方法。

(资料来源:诱导幼儿从消极情绪向积极情绪转变的案例[EB/OL].中国婴幼儿教育网,http://www.baby-edu.com/2010/0807/5103.html)

考题链接

一、单项选择题

1. 最初几天新生儿或哭或安静,或四肢划动等,可以称为(　　)。
   A. 原始的情绪反应　　　　B. 基本的情绪反应
   C. 混合的情绪反应　　　　D. 高级的情绪反应

2. 儿童最初的情绪反应是与(　　)。
   A. 尊重的需要相联系的　　B. 归属和爱的需要相联系的
   C. 生理需要相联系的　　　D. 自我实现的需要相联系的

3. 当孩子情绪十分激动,又哭又闹时,有经验的幼儿教师和妈妈常常采取暂时置之不理的办法,结果孩子自己会慢慢停止哭闹。这种帮助孩子控制情绪的方法是(　　)。
   A. 转移法　　B. 自我说服法　　C. 反思法　　D. 冷却法

4. 幼儿看到故事书中的"坏人",常会把他抠掉,这说明了幼儿情绪的（　　）。
   A. 丰富化　　　B. 深刻化　　　C. 稳定性　　　D. 冲动性
5. 情绪是婴幼儿交往的主要工具,这是因为情绪具有（　　）。
   A. 传递功能　　B. 唤起功能　　C. 调节功能　　D. 信号功能
6. 幼小儿童和年长儿童不同的突出特点是（　　）对行为有特别作用。
   A. 情绪　　　　B. 动机　　　　C. 意识　　　　D. 注意
7. 婴幼儿的情绪发展和形成主要依靠（　　）。
   A. 感知觉的发展　　　　　B. 语言的发展
   C. 自我意识的发展　　　　D. 情绪气氛的熏陶
8. 婴幼儿最初社会性发生的标志是（　　）。
   A. 诱发性微笑的出现　　　B. 不出声的笑
   C. 出声的笑　　　　　　　D. 有差别的微笑的出现
9. 情绪的表达方式不包括（　　）。
   A. 肢体语言　　B. 思维活动　　C. 面部表情　　D. 言语表情
10. 幼儿园老师常常把刚入园哭着要找妈妈的孩子与班内其他孩子暂时隔离开来,这主要是因为（　　）。
    A. 老师不喜欢哭闹的孩子　　B. 该幼儿不适合上幼儿园
    C. 幼儿的情绪容易受感染　　D. 幼儿常常处于激动的情绪状态

二、简答题

1. 5岁的女儿很胆小,所以她不想自己睡。虽然我们将灯打开,直到她睡着。但是,几乎每天半夜还是会做噩梦醒来,最后仍跟我们一起睡。我们该怎么办?
2. 最近我们的3岁孩子很叛逆,不顺从,总是爱唱反调,我们应该如何对待她呢?

三、论述题

学前儿童情绪发展的基本顺序是怎样的?

四、材料分析题

星期一,已经上一小班的松松在午睡时一直哭泣,嘴里还一直唠叨,说:"我要打电话给爸爸来接我,我要回家。"教师多次安慰他还一直在哭。教师生气地说:"你再哭,爸爸就不来接你了。"松松听后情绪更加激动,哭得更加厉害了。

请阅读上述材料,回答以下问题。
(1) 你如何看待材料中教师的行为?
(2) 你能提出哪些帮助幼儿控制情绪的有效方法?

第十四章
学前儿童的心理健康

本章导航

```
                    学前儿童心理健康概述
                    • 心理健康概述
                    • 学前儿童心理健康概述
                    • 学前儿童心理健康的标准
                    • 学前儿童心理健康的影响
                      因素
                              ↑
                              |
学前儿童主要的心理健康问题  ←  学前儿童的心理健康  →  学前儿童心理健康的维护
• 学前儿童主要的心理问题                              • 学前儿童心理健康教育
• 学前儿童心理健康水平测                                活动设计
  量工具                                             • 学前儿童心理健康教育
                                                     活动案例分析
                                                   • 学前儿童心理咨询与治
                                                     疗简介
```

学习目标

（1）了解儿童心理健康的概念。

（2）理解学前儿童心理发展中容易出现的问题或障碍,如发育迟缓、肥胖、自闭倾向等。

（3）掌握学前儿童心理健康教育的基本内容,能运用心理学方法维护儿童的心理健康。

第一节 学前儿童心理健康概述

一、心理健康概述

(一)心理健康意识的发展

心理健康的意识是个体对心理健康的态度与评价,可以通过对心理健康知识的掌握程度、对心理健康的重视程度、对自己心理健康评价的水平和自觉维护心理健康的行为表现出来。心理健康的意识水平对人们自觉维护心理健康的行为有重要的影响。以前,当被问起"你觉得自己有没有心理问题?"时,很多人都会马上否认,认为自己心理很健康,以为一提起心理不健康,就会让人感觉自己精神有问题,或被认为是神经病。虽然有些人心理存在困惑或问题,但为了和其他人保持一致,也不承认自己有心理问题。笔者在近10年的心理教育和咨询工作中发现,人们对心理健康的观念已经悄然发生了改变,如在心理健康知识普及程度较高的大学校园,有的学生不惧在公众场合承认和谈论自己的心理健康问题,他们也坦然接受心理咨询或心理调适。这种转变是公众心理素质提升的重要标志,也是正确对待心理健康状态有效、必要的基础。

1991年,尼泊尔提交了第一份关于世界精神卫生日活动的报告,这一报告受到了国际社会的重视。1992年,由世界精神病学协会发起、世界卫生组织确定,把每年的10月10日定为世界精神卫生日。随后的10多年里,许多国家参与进来,将每年的10月10日作为特殊的日子:提高公众对精神疾病的认识,分享科学有效的疾病知识,消除公众的偏见。每年世界卫生组织都会结合现实情况和精神卫生的需要,确定活动主题。2014年的主题是"心理健康、社会和谐"。目前,精神卫生问题已经成为重要的公共卫生问题和突出的社会问题,我国城市约25%的人存在不同程度的心理危机。20%~30%的大中学生存在各种心理问题,经统计表明,他们的心理问题80%来自童年时期的经历,尤其与学前儿童期的经历有关。

(二)心理健康的标准

在不同的时期,不同的心理学家对心理健康持有不同的见解。

第三届国际心理卫生大会(1946)曾认定心理健康的标准是:"身体、智力、情绪十分协调;适应环境,人际关系中彼此能谦让;有幸福感;在工作和职业中能充分发挥自己的能力,过着有效率的生活。"郭念锋于1986年在《临床心理学概论》一书中提出评估心理健康水平的10个标准:心理活动强度、心理活动耐受力、周期节律性、意识水平、暗示性、康复能力、心理自控力、自信心、社会交往、环境适应能力。许又新(1988)提出心理健康可以用3类标准去衡量,即体验标准、操作标准、发展标准。他同时指出,不能孤立地只考虑某一类标准,要把3类标准联系起来综合地加以考察和衡量。

心理健康是一种动态平衡的心理过程。任何人在特定的时间、地点、情境条件下都有可能出现心理不健康状态,但通过内外调节,主动求治和改变,也会从不健康状态变为健康状态。人们只要掌握这个原则，就会正确看待自身出现的心理困扰和问题，主动寻求解决的途径和方法。

二、学前儿童心理健康概述

（一）学前儿童心理健康的概念

Charles Zeanah 等人早在 Head Start Infant Mental Health 大会上指出，学前儿童的心理健康指在生物学、人际关系、文化的相关环境中发展起来的儿童的情绪感知表达能力和社会能力。美国 0~3 岁任务联合机构（0~3 Task Force）则把学前儿童心理健康定义为婴幼儿情绪—社会—行为健康，它包括 3 个方面：情绪感知和表达、社会关系、内外行为表现。这 3 个方面的能力具体指在家庭、社区和儿童所处的文化背景下，学前儿童在情绪的体验、调节和表达，逐渐形成的人际关系、探索环境和学习方面一直发展的能力。

（二）心理健康对儿童的必要性和可行性

各种心理学流派都认为在个体的成长过程中，童年生活对人的一生具有较大的影响。精神分析理论尤其看重个体童年经历的影响，如弗洛伊德的性心理发展五阶段理论认为，人的一生发展中最重要和紧迫的时期是 0~6 岁，某个阶段发展受阻就会存在心理固结，从而影响其未来的心理健康；埃里克森的心理社会发展理论将人的一生分为 8 个阶段，其发展的重点也是在学前阶段和青少年发展阶段。另外，依恋理论的提出者（John Bowlby）也认为学前阶段是最主要的依恋发展阶段，认为学前期是依恋关系发展的关键时期。古语有云"三岁看大，七岁看老"，即是对学前儿童期重要性的概括。现代教育理论也认为，儿童 3 岁和 7 岁的时候，是其成长发育的两个重要关节点。

心理健康对婴幼儿的必要性，在特殊的社会文化背景下，也显得尤为重要。计划生育政策塑造了大批的"421"家庭（4 个老人、2 个中青年、1 个小孩子）。在这种独生子女的家庭模式中，幼儿成为祖辈和父辈关注的唯一焦点，被当作家庭的"小公主"或"小皇帝"，这导致许多儿童从小娇生惯养，表现出娇气、任性、叛逆、固执等行为特点。据上海精神卫生中心对上海市 3000 名 4~5 岁的幼儿心理健康调查显示，8.8%的幼儿有不良习惯，11%的幼儿有情绪抑郁、自卑，5.8%的幼儿焦虑、紧张，20%的幼儿多动、坐立不安，25%的幼儿偏食，22%的孩子性情古怪。许多家长和教师在学前期更关注儿童的身体健康和智力发展，对他们的心理健康，如情绪困扰、攻击性行为、性心理困惑等不够重视，致使许多儿童的行为问题延续到成年，造成更加严重的后果。

学前儿童的心理健康教育不仅必要，而且可行。首先，学前儿童对新鲜事物的接受能力很强，对心理健康和心理治疗不存在误解（误解指人们认为心理问题就是心理有病，认为进行心理治疗是一件不光彩的事情等），能迅速并愉快地接受心理健康教育和专业的治疗。其次，儿童心理健康教育的方式有很多种，除课程教育外，更多的是体验式教育，而幼儿学习任务不多，以游戏和体验为主，对其进行多种形式的心理健康教育非常可行。

三、学前儿童心理健康的标准

关于学前儿童心理健康的标准,研究者们也有不同的描述,但总体上包括以下几方面。

1. 智力发展正常

智力是一个人心理健康的重要衡量指标,拥有正常的智力水平,是保障学前儿童日常生活、人际交往和心理发展的基本条件。只有拥有正常的智力水平,儿童才能发展其他心理能力。这里的智力指一般智力(G),指人的观察力、记忆力、想象力、操作能力、抽象概括能力等综合能力。学前儿童的智力呈正态分布,即天才与智力低下者占少数,大多数学前儿童处于中间状态,智商(IQ)在85~115。

2. 情绪稳定,反应适度

情绪反应是否恰当是衡量一个人心理健康状况的核心表现,对于学前儿童也是这样。学前儿童只有拥有良好积极的情绪反应,才能在不同的情境条件下表现出适当的情绪。而拥有积极的情绪体验,准确地识别他人的情绪,也有助于儿童更好地开展社会交往和学习,同时能更好地调节和控制自己的情绪。心理健康程度不佳的学前儿童,常伴随着异常的或消极的情绪体验,如焦虑、忧伤、抑郁、烦躁、过于敏感或反应迟钝。他们情绪的自我调控能力差,适应社会不良。

3. 和谐的同伴关系

心理健康的学前儿童乐于与同伴交往,并在交往过程中表现出愉快的情绪,能恰当地处理与同伴发生的矛盾,对同伴表现更多的亲社会行为,如对同伴表现出同情、喜欢等;他们会避免在与同伴发生纠纷的时候出现攻击性行为,虽然偶尔与同伴产生矛盾,但很快能在家长、教师或同伴的调解劝说下恢复良好的关系,并在游戏活动中主动、积极、自主地处理与同伴的关系。相反,心理健康状况不佳的儿童在同伴中表现得不是很友善、较冷漠,不关心别人,在群体活动中往往独自一人,不参与其他同伴的活动,甚至在同伴和教师的邀请下也不愿意参与;当与同伴发生争执的时候,容易冲动,表现出攻击性行为。

4. 安全的依恋关系

依恋是一种特殊的情感联结。根据艾恩斯沃斯等人的研究,一个人的依恋方式可以分为焦虑—回避型依恋、焦虑—矛盾型依恋和安全型依恋,其中前两种依恋方式对儿童的发展和社会功能都是不利的。这些依恋方式是由儿童时期父母、养育者和教师等重要他人的养育方式决定的。心理健康的儿童应该拥有安全型的依恋,表现为对他人依恋,但不控制他人;有自主性,但不回避他人。而心理不健康的儿童却相反。

5. 意志健全与行为协调适度

意志是自觉地确定目的并根据目的来支配和调节自己的行动,克服内外困难的心理过程。意志通过行为表现出来,意志健全表现在意志行动的目的性、自觉性、果断性和坚持性上。心理健康的儿童在活动中有明确的目的性,并能适时做出决定且自觉地执行,还能保持长时间的专注去实现既定目标。意志不健全的儿童挫折承受能力差、惧怕困难,做事三心二意,注意力不集中,缺乏自控力。

一般来说,对于学前儿童的心理健康标准,人们更多关注他们的情绪和人际关系。心理健康或不健康是相对而言的,健康的状态不仅是从外界的帮助和自身的调整中不断获得的,也是从不健康中成长发展的。因此,要以发展的眼光来看待一个儿童的心理是否健康。心理健康标准的设定,主要是为教师和家长在进行学前儿童心理健康教育时提供一个参考,而不是用这个标准去评定、诊断儿童。

✦ 案例放送

小麦子的好朋友

小麦子,男,3岁半,幼儿园小班。小麦子长得充满喜感,像小土豆似的,但是他却有发育迟缓问题,也极少说话。他每一次说话都是在模仿别人的语言,而且都是很简单的词语,如"水水""车车"等。他的语言水平低于同龄孩子,四肢软弱无力,平衡力差,喜欢用左脚走路,看起来十分不稳。另外,小麦子还不懂得如何与别人交朋友。有一次,他想和其他孩子一起玩玩具车,就走过去抢别人的玩具车,抢完后还对那个孩子呵呵笑。

由于小麦子发育迟缓,他经常做一些给大家带来困扰的事情。如活动时,他把所有的玩具都倒在地上,扰乱了整个活动秩序。他也会常常无意识地打到其他孩子,这无疑会引起孩子们的不满。在老师的引导下,孩子们逐渐学会了包容和理解小麦子的行为,明白小麦子不是故意的,他只是想和他们交朋友,只不过方式用错了。吃饭的时候,小麦子总是不小心把碗掉在地上,于是每次吃饭的时候,总有孩子对小麦子说:"要好好吃饭,不能把碗弄掉了。"

经过两个学期的随班就读,小麦子的语言能力得到了发展,学会了用更多的语言去表达自己,也学会了与其他孩子沟通交流的方法。我曾经问过那些孩子:"既然小麦子这么爱捣乱,你们怎么还会想和他做好朋友呢?"孩子们说:"小麦子是我们的好朋友,他需要帮助,他很好。"

班上老师对我说:"现在很多小孩在家里是'小皇帝''小公主',班里自从有了小麦子后,他们渐渐学会了帮助、体谅和理解他人。"

(资料来源:李思娴,何柳怡.随班就读:不一样的成长[N].中国教育报(学前教育·保教),2015-06-21(3))

四、学前儿童心理健康的影响因素

(一) 生理的影响

1. 遗传

遗传不仅表现在人的生理功能上,还表现在人的心理能力上,人的心理和行为表现同生理一样,受遗传的影响非常大。遗传对心理健康的影响首先表现在:遗传的生理疾病会导致幼儿的心理疾病。诸如唐氏综合征、呆小症、染色体变异症等都会导致幼儿心理和行为方面的问题。其次,某些心理疾病也受遗传的影响。许多儿童有发育障碍和精神病症,诸如儿童自闭症、儿童精神分裂症和儿童多动症等的发生和发展都与遗传有关,这些遗传的病症常引发行为问题。最后,智力、气质和个性特征也具有遗传性,这些遗传的心理特征同样对学前儿童的心理健康产生影响。

2. 大脑损伤

除遗传影响外,大脑损伤也是影响学前儿童心理健康的重要因素。导致学前儿童大脑损伤的因素主要有:胎儿时期大脑发育不完全或病变,出生时大脑缺氧、窒息或出生后受到碰撞造成严重的脑外伤。这些都会使脑细胞受损,影响智力发育,导致学前儿童适应不良,从而影响学前儿童情绪和行为的稳定性、对周围环境的反应方式和对自己的控制能力,进而导致发展迟缓、智力低下、情绪障碍、学习困难等。

3. 病毒感染

学前儿童的生理发展还不成熟,免疫系统还不完善,因而抵御病毒感染的能力也较弱。病菌或病毒会干扰个体的中枢神经系统,容易阻止或抑制其心理的发展,造成智力迟滞或痴呆。因疾病造成的身体不适会导致学前儿童情绪和行为问题的增多,容易形成被动、退缩、任性等心理健康问题。

(二)环境的影响

环境是指由人、物和事件构成的一个微观系统,学前儿童所处的环境主要可以分为家庭环境、幼儿园(托幼机构)、社会生活环境。

1. 家庭环境

家庭对学前儿童心理健康的影响主要体现在3个方面。

(1)家庭氛围

家庭氛围对子女心理健康的影响十分重大,父母的眼神、语言交流、行为举止、性格表现和对儿童的态度往往会无形地给儿童心理极大的刺激和启示,塑造着儿童的心理和性格特征。不良的家庭氛围会造成儿童心理压力过大,缺乏安全感,容易影响儿童的心理健康状况。如父母经常吵架甚至打架,儿童容易产生行为紊乱、夜惊、梦魇、遗尿等症状。处于不良家庭氛围的儿童表现出胆怯、嫉妒、孤独、懒惰、不讲礼貌的情况要比普通家庭高43%。而良好的家庭氛围,可使儿童活泼、开朗、大方、好学、合群、求知、好奇,有更多自主性行为。

(2)家庭结构

不健全的家庭结构对儿童的心理具有消极的影响。据调查,单亲家庭的孩子容易产生孤僻、自卑、胆怯、冷漠、自虐、撒谎、多动、讲脏话等问题,这些情况的发生率要高出普通家庭孩子的52%。

(3)家长素质

家长素质对孩子会有潜移默化的影响,父母的文化和心理素质与子女的心理健康有较高的正相关。父母的心理障碍会投射到孩子的心灵上,孩子往往从父母处模仿到不健康的性格、行为习惯。可见,家长素质对子女成长的影响至关重要。教育态度和方式的不合理、不正确,容易使儿童形成不良的性格特征,导致心理疾病的发生。

2. 幼儿园

幼儿园不正确的教育思想和行为,会对儿童的心理健康产生极其恶劣的影响。师幼关系直接影响儿童心理的健康发展,如教师粗暴的态度容易导致儿童紧张、胆怯。学前儿童的某些心理问题与教师不健康的心理状态密切相关。因此,幼儿园应该提高入职门槛,加强幼儿教师和管理人员的素质筛查,把职业道德优秀、专业技能过硬、性格特点匹配的人员挑选出来,保障幼儿有一个良好健康的成长环境。另外,同伴关系在学前儿童的成长中也非常重要,不良的同伴关系,容易使儿童产生独占、攻击、粗暴或胆怯、孤独、不合群等行为,严重阻碍其身心和社会性发展。

3. 社会生活环境

现代社会的居住环境多是高层住宅、单元楼,使儿童的人际交往受限,容易导致儿童产生孤僻、脆弱、暴躁等不良性格。各种大众传媒(如电视、网络、电子游戏和报刊等)也对学前儿童的心理健康产生重要影响,造成他们出现更多的攻击性行为和过度成人化的表现。有调查发现,看电视过多的儿童交往能力普遍较差,孤独、沉默、自我中心,也更容易习得攻击性行为。英国 BBC 做过一项研究,随机选择两组 5~7 岁的儿童,一组儿童观看电视节目《白雪公主和七个小矮人》,另一组儿童听故事或阅读《白雪公主和七个小矮人》。结束后让他们画出白雪公主的形象,第一组儿童所画的白雪公主都是一样的形象,而第二组儿童所画的白雪公主是千变万化的模样。一个月后让两组儿童再画白雪公主,看电视的儿童画出的白雪公主还是像电视里看到的那样,而听故事或读书的孩子画出的白雪公主和上一次画的又不一样了。这个实验说明,看电视会导致孩子的创造力和想象力等受到限制。

童真童趣

晨灿:老师,你看过《小时代》吗?

凯丽老师:啊?(我以为自己听错了)

晨灿:里面那个短头发的好漂亮!

凯丽老师:是叫顾……吗?

晨灿:对,就是顾里,她好坏的,还打别人的脸!老师,你看过吗?

凯丽老师:我看过那本书……

第二节 学前儿童主要的心理问题

一、学前儿童常见的心理问题

学前儿童的心理健康问题,主要包括多动、恐惧、发育迟缓、肥胖、自闭倾向、攻击性行为等。这些问题对儿童的心理健康发展影响极大,需引起家长和幼儿教育人员的重视。

(一) 注意缺陷多动障碍

注意缺陷多动障碍（ADHD），简称多动症，是儿童期常见的一类心理障碍。表现为与年龄和发育水平不相称的注意力不集中和注意时间短暂、活动过度和冲动，常伴有学习困难、品行障碍和适应不良。国内外调查发现患病率为3‰～7‰，男女比为(4～9):1。部分患儿成年后仍有症状，明显影响患者学业、身心健康以及成年后的家庭生活和社交能力。

✦ **案例放送**

多动的小苏苏

苏某，6岁，大班儿童。该孩子从幼儿时起，自控力就明显低于同龄儿童。常常先行动后思考，从不考虑行动后果，做事缺乏条理性，容易激怒，爱发脾气，倔强，好冲动。他想要的东西父母不能满足时，便大喊大叫，甚至在地上打滚，不服约束，有时还会突然做出一些危险举动。在班上，他总是表现得比别人兴奋些，不能认真听老师讲课，时常在老师讲话时发出一些怪叫声或用手和其他东西敲击桌椅，甚至离开位子而在活动室里到处走动。晚上睡觉总是不得安稳，不停地来回翻动，久久不能入睡。和同伴游戏时，常为一些小事与别人争吵，爱和别人顶嘴，没说几句，冲上去就给人几拳，常因为打架被老师批评。为此，父母亲伤透了脑筋。

1. 背景资料

该患儿是独生子，母亲怀孕足月生，孕期正常。幼时生长发育良好。父母均为单位干部，对孩子要求比较严格。

体格检查和神经系统检查无异常发现，脑电图检查正常。

2. 案例分析

起病诱因是不恰当的教育方式。其主要临床表现为精力显得特别充足，好冲动，好恶作剧；注意力不集中，好动，以致影响患儿自身的正常活动和生活，起病后病程无进行性加重。

根据以上资料评测，可考虑是儿童多动症。好动和多动是有区别的，见表14-1。

表14-1 好动与多动的区别

多动儿童	好动儿童
活动杂乱、无目的	活动有时盲目，有时有序
在各种活动中都表现出多动、注意力不集中	只在某一个活动或某一个场合下有多动表现
多动不分场合，一些举动难为人们所理解	即使特别淘气，其举动也不离奇，能为人们所理解
不能专注某一项活动，没有什么活动内容能使他们安静下来投入进去	对感兴趣的活动，如玩玩具、看儿童动画片则能安静地玩很久或看完电视

3. 对策与建议

对儿童多动症的治疗，主要采取药物治疗、行为管理和父母训练等方法。

(1) 药物治疗。对多动症明显且严重影响到集体活动和生活者,可考虑用药物疗法,这是最常用和最传统的方法。其疗效有积极的方面,但也有副作用,因此需要在医生的指导下谨慎用药。

(2) 行为管理。主要通过行为矫正的方法,采用一些适合儿童的认识活动来改善儿童的注意力,并通过已安排好的一定程序的训练,减少儿童的过多活动和不良行为。具体方法包括代币管制训练、契约管理、合理的惩罚策略以及与家庭相结合的条件管理。

（资料来源：傅宏.学前儿童健康教育[M].南京：南京师范大学出版社,2002）

（二）恐惧

恐惧情绪是儿童在面对周围的环境时,由于出乎其意料而产生意外的情绪体验。它是正常儿童心理发展过程中普遍存在的一种情绪体验,是一种正常的心理反应。曾有人对一组儿童进行纵向追踪调查至14岁,发现90%的儿童在其发育的某一阶段都发生过恐惧的反应。儿童的恐惧是十分短暂的,有研究表明,儿童的恐惧在一周内消失的占6%,在3个月内消失的达54%,在一年内可全部消失。当然,也有的消失时间要长一些。甚至许多恐惧不经任何处理,随着年龄增长均会自行消失。

而儿童恐怖症则与恐惧情绪不同,患恐怖症的儿童由于对某一事物和现象的恐惧,会产生相应的回避或退缩行为。如由怕考试成绩不好被教师和父母批评发展到怕上学、怕见教师和同学,进而产生学校恐怖症。恐怖症持续的时间较长,不易随环境、年龄的变化而消失,而且任何劝慰、说服、解释都无济于事,严重影响儿童的正常生活和学习。

儿童恐怖症的表现形式多种多样,按其内容可以分为以下3类。

(1) 动物恐怖症。如怕猫、蛇等具体的动物,也怕想象中的东西,有的甚至害怕到精神失常的程度。

(2) 社会恐怖症。如怕与父母分离、怕生人、怕当众说话、怕上幼儿园等。

(3) 对自然事物和现象的恐怖。如怕黑、怕闪电雷鸣、怕登高等。

（三）发育迟缓

发育迟缓又称为精神发育迟滞（Mental Retardation, MR）,它是造成智力低下或智力残疾的原因之一。发育迟缓的儿童,一般智力低于同龄水平,同时伴有行为缺陷。发育迟缓儿童在运动、感知、语言、情绪、自控力及社会适应等方面有发展障碍。精神发育迟滞严重危害儿童身心健康,给社会和家庭带来沉重的负担。据公开资料显示,各国流行病学调查的精神发育迟滞患病率为1‰~2‰。我国儿童精神发育迟滞患病率为1.2%,其中城市为0.7%,农村为1.4%,边远山区更高。发育迟缓早期的症状包括：在1岁前还不会咿呀自语,不会指认东西,1岁时不会用手势表达或不会挥手告别,16个月仍无法说出一个字,2岁仍没有自发性回答两个字的句子。可根据智商的发展将发育迟缓儿童分为4种类型,见表14-2。

表 14-2 发育迟缓儿童的类型及表现

类 型	智 商	表 现
轻度迟缓	50~70	无明显言语障碍;学习能力较低不能顺利完成小学教育;适应社会能力低于正常水平;能学会一定的谋生技能,可以社会交往
中度迟缓	35~49	能掌握日常生活用语,但词汇贫乏;不能适应普通学校学习,但可以学会生活自理与简单劳动;成年时期不能完全独立生活
重度迟缓	20~34	言语功能严重受损,不能理解别人的言语,不能进行有效的语言交流;生活不能自理
极重度迟缓	<20	言语功能缺乏;生活完全不能自理;不会讲话、不会走路,无法接受训练

资料来源:林仲贤,武连江.儿童心理健康与咨询[M].北京:中国林业出版社,2002

(四)肥胖

小儿肥胖,提起这个词,很多家长不以为然,认为孩子要多吃长胖,这样才能保证今后身材魁梧,体格健康。中国的家长对小儿肥胖意识不足,据笔者调查,80%以上新生儿的家长希望孩子能多吃多长肉。一项最新流行病学调查显示:在接受调查的1.6万余名7岁以下的儿童中,检查出单纯性肥胖儿童超过同龄小孩标准体重的20%有189人,约占1%。有的肥胖儿童出生时非常瘦弱,但一到5岁,就像"发酵"了一样膨胀起来。本次调查还发现,从5岁开始,肥胖儿童的数量随年龄而增长。另外,还有调查显示,目前,6岁~6岁半的男孩的过重及肥胖率为10%,女孩为25%。据研究,12岁以前若是肥胖,将来仍然肥胖的概率:男性为86%,女性为88%。此外,对上百名胖宝宝的统计分析显示:60%的胖宝宝血脂高,70%的胖宝宝患有脂肪肝,53%的胖宝宝同时出现血脂高、脂肪肝的症状。

最新的一项调查显示,目前小儿肥胖的比例出现不断飙升的趋势,孩子肥胖渐渐成为家长的烦心事,陆续开设的暑期减肥夏令营等活动也开始被家长重视。此外,家长需要时刻关注孩子的体重,如有超标儿童应带去医院做检查,并通过调节饮食、增加运动、改变生活习惯等措施来助其减肥,为儿童未来的生长发展打好基础。

(五)自闭倾向

自闭症,又称为孤独症,是一种较为严重的发育障碍性疾病。该病男女发病率差异显著,在我国男女患病率比例为(6~9):1。典型自闭症,其核心症状就是所谓的"三联症",主要体现为在社会性和交流能力、语言能力、仪式化的刻板行为3个方面同时都具有本质的缺损。其主要症状如下。

(1) 社会交流障碍:一般表现为缺乏与他人的交流或交流技巧,与父母之间缺乏安全依恋关系等。

(2) 语言交流障碍:语言发育落后,或者在正常语言发育后出现语言倒退,或语言缺乏交流性质。

(3) 重复刻板行为:常常在较长时间里专注于某种或几种游戏或活动,如着迷于旋转锅盖,单调地摆放积木;一些患儿每天要吃同样的饭菜,出门要走相同的路线,排便要求一样的便器,如有变动则大哭大闹,表现出明显的焦急反应。

不典型自闭症则在前述3个方面不全具有缺陷,只具有其中之一或之二。

> **案例放送**

语言发育迟缓的分析和应对

陈某,女,5岁,幼儿园大班。平时陈某很少讲话,班主任老师反映她半学期只讲了6次话,每次只讲1句话。生活中很常见的事她也不会说,而且在幼儿园整天一个人玩,不与其他人交往,父母起先以为是发音器官有缺陷,经医学专家会诊,发音器官正常。但语言发育迟缓,并伴有性格上的问题。

1. 背景资料

陈某的父母均是地质工作人员,长期在外地工作、生活。孩子出生后不久便被送到农村的外婆家,由外婆带到4岁半才接回,送到基地幼儿园入托。外婆是一个既无文化,又因丈夫过世早,孤寡居住而形成孤僻性格的老人。

对陈某体格检查和神经系统检查均属正常。

2. 案例分析

陈某主要表现为语言发育迟缓,性格异常,且无器质性问题,可能主要是因关键期生活在不良环境中而导致孩子口语的发展受阻。根据以上情况,可考虑诊断为儿童自闭症。识别自闭症儿童,可从三方面来判断:社会交流障碍、语言交流障碍、重复刻板行为。

首先,陈某没有与人交流、交往的倾向,对集体生活环境不适应,平时也不和别的小朋友玩,整天沉浸在自己的小天地里;若要找小朋友玩,要么突然拍一下他的肩膀,要么揪他或搂抱他一下,然后就走开了,好像拍人、揪人、抱人不是为了与人联系,而仅仅是一个个动作。这些行为明显表明陈某缺乏与他人交流的技巧,与早期成长中的抚养经历和依恋关系是有重要影响的。

其次,陈某平时言语较少,一学期才说6句话,平时显得很安静,这是自闭症儿童语言发育迟缓的重要标志。陈某不愿意说话,常用手势来表达自己的愿望和要求,虽然有时必须说话,她也以极小的声音说话,很难听清楚,不会以提出问题的形式维持与别人的谈话,即使在说,所讲的内容与当时人物、环境内容也不太相符,也不管别人是否听懂或在听。

最后,通过观察,发现陈某常常在较长的时间里只专注于某一种或几种游戏,如单调地摆放积木、玩一辆小汽车,强烈要求保持环境的现状,不肯改变所处的环境和生活行为习惯。如天天要穿同样的衣服、玩同样的玩具、出门要走同样的路线等,一旦有变化,便大哭大闹发脾气。有时还会出现一种无目的的重复行为,如单调地反复拍手、蹦跳,在房间里长时间地来回跑,在楼梯上不停地上上下下,任何人不得阻止或妨碍。刻板和重复行为非常明显。

3. 对策和建议

(1) 加强亲子间的情感交流。陈某父母需要协调好工作和生活的矛盾,增加陪伴孩子的机会,和孩子多交流,玩游戏,带她出去玩,进行一定的社会接触。孩子毕竟才5岁,还有继续成长和提升的空间。

(2) 加强语言训练。在训练中首先要注意使用孩子能理解的简短的语句,逐步增加句中的词汇。如说"明明,吃饭!"时孩子有反应,而说"明明,快过来,你的饭快凉了"时孩子就没有反应。其次,训练时要尽可能地运用具体形象的物品、图片、动作、行为,演示并带他们重复以帮助理解、记忆。如老师想让孩子学习"拍皮球"这个词时,应拿过皮球边讲解边示范,让孩子模仿。经过几次这样的练习,自闭症儿童就较容易地理解了"拍皮球"这个短语。最后,应对自闭症儿童表示理解,创造鼓励的情境,多鼓励其询问,让他们产生说话的乐趣,消除其恐惧情绪。

(3) 心理咨询和治疗。对于自闭症严重的儿童可以考虑心理咨询和治疗,通过儿童精神分析、行为治疗(如矛盾意向疗法、正强化法等),以儿童游戏的方式进行治疗。

(4) 药物治疗。应在专科医生的指导下进行。

(资料来源:傅宏.学前儿童健康教育[M].南京:南京师范大学出版社,2002)

(六) 攻击性行为

攻击性行为指个体对他人进行身体或言语的攻击,很多儿童在日常生活中或多或少表现出一些攻击性行为,男孩比女孩表现得更明显。判断儿童攻击性行为可以根据以下特征。首先,言语过多,喜欢与人争执,时常出现粗话、脏话,且好胜心强,遇事往往非争不可。其次,情绪不稳定、脾气暴躁。任性执拗,喜欢生气,时常乱发脾气,稍不如意就可能出现强烈的情绪反应,如哭闹、叫喊、扔东西或以头撞墙等。有时可能表现为屏气发作,即大声号哭之后,呼吸短暂停止,严重时可伴有阵发性痉挛现象。最后,攻击性行为者经常向同伴发起身体攻击,如打人、咬人、推人、踢人等,惹是生非,戏弄、恐吓、欺负同龄孩子或比他小的儿童,强占抢夺其他孩子的玩具和物品。只要满足上述特征中的一项,且行为持续的时间在半年以上又频繁发生时,就可以诊断为攻击性行为。

儿童的攻击性行为不仅影响儿童的生活和学习,而且还会影响到其未来的发展。如延续到青春期后,会出现人际关系紧张,社会适应困难;为人父母后,会影响其子女的发展。同时,还会引起一系列的社会问题,如影响社会稳定、犯罪率升高等。有资料表明,70%的暴力少年犯在儿童期就被认为有攻击性行为,因此,对儿童攻击性行为必须予以彻底的矫治。

✦ 案例放送

小黄的攻击性行为

黄某,男,5岁半,幼儿园大班孩子。黄某性格开朗,有时会撒谎,好惹事,和小朋友不能友好相处,经常欺负别人。如晨练时,别的小朋友按要求在踏步,他却一会儿停下来,一会儿又转个圈,还朝别的小朋友撞去,结果自己也差一点摔跤,老师及时制止了他。很快,在老师带小朋友活动时,他又开始了他的"花式"走步,并又一次地朝另一个小朋友撞去。老师问他为什么这么做,他说是不小心的;老师说他是故意的,他说老师看错了。又如小朋友们上厕所,他从后面将一个小朋友推倒了,其他小朋友纷纷谴责他,他只当没听见,照常洗他的手。老师批评他,他说是那个小朋友走路太慢了,自己小便都来不及了。有一次,妈妈邀请几个同事和朋友各自带着孩子去郊游。黄某一路上不断和别的孩子吵架,动手打人。当别的孩子被他打哭后,他只当没看见,似乎这事与他无关,弄得妈妈很尴尬。

1. 背景资料

黄某是第一胎,独生子,母亲怀孕期间身体健康,足月顺产,自小身体健康强壮。父母是个体户,工作忙,无暇顾及孩子的教育。放学后,孩子常一个人独自在店门前自由玩耍。妈妈的教育方式是说理,爸爸对他的教育则多采用严厉的态度。

脑电图检查正常。

2. 案例分析

患儿黄某为5岁半男孩,起病的主要原因是不当的教育方式。主要临床症状是经常挑起事端,与人相处常产生冲突,经常打架或故意伤害他人;经常坐立不安,容易冲动,比较粗心,显得比同龄孩子活动量大得多。起病后病程呈进行性加重,病期已3年。根据以上情况,可以考虑为儿童攻击性行为。

3. 对策与建议

治疗的方法包括3个层次:针对具体行为的操作学习治疗、针对同伴关系的社交技能训练、针对家庭过程的父母行为管理训练等。

(资料来源:傅宏.学前儿童健康教育[M].南京:南京师范大学出版社,2002)

二、学前儿童心理健康水平测量工具

学前儿童心理健康水平的评价主要通过观察、问卷、访谈等方式来进行,通常会采用以下量表和调查形式进行。这些量表虽然具有一定的权威性,但其测量结果仅可用做参考和辅助判断,在对儿童心理健康水平进行判断时还需要多角度的观察、访谈和进一步跟踪了解。在此介绍几种主要的学前儿童心理健康水平测量工具。

(一) 儿童行为量表

1. Achenbach 儿童行为量表

Achenbach 儿童行为量表(CBCL),最初由美国心理学家 T. M. Achenbach 等在1970年编制,用于测量4~16岁儿童的社会能力和行为问题(现在根据修订,已经有2~3岁儿童的版本),后来得到了更大的发展,是目前儿童行为量表中用得较多、内容较全面的一种心理测验。该量表共有3种,分别为家长量表、教师量表和智力年龄在10岁以上的儿童自评量表。测量学前儿童时常用家长量表和教师量表,由教师和家长根据学前儿童半年内的情况做出分级评定。该量表所测的社会能力主要包含儿童的体育运动能力、社会交往情况和在校学习状况;行为问题包括的因子范围较广,有抑郁、交往不良、强迫倾向、社会交往退缩、多动等。不同年龄和性别的儿童在因子的数量和名称上有所不同。

上海精神卫生中心儿童行为研究室的忻仁娥、唐慧琴等人在1992年联合全国22个省市26个单位对24013名城市儿童进行了调查,并制定了全国常模。

家长量表举例:

该量表分为三部分,第一部分为一般项目,主要调查儿童的姓名、性别、父母的职业等;第二部分为社会能力评定。如:

(1) 你孩子有几个要好的朋友?

无　　1个　　2~3个　　4个以上

(2) 你孩子与这些朋友每星期大概在一起几次？

不到一次　　1~2次　　3次及以上

第三部分为行为问题的评定，共有113道题目，让家长根据学前儿童半年内的情况进行评定，分为3个等级，0代表没有这种表现、1代表偶尔有这种表现、2代表明显或肯定有这种表现。如：

(6) 随地大便　　　　　　　0　1　2

(10) 坐立不安活动过多　　　0　1　2

(44) 咬指甲　　　　　　　　0　1　2

……

2. Conners 儿童行为量表

Conners 儿童行为量表应用至今约有30年，是筛查儿童行为问题（特别是多动症）用得最广泛的量表。主要有3种，即父母问卷、教师问卷、父母教师问卷。父母问卷有48个条目，采用4级评分法。这48条可归纳为6个因子：品行问题、学习问题、心身障碍、冲动—多动、焦虑、多动指数。教师问卷用得更广泛，原表(1973)有39个条目，1978年修订版为28个条目，较原版更简明扼要、实用，采用4级评分法。这28条可归纳为4个因子：品行问题、多动、不注意—被动、多动指数，包括了儿童在学校中常见的行为问题。

教师问卷举例：

Conners 儿童行为量表的教师问卷共分为两部分，第一部分为个人信息，分别填写测试编号、学生姓名、性别等。第二部分共28题，要求教师根据儿童的情况如实进行填写，分别有4种选择：1表示没有，2表示稍有，3表示相当多，4表示很多。如：

(3) 提出要求必须立即得到满足　　1　2　3　4

(16) 过分要求教师的注意　　　　　1　2　3　4

(24) 不能与其他儿童相处　　　　　1　2　3　4

……

（二）自闭症评定量表

1. 儿童自闭症评定量表

儿童自闭症评定量表也称为儿童孤独症评定量表（Chilehood Autism Rating Scale，CARS）。该量表是由 Schoplen(1980)编制，由15项内容组成，为自评量表。本量表每项按1~4级评分，总分大于或等于30分可诊断为自闭症，轻重程度可因分数高低确定，总分少于36分大于等于30分时则为轻—中度自闭症，总分达到或大于36分时为严重自闭症。

2. 自闭症家长评定量表

自闭症家长评定量表（Autism Behavior Checklist，ABC）由 Krug(1978)编制，该量表共列出57项自闭症儿童的行为症状表现，国内外已将其广泛用于对自闭症儿童的评估，诊断阳性符合率可达85%左右。该量表主要适用于自闭症儿童的家长或其他抚养人。

家长评定量表举例：

(5) 不会玩玩具(如没完没了地转动、乱扔、揉等)
(16) 经常做出前冲、旋转、脚尖行走、手指轻掐轻弹等动作
(28) 当抱着他时,感到他的肌肉松弛(即使他不紧贴抱他的人)
……

(三) 学前儿童活动调查表(PASI)

该量表编制于 20 世纪 90 年代初,主要用于评定 7 岁以下学前儿童对自己性别身份的识别,考查儿童近一个月玩玩具和活动的情况。该量表具有条目少(24 题)、设计简单和信度效度良好的特点。量表为 5 级评分,1 表示没有,2 表示很少,3 表示有时有,4 表示常有,5 表示很常见。

量表举例:
(1) 枪(或将其他物体当枪玩)　　　　　　　1　2　3　4　5
(4) 玩娃娃,娃娃的衣服或娃娃的手推车　　　1　2　3　4　5
(10) 扮演女性(如皇后)　　　　　　　　　　1　2　3　4　5
(11) 玩男性职业的游戏(如战士)　　　　　　1　2　3　4　5
……

(四) 儿童社交焦虑量表(SASC)

该量表是 Greca 等人在 1988 年左右发展起来的。作者把社交焦虑定义得非常广泛,不仅包括主观上的焦虑,而且包括社交回避及害怕否定评价。这个量表主要是二年级以上学生的自评量表,在学前期,教师可以根据这些量表来初步评定学前儿童在社交方面的焦虑状况。该量表共分为两个维度,共 10 个题目,采用 3 级评分制:0 表示从不这样,1 表示有时这样,2 表示一直这样。

量表举例:
(2) 我担心被人取笑　　　　　　　0　1　2
(5) 我担心其他孩子会怎样看待我　　0　1　2
(9) 我只同我很熟悉的小朋友说话　　0　1　2
……

第三节　学前儿童心理健康的维护

一、学前儿童心理健康教育活动设计

(一) 设计的目标和原则

1. 创设良好环境

《幼儿园教育指导纲要(试行)》指出:"环境是重要的教育资源,应通过环境的创设和利用,有效地促进幼儿的发展。"学前儿童心理健康教育应利用环境的外在资源对人的作

用,通过创设符合人发展的外在环境条件,这个外在环境条件不仅指创设丰富优美的自然物质环境,避免使幼儿在学校教育中接触污染物质,保证其健康成长;同时也要注重积极创设有助于学前儿童精神健康的环境,引导家长注重自身的言行举止,构建和谐、温馨的家庭氛围。另外,幼儿教师的职业化素质培训也要加强,通过提升其职业规范和道德品质,注重自身的言行举止,积极与学前儿童互动,发展儿童积极主动交往的能力,使学前儿童心理健康得到良好发展。

 童真童趣

然然:老师,你看这是我的新鞋子。

玉珩:老师,我的也是新鞋子。

凯丽老师看着玉珩的鞋子,想着这是新鞋子吗?该怎么回答玉珩呢?正想着……

玉珩:老师,我的鞋子有点旧了,但是刷干净了又成新鞋子了。

凯丽老师:这是谁告诉你的呢?

玉珩:我妈妈告诉我的。

2. 树立良好、积极的情绪

情绪不仅是衡量成年人心理健康的一个重要指标,也是学前儿童心理健康的晴雨表。心理学研究表明,拥有更多积极情绪的学前儿童心理健康状况更好。首先,教师需鼓励学前儿童积极参与集体活动,增加和同伴沟通交流的机会,使他们在互动中感受快乐,并能够分享彼此的快乐。其次,教师要帮助学前儿童学会认识他人的情绪。学前期正是儿童社会认知能力发展的时期,对他人情绪的感知和认识能力正在快速发展。教师可以通过"认识情绪脸谱"的活动帮助儿童认识不同的情绪特征,并且引导他们猜测这种情绪产生的原因。另外,教师要教育儿童学会正确表达自己的情绪。如一位幼儿在入园时情绪不高,教师应该主动亲近这个儿童,询问原因;而如果一个儿童在入园时非常高兴,教师可以问他:"什么事情让你这么高兴,和小朋友们一起分享好吗?"

3. 拓展社会功能,提升人际适应能力

和谐的人际关系不仅是成年人心理健康的标志,也是学前儿童心理健康的重要保障。首先,家庭和幼儿园需要培养和发展儿童的亲社会行为,培养他们谦让、分享、互助的美德,如在游戏中愿意和小朋友分享玩具,当轮流使用器具或玩具时能耐心等待,要征得别人的同意才能使用其东西等。其次,减少攻击性行为。攻击性行为是严重破坏人际关系的行为,幼儿的攻击性虽然有部分本能的冲动性,但任由其发展,只会严重影响其人际交往。控制自己的身体和行为是更好地了解自己的一种能力。最后,帮助学前儿童学习传统礼仪、人际交往礼节,教育儿童学会使用"对不起""谢谢你""打扰一下,请问我可以……"等礼貌用语。

4. 帮助儿童掌握简单的心理调适方法

"人生不如意,十有八九",何况是自身能力还在成长和发展中的学前儿童。他们不管多么积极地融入群体、努力识别他人的情绪和拓展人际交往,仍有不适应的时候。教师和家长帮助儿童了解一些适当的方法调整自己的心理,将有助于使儿童形成稳定的情绪。

例如,在试图参与其他小朋友的活动时被拒绝该怎么办?在商店里看到一个很喜欢的东西,但父母不给买怎么办?在幼儿园跌倒了,但老师没看见怎么办?这些影响儿童情绪的事件出现时,成人可通过活动和游戏的方式让他们初步掌握调节情绪的方法,这不仅有助于学前儿童解决现实的问题,更能帮助他们在以后的生活中主动调适自己的心理健康。

5. 预防和治疗儿童的心理问题

学前儿童心理健康教育应以预防为主,但也不能忽视对严重心理问题的治疗。学前儿童心理问题的预防,关键在于提升父母和教师的心理问题预防意识,当发现孩子的问题时敢于去处理和解决,且相信这些问题大多数是发展性问题,成长后就会消失。当然成人也不能忽视障碍性问题的存在,如对有明显的攻击性行为、社会退缩、多动、自闭等症状的儿童要特别关注,用心理测量学和诊断学知识对其进行初步判断,严重的及时转诊,并积极配合专业人员的治疗。

(二)设计的基本过程

1. 确定活动目标

活动设计,首要是确定目标。学前儿童心理健康教育活动目标的设计要注意两方面:一是按照学前儿童心理发展的特点来设计,如小班儿童的情绪发展不稳定,对他人情绪的觉察和识别能力比较差,因此在对小班进行情绪方面的心理健康教育活动时,目标就应定位在能够积极地表达自己的情绪,能够初步识别他人明显的情绪状态。二是遵循学前儿童心理健康教育本身的规律和目标,考虑学前儿童是否适合这样的活动,活动能否促进学前儿童健康发展。

2. 选择活动内容

学前儿童心理健康教育活动可分为规范化的活动和自生成的活动。规范化的活动是根据教学计划,以学前儿童自身发展特点为前提设计的系统化课程,这种活动较严谨和科学;另外,教师也可以利用自生成的活动,根据教学现场儿童出现的问题进行心理健康教育活动。这种活动方式虽然不是很系统化,但若临场发挥及时巧妙,往往最令儿童印象深刻,同时效果也非常好。

3. 安排活动过程

学前儿童心理健康教育活动一般包含以下 4 个阶段:准备阶段、进行阶段、高潮阶段和结束阶段。教师需对每个阶段心中有数,设计详细,在实施后要及时总结反思,并对各阶段内容进行改进完善。

4. 选取活动所需的材料

学前儿童心理健康活动中选取的材料对活动实施的效果有很大影响。根据学前儿童的发展特点,形象、具体、有趣的材料,会增添活动的效果,如活动中可以融入动画故事、形象图片、纸卡等材料,这会极大地增强儿童的兴趣。

5. 实施过程中的注意事项

心理健康教育活动实施过程中要关注每个幼儿不同的心理特点,这就要求幼教工作者学会观察和理解每一位学前儿童行为背后的心理健康意义。并且心理健康教育活动不是一两次就能见效,需要设计系统的课程,抓住幼儿生活和学习中的教育机会开展教育活动。

案例放送

学前儿童心理健康教育活动设计举例

（一）案例标题

心情预报

（二）活动目标

(1) 理解他人的情绪情感,萌发互爱情感。

(2) 能体验到自己的情绪情感,学会转换自己的不良情绪。

（三）活动准备

(1) 前期经验准备:让家长带幼儿看天气预报。

(2) 教具准备:纸电视机一台,小猴子、小狮子、小羊、小猪、小猫手套各一只,小花一束,黄、红小球各一个,大、小话筒各一个,心情图片若干。

（四）活动过程

1. 引起兴趣

(1) 教师提问:电视里的天气预报是怎么播报的?

(2) 请幼儿表演天气预报。

(3) 看森林电视台的心情预报。

(4) 看纸偶并组织讨论:狮子今天的心情怎么样?什么事让狮子的心情是雨天?小动物们听到心情预报后怎么做?狮子的心情有什么变化?

2. 讨论

请幼儿当自己的心情预报主持人,讨论什么情况下心情会不好,怎样才能让自己的心情变成晴天。

3. 请幼儿画出此时的心情,再进行心情预报

（五）活动评析

(1) 幼儿基本能理解他人的情绪情感。

(2) 幼儿能用语言表达出自己的情绪情感。

活动延伸:制作色彩心情卡片(不同色彩代表不同的心情),让小朋友在每天入园时选取一张色彩心情卡片以代表自己目前的情绪状态。

（六）活动设计评价

1. 总体感觉

形式新颖、构思巧妙、表演风趣幽默、活动妙趣横生,气氛很活跃。

2. 主要优点

(1) 总体构思巧妙,从天气预报引出心情预报,很有创意。

(2) 纸偶表演很有意思,拟人化的道具也很有趣味。

(3) 关注幼儿的心理健康,让幼儿自己说出自己的情绪体验。

3. 主要问题

(1) 目标中转换不良情绪的目的没有达到,活动主要集中在表达心情上,而对转换不良情绪谈得不多。

(2) 内容浮于表面,主题缺少深化。一些问题没有涉及,如什么样的情绪更有益于健康。

(3) 将心情的好坏等同于晴天、雨天,有待商榷,因为每个人的感受是不同的。

(4) 教师言语中常常对幼儿进行横向比较。

4. 改进建议

(1) 主题可以再深化,教师把重点放在哪种情绪更有益于健康,如何转换不良情绪上。

(2) 可以先请幼儿画心情图,让幼儿自己播报心情,然后再看森林心情预报,这样心情图的表示方法就不仅仅局限在太阳、云、晴天、雨天上了。

(3) 可将"预报"改为"播报",更有助于幼儿说出此时的心情。

(4) 将目标中"学会"改为"学习"。

(5) 教师的语言应再推敲,避免滥用横向比较。

(资料来源:李姗泽.学前儿童健康教育[M].北京:中央广播电视大学出版社,2008)

> **实践应用**
>
> 根据心理健康教育活动设计的原则和基本过程,参考上述案例呈现,设计一个幼儿心理健康教育活动,完成后找其他同学帮你评价,并做改进。

二、学前儿童心理咨询与治疗简介

学前儿童心理健康教育重在预防,但也不能忽视心理咨询和治疗方法的使用。学前儿童成长发展过程中的大部分问题能够通过心理健康教育活动得到预防,通过家长和教师的关爱与辅导解决。但仍有一小部分儿童的心理健康严重受损,需要及时采取心理咨询和治疗。因此,教师应对学前儿童心理咨询和治疗的方法有所了解,及时发现和帮助有心理问题和心理障碍的儿童。

(一) 游戏治疗

游戏的特殊力量是什么?如果不理解游戏的神奇作用,就难以成为合格的儿童治疗师。儿童治疗师不仅要理解游戏在儿童生活中和儿童治疗过程中的重要作用,还要理解它在优势生命发展和有效功能方面所起的主要作用。儿童是在游戏中学习、成长和发展的,脱离游戏的儿童治疗是很困难的。严格意义上讲,游戏疗法现在已经融入儿童治疗的各个技能和学派中。治疗师通常用游戏作为治疗的手段来帮助儿童处理恐惧、愤怒、敌意等情绪障碍。他们以游戏为活动媒介,精心为儿童创造一个充分自由、充满尊重氛围的良好环境,让他们通过自由的游戏,将内心存在的问题以游戏式"玩"的过程暴露出来。学前儿童进行游戏时,治疗者可以在旁边观察他们游戏的情况,包括他们的言语、表情、行为及使用玩具的情况,也可以当面进行引导。不论是纯粹观察还是参与到游戏中,都能增强治疗师对儿童的理解。

(二)家庭治疗

用系统的方式来看,人就是其所处情境的产物。个体的行为,包括所谓症状或者问题行为都是发生在某种特定的背景或情境之中,家庭治疗应运而生。孩子出现的问题,很多时候是整个家庭关系和相处模式的反映。家庭治疗是把家长、孩子及其他家庭成员当作一个自然单位,旨在改进这一家庭单位整体功能的治疗过程。这种治疗的理论假设是:心理病理问题往往不是患者自身的问题,而是家庭中的相互关系问题。在家庭内部存在着内在的平衡关系,家庭中一个成员的行为会影响其他成员的行为。因此,幼儿的问题行为实际上是家庭关系不和谐和不平衡的表现。只有当父母正视并解决自身的问题,幼儿的问题行为才能完全得到解决。当人们换个角度思考问题,不急于解决儿童的问题,而先解决父母的心理冲突,这时奇迹出现了,幼儿的问题竟然得到很大的缓解甚至解决。反之,如果只关注如何消除幼儿的问题行为,而不触及家庭中的潜在问题,那么,即使幼儿的行为得到缓解和改变,也是不长久的。

(三)行为治疗

行为治疗和家庭治疗的原理不同,它只看重问题行为的改变,而不考虑它产生的原因。行为治疗的理论来自巴甫洛夫的经典条件反射、斯金纳的操作条件反射和班杜拉的社会学习理论。行为治疗是一个着眼于改变行为而非改变人格的学习过程,通过强化和消退的学习训练来加强或消除某种行为。行为治疗是一种疗效较好的儿童心理治疗方法,因为儿童的神经联结正在快速形成,其较高的可塑性和可改变性有益于行为治疗的实施和效果的产生。

资料卡片

系统脱敏疗法

系统脱敏疗法(Systematic Desensitization Therapy),其基本原理是:让一个原可引起微弱焦虑的刺激,在求助者面前重复暴露,同时求助者以全身放松予以对抗,从而使这一刺激逐渐推动了引起焦虑的作用。系统脱敏疗法源于对动物的实验性神经症的研究。20世纪40年代末期,精神病学家沃尔普(J. Wolpe)在实验室中电击小铁笼中的猫,每次电击之前先制造一阵强烈的声响。多次实验之后,只要听到强烈响声或看见那只铁笼,即使不受电击,猫都会出现明显的植物神经反应。他将这只猫禁食几天,然后送回放着鲜鱼的铁笼。虽然猫极度饥饿,却不肯食用鲜鱼。在铁笼外面甚至是在实验室隔壁的房间里,猫的进食仍受不同程度的抑制。沃尔普认为,这是猫对实验环境产生了泛化的防御性条件反射的缘故,即产生了实验性神经症。沃尔普想了个办法来克服猫的这些"症状"。他首先将猫放在离实验室很远的地方,此时在猫的眼里实验室只是依稀可见,因而猫只出现轻微的焦虑恐惧反应。这时给猫喂食,猫虽能进食但起初并不十分自然,不过待一会儿便能恢复常态,自如地进食了。到了下次该进食的时候,沃尔普把猫向实验方向挪近一段,这时猫又会出现一些轻微的焦虑恐惧反应,沃尔普立即给猫喂食。同第一次一样,猫起初进食时不太自然,但不久便适应了。沃尔普让猫渐渐接近实验室。最后,猫回到铁笼也能平静生活了。换句话说,猫的焦虑和恐惧已被"治愈"。沃尔普认为这是交互抑制的作用。饥饿的猫进食后得到一种满足和快意,这种满足和快意可以抑制焦虑紧张反应。不过这种抑制能力是非常有限的,通常只能对付比较轻微的焦虑。所以沃尔普是由远及近,循序渐进,每次只增加一点焦虑,逐步增加,最终达到最严重的程度。对于人类来说,肌肉松弛技术就有对抗焦虑的作用。于是沃尔普以全身松弛代替食物作用,以想象自己暴露于可怕的刺激物面前代替实际暴露,创建了系统脱敏疗法。

(资料来源:郭念锋.心理咨询师(二级)[M].北京:民族出版社,2005)

(四)沙盘疗法

沙盘疗法又称为箱庭疗法(图14-1),是给患者提供一个沙盘,让患者通过沙盘来呈现发生在个体内在或外在世界状况的方法。通过一次次对沙盘的操作,被治疗者可以修正自身的心理障碍。沙盘疗法最初起源于欧洲,由英国的儿科医生劳恩菲尔德开创,后来瑞士的精神分析学家考尔夫将这种方法和荣格的分析心理学相结合,发展了这种方法,并正式将其命名为"沙盘疗法"。沙盘疗法在儿童治疗中的优势明显,特别适用于语言表达能力不佳,又喜欢游戏的儿童。通过沙盘游戏的投射,儿童内在世界的状态能够较好地显现。

图14-1 沙盘治疗室

考题链接

一、单项选择题

1. 按照精神分析的观点,许多心理障碍和心理异常都可以追溯到个体的(　　)。
   A. 早期经验　　B. 教育环境　　C. 人格特征　　D. 遗传因素
2. 下列关于儿童心理健康教育课程的特点不正确的是(　　)。
   A. 以提高学生心理素质为直接目的
   B. 以教师讲授为主
   C. 以学生活动为主
   D. 有教师指导
3. ADHD是指(　　)。
   A. 儿童多动症　　　　　　　　B. 儿童肥胖症
   C. 儿童发育迟缓　　　　　　　D. 儿童自闭症

4. 一个儿童不敢同教师说话,当他一旦敢于主动向教师请教,教师就给予表扬,并耐心解答问题,这个儿童学会主动向教师请教的行为方式属于行为改变的(   )。

    A. 强化法   B. 代币奖励法   C. 行为塑造法   D. 示范法

5. 一个儿童过分害怕猫,可以让他先看猫的照片,谈论猫;再让他远远观看关在笼中的猫,靠近笼中的猫;最后让他摸猫、抱起猫,消除对猫的惧怕反应。这是(   )。

    A. 全身松弛训练   B. 肯定性训练

    C. 自信心训练   D. 系统脱敏法

6. 学前儿童阶段属于弗洛伊德人格的发展阶段的哪几个阶段?(   )

    A. 口唇期、肛门期、性器期   B. 口唇期、肛门期、潜伏期

    C. 口唇期、潜伏期、性器期   D. 口唇期、潜伏期、生殖期

二、简答题

1. 简述儿童心理健康的影响因素。
2. 简述几种儿童心理治疗方法。

三、论述题

试述如何设计一个学前儿童的心理健康教育活动。

四、材料分析题

壮壮是个特别淘气的男孩子,经常有意无意地打伤和撞伤同伴,与同龄的孩子相比,他的情绪变化比较快,高兴了会大喊大叫,不如意了就乱扔玩具,自控能力较差,对自己喜欢的东西有强烈的占有欲,经常因为争抢小朋友的玩具而起争执,甚至攻击别的小朋友。

《幼儿园教育指导纲要(试行)》明确指出:"幼儿园必须把保护幼儿的生命和促进幼儿的健康放在工作的首位,树立健康观念,在重视幼儿身体健康的同时,要高度重视幼儿的心理健康。"

请根据上述材料,回答以下问题。

你作为幼儿教师,会怎样开展心理健康教育帮助壮壮健康成长?

参考文献

[1] 沙莉.学前儿童心理发展[M].北京：清华大学出版社,2014.

[2] 张永红.学前儿童发展心理学[M].2版.北京：高等教育出版社,2014.

[3] 张同道.小人国的秘密[M].北京：京华出版社,2010.

[4] David R. Shaffer,Katherine Kipp.发展心理学——儿童与青少年（第8版）[M].邹泓,等,译.北京：中国轻工业出版社,2013.

[5] 周念丽.学前儿童发展心理学(修订版)[M].2版.上海：华东师范大学出版社,2006.

[6] 理查德·格里格,菲利普·津巴多.心理学与生活(第16版)[M].王垒,王甦,等,译.北京：人民邮电出版社,2003.

[7] 鲁道夫·谢弗.儿童心理学[M].王莉,译.北京：电子工业出版社,2010.

[8] 唐娜·威特默,桑德拉·彼得森,玛格丽特·帕克特.儿童心理学：0～8岁儿童的成长(第6版)[M].何洁,金心怡,李竺芸,译.北京：机械工业出版社,2015.

[9] 吴念阳.让孩子爱上阅读——互动式分享阅读指导手册[M].上海：上海人民出版社,2012.

[10] 吴念阳.绘本是最好的教科书[M].北京：北京大学出版社,2015.

[11] 韩永昌.心理学[M].5版.上海：华东师范大学出版社,2010.

[12] 张同延,张涵诗.揭开你人格的秘密——房、树、人绘图心理测验[M].北京：中国文联出版社,2007.

[13] 贾晓明.大学生心理健康——走向和谐与适应[M].2版.北京：北京理工大学出版社,2010.

[14] 胡萍.善解童贞1——0～6岁孩子的性发展与性关怀[M].南宁：广西科学技术出版社,2011.

[15] 庞国彬,刘俊卿.实用教育科研方法[M].北京：北京师范大学出版社,2013.

[16] 约翰·肖内西,尤金·泽克迈斯特,珍妮·泽克迈斯特.心理学研究方法(第7版)[M].北京：人民邮电出版社,2010.

[17] 陈帼眉.学前心理学[M].北京：北京师范大学出版社,2015.

[18] 刘新学,唐雪梅.学前心理学[M].2版.北京：北京师范大学出版社,2014.

[19] 余双好.毕生发展心理学[M].2版.武汉：武汉大学出版社,2013.

[20] 李晓东.发展心理学[M].北京：北京大学出版社,2013.

[21] 冯婉桢.学前儿童语言教育[M].郑州：郑州大学出版社,2013.

[22] 张福全.简明西方心理学史[M].合肥：安徽大学出版社,2012.

[23] 彭聃龄.普通心理学(修订版)[M].北京：北京师范大学出版社,2004.

[24] 孟莉,徐建平.发展心理学[M].北京：中国医药科技出版社,2005.

[25] 倪文杰,等.现代交叉学科大辞库[M].北京：海洋出版社,1993.

[26] 刘电芝.现代学前教育研究方法[M].重庆：西南师范大学出版社,1999.

[27] 郭力平.学前儿童心理发展研究方法[M].上海：上海教育出版社,2002.

[28] 傅宏.学前儿童心理健康[M].南京：南京师范大学出版社,2002.

[29] 陈坪,李殿录,李敏.学前儿童心理学[M].哈尔滨：黑龙江教育出版社,2009.

[30] 王小英,员春蕊,苏媛媛.学前儿童心理学[M].长春：东北师范大学出版社,2012.

[31] 王振宇.学前儿童心理学[M].北京：人民教育出版社,2011.

[32] 李桂英.学前儿童心理发展与咨询辅导[M].北京：经济管理出版社,2012.

[33] 张莉.学前儿童心理学[M].郑州：大象出版社,1999.

[34] 何进军.学前教育研究方法[M].广州：世界图书出版广东有限公司,2013.

[35] 刘秀珍,等.幼儿心理学[M].北京：科学普及出版社,1994.

[36] 张明红.学前儿童语言教育[M].上海：华东师范大学出版社,2001.

[37] 石毓智.为什么中国出不了大师,探讨钱学森之问[M].北京：科学出版社,2012.

[38] 彭懿.世界图画书阅读与经典[M].南宁：接力出版社,2011.

[39] 吴甘霖.创造性思维的生理机制[J].生物学,2003,20(3)：59-60.

[40] 程黎,程霞,张睿.国外关于幼儿创造力发展及其影响因素的研究及启示[J].幼儿教育（教育科学）,2012(12)：48-52.

[41] 宋明玲,张礼娟.积极情绪对创造力的影响[J].学理论,2012(8)：43-44.

[42] 王昆,郑竞翔.美术教学中幼儿创造性思维的培养[J].学前教育研究,2014(9)：70-72.

[43] 宋正先,明培云.培养幼儿创造力的几点做法[J].学前教育研究,1999(6)：51.

[44] 张振宁.情绪与创造力研究回顾及展望[J].吉林省教育学院学报(上旬刊),2015,31(4)：42-43.

[45] 门雅丽.全方位提升幼儿的思维能力[J].牡丹江教育学院学报,2005(4)：93-94.

[46] 孟丽华,孙爱芝.让童心在快乐创意中绽放：《美术活动中幼儿创新能力培养的研究》阶段性小结[J].教育教学论坛,2015(8)：261-262.

[47] 肖君和.思维新探——从自然科学新成就看思维[J].心理学探新,1985(4)：41-48.

[48] 陈水平,郑洁.学前儿童发展心理学[M].北京：北京师范大学出版社,2013.

[49] 汤乐梅.谈幼儿创造力的培养[J].幼儿教学研究,2012(3)：35-36.

[50] 徐晨.磕破的鸡蛋[J].幼儿教育,2014(17)：14-15.

[51] 郑育敏.论游戏与幼儿创造力的培养[J].学前教育研究,2003(10)：19-20.

[52] 李玲,孙桂杰.直觉思维的生理基础与心理机制初探[J].沈阳师范大学学报（社会科学版）,1998(3)：76-78.

[53] 邓铸,黄荣.情绪与创造力关系研究的新进展[J].南京师范大学学报（社会科学版）,2010(4)：92-97.

[54] 蔡毅萍.创设多种适宜环境,促进幼儿语言能力的发展[J].学前教育研究,2009(9)：60-62.

[55] 徐巧珍.利用角色游戏优势 培养幼儿语言能力[J].幼儿教育,1988(6)：15.

[56] 余珍有.试论10年来我国幼儿园语言教育的发展：兼论《幼儿园教育指导纲要（试行）》的进一步贯彻落实[J].幼儿教育,2011(30)：13-17.

[57] 文小明.听说游戏有助于提高幼儿的语言能力[J].学前教育研究,2001(1)：63.

[58] 王燕媛.幼儿语言能力培养策略研究[J].新课程(上),2015(2)：7-8.

[59] 李桂芹.幼儿阅读能力培养策略[J].学前教育研究,2010(2)：70-72.

[60] 朱鸿菊.幼儿早期阅读能力培养浅探[J].学前教育研究,2007(3)：28-29.

[61] 夏长青.在阅读中促进婴幼儿语言能力的发展[J].学前教育研究,2010(5)：50-52.

[62] 方娅萍.在主题综合教育中发展幼儿的语言能力[J].学前教育研究,2004(9)：51.

[63] 骆宏,孙建胜.冲冲为什么不像男孩——儿童性别认同障碍[J].家庭教育(婴幼儿家长),2001(9)：47.

[64] 刘振中.从易性症的病因看性别认同的先天后天之争[J].中国性科学,2011(2)：34-36.

[65] 李一帆.大众传播媒介对学前儿童性别角色社会化的影响探究[J].时代教育,2013(15)：265.

[66] 张玉琴,侯小旻.儿童对动画人物偏爱与性别角色认同相关研究[J].集美大学学报,2015(1)：32-35.

[67] 尹佳.儿童绘本中性别角色教育的启示[J].家教世界(现代幼教),2014(1)：14-16.

[68] 王亚红.家园携手矫正儿童性别认同障碍[J].小学时代(教育研究),2013(10)：81.

[69] 曹海峰.论双性化理论对我国性别角色教育的启示[J].湖北社会科学 2009(1)：169-171.
[70] 邓亚玲.双性化人格理论及其对幼儿性别角色教育的启示[J].早期教育（教科研版），2014(10)：6-8.
[71] 姚伟,宫亚男.双性化人格理论及其对幼儿园性别角色教育的启示[J].大庆师范学院学报,2010,30(1)：140-143.
[72] 王峥.提升幼儿园教师的性别教育觉知能力和行为水平：秉持和超越双性化人格理论[J].学前教育研究,2014(2)：49-53.
[73] 张晓辉,童辉杰.性别认同障碍的诊断——来自 DSM-4、CCMD-3、ICD-10 的观点[J].神经疾病与精神卫生,2006,6(5)：375-378.
[74] 胡晓萍,岳训涛.幼儿园角色游戏中的性别认同与双性化教育[J].教育导刊（下半月）,2012(8)：31-34.
[75] 阎书昌.华生实验被试小阿尔伯特的身份确认及争论[J].西北师范大学学报,2013,50(1)：93-98.
[76] 王婷.学龄前儿童叙事能力及其与家庭阅读环境的相关研究[D].上海：上海师范大学,2013.
[77] 徐荣荣,于开莲.儿童的画与话——幼儿绘画作品分析[J].学前教育,2015(5)：9-11.
[78] 胡军辉,许卓娅.对优化美术活动分享评价环节的思考——以中班美术活动"妈妈肚子里的我"为例[J].幼儿教育,2015(3)：9-11.
[79] 张国欣.活动中的旁观者[J].学前教育,2015(5)：26.
[80] 胡华.父母——影响儿童学习与发展的重要他人[J].幼儿教育,2015(6)：10-13.
[81] 陆小涛.绘本阅读在教育生活中的"课程形态"[J].学前教育,2015(4)：36-38.
[82] 叶奕乾,孙克勤,杨秀君.个性心理学[M].3 版.上海：华东师范大学出版社,2011.
[83] 叶奕乾,何存道,梁宁建.普通心理学[M].上海：华东师范大学出版社,2008.
[84] 陈帼眉.学前心理学[M].北京：人民教育出版社,2003.
[85] 魏曙光.学前心理学[M].天津：南开大学出版社,2014.
[86] 全国 13 所高等院校《社会心理学》编写组.社会心理学[M].天津：南开大学出版社,2008.
[87] 朱智贤.心理学大词典[M].北京：北京师范大学出版社,1989.
[88] 朱智贤.中国儿童青少年心理发展与教育[M].北京：中国卓越出版公司,1990.
[89] 许倩."我怕自己做不好"[J].幼儿教育,2015(6)：46.
[90] 宋玮婷.发现孩子的需要[J].上海托幼,2015(4)：30-31.
[91] 林崇德.发展心理学[M].台北：台湾东华书局股份有限公司,1998.
[92] 庞丽娟.幼儿心理[M].北京：北京少年儿童出版社,1985.
[93] 姜勇.关注师幼交往：教师专业发展新视角[J].幼儿教育,2009(8)：12-15.
[94] 庞丽娟.幼儿同伴社交类型特征的研究[J].心理发展与教育,1991(3)：19-28.
[95] 叶子,庞丽娟.试论师生互动模式形成的基本过程[J].教育研究,2009(2)：78-82.
[96] 刘晶波.师幼互动行为研究——我在幼儿园里看到什么[M].南京：南京师范大学出版社,2003.
[97] 陈帼眉,冯晓霞,庞丽娟.学前儿童发展心理学[M].3 版.北京：北京师范大学出版社,2013.
[98] 武建芬.心理理论与同伴交往[M].北京：光明日报出版社,2009.
[99] 郝京华.埋下一粒科学的种子[J].新课程研究（基础教育）,2013(02)：34-36.
[100] 柳淑玲.幼儿教师的个性特征与幼儿的发展[J].学前教育,1991(12)：25.
[101] Nadien,Margot. B.儿童心理社会发展——从出生到青年早期[M].丁祖荫,译.北京：人民教育出版社,1993.
[102] 孟昭兰.情绪心理学[M].北京：北京大学出版社,2005.
[103] 彭聃龄.普通心理学[M].4 版.北京：北京师范大学出版社,2012.

[104] 简·B.布鲁克斯.为人父母[M].6版.包蕾萍,等,译.上海:上海人民出版社,2009.
[105] 陈帼眉,冯晓霞,庞丽娟.学前儿童发展心理学[M].北京:北京师范大学出版社,2013.
[106] 汪乃铭,钱峰.学前心理学[M].上海:复旦大学出版社,2005.
[107] 刘新学,唐雪梅.学前心理学[M].北京:北京师范大学出版社,2011.
[108] 李姗泽.学前儿童健康教育[M].北京:中央广播电视大学出版社,2008.
[109] 郭念锋,等.心理咨询师(基础知识)[M].北京:民族出版社,2012.
[110] 林仲贤,武连江.儿童心理健康与咨询[M].北京:中国林业出版社,2002.
[111] 陈光福.走进儿童的心理世界:儿童心理健康咨询[M].深圳:海天出版社,2004.
[112] 徐汉明,盛晓春.家庭治疗——理论与实践[M].北京:人民卫生出版社,2010.
[113] Morton Chethik.动力取向儿童心理治疗[M].高桦,冈容,译.北京:中国轻工业出版社,2014.
[114] 高岚,申荷永.沙盘游戏疗法[M].北京:中国人民大学出版社,2012.
[115] 刘泽伦.胎教的科研与实用[M].北京:教育科学出版社,1990.
[116] Ayres A J, ed. Sensory integration therapy. Sensory integration and the child [M]. Los Angeles: Western Psychological Services, 1979: 135-156.
[117] 胡怡萍,等.学龄前儿童感觉统合失调与智能发育的关系[J].中国初级卫生保健,2013,27(12):58-60.
[118] 黄悦勤,王玉凤.感觉统合评定量表在3~6岁儿童中的测试[J].中国心理卫生,1975(5):269-271.
[119] 张挚,翟宏.我国感觉统合训练研究的现状与问题[J].中小学心理健康教育,2011(3):4-6.
[120] 陈文德.学习困难儿童指导手册[M].北京:北京台湾远流出版公司,1996.
[121] 叶奕乾,何存道,梁宁建.普通心理学[M].3版.上海:华东师范大学出版社,2004:272-273.
[122] 刘万伦.学前儿童发展心理学[M].上海:复旦大学出版社,2014:70.
[123] 王保林,窦广采.幼儿心理学[M].郑州:郑州大学出版社,2007:107-108.
[124] 桑标.当代儿童发展心理学[M].上海:上海教育出版社,2004:398-399.
[125] Dorothy H. Cohen, Virginia Stern, Nancy Balaban, et al.幼儿行为的观察与记录[M].马燕,马希武,译,北京:中国轻工业出版社,2013.
[126] 岸井勇雄.未来的幼儿教育——培育幸福生活的能力之根基[M].李澎,译.上海:华东师范大学出版社,2010.
[127] 李生兰.幼儿园与家庭、社区合作共育的研究[M].上海:华东师范大学出版社,2003.
[128] 朱家雄.幼儿园课程[M].上海:华东师范大学出版社,2003.
[129] 张明红.学前儿童社会教育[M].上海:华东师范大学出版社,2008.
[130] 陈帼眉.幼儿心理学[M].北京:北京师范大学出版社,1999.
[131] 李季湄,冯晓霞.3~6岁儿童学习与发展指南解读[M].北京:人民教育出版社,2013.
[132] 王振宇,王振宁.学前儿童心理学[M].北京:中央广播电视大学出版社,2007.
[133] 李生兰.学前教育学[M].上海:华东师范大学出版社,2006.
[134] Sue Y Gober.评价幼儿的6种简易方法[M].毛曜阳,译.上海:华东师范大学出版社,2011.
[135] 李生兰.学前儿童家庭教育[M].上海:华东师范大学出版社,2006.
[136] 崔国华.蒙台梭利教育实践攻略[M].北京:九州出版社,2010.
[137] 马戈·迪希特米勒,朱迪·雅布隆,阿维娃·多尔夫曼,等.作品取样系统——3~6岁儿童发展指引[M].廖凤瑞,陈姿兰,译.南京:南京师范大学出版社,2009.
[138] 马戈·迪希特米勒,朱迪·雅布隆,阿维娃·多尔夫曼,等.作品取样系统——教室里的真实性表现评价[M].廖凤瑞,陈姿兰,译.南京:南京师范大学出版社,2009.

[139] 吴晓兰.飞翔的鸽子——幼儿园教育教学文集[M].珠海：珠海出版社,2007.

[140] 吴晓兰.飞翔的鸽子——家园、社区合作共育的探索[M].珠海：珠海出版社,2007.

[141] 周念丽.学前儿童发展心理学[M].上海：华东师范大学出版社,2014.

[142] 阿尔曼多·S.卡夫拉.儿童心理百科[M].梁雪樱,吴秀如,译.北京：化学工业出版社,2015.

[143] 百度文库. http：//wenku.baidu.com/view/742089e29b89680203d825ba.html.

[144] 百度文库. http：//wenku.baidu.com/view/d28927e19b89680203d82513.html.

[145] 百度文库. http：//wenku.baidu.com/view/82d48f08f12d2af90242e634.html.

[146] 百度文库. http：//wenku.baidu.com/view/82d48f08f12d2af90242e634.html.

[147] 幼儿学习网. http：//www.jy135.com/html/changyongziliao/anli/201309/21-51981.html.

[148] 百度文库. http：//wenku.baidu.com/view/b597a86527d3240c8447efe6.html.

[149] 百度百科. http：//baike.baidu.com/view/1065403.htm.

[150] 环球网. http：//world.huanqiu.com/exclusive/2014-12/5273793.html,2015.4.2.

[151] 腾讯新闻中心. http：//news.qq.com/a/20150708/048950.htm.

[152] 人民网. http：//opinion.people.com.cn/n/2015/0413/c159301-26837005.html.